Franziska Davies, Katja Makhotina

Offene Wunden Osteuropas

Für Ophelia und Bruno
und für die Menschen in der Ukraine

Franziska Davies, Katja Makhotina

Offene Wunden Osteuropas

Reisen zu Erinnerungsorten des Zweiten Weltkriegs

wbg THEISS

Bildnachweis: Privatarchiv der Autorinnnen: S. 110, S. 131, S. 173, S. 177; akg-images: S. 46 (VIEW Pictures / Inigo Bujedo Aguirre), S. 148 (Elizaveta Becker), S. 196 (Henning Langenheim), S. 247 (Israel Talby); Alamy Stock Photo: S. 91 (Leisa Tyler), S. 223 (Hubertus Blume)

Die Deutsche Nationalbibliothek verzeichnet diese Publikation in der Deutschen Nationalbibliografie; detaillierte bibliografische Daten sind im Internet über www.dnb.de abrufbar.

wbg THEISS ist ein Imprint der wbg.

Die Herausgabe des Werkes wurde durch die Vereinsmitglieder der wbg ermöglicht.
Lektorat: Kristine Althöhn, Mainz
Gestaltung und Satz: Arnold & Domnick, Leipzig
Einbandgestaltung: Finken & Bumiller, Stuttgart
Einbandmotiv: Denkmal für die Opfer des nationalsozialistischen Terrors in Babyn Jar, © Guy Corbishley / Alamy Stock Photo
Abb. auf S. 2: Gedenkstätte Kaunas IX. Fort in Litauen, © akg-images (Michael Foedrowitz)

Gedruckt auf säurefreiem und alterungsbeständigem Papier
Printed in Germany

Besuchen Sie uns im Internet: **www.wbg-wissenverbindet.de**

ISBN 978-3-8062-4432-8

Elektronisch sind folgende Ausgaben erhältlich:
eBook (PDF): 978-3-8062-4456-4
eBook (epub): 978-3-8062-4457-1

Inhalt

Ein neuer europäischer Krieg – Eine Einleitung

Wozu erinnern? Diese Frage stellt sich in diesen Tagen, in denen Bomben auf eine europäische Hauptstadt fallen, in denen ukrainische Männer, Frauen und Kinder in Metro-Stationen ausharren und um ihr Leben fürchten, noch einmal völlig neu. Das letzte Mal wurde Kyiv im September 1941 bombardiert, damals von der deutschen Wehrmacht. Erobert wurde die Stadt von der sechsten Armee der Heeresgruppe Süd unter dem Kommando von General Walter von Reichenau, einem überzeugten Nationalsozialisten und einem der Hauptverantwortlichen für das Massaker von Babyn Jar, bei dem Einsatzgruppen der SS mit Unterstützung der Wehrmacht innerhalb von zwei Tagen an einer Schlucht bei Kyiv 33 771 sowjetische Jüdinnen und Juden erschossen. In den Jahren der Besatzung setzte die deutsche Besatzungsmacht ihre Politik des Terrors gegen die Zivilbevölkerung durch. Allein in Babyn Jar ermordete sie in den folgenden Jahren abertausende Menschen, sowjetische Kriegsgefangene, ukrainische Nationalistinnen und Nationalisten, Roma und Romnja, Geistliche und andere, die sie als Feinde ansahen. Am achten Tag des Putin'schen Krieges gegen die Ukraine verbreitete sich die Nachricht, dass Babyn Jar von einer russischen Rakete getroffen wurde – es gab fünf Tote. Hier, wo es viele Denkmäler gibt, die an die Millionen Opfer der deutschen Besatzung erinnern, wo es Pläne gab, einen musealen Komplex zu errichten, der allen Opfergruppen dieses zentralen europäischen Erinnerungsortes gerecht werden sollte – hier also fallen heute Putins Bomben.

Es gibt sehr glaubhafte Berichte darüber, dass der Aggressor Listen führt mit den Namen derjenigen, die ausgeschaltet werden sollen – Politikerinnen und Politiker, Schriftstellerinnen und Schriftsteller, Journalistinnen und Journalisten, Intellektuelle, ethnische Minderheiten, die LGBTQI-Community, womöglich Krimtataren und die jüdische Gemeinde, die sich entschlossen hinter Kyiv stellt. Es ist sehr wahrscheinlich, dass diese Menschen ultimativen Repressalien ausgesetzt oder gar aus dem Land verwiesen, verhaftet und vernichtet werden sollen. Eine Strategie, die Putin bereits gegen diejenigen im Donbas oder auf der Krim anwandte, die sich seiner Kriegs- und Expansionspolitik widersetzten. Putin versucht gerade mit brachialer Gewalt seine imperiale Version eines Großrusslands zu verwirklichen, in der es keine unabhängige, freie und demokratische Ukraine geben darf. Schon in den Jahren zuvor hatte er deutlich gemacht, dass er dem ukrainischen Nationalstaat, deren Ursprünge – wie im Falle fast aller europäischen Nationen – sich mindestens bis ins 19. Jahrhundert zurückverfolgen lassen, jede Existenzberechtigung abspricht. In dieser imperial-chauvinistischen Herabsetzung eines ganzen Volkes begreift Putin die Ukrainer als minderwertig, als nicht staatsfähig. Die Putin'sche anti-ukrainische Propaganda wird seit der Kyiver „Revolution der Würde" im Winter 2013/14 auch in den Staatsmedien verbreitet. Putin versucht alles, um der Bevölkerung Informationen über den Krieg vorzuenthalten. So ist das Wort „Krieg" verboten; stattdessen muss von einer „militärischen Spezialoperation" gesprochen werden. Doch die Euphorie, die in Russland die Annexion der Krim begleitete, bleibt aus.

Dieser Krieg wird auch für Russland eine Zeitenwende, oder ist es schon. Zunächst einmal, weil dieser Krieg härteste Repressalien für die Teilnahme an Anti-Kriegs-Protesten, ein Verbot von Radio- und TV-Sendern, die Abschaltung von sozialen Netzwerken und YouTube und eine strikte Zensur auch im Internet mit sich bringt. So straft ein neues Gesetz die Verbreitung von „falschen" Informationen über das russische Militär mit 15 Jahren Freiheitsstrafe. Was als „falsch" gilt, bestimmt der Machthaber. Die Staatsstrukturen wurden ebenfalls angewiesen, denen zu kündigen, die sich an einer Anti-Kriegs-Petition beteiligten. Und trotzdem gibt es Widerstand gegen Putins Krieg; in vielen Städten gehen Menschen auf die Straßen. Der Repressionsapparat reagiert jedoch umgehend: Am ersten Tag der Invasion verhaftete die Polizei knapp zwei Tausend Menschen, und mit jedem Tag der Proteste greift die Polizei heftiger durch; es gibt viele Verletzte. Neben jungen Menschen, die kein anderes Regime kennen, als das Putin'sche, gehen auch die Älteren auf die Straßen, vor allem alte Frauen, die selbst Überlebende des Krieges sind. Sie tragen in der U-Bahn blau-gelbe Kopftücher oder harren mit Plakaten bei den Anti-Kriegs-Demos aus. In St. Petersburg führten Polizisten auch eine Überlebende der Leningrader Blockade ab.

Aber es gibt auch eine andere Seite, die wir nicht ignorieren dürfen: Ukrainer und Ukrainerinnen, die vor Bomben fliehen und Tote zu beklagen haben, berichten, dass ihre Verwandten und Freunde in Russland ihren Schilderungen nicht glauben würden, dass sie immer noch davon überzeugt seien, dass in der Ukraine „Faschisten" regierten. In den sozialen Medien verbreiten sich Videos, in denen Menschen ihre Unterstützung Putins bekunden und anti-ukrainische Propaganda teilen. Ja, die Entscheidung zum Krieg fällte Putin, aber schon vor dem Angriff stimmten Persönlichkeiten des öffentlichen Lebens in die hasserfüllten Tiraden gegen das Nachbarland ein und beschworen die Rückkehr von Russlands national-imperialer Größe. Es ist derzeit schwer zu beurteilen, wie groß die Unterstützung für Putins Kriegskurs tatsächlich ist; das wird wohl eine Aufgabe für zukünftige Historikergenerationen sein. Aber die Tatsache, dass zumindest Teile der russischen Gesellschaft diesen Krieg und seine ideologische Grundlage mittragen, dass die Soldaten der russischen Armee die Beschießungen der Zivilbevölkerung ausführen, wird die russisch-ukrainischen Beziehungen über Jahrzehnte belasten – das Band zwischen den vermeintlichen „Brüdervölkern" dürfte so endgültig zerrissen sein. Anders als manche es jetzt behaupten, ist dies eben nicht nur „Putins Krieg". Dies wird auch Auswirkungen auf die ukrainische Erinnerungskultur haben. Für manche Ukrainerinnen und Ukrainer war der sowjetische Sieg gegen den deutschen Faschismus eine Verbindung zu Russland. Der gemeinsame Mythos des „Großen Vaterländischen Krieges" dürfte nun der Vergangenheit angehören.

Geschichte und Politik

Wie hängt das, was derzeit in Europa geschieht, mit der Geschichte des Zweiten Weltkriegs, mit der gewaltvollen Geschichte des 20. Jahrhunderts zusammen? Bezüge zur Geschichte sind an allen Fronten zu beobachten. Putin legitimierte seinen Einmarsch in die Ukraine mit der absurden Behauptung, dass dieser nötig sei, um die Ukraine zu „denazifizieren" und einen „Genozid" zu verhindern. Damit griff der russische Präsident geschichtspolitisch an mehreren Fronten an: Er missbrauchte das anti-faschistische Erbe der Sowjetunion, die im Zweiten Weltkrieg Hitler-Deutschland besiegt hatte, um seinen Angriff auf ein friedliches Land zu rechtfertigen. Zugleich verhöhnte er damit die Opfer des Nationalsozialismus, was sich in diesem Fall besonders plastisch zeigt: Der demokratisch gewählte ukrainische Präsident, Wolodymyr Selenskyj, ist selbst Jude und Nachkomme von Überlebenden des Holocaust. Sein

Großvater hat in der Roten Armee gegen die Wehrmacht gekämpft. In einer bewegenden Fernsehansprache an das russische Volk hatte Selenskyj dies zum Ausdruck gebracht: Wie könne er Nazi sein?

Auch den Genozid-Vorwurf wählte Putin wohl sehr bewusst, benutzte er damit doch die ultimative Schuldzuweisung, die gerade Hochkonjunktur hat. Scharf wie kein anderer Terminus teilt dieser Begriff Gemeinschaften in Opfer und Täter. In Russland werden seit einigen Jahren die Verbrechen der deutschen Besatzung im Zweiten Weltkrieg unter eben diesem Begriff subsumiert. Der Propaganda-Apparat wollte damit wohl die Menschen auf den Krieg vorbereiten und die Invasion gegen die Ukraine als Fortsetzung des Befreiungskampfes gegen den Faschismus erscheinen lassen. Zudem instrumentalisierte Putin auf diese Weise das schlimmste Trauma der Ukrainer und Ukrainerinnen im 20. Jahrhundert: den Holodomor, also die von Stalin herbeigeführte Hungersnot zu Beginn der 1930er-Jahre. Von dieser war zwar nicht nur die Sowjetukraine betroffen, sie kostete auch innerhalb Russlands und in Kasachstan Millionen Menschen das Leben, im Falle der Ukraine war sie aber auch gegen die Nation selbst gerichtet. Denn seit dem Russischen Bürgerkrieg galt die umkämpfte Ukraine als widerständig. Nach dem Zusammenbruch des russischen Zarenreiches und des Habsburger Reiches im Zuge des Ersten Weltkriegs hatte es mehrere Versuche gegeben, einen unabhängigen ukrainischen Staat zu gründen. In der Zentral- und Ostukraine waren es die im Bürgerkrieg siegreichen Bolschewiki, die diese Träume beendeten. Stattdessen wurde die Ukrainische Sozialistische Sowjetrepublik in die neu gegründete Sowjetunion integriert und wurde damit de facto von Moskau aus regiert. Den Bolschewiki waren großrussische Ansprüche keineswegs fremd, eine unabhängige Ukraine akzeptierten sie nicht. Die Angst vor ukrainischer Resistenz war ein zentraler Faktor im stalinistischen Terror der frühen 1930er-Jahre. Mit der Hungerspolitik gegen die ukrainische Bauernschaft und der massenhaften Ermordung ukrainischer Eliten sollte auch das Rückgrat der ukrainischen Nation gebrochen werden. In der Geschichtswissenschaft ist zwar umstritten, ob es sich beim Holodomor um einen Genozid handelte – das ist in diesem Zusammenhang jedoch zweitrangig. Entscheidend ist, dass in der ukrainischen Erinnerungskultur die Begriffe Genozid und Holodomor untrennbar miteinander verbunden sind. Putin unterstellt der Ukraine also ausgerechnet ein Verbrechen, dem in den 1930er-Jahren über drei Millionen Ukrainerinnen und Ukrainer zum Opfer gefallen waren, während die Verantwortlichen dafür in Moskau saßen.

Der Zweite Weltkrieg spielte auch in den deutschen Debatten in Bezug auf Russland und die Ukraine eine Rolle und das mindestens seit der Annexion der Krim im Februar 2014 und dem darauffolgenden Angriff auf den Donbas. Die Bundesregierung hat ihre Ablehnung von Waffenlieferungen an die Ukraine stets mit historischen Argumenten begründet: Aufgrund der Geschichte des Zweiten Weltkriegs könne Deutschland keine Kriegspartei werden. Implizit bedeutete dies auch: keine Kriegspartei in einem Krieg gegen Russland, dem Nachfolgestaat der Sowjetunion, die NS-Deutschland 1941 mit einem Vernichtungskrieg überzogen hatte. Es hat den Angriff auf Kyiv gebraucht, um diese Position zu ändern.

Für die Ukraine, die ja immerhin selbst zu großen Teilen im Krieg Teil der Sowjetunion gewesen war, war es genau andersherum: Gerade, weil Deutschland für die Totalbesetzung ihres Landes im Zweiten Weltkrieg verantwortlich war, gerade weil so viele Menschen dort der deutschen Vernichtungspolitik zum Opfer gefallen waren, hatte Deutschland jetzt eine besondere moralische Pflicht, den Menschen dort gegen einen Aggressor beizustehen.

In Ostmitteleuropa war die Haltung Deutschlands zuvor auf großes Unverständnis, ja, auf Entsetzen gestoßen. Und auch hier spielte die Erinnerung an den Zweiten Weltkrieg eine Rolle. Ausgesprochen präsent ist in Polen, in den baltischen Staaten aber auch in der Westukraine die Erinnerung an den Nicht-Angriffspakt zwischen der Sowjetunion und Deutschland, den die beiden Mächte im August 1939 schlossen und in dem sie in einem geheimen Zusatzprotokoll die Aufteilung Ostmitteleuropas in eine sowjetische und in eine deutsche Einflusszone vereinbarten.

Haben wir die falschen Lehren aus dem Zweiten Weltkrieg gezogen, vielleicht auch deswegen, weil über achtzig Jahre nach seinem Beginn die Erinnerung an den Krieg im östlichen Europa so lückenhaft ist? Wie viel wissen die Deutschen über jenes zentrale Ereignis in Polen, den Warschauer Aufstand von 1944? Damals erhoben sich die Polen gegen die übermächtigen deutschen Besatzer, um für ihre Freiheit zu kämpfen. Die vor der Stadt stationierte Rote Armee kam ihnen damals nicht zur Hilfe, hatte Stalin doch keinerlei Interesse an einem freien Polen. Die ausgeprägte Solidarität der polnischen Bevölkerung mit der Ukraine hängt auch damit zusammen, dass Polinnen und Polen das eigene historische

Schicksal in der Ukraine wiederholt sehen: das Ausgeliefertsein an einen militärisch überlegenen Nachbarn, während die Welt zuschaut.

Hätte eine stärkere Sensibilisierung in Deutschland für ostmitteleuropäische Perspektiven auf den Krieg vielleicht dazu beigetragen, die Position der Ukraine in den letzten Jahren besser zu verstehen? Während für die Deutschen der Holocaust, die Ermordung des europäischen Judentums, Fluchtpunkt der Erinnerung ist, ist es für viele Länder in Ostmitteleuropa die Erfahrung der doppelten Besatzung und das eigene Leiden unter der deutschen Besatzung. Damit ist nicht gesagt, dass es in Ländern wie Polen und Litauen oder der Ukraine nicht auch problematische Aspekte im Hinblick auf die Erinnerung an den Zweiten Weltkrieg gibt, besonders was die Kooperation der lokalen Bevölkerung bei der Ermordung der Jüdinnen und Juden angeht. Über diese Aspekte wird auch dieses Buch nicht schweigen, auch wenn es uns in dieser Situation unangemessen erscheint, dass wir ein Buch publizieren, in dem es auch um die dunklen Seiten der ukrainischen Geschichte geht, und in dem wir kritisch auf ihre Erinnerungskultur blicken. Aber nun die Auseinandersetzung mit der Vergangenheit zu scheuen, wäre genau der falsche Weg. Und gerade der Blick in die Geschichte zeigt, wie sehr sich die Ukraine in den letzten Jahrzehnten gewandelt hat, wie sie zu einer inklusiven Staatsbürgernation geworden ist. Hätte man einem Juden im damals noch polnischen Lwów in den 1930er-Jahren gesagt, dass ein Jude zum Nationalheld und Anführer der Ukraine werden würde, er hätte es vermutlich nicht geglaubt. Und hätte man einem Ukrainer zu derselben Zeit gesagt, dass in einem europäischen Krieg niemand der Ukraine so entschlossen zur Seite stehen werden würde wie Polen, er hätte es wohl ebenso wenig geglaubt.

Freilich sollte uns die Aggression Putins nicht dazu verleiten, die Erfahrungen von Krieg und Gewalt in Russland auszublenden oder die russischen Verluste gegen die anderer Länder aufzurechnen. Schon vor dem Totalangriff Putins im Februar 2022 war zu beobachten, dass die Ukraine und Russland um die Opfer und Helden des Zweiten Weltkriegs konkurrierten. Putin reklamierte den Sieg über NS-Deutschland allein für Russland, während Ukrainer und Ukrainerinnen wiederholt daran erinnerten, dass nicht nur Millionen ihrer Landsleute dem deutschen Vernichtungskrieg zum Opfer gefallen waren, sondern ebenso etwa sechs Millionen Soldaten und Soldatinnen der Roten Armee aus der Ukraine stammten. Die Lobbyisten begründeten ihren Einsatz für Putin auch mit den Abermillionen sowjetischen Opfern im Zweiten Weltkrieg, unterschlugen dabei aber, dass unter diesen eben auch Menschen aus Belarus, der Ukraine, dem Kaukasus und natürlich auch den zentralasiatischen Regionen der Sowjetunion gewesen waren. Tatsächlich werden in den deutschen öffentlichen Debatten die sowjetischen Opfer oft mit russischen gleichgesetzt. Was bedeutet dies für die deutsche Erinnerung an den Vernichtungskrieg gegen die Sowjetunion? Es ist längst an der Zeit, diese bemerkenswerte Reduktion kritisch zu überprüfen und den historischen Kontext dieses Wahrnehmungsmusters zu reflektieren.

Die deutsche Gesellschaft während des NS-Zeit unterschied kaum nach der ethnischen Zugehörigkeit der Opfer aus der Sowjetunion, sondern brandmarkte sie alle als „Russen". Sowohl die Wehrmacht an der Ostfront als auch die lokale Bevölkerung hatte wenig Ahnung vom multinationalen Charakter der Sowjetunion – für die Deutschen bedeutete ein „Sowjet" gleich ein „Russe". „So sieht es im blöden Russland aus" – waren die Überschriften auf den Fotos der Wehrmachtssoldaten, die sie nach Hause schickten, auch wenn die Bilder in der Ukraine oder in Belarus aufgenommen wurden. „Dann kam der Russe", heißt es in den Erinnerungen deutscher Zeitzeugen über das Jahr 1945 – und dies war nicht positiv gemeint. Im alltäglichen Sprachgebrauch waren es „russische Gefangene", auch wenn es Menschen mit ukrainischen oder belarussischen Namen waren. Im Jahr 1945 waren die „Russen" vor allem „Täter" – Feinde, die den Sieg errungen hatten, Diebe und Vergewaltiger. Der „Russe", der 1945 nach Deutschland kam, war ein Sammelbegriff für die Soldaten der Rote Armee, die eigentlich jedoch einen multinationalen Charakter hatte und der neben Russen, Ukrainern, Belarussen, Armeniern, Juden, Letten auch weitere Nationalitäten der Sowjetunion angehörten. Die vor 1945 gepflegten Vorurteile gegen „Russen", die sich in den miserablen Lebensbedingungen der Zwangsarbeiterinnen und Zwangsarbeiter aus der Sowjetunion niederschlugen, setzten sich ohne Bruch auch nach der Niederlage Deutschlands fort. Die „Russen" wurden vorschnell in Verdacht gezogen, kriminell zu sein. Die nach dem Krieg als DPs in Deutschland lebenden Ostarbeiter wurden als „russische Landplage" wahrgenommen – und von der Kriminalpolizei als Erste der Verbrechen verdächtigt. Zudem hat die Forschung schon mehrfach auf die Fortsetzung antirussischer Stereotypen aus dem Ersten Weltkrieg in der NS-Ideologie im Zweiten Weltkrieg hingewiesen. Die „Russifizierung" der Sowjetbürger basiert also auf einem Unwissen über den multiethnischen Charakter der Sowjetunion.

Eine genaue Bezifferung von ukrainischen, russischen und belarussischen Opfern auf Grundlage der heutigen territorialen Grenzen ist aus historischer Sicht allerdings schwierig, überlagerten sich bei den Bürgerinnen und Bürger der Sowjetunion doch oftmals viele unterschiedliche Identitäten in einer Person: russisch, sowjetisch, jüdisch, ukrainisch, belarussisch – diese Identitäten schlossen sich gegenseitig nicht aus. Plastisch verarbeitet wird dies etwa in dem Roman *Babij Jar* des sowjetischen Schriftstellers Anatoly Kuznecov, in dem dieser auf Grundlage seiner eigenen Autobiografie die Tage der deutschen Besatzung von Kyiv beschreibt. Die Hauptfigur hat einen russischen Vater und eine ukrainische Mutter und liest kurz nach der Einnahme der Stadt durch die Wehrmacht ein Propagandaplakat: Juden und Russen seien die größten Feinde der Ukraine. Bin ich nun also selbst mein größter Feind?

Für die Ukrainerinnen und Ukrainer war es schmerzhaft, dass das Schicksal ihrer Vorfahren in Deutschland oft keine Rolle spielte. Die Gewalt gegen die Zivilbevölkerung in den besetzten Gebieten Osteuropas setzte sich nach dem Ende der Kriegshandlungen und auch nach der Ermordung eines Großteils der jüdischen Bevölkerung fort. Der Besatzungsalltag in Orten wie Kyiv, Lwiw, Winnyzja, Charkiw und Schytomyr war weiterhin von Gewalt geprägt: verbrannte Dörfer, Rückzugsverbrechen, die allgegenwärtigen Vergeltungsaktionen gegen die vermeintlichen Partisanen, Erschießungen von sowjetischen Kriegsgefangenen und eine Hungerspolitik gegenüber der Zivilbevölkerung – schließlich standen die „Slawen" auf der zweituntersten Stufe der NS-Rassenhierarchie nach den Jüdinnen und Juden. Außerdem verbanden sich in den Erfahrungen ihrer Familien oft Geschichten, in denen Menschen zu Opfern sowohl des nationalsozialistischen als auch des sowjetischen Staates geworden waren. Mindestens zwei Millionen Zwangsarbeiterinnen und Zwangsarbeiter stammten aus der Ukraine und wenn diese Menschen nach ihrer Tortur in ihre Heimat zurückkehrten, waren sie abermals mit Repressalien konfrontiert, weil sie aus Sicht der Sowjetunion Verrat begangen hatten.

Wie können wir all diese Erlebnisse von Gewalt, Tod und Verlust nachgeborenen Generationen greifbar machen? Tatsächlich können wir die Erfahrung der Menschen, die den Krieg überlebt haben, nicht nachempfinden. Trotzdem dürfen ihre Geschichten nicht in Vergessenheit geraten. Das Einzige, was wir tun können, ist, nach ihren Geschichten zu suchen, ihre Stimmen zu hören und ihnen Raum zu geben. Das war nach dem Krieg viele Jahrzehnte lang nicht der Fall. Gerade die Erfahrung jüdischer Opfer wurde diesseits und jenseits des Eisernen Vorhangs aus unterschiedlichen Gründen marginalisiert.

Sich diesen Erzählungen über das Überleben in der Unmenschlichkeit zu stellen und die Orte des Todes und der Vernichtung zu besuchen, ist eine Herausforderung. Primo Levi schrieb einmal: „Man ist versucht, sich erschaudert abzuwenden und sich zu weigern, zu sehen und zu hören: Das ist eine Versuchung, der man widerstehen muss." Der sowjetische Regisseur Elim Klimov fasste es noch prägnanter: „Geh und Sieh". Denn das Hinschauen auf die gegenwärtige Katastrophe in der Ukraine ist unsere Pflicht, sowie das Zurückschauen in die Vergangenheit eine Notwendigkeit bleibt. Seit einigen Jahren stehen wir aber in dieser Hinsicht vor neuen erinnerungskulturellen Herausforderungen. Die letzten Überlebenden sterben, und damit endet allmählich die Epoche der Zeitzeugenschaft. Junge Menschen stehen mittlerweile in der vierten Generation zur Kriegsgeneration. Biografisch sind es nun die Urgroßeltern, deren Leben mit der NS-Zeit verbunden war. In manchen Familien sind Erfahrungen der Gewalt, der Flucht und des Fremd-Seins in das Familiengedächtnis eingeschrieben. In anderen Familien fehlt dagegen ein direkter persönlicher Bezug zur Geschichte des Zweiten Weltkriegs. Wir leben in einer heterogenen Einwanderungsgesellschaft, die sich nicht mehr auf eine deutsche identitätsstiftende „zweite Schuld" reduzieren lässt. Das Nachdenken über die Vergangenheit sollte mehr sein als ein Pflichtbesuch einer Gedenkstätte mit der Schulklasse. Das vergangene Unrecht hat Implikationen für die Gegenwart: nicht wegzuschauen, wenn Menschen diskriminiert werden, und sich für die Schwächsten in einer Gesellschaft einzusetzen. Reinhard Koselleck hat dies als Kern des „negativen Gedächtnisses"[1] verstanden – die Erfahrung der Opfer der NS-Gewalt ließe sich nicht nacherleben, aber sie solle uns dazu bewegen, stets unsere politische und gesellschaftliche Ordnung kritisch zu hinterfragen.

Die Frage nach dem Warum des Erinnerns impliziert, dass wir wissen, „was" erinnert werden soll. Gemeinhin gilt Deutschland noch immer als leuchtendes Beispiel für die Aufarbeitung der dunklen Vergangenheit. Uns, als Osteuropa-Historikerinnen, fallen dagegen gerade die Leerstellen der Erinnerung auf. Immer wieder hören wir in unseren Seminaren von Studierenden, dass sie in der Schule zwar viel zu Deutschland zur Zeit der nationalsozialistischen Herrschaft gelernt hätten, aber wenig von den Erfahrungen der Millionen von Menschen in Osteuropa während des Krieges wüssten. Wer hat schon einmal von dem ukrainischen Dorf Korjukiwka gehört, wo im März 1943 das berüchtigte Sonderkommando 4a und ungarische Feldjäger-Einheiten abertausende Zivilistinnen und Zivilisten ermordeten als „Racheakt" an Partisaninnen und Partisanen? Wer hat vor Augen, dass über zwei Millionen Menschen aus der Sowjetukraine zur Zwangsarbeit nach Deutschland verschleppt wurden? Wer verbindet etwas mit dem 1. August 1944, als in Warschau ein Aufstand gegen die deutschen Besatzer begann? Wer hat die Selbstzeugnisse von Menschen gelesen, die die fast 900 Tage andauernde Blockade von Leningrad überlebten? Wer kennt den Ort Bełżec im Osten Polens, wo die SS mit ihren Helfern etwa eine halbe Million Menschen systematisch ermordete? Diese und viele, viele andere Orte im östlichen Europa stehen bis heute am Rande der deutschen Erinnerung. Dabei waren der Feldzug gegen Polen und das „Unternehmen Barbarossa" – der Angriff auf die Sowjetunion im Juni 1941 – integrale Bestandteile nationalsozialistischer Ideologie und Politik.

Dieses Buch versteht sich als Einladung, über die Lücken der deutschen Erinnerungskultur nachzudenken und zugleich den Blick für die Erinnerungen an den Zweiten Weltkrieg im östlichen Europa zu öffnen.

Dass die Erinnerung an die hohe Zahl von Opfern im östlichen Europa so lange verdrängt werden konnte, hängt auch damit zusammen, dass sich Teile der 18 Millionen starken Wehrmacht schlimmster Menschenverbrechen schuldig gemacht haben. Ohne das Zutun der „einfachen Soldaten", die sich selbst gerne als Opfer stilisierten, wären Verbrechen dieses Ausmaßes während der Besatzungsherrschaft nicht möglich gewesen. Die Täter aber lebten unbehelligt und gesellschaftlich anerkannt in der Bundesrepublik weiter, alle Gespräche über ihr Tun an der Ostfront versiegten im Schweigen, lediglich aufgebrochen durch Anekdoten. Erst seit Kurzem helfen gesellschaftliche Projekte den NS-Nachkommen, sich ihrer Familiengeschichte zu stellen. Zugleich lässt sich bis heute beobachten, dass die Akzeptanz der deutschen Verantwortung im Zweiten Weltkrieg oft endet, wenn es um die eigenen Vorfahren geht. Einer neuen Studie zufolge glaubt nur ein Viertel der Deutschen, dass es Täterbiografien in der eigenen Familie gibt.[2] Sicherlich ist die Konfrontation mit der Vergangenheit schmerzhafter als das – vordergründig – bequemere Schweigen. In der Hinwendung zu Täterbiografien liegt aber die Chance, dass man nun allmählich auch mehr über die Landschaften deutscher Verbrechen im Osten erfährt: Warum ließ sich der Großvater in den Kessel von Stalingrad einfliegen? Was bedeutete die „Sicherung" des Gebietes im Rahmen der „Bandenbekämpfung"? Warum bekam die Großmutter mit der Feldpost Fotografien der traditionell gekleideten Juden aus Petrikow? Warum werden Regalien und Auszeichnungen im Krieg aufbewahrt? Ein gewisser Aufbruch des Interesses an den Lebenswegen eigener Großeltern hat also auch die Chance, dass die Orte der Verbrechen im östlichen Europa wieder sichtbarer werden.

Familiengeschichten

Unsere eigenen Familiengeschichten, die der Autorinnen dieser Zeilen, sind auch durch den Zweiten Weltkrieg geprägt. Aber sie sind es auf sehr unterschiedliche Weise. In einem Fall ist es die Geschichte einer sowjetisch-jüdisch-tatarisch-russischen Familie. Der eine Großvater wurde im Kindesalter rechtzeitig vor der Schließung des Belagerungsrings um Leningrad evakuiert, aber in der Blockade starben viele seiner Freunde an Hunger. Sein Cousin, der Großonkel, war der Einzige in seiner Familie, der den Holocaust überlebte. Seine Eltern und sein jüngerer Bruder kamen im Minsker Ghetto um. Auf einem der Petersburger Friedhöfe ließ er eine symbolische Grabstätte für sie errichten, denn deren tatsächliche letzte Ruhestätten sind bis heute unbekannt. Sein ganzes Leben sprach er nicht über seinen Verlust und die Schrecken des Lebens im Ghetto. Der andere Großvater, von dem die Autorin den Nachnamen trägt, fiel in einem der Kämpfe um die Stadt Orjol. Es bleibt nur ein Eintrag in der „Allgemeinen Datenbank" der Gefallenen – weder der Ort des Sterbens noch der Ort der Beisetzung sind der Familie bekannt. Das teilt er mit Millionen von Sowjetsoldaten, die in namenlosen Massengräbern verscharrt worden sind. Das Schweigen über Schrecken verband sich am Familientisch jedoch immer mit der Freude um den Sieg über NS-Deutschland 1945.

Im zweiten Fall ist es die Geschichte einer deutsch-britischen Familie. Die deutsche Mutter ist im vorletzten Kriegsjahr in Kaliningrad geboren, zu einer Zeit also, als die Stadt noch Königsberg hieß und in Deutschland lag. Die Großmutter flüchtete mit den beiden Kleinkindern aus Ostpreußen und landete schließlich bei Verwandten in der Nähe von Hannover. Der britische Vater wurde im vorletzten Kriegsjahr in einem kleinen nordenglischen Dorf geboren. Seine Mutter, so erzählte sie es ihm und er wiederum dann seiner Tochter viele Jahre später, hörte sich stets die Radioansprachen Winston Churchills an. Sie gaben ihr Hoffnung in einer Zeit, als sich die Herrschaft NS-Deutschlands scheinbar unaufhaltsam über immer weitere Teile Europas erstreckte. Der deutsche Großvater war ein kleiner Teil dieses Geschehens. Er war als Wehrmachtssoldat im Krieg gegen Polen im Einsatz. Er war Mitglied der NSDAP und trat im April 1933 in die SA ein – einer Organisation, die in der Weimarer Republik ihre Gegner terrorisiert hatte und die zum Zeitpunkt seines Eintritts massive Gewalt ausgeübt hatte gegen Sozialdemokraten, Kommunistinnen und Juden und Jüdinnen. Immerhin trat er einige Jahre später wieder aus.

Außerdem war der Großvater Beamter im besetzten Polen, dort mitverantwortlich für die „Eindeutschung" der Wirtschaft im Bezirk Zichenau. In seiner Personalakte heißt es: „Herr Dr. Meyer richtete seine Arbeit auf eine vollständige Beschlagnahme des gewerblichen polnischen und jüdischen Vermögens zu Gunsten des Reiches aus." Mithin war er verantwortlich für die Enteignung jüdischer und polnischer Menschen, deren Heimatland Deutschland im September 1939 angegriffen hatte. Sein Vorgesetzter bescheinigte ihm im Februar 1943, dass er seine Aufgabe „mit grosser Tatkraft und Umsicht" erfüllt habe. Über seine Zeit als Wehrmachtssoldat an der West- und Ostfront wissen wir nichts. Und das Wissen, das wir haben, stammt nicht etwa aus dem Familiengedächtnis, sondern ist das Ergebnis einer Archivrecherche. Daher wissen wir auch, dass er nach dem Krieg im Prozess der Entnazifizierung behauptete, die Mitgliedschaften in SA und NSDAP seien nur aus Gründen der Karriere erfolgt, eigentlich habe er deren Ideologie stets abgelehnt. Über diese Widersprüche und seine Rolle in einem verbrecherischen Regime wurde in der Familie aber nicht gesprochen. Lediglich Fragmente dieser Zeit geistern durch das Familiengedächtnis. So sei er beim Abendessen einmal weinend zusammengebrochen, weil er die Erinnerungen nicht ertragen konnte. Seine Kinder stellten keine Fragen, und seine Enkelinnen konnten ihn nicht mehr fragen, weil er vor ihrer Geburt starb. Lediglich der britische Schwiegersohn hat ihn einmal nach jener Zeit gefragt und bekam eine ausweichende Antwort: Es seien „verzweifelte Zeiten" gewesen. Das ist eine ganz typische deutsche Familiengeschichte. Über den

Vernichtungskrieg der Deutschen im Osten Europas wurde oft schlicht geschwiegen.

Opfer ohne Denkmal

Das Schweigen über den Vernichtungskrieg gegen Polen und die Sowjetunion manifestiert sich auch darin, dass es bisher keinen zentralen Erinnerungsort in Deutschland für seine Opfer gibt. Es steht außer Zweifel, dass die deutsche Gedenkstätteninfrastruktur sehr gut ausgebaut ist, dass die staatlich geförderten Lernorte umfassend über die Opfer des NS-Terrors informieren und in den Schulen gelehrt wird, was die Ursachen der NS-Diktatur waren und welche Konsequenzen sie hatte. Gleichzeitig bleibt der Blick auf den Krieg merkwürdig deutsch-zentriert – und dies ungeachtet dessen, dass in der Historiografie inzwischen gut erforscht ist, dass mit der „Operation Barbarossa" das NS-Regime seine genozidale Politik auf das östliche Europa ausweiten konnte, zur systematischen Vernichtung der jüdischen Bevölkerung in Polen und in der Sowjetunion schritt, die Vernichtung durch Hunger, die Politik der verbrannten Erde und den Tod von drei Millionen sowjetischen Kriegsgefangenen vorantrieb.

Heute erzählen uns einige Museen und Gedenkstätten davon, welche Gewalt von Deutschland im Osten ausging. Dazu gehört der Ort der Information am Mahnmal für die Ermordeten Juden Europas, der auch den Holocaust durch Erschießungen auf dem sowjetischen Gebiet zeigt. Das deutsch-russische Museum Berlin-Karlshorst, eine Dokumentationsstätte am historischen Ort – hier wurde die Kapitulation am 8./9. Mai 1945 unterzeichnet – informiert seit 1994 umfassend über den Angriffs- und Vernichtungskrieg gegen die Sowjetunion und leistet Großes bei der Dokumentation der letzten Ruhestätten der Zwangsarbeiterinnen und Zwangsarbeiter und Kriegsgefangenen in Deutschland. Polnische Perspektiven auf den Krieg, dass nämlich 1939 auf den deutschen Angriff der sowjetische Einmarsch folgte, fehlen dagegen völlig. Die Topografie des Terrors am Ort des ehemaligen Reichssicherheitshauptamtes zeigt in ihrer Ausstellung die Gewalt der SS und des SD im Osten Europas. Auch ein anderer historischer Ort widmet sich dem Thema: Das Haus der Wannsee-Konferenz schildert in der Online-Ausstellung „Unrecht-Erinnern. Auf den Spuren sowjetischer Kriegsgefangener" das Schicksal sowjetischer Soldaten in deutscher Gefangenschaft.[3] Außerhalb der Hauptstadt ist es die Gedenkstätte Bergen-Belsen, die das Schicksal der sowjetischen

Opfer gut dokumentiert und deren Gräber pflegt. Im Oktober 2020 wurde zudem die Errichtung der Gedenkstätte Stalag-326 Stukenbrock für Tausende sowjetischer Kriegsgefangener beschlossen und ihre Förderung durch den Bund sichergestellt.

Die Liste der Gedenkstätten, die den Krieg zum Thema haben, ließe sich weiter fortsetzen, aber: Die genannten Orte greifen meist nur einen Teilaspekt des Themas auf. Für eine umfassende Darstellung der Dimensionen des Vernichtungskrieges braucht es eine Rundführung, die alle Orte miteinander verbindet.

Die Politik hat diese Leerstelle inzwischen erkannt. Erst kürzlich, im Oktober 2020, hat der Bundestag die Errichtung eines neuen zentralen Gedenkortes in Berlin beschlossen. Es soll eine Erinnerungs- und Dokumentationsstätte zur Geschichte des Zweiten Weltkriegs und der nationalsozialistischen Besatzung in Europa errichtet werden, unter besonderer Berücksichtigung von Mittel- und Osteuropa. 75 Jahre nach dem Ende des Zweiten Weltkriegs hat das deutsche Parlament den politischen Willen kundgetan, im Zentrum der deutschen Hauptstadt einen Ort des Lernens und des Gedenkens an den Vernichtungskrieg zu bauen, der helfen soll, die „bisher wenig beachteten Opfergruppen des Nationalsozialismus" anzuerkennen. In seiner viel gelobten Rede aus Anlass des 80. Jahrestages des deutschen Überfalls auf die Sowjetunion, mahnte Bundespräsident Frank-Walter Steinmeier an, dass über den Krieg im Osten viel zu wenig bekannt sei.[4] Wie kommt es, dass sich diese Lücke erst so spät zu schließen beginnt?

Wege des Nicht-Erinnerns

Tatsächlich spielten dafür mehrere Faktoren eine Rolle. Nach 1945 war die Erinnerung an den Zweiten Weltkrieg gespalten – in die Perspektive der Opfer und die der Täter. Und für Jahrzehnte waren es die Täter, die den Nachkriegsdiskurs dominierten. Die Frage nach den Verbrechen der deutschen Armee wurden in der Bundesrepublik vom schillernden Mythos Stalingrads, des deutschen Opfergangs an der Wolga 1942–43, überlagert.[5] Die Erfahrung deutscher Kriegsgefangener in der Sowjetunion hatte Priorität, sowohl in der individuellen Erinnerung als auch im offiziellen politischen Diskurs der Bundesrepublik Deutschland. Hier offenbarte sich der Zusammenhang von Politik, Erinnerung und Ideologie – der Umgang mit dem Krieg in den ersten Nachkriegsjahrzehnten befand sich in Händen derer, die biografisch mit dem NS-Regime verbunden waren. Die in den eigenen Aussagen enthaltene Perspektive zielte darauf ab, der eigenen Erfahrung Sinn zu verleihen. In der BRD bedeutete dies meist, sich selbst als Opfer in einem „sinnlosen Krieg" zu sehen. In der DDR gestaltete sich die Erinnerung etwas anders: Hier waren politische Eliten eher bereit, den verbrecherischen Kern des deutschen Krieges zu sehen. Zugleich aber verstand sich der ostdeutsche Staat nicht als Nachfolger des NS-Regimes und reihte sich stattdessen ein in den antifaschistischen Widerstand. Beide erinnerungspolitischen Strategien drängte die Geschichte der Opfer an den Rand.

Hinzu kam, dass sich der Anti-Bolschewismus der Nationalsozialisten unter anderen Vorzeichen im Kalten Krieg als Anti-Kommunismus fortsetzte. Die Sowjetunion, das Land, aus dem die Mehrzahl der Opfer des deutschen Vernichtungskrieges stammte, war der neue alte Hauptfeind. Die politische Kultur der Angst, die antikommunistische Gesinnung der Eliten der BRD und die Abgrenzung zur DDR bildeten den Rahmen des Umgangs mit den Kriegsopfern und verhinderten die Entwicklung von Empathie gegenüber den Opfern und der Anerkennung des sowjetischen Beitrags zum Sieg über den Nazismus.

Schließlich fehlte über Jahrzehnte das Verständnis für den engen Zusammenhang zwischen dem Holocaust und dem Vernichtungskrieg gegen die Sowjetunion. Das Wissen von sechs Millionen Juden war bereits in den 1960er-Jahren Gegenstand der deutschen Schulbildung, doch dass die große Mehrheit der Opfer aus Osteuropa stammte und auch dort ermordet wurde, war (und ist) kaum präsent. Die historiografischen Interventionen von Alexander Dallin, Gerald Reitlinger, Christian Streit, Gerd R. Ueberschär und Rolf-Dieter Müller erzeugten zwar schon in den 1960er- und 1970er-Jahren eine öffentliche Beachtung, doch deren wissenschaftliche Erkenntnisse wurden nicht zum Teil der Erinnerungspolitik.[6] Als Symbol des Holocaust gilt Auschwitz, wo sich der organisierte und technologisierte Massenmord an Jüdinnen und Juden aus ganz Europa vollzog. Neben Auschwitz verblassten in der Erinnerungskultur selbst Vernichtungslager wie Sobibór, Bełżec und Treblinka.[7] Freilich hat es lange gedauert, bis Auschwitz zum Fundament der kollektiven historischen Erinnerung wurde. Dieser Prozess begann gegen große Widerstände in den 1960er-Jahren. Ein wichtiges Ereignis in diesem Zusammenhang war der Prozess gegen Adolf Eichmann in Jerusalem im Jahr 1961. Vor allem linke Intellektuelle begannen, gegen den andauernden Einfluss ehemaliger Nationalsozialisten zu rebellieren. Im sogenannten Historikerstreit der 1980er-Jahre, der sich um das Verhältnis von kommunistischen und nationalsozialistischen Verbrechen drehte, setzten sich schließlich diejenigen durch, die auf der historischen Verantwortung für den Holocaust als dem Fundament der deutschen politischen Kultur bestanden. Die Politik zog in gewisser Weise nach und erklärte im Jahr 1996 den 27. Januar – den Tag der Befreiung des Lagers Auschwitz – zum Gedenktag für die Opfer des Nationalsozialismus. Eine starke Wirkung hatte auch die Wiedervereinigung Deutschlands, die Abschwächung des antikommunistischen Diskurses, die Übertragung der ostdeutschen Gedenkstätten unter eine neue Führung und die Aufnahme eines neuen staatlichen Programms zur Konzeption der Gedenkinfrastruktur. Die Erinnerung an den Holocaust wurde jetzt erst zum gesamtstaatlichen Projekt.

Die Erinnerung an den Krieg blieb aber von der Erinnerung an den Holocaust merkwürdig losgelöst. Vielmehr zeigten gerade die Debatten der 1990er- und frühen 2000er-Jahre, wie schwer sich die deutsche Gesellschaft mit der Erinnerung an den Zweiten Weltkrieg tat. Zwar hielt der Bundestag 1991 eine erste Gedenkveranstaltung ab, die dem Beginn des Überfalls auf die Sowjetunion (der Begriff „Vernichtungskrieg" selbst wurde erst 1997 angenommen) gewidmet war, aber die Proteste gegen die Ausstellungen des Hamburger Instituts für Sozialforschung „Verbrechen der Wehrmacht" zeigten, dass die Frage nach der persönlichen Beteiligung von Deutschen, die nicht der SS angehört hatten, nach wie vor Abwehrreflexe auslöste.[8]

Dabei war es diese Ausstellung, die zum ersten Mal den Nexus zwischen dem Holocaust und dem Vernichtungskrieg im Osten aufzeigte. Sie löste den Krieg aus seiner verharmlosenden Erinnerungsaura normaler Kriegshandlungen heraus und zeigte die Gräuel der deutschen Besatzungspolitik. Die Ausstellung hatte deutlich gemacht, dass die Mehrheit der zivilen Opfer der deutschen Vernichtung geografisch im Osten liegt und zeitlich zwischen 1941 und 1944.

Doch die deutsche Erinnerungspolitik blieb auf die Chiffre Auschwitz und den anonymen technologisierten Massenmord konzentriert. Auschwitz wurde zu einer Ressource für Symbol-, aber auch Außenpolitik. Der grüne Außenminister Joschka Fischer legitimierte 1999 den militärischen Einsatz in Ex-Jugoslawien mit seiner Überzeugung, dass es „nie wieder

Krieg, nie wieder Auschwitz, nie wieder Völkermord" geben dürfe. Fischer dachte hier aber offenbar vor allem an die ethnische Säuberung, symbolisiert durch Auschwitz, aber nicht an den „Krieg", der nie wieder von Deutschland ausgehen sollte. Diese spezifische Erinnerung an den Holocaust „in einem geschlossenen Raum der Einzigartigkeit"[9] hatte zur Folge, dass die Leidenserfahrung anderer Opfer weniger Raum bekam. Die Erinnerung an Täter, die brachiale Gewalt der Wehrmachtssoldaten, die Unterstützung der deutschen Gesellschaft für die NS-Politik und ihre Vernichtungspolitik blieben abstrakt und anonym.

Dass der Vernichtungskrieg über Jahrzehnte im Schatten von Auschwitz blieb, hat noch einen anderen Grund: das lange Fehlen der Stimmen der osteuropäischen und sowjetischen Opfer in den Diskussionen über Entschädigung und die Verewigung des Gedenkens. Dabei spielte auch eine Rolle, dass diese in der Block-Konfrontation des Eisernen Vorhangs nicht in die westdeutsche Öffentlichkeit vordrangen. Die Entscheidung zur Auszahlung ehemaliger „Ostarbeiter" und „Ostarbeiterinnen" wurde erst 2000 mit der Gründung der Stiftung „Erinnerung, Verantwortung und Zukunft" gelöst. Erst 2015 erfolgte die Entscheidung über die Auszahlung an die sowjetischen Kriegsgefangenen, und erst 2019 wurde die Hilfe für karitative Einrichtungen für die Überlebenden der Leningrader Blockade beschlossen. Ein Jahr später beschloss der Bundestag, dass für die polnischen Opfer des deutschen Vernichtungskrieges ein Gedenkort in Berlin entstehen soll.

Stimmen des Vernichtungskrieges

In dieser Systematik des Schweigens gab es zwischen Deutschland und dem osteuropäischen Raum eine gewisse Symmetrie: Sie lag auf sprachlicher Ebene. An den Orten deutscher Verbrechen in Polen und in der Sowjetunion wollte und konnte kaum jemand zurückschauen – die Verdrängung war ein Mittel, weiterzuleben. Die offizielle, kommunistisch verfasste Kultur des Zukunftsoptimismus fand zudem keine Sprache, die geeignet gewesen wäre, die traumatische Erfahrung zum Ausdruck zu bringen, und trug zur Verdrängung bei.

In Deutschland verband sich das Schweigen in den Familien mit dem politisch gewollten Schweigen. Die wenigen Stimmen des Vernichtungskrieges, die in die deutsche Öffentlichkeit vordrangen, taten dies meist im Bereich der Literatur. In den 2010er-Jahren wurde Wassili Grossman (wieder-)entdeckt: Sein epochaler Roman *Leben und Schicksal* wurde auch außerhalb von Slawisten-Kreisen als „Krieg und Frieden im 20. Jahrhundert"[10] gefeiert. In seinem antitotalitären Roman thematisierte Grossman den Krieg so, wie er von Sowjetbürgern und -bürgerinnen erfahren wurde: Dazu gehörten die Ermordung des sowjetischen Judentums und der Holocaust in den Gaskammern, die heldenhafte Verteidigung Stalingrads gegen die deutsche Armee, die vielen Entbehrungen und die Not der Zivilbevölkerung sowie auch Gewalt aus den eigenen Reihen. Grossman ließ seine Leserschaft nicht vergessen, dass der Krieg in Zeiten des Stalinismus stattfand. Ausgesprochen positiv war auch die Aufnahme von Grossmans Roman über die Schlacht von Stalingrad, der erst 2021 in deutscher Sprache erschien.[11] Die Feuilletons waren sich einig, dass damit nun eines der wichtigsten Bücher über diese Schlacht endlich auch einem deutschen Publikum zugänglich war.

Zum 70. Jahrestag des Endes der Belagerung Leningrads (2014) sprach der Schriftsteller Daniil Granin bei der Gedenkstunde im deutschen Bundestag, und es erschien sein Roman *Mein Leutnant*, in dem der Krieg aus der Perspektive des einfachen sowjetischen Soldaten geschildert wird.[12] Als Herausgeber des „Blockadebuchs" war Granin zusammen mit seinem belarussischen Schriftstellerkollegen Ales Adamowitsch in der DDR bekannt gewesen. Die beiden sammelten in den 1970er-Jahren Interviews mit Überlebenden der Leningrader Blockade und Auszüge aus den Tagebüchern jener, die an Hunger starben. Erst 2018 konnten auch westdeutsche Leser das *Blockadebuch* kennenlernen, als es in einer ergänzten und kommentierten Neuauflage erschien.[13] Das *Tagebuch* von Lena Muchina, die *Aufzeichnungen eines Blockademenschen* von Lidia Ginzburg und kürzlich auch *Lebende Bilder* von Polina Barskova, besprochen in den großen Tageszeitungen, konnten der interessierten Öffentlichkeit das grausame Schicksal Leningrads etwas näherbringen.[14]

Die Schülerin von Ales Adamowitsch, die belarussische Schriftstellerin Swetlana Alexijewitsch, erhielt 2015 den Nobelpreis für Literatur – vor allem das Schicksal der Frauen im Zweiten Weltkrieg, das sie schonungslos in ihrem *Der Krieg hat kein weibliches Gesicht* beschreibt, hat in Deutschland ein Publikum gefunden.[15] Im Jahr 2017 erschien Natascha Wodins autobiografischer Roman *Sie kam aus Mariupol*; das von der Leipziger Buchmesse prämierte Werk rekonstruiert das Schicksal von Wodins Eltern, die aus der Sowjetunion zur Zwangsarbeit nach Deutschland verschleppt worden waren.[16] Ebenfalls für Aufmerksamkeit sorgte das 2014 publizierte Buch *Vielleicht Esther* der deutsch-ukrainisch-jüdischen Autorin Katja Petrowskaja, die darin ihrer in Babyn Jar ermordeten Urgroßmutter ein Denkmal schuf.[17] Diese Literatinnen gaben den Opfern des Vernichtungskrieges im Osten eine Stimme, die in der deutschen Öffentlichkeit lange Zeit fehlte.

Die Leerstellen „vor der Haustür"

Auch in den lokalen Erinnerungskulturen werden Leerstellen der Erinnerung deutlich. So ist die Mehrheit der Orte, die mit dem Schicksal der sogenannten Ostarbeiter (2,8 Millionen aus der Sowjetunion und 1,7 Millionen aus Polen) und der sowjetischen Kriegsgefangenen in Verbindung stehen, nur wenig mit Gedenkzeichen markiert. Die meisten „Objekte" sind keine Orte des Gedenkens, sondern einfache Gräberfelder, meistens ungepflegt, verwahrlost, anonym. Die typischen Inschriften auf den Gräberplatten „Unbekannter russischer Bürger" sind an sich sinnbildend für das fehlende Wissen und fehlendes Gedenken. Die hier umgekommenen Zwangsarbeiterinnen und Zwangsarbeiter waren Bürger und Bürgerinnen der Sowjetunion: Frauen und Männer aus der Ukraine, Belarus und Russland, doch wurde diese Vielfalt nicht wiedergegeben, vielmehr galten die „Ostarbeiter" in der Bevölkerung als „der Russe". Die Gräberfelder für diese Opfer, die in der unmittelbaren Nachkriegszeit entstanden sind, tragen bis heute die Zeichen der NS-Ästhetik – absurderweise sind Grabsteine für die Opfer der deutschen Gewalt in Form des Eisernen Kreuzes gehalten, sie befinden sich abseits der Friedhöfe und oft in der Nähe von Müllablagestellen oder im Wald. Diese Gräberfelder sind stumme Zeugen der Gewalt – sie sind oft schwer zu finden und geben keine Information über die Umstände des Todes, Täterschaft oder Herkunft der Opfer. Viele Gräber haben den Charakter eines Massengrabes, hier ist noch nicht einmal eine Rekonstruktion der Bestattungssituation möglich. Besucht man etwa den Bonner Nordfriedhof, auf dem während der Hauptstadtzeiten die *zentrale* nationale Mahnstätte für alle Opfer des Zweiten Weltkriegs lag, findet man dort mehrere Dutzend symbolische Gräberfelder vor: für sowjetische Kriegsgefangene und Zwangsarbeiterinnen und ihre Kinder. Die meisten von ihnen starben 1944 im Säuglingsalter, denn laut der Rassenideologie waren sie es nicht wert, am Leben zu bleiben, und ihre Mütter durften die Schwerstarbeit für die Kriegsindustrie, nicht etwa zur Versorgung ihrer Kinder abbrechen. Die in den Kinderanstalten weggesperrten Neugeborenen wurden dem Sterben preisgegeben.[18] Dieser Bereich des Friedhofs gleicht einem Fremdkörper, mit dem man nichts anzufangen weiß – weder eine Schautafel, noch ein Mahnmal vermitteln einem diese Geschichte.

Hier ist die Erinnerung an die sowjetischen und polnischen Opfer auf der Ebene der lokalen Gedenksituation in den 1950er-Jahren stecken geblieben. Der Krieg „vor der Haustür" im lokalen Bewusstsein ist viel eher mit den deutschen Bombenopfern verbunden und weniger in die Reflexion der NS-Verbrechen eingebunden. Ein eindrückliches Beispiel ist die Stadt Würzburg, wo jedes Jahr öffentlichkeitswirksam der deutschen Opfer der Bombennacht gedacht wird, während das Gedenken an die Opfer NS-Deutschlands keinen vergleichbaren Raum erhält.

Doch in den letzten Jahren ist auch hier etwas in Bewegung gekommen: Gesellschaftliche Initiativen – lokale Aktivistinnen, Geschichtsvereine, engagierte Bürger – trugen zur Errichtung einiger Gedenksteine oder von Erklärungsschildern auf den Friedhöfen bei. Der SS-Schießplatz Hebertshausen bei Dachau, lange Zeit ein Waldbienen-Biotop, bekam 2015 eine Freiluftausstellung und ein Mahnmal mit den Namen von einigen Hundert Sowjetsoldaten, die hier erschossen wurden. Lediglich einen Bruchteil von insgesamt 4000 Ermordeten konnten die Aktivisten des Fördervereins Dachau rekonstruieren. Die Bedeutung dieses Einsatzes, den Opfern ihren Namen und ihre Würde zurückzugeben, kann man nicht unterschätzen. Seit 2017 erinnert in Rheinbach bei Bonn ein Mahnmal an drei junge Menschen aus der Sowjetukraine, die aus Kyiv zur Zwangsarbeit ins Rheinland verschleppt und dort kurz vor der Befreiung hingerichtet wurden. Für dieses „nicht unumstrittene Vorhaben", wie es in dem *General-Anzeiger* hieß, setzten sich lokale Aktivisten und Aktivistinnen und der Rheinbacher Bürgermeister persönlich ein.[19] Dabei ging es ihnen nicht nur um die namentliche Nennung der Opfer, sondern auch um explizite Hinweise auf die verantwortlichen Täter: auf den „Rheinbacher NS-Bürgermeister", um dessen Verantwortung sich eine Hülle des Schweigens legt: „Mord blieb ungestraft", heißt es auf der Denkmalinschrift. Solche Initiativen erinnern an die Neue Geschichtswerkstatt-Bewegung aus den 1970er-Jahren („Grabe, wo Du stehst"), die von Gewerkschaften, Opferverbänden, Geschichtslehrerinnen und -lehrern sowie

Kirchen getragen wurde. Diese Orte haben das Potenzial, als Stätten der selbstkritischen Erinnerung zu fungieren und somit die deutsche Erinnerungskultur wiederzubeleben.

Dialog und Konflikte der Erinnerungskulturen

Schieflagen in der Erinnerungskultur betreffen selbstverständlich nicht nur Deutschland. Im östlichen Europa treffen unterschiedliche Deutungen des Zweiten Weltkriegs oft konflikthaft aufeinander – zwischen Ländern, aber auch innerhalb ihrer Gesellschaften. Dieses Buch zeigt beispielhaft, dass das „östliche Europa" mitnichten ein homogener Block ist, sondern ein pluralistischer Raum. Die Anerkennung der Erinnerungen der anderen und die Erweiterung des eigenen Gedächtnisses, das „dialogische Erinnern", wird oft als Lösung gepriesen, um Erinnerungskonflikte zu entschärfen. Wie steht es heute, mehr als 75 Jahre nach Kriegsende, um eine gemeinsame europäische Erinnerung?

Bereits 2006 stellte Aleida Assmann fest, dass es in Europa keinen Erinnerungskonsens in Bezug auf das zentrale Ereignis des 20. Jahrhunderts gibt.[20] Diese Feststellung ist heute immer noch gültig, ja, die Erinnerung ist sogar noch konfliktreicher, angespannter, politisierter geworden. Erinnern ist oft gerade kein Mittel zur Befriedung zwischenstaatlicher Spannungen, eher im Gegenteil: Erinnerung wird als Munition in zwischenstaatlichen Auseinandersetzungen missbraucht oder propagandistisch ausgeschlachtet. Am gefährlichsten ist es, wenn Geschichte zur Waffe in diktatorischen Regimen wird wie derzeit in Putins Russland. Schon beim ersten Angriff Putins auf die Ukraine im Jahr 2014 war die Instrumentalisierung, ja Pervertierung der Geschichte Teil der Propagandastrategie. Die Majdan-Aktivisten und -Aktivistinnen wurden schon kurz nach Beginn der Proteste allesamt als „Faschisten" dämonisiert. Zwar waren auch rechtsextreme und gewaltbereite Gruppen auf dem Majdan vertreten, aber darum ging es dem russischen Präsidenten, der europaweit die Nähe von Rechtsextremen sucht, wohl kaum. Putin stellte eine pluralistische Protestbewegung, die vor allem Freiheit und Rechtsstaatlichkeit erkämpfen wollte, mit dem schlimmsten Feind der Sowjetunion gleich: den deutschen Faschisten. Zielpublikum war hier nicht nur die noch stark von der sowjetischen Erinnerung an den Krieg geprägte russische Bevölkerung, sondern auch die Menschen in der Ostukraine, wo die Identifikation mit dem sowjetischen Erbe oft stärker war als in der Zentral- und erst recht der Westukraine. Es war also der zielgerichtete Versuch, Ukrainer und Ukrainerinnen durch die Mobilisierung von erinnerungskulturellen Gegensätzen zu spalten.

Die Liste von Putins geschichtspolitischen Interventionen ließe sich fortsetzen: Wiederholt hat er den Hitler-Stalin Pakt von Sommer 1939 verteidigt, in dem die beiden Diktaturen die Aufteilung Ostmitteleuropas vereinbarten. Innenpolitisch unterdrückt Putin diejenigen, die sich für eine kritische Auseinandersetzung mit der sowjetischen Geschichte einsetzen. Ende des Jahres 2021 ordnete ein russisches Gericht an, die Menschenrechtsorganisation Memorial aufzulösen – jene Institution, die sich wie kaum eine zweite darum verdient gemacht hat, den Opfern stalinistischer Gewalt in Russland ein Gesicht zu geben und ihre Geschichten zu erforschen und die eine wichtige, wenn auch viel zu wenig gehörte Gegenstimme zu Putins Geschichtspropaganda war. Es kann vermutet werden, dass der Angriff auf die Ukraine zu diesem Zeitpunkt bereits beschlossen war und es Putin darum ging jede Opposition zu seinem Angriffskrieg auszuschalten.

Aber auch mit den Entwicklungen in demokratischen Ländern und in der Wissenschaft sollten wir uns kritisch auseinandersetzen. Das international wohl erfolgreichste Buch der letzten Jahre über die Gewaltgeschichte des östlichen Europas hat Timothy Snyder geschrieben. In *Bloodlands. Europa zwischen Hitler und Stalin* konstruierte der in Amerika lehrende Historiker einen vornehmlich in Ostmitteleuropa lokalisierten Raum, in dem die Diktatoren Adolf Hitler und Joseph Stalin ihre gewalttätigen Ideologien in die Tat umgesetzt hätten.[21] Die Bevölkerung Ostmitteleuropas figurierte hier ausschließlich als Opfer zweier totalitärer Regime, Snyder klammerte die teilweise ausgeprägte Kooperationsbereitschaft der lokalen nicht jüdischen Bevölkerung bei der Entrechtung und Vernichtung der Jüdinnen und Juden praktisch aus. Damit übernahm er letztlich eine reduktionistische und nationalistische Perspektive, die sich heute in vielen Ländern Ostmitteleuropas großer Beliebtheit erfreut. 2018 sorgte die polnische Regierung mit einem Gesetz international für Empörung, dass die Verwendung des – in der Tat völlig falschen – Begriffs „polnisches Lager“ genauso unter Strafe stellte, wie die Zuweisung einer Mitverantwortung polnischer Bürgerinnen und Bürger an den Holocaust. Mit diesem später abgeschwächten Gesetz zielte die Regierung vor allem auf die innenpolitische Mobilisierung ihrer Anhängerschaft und unternahm den

Versuch, die Erforschung der Zusammenarbeit mit den deutschen Besatzern zu sanktionieren.

In diesem Sinne ist eine Nationalisierung der Erinnerung zu beobachten. Geschichtspolitik wird zum integralen Bestandteil der eigenen nationalen Identität. Eine Identität, die stark von eindeutigen Zuschreibungen lebt: Wer ist Opfer, Täter, Heldin oder Mitläufer? Wer wird überhaupt als „eigenes" Opfer in die nationale Wir-Gemeinschaft eingeschlossen, wer dagegen ausgeschlossen? Die Gesellschaften von heute wählen eine nationale Identität als Bezugspunkt der Erinnerung, und nicht eine europäische, welche pluralistischer, mehrdeutiger, aber vielleicht auch flüchtiger und vager wäre.

Diese eindeutigen Kategorisierungen klammern die gesellschaftlichen Praktiken der Erinnerung aus sowie ihre grundsätzliche Eigenschaft – die Wandelbarkeit. Wir sollten nicht außer Acht lassen, dass gerade jetzt eine große Transformation des Kriegsgedächtnisses vor sich geht: Die Kriegsgeneration geht verloren, und es sind nun die Enkel und Urenkel, die in den neueren Formaten die individuelle Erinnerung und Familiengeschichte publik machen. Populär wird außerdem eine unterhaltende Form des Umgangs mit Geschichte – Geschichte als Event.[22] In den sozialen Medien und in Form der öffentlichen Gedenkaktionen entstehen also neue – noch von der politischen Macht unabhängige – Formate der Kriegserinnerung: Auf diese neue Weise gelangen vergessene und unbequeme, heroische und leidvolle Geschichten an das Licht der Öffentlichkeit. Sie sind nicht mehr unpersönlich oder abstrakt und haben somit das Potenzial, die Gesellschaften gegen die Ausgrenzungsdiskurse der Gegenwart zu sensibilisieren.

Eine gemeinsame „europäische Erinnerung" ist kaum mehr als ein politischer Wunsch, aber sicherlich keine Realität. Es gibt kein gemeinsames europäisches Gedenken an die Opfer der totalitären Gewalt. Vielmehr steht das „Europa des Gulags" dem „Europa des Holocaust" gegenüber, so hat es Aleida Assmann pointiert auf den Punkt gebracht.[23] Für Deutschland ist der Holocaust Fluchtpunkt der Erinnerung, für Länder, die nach 1945 sowjetisch wurden oder politisch von Moskau abhängig waren, ist es die Erfahrung der doppelten Besatzung. Politische Eliten bedienen sich oft im Setzkasten des *nation-building*, um über eine vermeintlich eindeutige gemeinsame Geschichte und die damit einhergehenden gemeinsamen Feindbilder die Bevölkerung zu mobilisieren und sich zu profilieren. Dabei rückt die Perspektive des dialogischen Erinnerns in europäischer Vielfalt in immer weitere Ferne. Auch für die auf analytische Distanz bedachten Historikerinnen ist es schwierig, den Dialog und die Konflikte der Erinnerungskulturen greifbar zu machen. Einen methodischen Weg gibt es aber, nämlich den der Erinnerungsorte. Unsere Reisen beinhalteten zweierlei: Es waren physische Reisen an die Orte der Vernichtung, die oftmals komplexere Geschichten erzählen, als es nationale Meistererzählungen suggerieren. In lokalen Zusammenhängen offenbart sich, dass auch in den Ländern Ostmitteleuropas Orte der Erinnerung an den Holocaust existieren, dass Wissenschaftlerinnen und Wissenschaftler und Menschen aus der Zivilgesellschaft die Erinnerung an das verlorene osteuropäische Judentum pflegen. Die Auseinandersetzung mit diesen Erinnerungslandschaften war für uns auch eine intellektuelle Reise, in der wir einerseits immer wieder um die Dimensionen des deutschen Vernichtungskrieges im östlichen Europa kreisten, aber ebenso um die Entwicklungen in der nationalen und lokalen Gedenkkultur an Gewaltherrschaft und Shoah. Die Texte über unsere Reisen der vergangenen Jahre entstanden vor dem Totalangriff auf die Ukraine im Februar 2022. Eigentlich war unsere Arbeit am Manuskript bereits abgeschlossen. Unter dem Eindruck der jüngsten Ereignisse haben wir einige Kapitel ergänzt, im Wesentlichen blieben sie aber unverändert.

Erinnerungsorte und Stimmen

Es sind die Erinnerungsorte, denen in der Dialektik zwischen Einheit und Vielfalt eine entscheidende Rolle zukommt. In den drei Bänden zu europäischen Erinnerungsorten haben Étienne François und Thomas Serrier wunderbar gezeigt, wie diese *Dialektik zwischen Diversität und Einheit* gelebt werden kann.[24] Auch hier verstehen wir Erinnerungsorte als Topoi im breiten Sinn: Es sind kulturelle, geografische, literarische, filmische und historische Orte, die 1. Geschichte erzählen, 2. umstritten sind, 3. deren Erinnerungsgeschichte Transformationen, Konflikte und Spannungen aufweist. Es sind „Orte", die etwas bewirkt haben in der deutschen Perspektive auf den Krieg, oder umgekehrt, diese Chance vertan haben.[25]

Die Orte, die wir ausgewählt haben, sind eben das: eine kleine Auswahl. Es gäbe unzählige andere Orte, die man beschreiben könnte, ja müsste. Gerade jetzt bedauern wir, dass wir es nicht geschafft haben die Krim zu besuchen als sie noch Teil der demokratischen Ukraine war.

Denn auch das wäre ein Ort, an dem sich die Widersprüchlichkeiten der Erfahrungen der Menschen im Zweiten Weltkrieg auf plastische Weise zeigen: einerseits der heroische Kampf der Roten Armee gegen die deutschen Invasoren, andererseits die brutale Massendeportation der Krimtataren nach Zentralasien auf Befehl Stalins im Jahr 1944, nachdem er sie der Illoyalität gegenüber der Sowjetunion beschuldigt hatte – und das während viele von ihnen in der Roten Armee gegen die Wehrmacht kämpften. Dieses Buch leistet keineswegs eine Gesamtdarstellung des Vernichtungskrieges. Es möchte vielmehr Leserinnen und Leser dazu anregen, weiterzulesen, weitere Orte zu entdecken und Selbstzeugnisse kennenzulernen, die auch einem deutschen Lesepublikum zur Verfügung stehen. Während uns die Erinnerungsorte die Struktur der Erzählung vorgeben, leihen uns die Selbstzeugnisse der Kriegsgeneration die Sprache. Denn als Historikerinnen stehen wir oft vor der Frage: Wie vom Krieg erzählen? Wie kann man heute das Leiden der Millionen begreiflich machen und trotzdem dem aufwühlenden individuellen Schicksal gerecht werden? Die Zahlen der Opfer des Krieges auf der polnischen und der sowjetischen Seite kann man benennen und beziffern: 6 Millionen Staatsbürgerinnen und Staatsbürger Polens, 27 Millionen sowjetische Opfer insgesamt. Doch wie können wir uns diese Zahl bewusst machen, sie wahrnehmen? Welche Worte und welchen Ton kann man für die Darstellung wählen? Wie können wir Zugang finden zu den Geschichten des Grauens, der Haft, des Heimwehs, der seelischen und körperlichen Qual, der Todesangst? Uns helfen im Folgenden Schriftsteller, Zeitzeuginnen, Überlebende und ihre Tagebücher, historische Dokumentationen. Einige von ihnen haben erschütternde Zeugnisse hinterlassen, einige gaben dem Erlebten eine literarische Form. Denn vom Krieg erzählen können letztlich nur diejenigen, die ihn erlebt haben.

Warschau – Stadt der Aufstände

Warschau im Sommer 2017: Wir sind mit Studierenden in die polnische Hauptstadt gereist. In unserem Seminar geht es um Aufstände in Ostmitteleuropa im 20. Jahrhundert, und Warschau spielt in diesem Zusammenhang eine Schlüsselrolle. Während des Zweiten Weltkriegs war die Stadt der Ort gleich zweier Erhebungen gegen die deutsche Besatzungsmacht: dem jüdischen Aufstand im Warschauer Ghetto, der im April 1943 begann, und dem Warschauer Aufstand im August 1944. Zweimal griffen Menschen in Polen zu den Waffen und leisteten Widerstand. Beide Aufstände sind angesichts ihrer zentralen Bedeutung für die jüdische bzw. die polnische Erinnerungskultur in Deutschland viel zu wenig bekannt. In unseren Seminaren an der Universität erleben wir es immer wieder, dass unsere Studierenden die beiden Ereignisse verwechseln oder manchmal sogar noch nie von ihnen gehört haben.

Auf unserem Programm steht zuerst die Erinnerung an den Warschauer Ghetto-Aufstand des Jahres 1943. Mareike zum Felde, eine unserer damaligen Studentinnen, die hervorragend polnisch spricht, hat für uns eine Führung zu den Spuren der deutschen Vernichtungspolitik der Warschauer Juden und Jüdinnen vorbereitet. Unser Rundgang beginnt auf der Straße, die nach Mordechaj Anielewicz benannt ist, einem der Anführer des Widerstands. Hier befindet sich auch das Museum der Geschichte der polnischen Juden, das im April 2013 zum siebzigsten Jahrestag des Beginns des Ghetto-Aufstands eröffnet wurde. Der Ort für das Museum ist ganz bewusst gewählt, denn wir befinden uns im Viertel Muranów, wo in der Zwischenkriegszeit vor allem die jüdische Bevölkerung lebte. Gegenüber dem jüdischen Museum blicken wir auf das zentrale Denkmal für die jüdischen Kämpferinnen und Kämpfer: das Warschauer Ghetto-Ehrenmal. Ein erster Gedenkstein wurde bereits 1946 gelegt, als die Stadt noch komplett in Trümmern lag. 1948 wurde die Skulptur des polnisch-jüdischen Künstlers Nathan Rappaport enthüllt (siehe Kapitel 4). Die elf Meter hohe Stele zeigt Kämpfende des Ghettos, die zentrale Figur stellt Mordechaj Anielewicz dar. An beiden Seiten des Denkmals befindet sich jeweils eine Menora, der siebenarmige Leuchter, der das Judentum symbolisiert. Hier zeigt sich, dass gerade die Erinnerung an Widerstand, als sich Jüdinnen und Juden aus der Rolle der Opfer herausbegaben und zu Heldinnen und Helden wurden, durchaus vereinbar war mit der kommunistischen Art und Weise, sich des Krieges gegen die Deutschen zu erinnern. Bei unserem Besuch fallen uns die vielen frischen Blumen, Kerzen und Steine auf, die das Denkmal schmücken. Das Gedenken an die Ereignisse im Jahr 1943 ist bis heute lebendig. Für einen Großteil der vielen Besucherinnen und Besucher des Museums der Geschichte der polnischen Juden ist die Besichtigung des Denkmals Teil ihres Rundgangs. Die Wichtigkeit des Ghetto-Aufstands für die jüdische Erinnerung lässt sich auch daran ablesen, dass sich eine Replik des Ehrenmals in Yad Vashem in Jerusalem befindet, also am zentralen Ort der Erinnerung an den Holocaust in Israel, sie ist zudem Bestandteil der ersten sowjetisch-jüdischen Mahnmale. In Warschau bildet es die erste Station des Weges der Erinnerung an das Leid und den Kampf der Juden. Hierbei handelt es sich um einen bereits Ende der 1980er-Jahre eingerichteten Pfad, entlang dessen eine Vielzahl von Monumenten und Gedenktafeln an zentrale Ereignisse und Orte des Ghettos erinnern.

Die Ghettoisierung und Vernichtung des Warschauer Judentums

Als die Deutschen in Warschau einfielen, eroberten sie eine Stadt, die in ganz hohem Maße von ihrer jüdischen Gemeinde geprägt war. Mehr als 330 000 Jüdinnen und Juden lebten in der polnischen Hauptstadt und machten damit etwa ein Drittel der Bevölkerung aus, Warschau war das kulturelle, soziale und politische Zentrum des polnischen und europäischen Judentums. Mit der deutschen Besatzung begann für die lokale Bevölkerung eine Zeit der alltäglichen Gewalt und des Terrors. Die Entrechtung der Jüdinnen und Juden setzte umgehend ein, und ab November 1940 trieben die Deutschen ihre Ghettoisierung voran. Das Warschauer Ghetto – von den Deutschen wurde es als „Jüdischer Wohnbezirk in Warschau" bezeichnet – war das größte im von NS-Deutschland besetzten Europa. Hier wurde nicht nur die Warschauer jüdische Bevölkerung unter unvorstellbar grausamen Bedingungen eingepfercht, sondern auch andere Jüdinnen und Juden aus den besetzten Ländern wurden dort gefangen gehalten, bevor die überwältigende Mehrheit von ihnen in Vernichtungslager, in erster Linie nach Treblinka, deportiert wurde, um dort ermordet zu werden.

Für die Umsetzung ihres Vernichtungsplans setzten die Deutschen einen sogenannten Judenrat ein, an dessen Spitze sie Adam Czerniaków installierten, der vor dem Krieg in der Warschauer Stadtpolitik aktiv gewesen und 1931 in den polnischen Senat gewählt worden war. Er und seine Mitarbeiter wurden von den Nationalsozialisten gezwungen, bei der Unterdrückung, Entrechtung und schließlich der Vernichtung der jüdischen Bevölkerung Zuarbeit zu leisten. Aufgrund von Berichten von Überlebenden und aus Tagebüchern wissen wir einiges über das Leben und Sterben im Ghetto. Außerdem gibt es ein einzigartiges Archiv, das im Verborgenen von Emanuel Ringelblum aufgebaut wurde. Ringelblum war ein herausragender polnisch-jüdischer Intellektueller, ein Chronist und brillanter Historiker des polnischen Judentums, der jüdischen Kultur, der jiddischen Sprache. 1927 wurde er mit einer Arbeit über *Die Juden in Warschau von den Anfängen bis zum Jahr 1527* an der Universität Warschau promoviert.

Die Verpflichtung, zu dokumentieren, Zeugnisse zu sammeln über das, was der jüdischen Bevölkerung im Zweiten Weltkrieg von den Deutschen angetan wurde – dieser selbst auferlegten Verpflichtung kam Ringelblum sogar in Zeiten der größten Not nach. Im Untergrund des Ghettos baute er ein Archiv auf, das es künftigen Historikergenerationen ermöglichen sollte, die Geschichte des Ghettos zu rekonstruieren. Und es gibt Memoiren von denjenigen, die als einige der wenigen überlebten. In Deutschland hat vor allem der berühmte deutsch-polnisch-jüdische Literaturkritiker Marcel Reich-Ranicki in seiner Autobiografie *Mein Leben* (1999) dazu beigetragen, die Wirklichkeit des Ghetto-Lebens einer breiteren Öffentlichkeit in Deutschland bekannt zu machen.

Reich-Ranicki wurde 1920 im polnischen Włocławek geboren, verbrachte aber einen Großteil seiner Schulzeit in Berlin, wo sich seine tiefe Liebe zur deutschen Literatur entwickelte, die sein späteres Wirken in der Bundesrepublik bis zu seinem Tod im Jahr 2013 bestimmen sollte. Reich-Ranicki war einer von den etwa 17 000 polnischen Jüdinnen und Juden, die in der sogenannten „Polenaktion" 1938 aus Deutschland ausgewiesen wurden. Im November 1940 musste er ins Ghetto übersiedeln, wo er für die Jüdische Zeitung schrieb und für den Judenrat unter Vorsitz von Czerniaków übersetzte. Reich-Ranicki fertigte von seinen Übersetzungen für den Judenrat stets auch eine Kopie für das Archiv Ringelblums an. In seinen Erinnerungen schrieb er über ihn:

„[Ein] unermüdlicher Organisator war er, ein kühler Historiker, ein leidenschaftlicher Archivar, ein erstaunlich beherrschter und zielbewußter Mann. Immer hatte er es sehr eilig, unsere wenigen Gespräche waren leise, knapp und ganz sachlich. Wenn ich es recht bedenke, habe ich ihn nur flüchtig gekannt. Aber ich sehe ihn immer noch vor mir, ihn, Emanuel Ringelblum, den schweigsamen Intellektuellen."[1]

Tatsächlich gelang es den Mitarbeiterinnen und Mitarbeitern des Archivs, einen Großteil der Dokumente vor dem Zerstörungswillen der Deutschen zu verstecken und es so der Nachwelt zu bewahren, auch wenn nicht der gesamte Bestand wiedergefunden werden konnte. Ringelblum selbst führte außerdem Tagebuch, in dem er nicht nur seine Beobachtungen über die Ereignisse in Warschau festhielt, sondern auch die Nachrichten über die Deportationen von Jüdinnen und Juden aus anderen osteuropäischen Städten niederschrieb. Ringelblum dokumentierte, wie manche im Ghetto versuchten, ihren Lebensunterhalt durch Schmuggel mit der „anderen Seite" zu verdienen. Auch die inneren Konflikte der jüdischen Gemeinde beschäftigten ihn: So schrieb er am 18. März 1941, dass in der jüdischen Ghetto-Polizei besonders häufig konvertierte Juden dienten, die selbst antisemitisch waren. In der zweiten Hälfte des Jahres 1942, nachdem die Mehrheit der Bewohnerinnen und Bewohner des Ghettos ermordet worden war, sich aber noch viele Menschen im Ghetto versteckten, hielt Ringelblum fest: „Die jüdische Polizei ist oft grausamer als die Deutschen, Ukrainer und Letten. Sie haben mehr als ein Versteck aufgedeckt und versuchten katholischer als der Papst zu sein, um sich bei der Besatzungsmacht beliebt zu machen."[2]

Er äußerte auch scharfe Kritik an dem Judenrat unter Vorsitz von Czerniaków, der ihm besonders verhasst war. Dieser sei innerhalb dieser Institution eine unangefochtene Autorität: „sein Wort ist Befehl. Seine Edikte dürfen nicht in Frage gestellt werden. Im Allgemeinen haben sie das Führerprinzip übernommen". Der Judenrat sei unter der Bevölkerung verhasst. Im Januar 1942 notierte Ringelblum, dass „die gesamte Arbeit des Judenrats in bösartiger Weise gegen die Armen gerichtet ist, so dass es zum Himmel schreit". Ihre „Finanzpolitik" sei ein „Skandal". Arme und Reiche müssten dieselbe Summe für Essen zahlen. Die Besteuerung benachteilige ebenfalls die Armen. „Unser Judenrat ist der einzige, der eine so kriminelle Politik macht."[3] Reich-Ranicki hatte einen ganz anderen Blick auf Czerniaków. Für ihn war er „ein Intellektueller, ein Märtyrer, ein Held", den die Deutschen „zum Henker der Warschauer Juden" machen wollten. Er berichtete zwar auch, dass der Vorsitzende des Judenrats von manchen „gehaßt" worden sei, für Reich-Ranicki war klar, dass die Schuldigen immer die Deutschen waren und dass Czerniaków, selbst als man ihm die Flucht ins Ausland ermöglichen wollte, auf seinem Posten blieb und trotz Demütigungen und Folter sich immer wieder darum bemühte, „wenigstens kleine Zugeständnisse zu erwirken".[4]

Trotz des Grauens gab es Akte von Solidarität und gegenseitiger Hilfe. Sie waren Teil des Alltags, etwa wenn diejenigen, die schon länger im Ghetto lebten, Neuankömmlinge aus anderen Städten in Empfang nahmen. Ringelblums Aufzeichnungen über das Ghetto-Leben enden im Dezember 1942. Ihm und seiner Familie gelang es kurz vor Ausbruch des Aufstands aus dem Ghetto zu fliehen und in Warschau unterzutauchen, aber etwa ein Jahr später wurde ihr Versteck entdeckt. Die Deutschen erschossen Ringelblum, seine Frau und ihren gemeinsamen kleinen Sohn in einem Warschauer Gefängnis.

Im Angesicht des Hungers, der katastrophalen hygienischen Bedingungen, des grassierenden Fleckfiebers und anderer Krankheiten, die das Alltagsleben im Ghetto prägten, ist es erstaunlich, dass es trotzdem ein kulturelles Leben gab. Besonders Musik spendete den Menschen Trost. Aus den Musikern im Ghetto gründete sich ein Symphonieorchester, das gut besuchte Konzerte gab, bevor die Deutschen es verboten. Und es gab die Liebe. Daran erinnerte sich Reich-Ranicki, als er schrieb:

> „Die Juden im Warschauer Getto wurden gemartert. Ihnen ist Grauenhaftes widerfahren. Aber bisweilen auch Schönes und Wunderbares. Sie haben gelitten. Aber sie haben auch geliebt. Nur war die Liebe damals von besonderer Art. […] Auf der Liebe im Getto lastete an jedem Tag und in jeder Stunde die Frage, ob wir morgen noch das Leben hatten. Unruhig war sie und schnell, ungeduldig und hastig. Es war die Liebe in den Zeiten des Hungers und des Fleckfiebers, in den Zeiten der schrecklichsten Angst und der tiefsten Demütigung."[5]

Über die Liebe schrieb auch ein anderer polnisch-jüdischer Überlebender des Ghettos. Marek Edelman setzte den Liebenden des Ghettos viele Jahrzehnte nach dem Krieg in seinen Schriften ein Denkmal. Es gab die Liebe zwischen Mutter und Tochter, in der die Mutter Selbstmord beging, um ihrem Kind das Überleben zu ermöglichen. Da gab es junge Menschen, die sich ineinander verliebten und – so jedenfalls schilderte es Edelman – glückliche Stunden und Tage miteinander verbrachten.[6]

Czerniaków's Aufzeichnungen dokumentieren dagegen vor allem die stetig voranschreitende Vernichtungsmaschinerie. Er führte während seiner fast dreijährigen Tätigkeit im Judenrat Tagebuch. Seine meist notizartigen Einträge geben Einblick in die Aufgaben, die er zu bewältigen hatte. Seine Aufzeichnungen sind zugleich ein erschütterndes Zeugnis über die ausweglose Situation, in der sich Czerniaków befand. Im Zuge der „Aktion Reinhardt" schritten die Deutschen von Juli 1942 bis Oktober 1943 zur systematischen Ermordung der jüdischen Bevölkerung und der Romnja und Roma im Generalgouvernement im besetzten Polen. Dies betraf auch die Menschen im Warschauer Ghetto. Zwischen dem 22. Juli und dem 21. September 1942 wurden in der sogenannten „Großen Aktion" etwa 265 000 von ihnen umgebracht. Die meisten starben im Vernichtungslager Treblinka, Tausende von Menschen wurden von den Deutschen direkt im Ghetto erschossen. Zurück blieben jene, denen es gelang, sich vor den Verfolgern zu verstecken, und jene, die für das Besatzungsregime Zwangsarbeit leisten mussten. Insgesamt betraf dies etwa 70 000 Menschen. Der Beginn der Räumung des Ghettos war für Czerniaków der Zeitpunkt, an dem er nicht mehr im Stande war, die deutschen Befehle umzusetzen. Der SS-Sturmbannführer und Koordinator der „Aktion Reinhardt" Hermann Höfle hatte Czerniaków angewiesen, täglich Listen von mehreren Tausend Menschen für den Abtransport zusammenzustellen. Am 23. Juli 1942 nahm Czerniaków sich das Leben. In seinem letzten Eintrag, verfasst eine halbe Stunde vor seinem Selbstmord, schrieb Czerniaków:

> „Sie verlangen von mir, mit eigenen Händen die Kinder meines Volkes umzubringen. Es bleibt mir nichts anderes übrig, als zu sterben [...]. [Sie] waren bei mir und verlangten, daß für morgen ein Kindertransport vorbereitet wird. Damit ist mein bitterer Kelch bis zum Rand gefüllt, denn ich kann doch nicht wehrlose Kinder dem Tod ausliefern. Ich habe beschlossen abzutreten. Betrachtet dies nicht als einen Akt der Feigheit oder eine Flucht. Ich bin machtlos, mir bricht das Herz vor Trauer und Mitleid, länger kann ich das nicht ertragen. Meine Tat wird alle die Wahrheit erkennen lassen und vielleicht auf den rechten Weg des

Handelns bringen. Ich bin mir bewußt, daß ich Euch ein schweres Erbe hinterlasse."[7]

Unter den Opfern des Sommers 1942 war auch Janusz Korczak, ein international renommierter polnischer Kinderarzt und Pädagoge, der sein lebenslanges Engagement für Kinder auch im Ghetto fortsetzte und dort ein Waisenhaus leitete. Auch er führte während seiner Zeit im Ghetto Tagebuch. Es erlaubt Einblicke in seinen Alltag mit den Kindern, aber vor allem zeigt es den Willen Korczaks, seine intellektuelle Betätigung nicht aufzugeben und damit ein Stück seines Vorkriegslebens zu erhalten. Das Schreiben wurde für ihn zu einem Teil seiner Überlebensstrategie unter den furchtbaren Bedingungen des Daseins im Ghetto. Der Kinder- und Jugendbuchautor hielt seine Ideen für neue Romane und Erzählungen fest und verfasste Fragmente einer Autobiografie, die schließlich postum erscheinen sollte. Er erinnerte sich an Begegnungen in seinem Leben vor dem Krieg, wie er als Arzt die Kinder von Warschauer Familien behandelte, und er reflektierte über das jüdisch-polnische Verhältnis. Außerdem beschrieb er eindrücklich Szenen aus dem Ghetto. Etwa wie eine Gruppe von Kindern neben einem auf der Straße liegenden Jungen spielten und scheinbar gleichgültig waren, ob er noch lebte oder schon gestorben war. Korczak besuchte eine Familie, die „am Aussterben" war, und sprach mit der schon völlig geschwächten Mutter, um darüber zu beraten, ob ihr Sohn in das Waisenhaus genommen werden sollte. „Ich kann nicht sterben, solange er nicht versorgt ist. Er ist so ein gutes Kind", erklärte ihm die Frau.[8]

Trotz des allgegenwärtigen Hungers und Leidens gelang es Korczak, den Kindern besondere Erlebnisse zu ermöglichen. Am 17. Juli 1942 fand ein Theaterabend im Waisenhaus statt, es sollte der letzte sein. Die Regisseurin der Aufführung, Esther Winogroń, die als Erzieherin bei Korczak gearbeitet hatte, wurde kurze Zeit später deportiert und ermordet. Die Aufzeichnungen Korczaks enden am 4. August. Die 192 Kinder in seiner Obhut sollten am 5. und 6. August in die Gaskammern von Treblinka abtransportiert werden. Für Korczak hatte es mehrere Möglichkeiten gegeben, sich dem Abtransport durch die Deutschen zu entziehen, er entschied sich aber wiederholt dagegen: Für ihn war klar, dass er seine Schützlinge bis in den Tod begleiten würde. Die gleiche Entscheidung traf seine Mitarbeiterin Stefania Wilczyńska. Entschlossen, den Kindern ihre letzte Reise zu erleichtern, erzählte Korczak ihnen, dass sie einen Ausflug auf das Land machen und die Ghettomauern endlich hinter sich lassen würden. Die Kinder trugen deswegen ihre beste Kleidung, als sie gemeinsam mit Korczak zum „Umschlagplatz“ gingen. Der Pianist Władysław Szpilman, der das Ghetto überlebte, schilderte die Szene in seinen Erinnerungen:

> „Als ich ihnen in der Gęsia-Straße begegnete, sangen die Kinder, strahlend, im Chor, der kleine Musikant spielte ihnen auf, und Korczak trug zwei der Kleinsten, die ebenfalls lächelten, auf dem Arm und erzählte ihnen etwas Lustiges. Bestimmt hatte der Alte Doktor noch in der Gaskammer, als das Zyklon schon die kindlichen Kehlen würgte und in den Herzen der Waisen Angst an die Stelle von Freude und Hoffnung trat, mit letzter Anstrengung geflüstert: ‚Nichts, das ist nichts, Kinder …‘, um wenigstens seinen kleinen Zöglingen den Schrecken des Übergangs vom Leben in den Tod zu ersparen.“[9]

April 1943: „Das Ghetto kämpft“

Bereits kurz nach der Errichtung des Warschauer Ghettos bildete sich im Untergrund eine Widerstandsbewegung. In dieser war auch Marek Edelman aktiv. Seine Erinnerungen an das „Kämpfende Ghetto“ wurden auf Polnisch unmittelbar nach Kriegsende noch im Jahr 1945 zum ersten Mal publiziert. Edelman betonte in seiner Darstellung die Rolle, die der sozialistische „Allgemeine jüdische Arbeiterbund“ für die Vorbereitung und Organisation des Aufstands gespielt hatte. In seinen Aufzeichnungen erinnerte er außerdem daran, dass es schon vor Ausbruch des Aufstands jüdische Untergrundorganisationen gab, die die Deutschen bekämpften und vor allem die Bewohnerinnen und Bewohner des Ghettos über die Mordabsichten der Besatzer aufklären wollten. Denn trotz sich mehrender Berichte über die Gaskammern wollten oder konnten die Menschen nicht glauben, dass sie alle vernichtet werden sollten:

> „Das Warschauer Ghetto glaubte diesen Berichten nicht. All diese Menschen, die sich so ans Leben klammerten, waren unfähig zu glauben, daß man ihnen dieses Leben auf solch eine Weise nehmen könnte. Nur die organisierte Jugend, die aufmerksam den sich ständig steigernden deutschen Terror beobachtete, hielt diese Ereignisse tatsächlich für

möglich und wahr und entschloß sich, eine breitangelegte Propagandaaktion durchzuführen, um die Bevölkerung darüber aufzuklären."[10]

Mitte Februar trafen sich Mitglieder der Jugendorganisation *Cukunft* des Bundes, um ihr weiteres Vorgehen zu planen. An dieser Stelle wird in Edelmans Memoiren sehr deutlich, was ihn und andere motivierte, in einer eigentlich ausweglosen Situation Widerstand zu leisten: „Wir sind uns alle darin einig, daß wir uns nicht wehrlos umbringen lassen werden. Wir schämen uns für die Juden aus Chełmno, weil sie sich ohne den geringsten Widerstand in den Tod führen ließen. Wir wollen nicht zulassen, daß das Warschauer Ghetto sich irgendwann in einer solchen Situation befindet."[11] Es war die Selbstermächtigung, die Subjektwerdung von Opfern zu Widerstandskämpfern und Widerstandskämpferinnen, die Menschen wie Edelman dazu brachte, sich dem Untergrund anzuschließen.

Die Aufklärung der Ghetto-Bewohner über das, was sie nach dem Abtransport in Güterzügen erwartete, erwies sich als schwierig. In seinen Erinnerungen zeigte sich Edelman frustriert darüber, dass große Teile der Bevölkerung des Ghettos die Nachrichten über die Massenvernichtung von Jüdinnen und Juden nicht wahrhaben wollten. Dabei war die Verbreitung von Informationen zunächst die einzige Betätigung, mit der die jüdischen Untergrundorganisationen versuchten, Mitmenschen für ihre Tätigkeit zu gewinnen oder sie zumindest davor zu warnen, sich freiwillig für einen Abtransport aus dem Ghetto zu melden, denn über Waffen verfügten die jüdischen Widerstandskämpfer zunächst nicht. Die Deutschen nutzten den allgegenwärtigen Hunger erbarmungslos aus, um die Sammlung der Menschen zu vereinfachen: Sie versprachen ihnen dafür Brot und Wasser. In der vagen Aussicht auf Essen kamen dem viele Menschen nach, nur um dann in die Vernichtungslager abtransportiert zu werden.[12] Schon vor dem Aufstand fanden solche Transporte regelmäßig statt, unter den Menschen vor allem jene, die nach Einschätzung der Deutschen für Arbeiten in der Kriegswirtschaft nicht mehr zu gebrauchen waren.

Die Gründung der Jüdischen Kampforganisation (*Żydowska Organizacja Bojowa*, ŻOB) fand im Sommer 1942 statt und war nicht zuletzt eine Reaktion auf die zweite große Deportationswelle, in der etwa 300 000 der 380 000 jüdischen Menschen, die bisher im Ghetto überlebt hatten, über den „Umschlagplatz" von den deutschen Besatzern in den Tod geschickt wurden. Die Mitglieder der Organisation setzten sich aus unterschiedlichen jüdischen Parteien und Gruppierungen zusammen. Die fehlenden Waffen waren immer noch ein wesentliches Problem, hatte doch ohne sie der Widerstand kaum Aussicht auf Erfolg. Freilich war es außerordentlich schwierig, im deutsch besetzten Warschau Waffen zu bekommen. Edelman berichtet in seinen Memoiren, dass immerhin Ende des Jahres 1942 eine kleine Lieferung der polnischen Heimatarmee eintraf, die selbst nicht über genügend Ausrüstung verfügte. Noch vor dem Ausbruch des Aufstands im Sommer 1943 gelang es der ŻOB, sich in Einzelaktionen gegen die Deportationen in die Vernichtungslager zu wehren oder Anschläge auf die verhasste Ghetto-Polizei zu verüben. Dabei muss die ŻOB aber auch immer wieder schwere Rückschläge verkraften, bei denen sie viele ihrer Kameraden und Kameradinnen verlor. Aber laut Edelman war es fast noch entscheidender, welche Symbolkraft von ihren Aktionen ausging, „denn zum ersten Mal werden die deutschen Pläne durchkreuzt. Zum ersten Mal bricht der Nimbus vom unantastbaren, allmächtigen Deutschen zusammen." Dies sei der Moment des „psychischen Durchbruchs" gewesen.[13] Edelman bezog sich hier auf die Ereignisse zu Beginn des Jahres 1943, als die Deutschen auf Befehl Heinrich Himmlers noch einmal die Zahl der im Ghetto verbliebenen Menschen reduzieren wollten. Zum ersten Mal verweigerten sich diese dem Befehl, sich an den Sammelstellen einzufinden, und die Deutschen waren gezwungen, die Häuser zu durchsuchen. Zwar gelang es ihnen, über mehrere Tage insgesamt etwa 4500 Menschen zu deportieren und etwa 1200 Personen zu erschießen, aber als sie sich am 22. Januar aus dem Ghetto zurückzogen, glaubten viele der jüdischen Kämpferinnen und Kämpfer an einen Erfolg. Nicht zuletzt aufgrund der Widerstandsaktionen entschied sich außerdem der polnische Untergrund, dem ŻOB mehr Waffen zu liefern.[14]

In den folgenden Monaten führte die Kampforganisation immer wieder Anschläge gegen die Deutschen und ihre Helfer aus. Edelman schilderte diese Zeit in gewissem Sinne als die Hochzeit des jüdischen Widerstands, als die ŻOB zu einer echten Autorität im Ghetto wurde und die Menschen sich mit ihr solidarisierten: „Die Organisation wird vom ganzen Ghetto unterhalten. Bäcker und Kaufleute versorgen sie mit Lebensmitteln." Sogar Steuern trieb sie ein, um den Kauf von Ausrüstung zu finanzieren.[15]

Am 19. April begannen die Deutschen abermals, die noch verbliebenen Bewohnerinnen und Bewohner des Ghettos aufzuspüren, um sie zu ermorden. Damit begann jene Erhebung, die schließlich als der Aufstand im Warschauer Ghetto in die Geschichte eingehen sollte. Dabei waren es nicht nur die Kämpfenden, die Widerstand leisteten, auch eine große Zahl von unbewaffneten Zivilisten und Zivilistinnen taten dies, indem sie sich den Befehlen der Deutschen verweigerten und sich in den Häusern versteckten. In der ŻOB hatten sich zu diesem Zeitpunkt mehrere Menschen als Anführer etabliert, die schon vor dem Ausbruch des kollektiven offenen Widerstands vorhergesehen hatten, dass sich die Kämpfenden in unterschiedliche Gruppen aufspalten würden, die oft nicht miteinander kommunizieren konnten. Gegenüber dem polnischen Widerstand außerhalb der Ghettomauern war Anielewicz als oberster Kommandeur der ŻOB aufgetreten. Während der Kämpfe nahm er eine zentrale Position ein und war entschlossen, den Besatzern bis zum Ende Widerstand zu leisten. Die Deutschen gingen mit großer Brutalität vor. Sie durchkämmten jedes einzelne Haus, setzten die Häuser in Brand, ermordeten viele Menschen direkt vor Ort.

Die jüdischen Kämpfenden waren von Beginn an in jeder Hinsicht unterlegen. Es fehlte an Waffen, Nahrung und Wasser, und schließlich handelte es sich um Menschen, die unter den grausamen Bedingungen im Ghetto gelebt hatten und gegenüber den Deutschen weit in der Unterzahl waren. Trotz alledem leisteten sie bis weit in den Mai hinein Widerstand. Die Kämpferin und Überlebende Vladka Meed, die zuvor Waffen für die ŻOB in das Ghetto geschmuggelt hatte und der es gelungen war, jüdischen Kindern die Flucht zu ermöglichen, setzte ihren Kameradinnen und Kameraden in ihrer Darstellung des Aufstands ein Denkmal: „In den letzten quälenden Tagen des heldenhaften Widerstandskampfes war allen, die in den Verstecken und Bunkern starben, allen, die in dem ungleichen Kampf fielen, eines gemeinsam: der Wille, Widerstand zu leisten, gegen die Deportation zu kämpfen und mit Würde zu sterben."[16]

Auch Anielewicz hatte sich mit anderen Kämpfenden der ŻOB, darunter auch seine Freundin Mira Fuchrer, in einem Bunker verschanzt und starb dort am 8. Mai. Schon 1946 wurde dort der Hügel aufgeschüttet und ein Obelisk errichtet, auf dem eine Inschrift an den Tod Anielewiczs und seines Stabs erinnert. Als wir vor dem Denkmal stehen, fallen uns die vielen kleinen dort niedergelegten Steine auf, mit denen auch heute noch an diese Menschen und ihre Taten erinnert wird. In einem Brief hatte Anielewicz zuvor festgehalten, der „Traum meines Lebens" sei in Erfüllung gegangen: „Ich habe die jüdische Selbstverteidigung im Ghetto in all ihrer Größe und Großartigkeit gesehen."[17] Einige wenige der Kämpferinnen und Kämpfer überlebten die letzten Tage des Ghettos, versteckten sich in seinen Trümmern oder flohen auf die „arische" Seite der Stadt. Aber auch dort drohte stets die Entdeckung und damit der Tod. Vladka Meed zeigte sich nach dem Krieg verbittert darüber, wie wenig Polen den geflohenen Aufständischen Hilfe anboten. Zwar habe der polnische Untergrund mit „Ehrfurcht auf den heldenhaften jüdischen Widerstand reagiert", aber kaum praktische Hilfe angeboten. So waren die meisten auf sich alleine gestellt oder versuchten, sich in die Wälder vor Warschau zu den Partisaninnen und Partisanen durchzukämpfen.[18] Beim finalen Kampf gegen die Deutschen hatten aber auch einige der Kämpfer „Es lebe Polen!" gerufen. Darin zeigt sich: Dies war nicht nur ein jüdischer Aufstand, es war auch ein Aufstand, der nicht zuletzt von Staatsbürgerinnen und Staatsbürgern Polens getragen wurde.

Die Verantwortlichen für die Niederschlagung des Warschauer Ghetto-Aufstands haben auch Quellen hinterlassen. Die wohl wichtigste stammt von dem SS-Gruppenführer Jürgen Stroop, der von Heinrich Himmler den Auftrag erhalten hatte, den jüdischen Widerstand zu brechen. Dieser fasste das deutsche Vorgehen im sogenannten Stroop-Bericht zusammen, der später in die Beweisaufnahme in den Nürnberger Prozessen einging. Er trug den zynischen Titel „Es gibt keinen jüdischen Wohnbezirk in Warschau mehr!" Stroop war stolz auf seine Taten, daran lässt sein Bericht keinerlei Zweifel. Und abermals zeigt sich, dass im Krieg im Osten Wehrmacht und SS in hohem Maße miteinander kooperierten, denn auch Wehrmachtssoldaten beteiligten sich an den brutalen Kämpfen gegen die Aufständischen. Stroop legte ausführlich dar, wie die Männer der SS, der deutschen Polizei und der Wehrmacht gegen die „polnischen Banditen" und Juden kämpften. In seiner Darstellung artikuliert sich sehr deutlich, welches Bild von Männlichkeit die Nationalsozialisten propagierten:

> „Je länger der Widerstand andauerte, desto härter wurden die Männer der Waffen-SS, der Polizei und der Wehrmacht, die auch hier in treuer Waffenbrüderschaft unermüdlich an die Erfüllung ihrer Aufgaben he-

> rangingen und stets beispielhaft und vorbildlich ihren Mann standen. [...] Offiziere und Männer der Polizei, die zu einem großen Teil bereits Fronterfahrungen hatten, bewährten sich erneut durch beispielhaftes Draufgängertum."[19]

Stroop rühmte sich, gemeinsam mit seinen Untergebenen mindestens „56 065 Juden" vernichtet zu haben. Schlusspunkt von Stroops sogenannter „Großaktion" war die Sprengung der Warschauer Synagoge am 16. Mai. Aber selbst danach sollte die Auslöschung jedes jüdischen Lebens vorangetrieben werden. Sein Ziel war es, auch die letzten Menschen, die sich noch in den Trümmern des Ghettos aufhielten, zu töten.

Auf dem Gebiet des ehemaligen „Umschlagplatzes", jenem Ort also, wo sich die Jüdinnen und Juden zur Verladung in die Güterwaggons einfinden mussten, befindet sich inzwischen ein Denkmal. Mareike erzählt uns, dass es die erste Gedenktafel an die jüdischen Opfer ersetzt, die 1948 an diesem Ort angebracht worden war. Auf ihr stand auf Polnisch, Hebräisch und Jiddisch geschrieben: „Von diesem Ort haben die massenmörderischen Hitleristen Hunderttausende Juden zu den Todeslagern transportiert. Ehre dem Gedanken an die jüdischen Märtyrer und Kämpfer." Das jetzige Denkmal wurde am 18. April 1988 zum 45. Jahrestag des Beginns des Aufstands eingeweiht. Seine steinernen Mauern sind der Form eines Waggons nachempfunden. Über dem Eingang ist eine Syenit-Tafel platziert, auf der ein abgeholzter Wald zu sehen ist – als ein Symbol für die ausgelöschte jüdische Gemeinde in Polen. Betritt man das Monument, so kann man auf den Innenseiten der Mauern vierhundert der beliebtesten jüdisch-polnischen Vornamen lesen, von Aba bis Żanna. In vier Sprachen, auf Hebräisch, Jiddisch, Polnisch und Englisch, steht außerdem geschrieben: „Über diesen Pfad des Leidens und des Todes wurden zwischen 1942 und 1943 mehr als 300 000 Juden aus dem Warschauer Ghetto in die Gaskammern der Nazi-Vernichtungslager getrieben." Wir befinden uns nun am Endpunkt des Weges der Erinnerung an das Leid und den Kampf der Juden.

Die polnischen „Gerechten unter den Völkern"

Während unseres Rundgangs haben wir noch ein weiteres Denkmal besichtigt, das sich in unmittelbarer Nähe zum Museum der Geschichte der polnischen Juden befindet. Auf einer Bank sitzt ein elegant gekleideter Mann im Anzug, die Beine übereinandergeschlagen, die linke Hand berührt nachdenklich sein Kinn. Der Gesichtsausdruck des Mannes ist ernst und würdevoll. Auf der Armlehne seines Sessels ist ein Buch platziert, das den Titel *Courier from Poland: The Story of a Secret State* trägt. Initiiert hat das Denkmal das Museum selbst, 2013 wurde es eingeweiht. Es handelt sich um eine Ehrung von Jan Karski, jenem polnischen Diplomaten und Widerstandskämpfer, der während des Zweiten Weltkriegs mehrfach Versuche unternahm, die Weltöffentlichkeit über die deutschen Verbrechen an den Jüdinnen und Juden im besetzten Polen in Kenntnis zu setzen. Viele seiner Gesprächspartner hielten seine Berichte für übertrieben. Dabei war Karski selbst zum direkten Zeugen der grauenhaften Bedingungen geworden, unter denen die jüdische Bevölkerung in Warschau lebte. Ein Widerstandskämpfer hatte ihn in das Ghetto geschleust. Einem breiteren Publikum wurde Karski durch den Film *Shoa* (1985) des französischen Regisseurs Claude Lanzmann bekannt. In einem Interview mit ihm ist zu sehen, wie Karski sich überwinden muss, überhaupt noch einmal über diese Zeit zu sprechen, über die „Hölle", die er gesehen hat. Karski beschreibt, wie seine jüdische Begleitung ihn immer wieder aufforderte, sich alles genau anzuschauen, um Zeugnis ablegen zu können über das, was sich hinter den Mauern des Ghettos vollzog. Er schildert, wie nackte Leichen auf den Straßen lagen, wie Frauen mit flachen leeren Brüsten vergeblich versuchten, ihre Babys zu ernähren. Wie die Menschen auf der Straße erstarrten, sobald Deutsche kamen. „Das war keine Welt. Das war keine Menschlichkeit", erinnerte sich Karski. In Israel wird der im Jahr 2000 in Amerika verstorbene Pole als einer der „Gerechten unter den Völkern" geehrt. Das ist in Israel die offizielle Bezeichnung für nicht jüdische Menschen, die ihr eigenes Leben riskierten, um Jüdinnen und Juden zu schützen.

Es gab sie, diese Menschen, die helfen und retten wollten und die gerettet haben. In Polen wird oft betont, dass keine andere Nation so viele „Gerechte unter den Völkern" hervorgebracht habe. Zur Gruppe polnischer Heldinnen zählt auch Irena Sendler, eine Sozialarbeiterin und Krankenschwester, die es sich zur Aufgabe machte, Kinder vor den Deutschen in Sicherheit zu bringen. Ihr gelang es, über einen längeren Zeitraum bis zu 2500 jüdische Kinder aus dem Ghetto zu schmuggeln. Als Sanitäterin zur Eindämmung von Krankheiten verschaffte sie sich Zugang zum Ghetto. Mit einem Netzwerk aus Helferinnen und Helfern brachte sie die Kinder in polnischen Familien, Klöstern und Waisenhäusern unter. Sendler war Mitglied in der Organisation *Żegota*, jener im besetzten Europa einzigartigen Institution im Untergrund, die unter der Ägide der polnischen Exilregierung in London polnische Jüdinnen und Juden vor der Ermordung rettete und sie finanziell unterstützte. Für die meisten jüdischen Flüchtlinge aus dem Ghetto aber war das Überleben auf der „arischen Seite" alles andere als gesichert, auf die Solidarität ihres Umfelds konnten sie sich in der Regel nicht verlassen.

Das Bitten um Vergebung: Der Kniefall Willy Brandts im Jahr 1970

Besonders in der jüdischen Erinnerung nahm jene an den Aufstand im Warschauer Ghetto sowohl in Israel als auch in der Diaspora schnell eine zentrale Rolle ein, war er doch ein Beispiel dafür, dass die Jüdinnen und Juden sich nicht wie die Lämmer zur Schlachtbank hatten führen lassen. Im kommunistischen Polen gab es unmittelbar nach Kriegsende eine gemeinsame jüdische und kommunistische Erinnerung an den Aufstand, über die nächsten Jahrzehnte sollte dann aber die polnische Regierung das Gedenken mehr und mehr als ein kommunistisches Projekt vereinnahmen.

In Deutschland ist der Aufstand erinnerungspolitisch vor allem mit einer Geste des ehemaligen Bundeskanzlers Willy Brandt verbunden. Der Sozialdemokrat reiste im Winter 1970 in die Volksrepublik Polen, zu der die Bundesrepublik in dieser Zeit noch keine diplomatischen Beziehungen pflegte. Brandt, der als junger Mann vor den Nationalsozialisten ins Ausland geflohen war, bestand darauf, am Denkmal für die Heldinnen und Helden des Aufstands im Warschauer Ghetto einen Kranz niederzulegen.

Nachdem er die Schleifen an dem Kranz geordnet hatte, trat Brandt einen Schritt zurück und sank auf die Knie und verharrte mehrere Sekunden auf dem Boden. Diese für die Anwesenden überraschende Geste, über die im staatssozialistischen Polen zunächst sehr wenig berichtet wurde und die in Westdeutschland auf ein geteiltes Echo stieß, ist inzwischen zu einem deutsch-polnischen Erinnerungsort geworden und gilt als Symbol für die Aussöhnung der beiden Länder nach dem Zweiten Weltkrieg. Ausdruck davon ist auch eine Grünfläche am Museum der polnischen Juden, die nach Brandt benannt ist. Seit dem Jahr 2000 gibt es außerdem ein schlichtes Denkmal, das an die emotionale und zweifelsohne beeindruckende Geste Brandts erinnert. Die Gedenktafel weist es als „Symbol der Erinnerung in den deutsch-polnischen Beziehungen" aus. Freilich ist diese Interpretation nicht unproblematisch, unterschlägt sie doch, dass

Brandt vor einem Symbol des jüdischen Widerstands gegen die deutsche Vernichtungspolitik kniete. Angesichts der polnisch-jüdischen Gegensätze in der Erinnerung an den Zweiten Weltkrieg ist dies keine Kleinigkeit.

Den Abschluss unseres Ganges durch das jüdische Warschau bildet der Besuch des jüdischen Friedhofs. Und hier stehen wir schließlich vor dem Grab jenes Mannes, der einer der Anführer des jüdischen Widerstands war und der während unserer Beschäftigung mit dem Aufstand im Warschauer Ghetto auch für uns zum Helden geworden ist: Marek Edelman. Der Lebensweg dieses Mannes ist noch aus einem anderen Grund außergewöhnlich, denn er gehörte zu einer kleinen Gruppe derjenigen, die nicht nur im Aufstand im Ghetto gegen die Deutschen kämpfte, sondern ein Jahr später auch im Warschauer Aufstand.

Der Warschauer Aufstand 1944

Mit dieser zweiten großen Erhebung in Warschau während des Zweiten Weltkriegs wollen wir uns am nächsten Tag vertraut machen: Der Aufstand des Jahres 1944 hat sich als das zentrale Ereignis des 20. Jahrhunderts in das polnische kollektive Gedächtnis tief eingebrannt, seine

Das Denkmal der Helden des Ghettos in Warschau. Es wurde im April 1946 enthüllt und befindet sich heute vor dem Museum der polnischen Juden.

Spuren sind bis heute in der wiederaufgebauten polnischen Hauptstadt sichtbar. Bei unserem Stadtspaziergang werden wir von Professor Jerzy Kochanowski begleitet, einem hervorragend Deutsch sprechenden polnischen Historiker, der uns die Geschichte seiner Stadt eindrücklich näherbringt.

Aber um die Bedeutung dieses Aufstands gegen die deutsche Herrschaft während des Zweiten Weltkriegs zu verstehen, muss man noch weiter zurückgehen, zurückschauen auf den 1. September 1939, als Deutschland die Republik Polen angriff. Vorausgegangen war dem deutschen Überfall eben jenes Ereignis, das bis heute maßgeblich die Erinnerung an den Zweiten Weltkrieg in Ostmitteleuropa prägt: der Nichtangriffspakt zwischen Deutschland und der Sowjetunion, geschlossen am 24. August 1939. In einem geheimen Zusatzprotokoll vereinbarten die beiden Diktaturen die Aufteilung Ostmitteleuropas in eine sowjetische und eine deutsche Einflusszone. Dies betraf nicht nur Polen, sondern auch die baltischen Staaten, die der Sowjetunion zugeschlagen wurden. Es gibt unterschiedliche Interpretationen darüber, wie der Pakt in der internationalen Diplomatie einzuordnen ist, und über sein Zustandekommen wird bis heute bis in die höchsten politischen Kreise gestritten.

Aus der Sicht Polens und der baltischen Staaten wird der Pakt in eine Geschichte der imperialen Aggression zweier übermächtiger Nachbarstaaten integriert und als die Fortsetzung einer viel älteren Tradition des Angriffs auf die polnische Staatlichkeit bewertet. Denn die Erfahrung der Teilung wiederum war keine Erfindung des 20. Jahrhunderts, sondern seit dem Ende des 18. Jahrhunderts Teil der polnischen Geschichte. In den drei Teilungen, 1772, 1793 und 1795, hatten Preußen, das Russische Reich und die Habsburgermonarchie den polnisch-litauischen Vielvölkerstaat unter sich aufgeteilt und damit bis 1918 das Ende des polnischen Staates besiegelt. Dagegen formierte sich (vor allem im russischen Teilungsgebiet) auch immer wieder Widerstand: 1830/31, 1846, 1848 und 1863/64 erhoben sich Polen erfolglos gegen die Fremdherrschaft, erst 1918 gelang die Wiederherstellung des polnischen Staates. Vor allem im 19. Jahrhundert entwickelte sich das Bild der polnischen Nation als „Christus unter den Völkern“. Polen firmierte in dieser Lesart als eine Gemeinschaft der Opfer und Helden – eine Interpretation der Geschichte, die bis heute wirksam ist und wenig Raum für Ambivalenzen und Widersprüche in der Geschichte Polens lässt.

Polen unter doppelter Besatzung – Deutsche und sowjetische Verbrechen

Diese Vorstellung einer Nation der Opfer und Helden – sie gilt auch in vielerlei Hinsicht für die Zeit des Zweiten Weltkriegs, steht es doch zweifelsfrei fest, dass Polen im Herbst 1939 zum Opfer seiner beiden Nachbarn wurde. Auf den Einmarsch der Deutschen, der den Beginn des Zweiten Weltkriegs markiert, folgte am 17. September der Einmarsch der Roten Armee in Ostpolen. Am 22. September, nach der erfolgreichen Unterwerfung Polens, hielten Wehrmacht und Rote Armee in Brest-Litowsk eine gemeinsame Siegesparade ab. Allerdings gab es auch wichtige Unterschiede zwischen den Besatzern im Westen und jenen im Osten, vor allem was den Umgang mit der jüdischen Bevölkerung anging. Zum Zeitpunkt des deutschen Überfalls lebten in Polen über drei Millionen Jüdinnen und Juden. Ab Winter 1941 – also nach dem Überfall auf die Sowjetunion – schritten die Deutschen zu ihrer systematischen Vernichtung. Auf polnischem Boden errichteten sie die meisten Vernichtungslager, darunter Auschwitz, Treblinka, Bełżec, Majdanek und Sobibór (siehe Kapitel 9). Hier wurden nicht nur polnische Jüdinnen und Juden ermordet, sondern auch jene aus anderen von Deutschen besetzten europäischen Ländern.[20]

Anders als im Falle der Jüdinnen und Juden sahen die Deutschen hinsichtlich der polnischen Bevölkerung zwar nicht die Auslöschung eines gesamten Volkes vor, was aber nicht den Blick für die Tatsache verstellen sollte, dass Tausende Polinnen und Polen schon kurz nach dem Einmarsch der Wehrmacht von Deutschen ermordet wurden. In diesem Sinne handelt es sich bei dem deutschen Angriff bereits um den „Auftakt zum Vernichtungskrieg“.[21] Die deutsche Gewalt richtete sich in besonderem Maße gegen polnische Eliten, die massenhaft erschossen wurden. Die Nationalsozialisten betrachteten die polnische Bevölkerung im besten Fall als rechtlose Sklavinnen und Sklaven, die für die Deutschen arbeiten sollten, und entsprechend wurden sie behandelt. Teile der polnischen Republik wurden dem Deutschen Reich einverleibt und zum Gegenstand einer „Germanisierungspolitik“. In dieser Region vertrieben die Besatzer etwa 840 000 Menschen von ihren Wohnorten oder verschickten sie als Zwangsarbeiterinnen und Zwangsarbeiter, um für die sogenannten „Volksdeutschen“ Platz zu schaffen.[22] Im Verlauf des gesamten Krieges deportierten sie etwa 1,7 Millionen Polinnen und Polen und verschickten über 2,8 Millionen Menschen zur Zwangsarbeit ins Deutsche Reich.[23]

Außerdem starteten die Besatzer einen Generalangriff auf die polnische Sprache und Kultur und die in Polen so wichtige katholische Kirche. Im weiteren Verlauf des Krieges würde sich die Zahl polnischer Opfer um ein Vielfaches erhöhen. Aufgrund der während des Krieges stattgefundenen Grenzverschiebungen und der Multiethnizität der Zweiten Polnischen Republik ist die genaue Bezifferung schwierig. Nach dem Krieg wurde, ausgehend von den Grenzen des polnischen Staates im Jahr 1939, die Zahl unter den polnischen Staatsbürgern auf etwa sechs Millionen Tote geschätzt, darunter etwa die Hälfte Jüdinnen und Juden. Das bedeutet, dass 85 bis 90 Prozent des polnischen Judentums ermordet wurden und etwa zwölf Prozent der übrigen polnischen Staatsbürgerinnen und Staatsbürger.[24]

Auch die sowjetische Besatzung Ostpolens zwischen 1939 und 1941 war überaus gewaltsam, auch wenn – anders als die Behörden in der deutschen Besatzungszone – die Sowjetunion keine der Bevölkerungsgruppen auslöschen wollte. Die sowjetischen Besatzer lösten die Institutionen des polnischen Staates auf, entfernten Funktionsträger aus ihren Ämtern und ersetzten sie durch Menschen, die aus ihrer Sicht der Sowjetunion gegenüber loyal waren. Die Absurdität des sowjetischen Anspruchs, mit ihrem Einmarsch die belarussische und ukrainische Bevölkerung vor dem polnischen Staat zu schützen, lag auch darin, dass die nationalen Eliten jener Völker schon in den 1930er-Jahren in der Sowjetunion zu Opfern staatlicher Gewalt geworden waren. Aber nicht nur in Bezug auf ukrainische und belarussische Menschen gab es eine Vorgeschichte der Gewalt. Im Zuge des stalinistischen Terrors, der in den 1930er-Jahren sämtliche Bevölkerungsgruppen der Sowjetunion traf, hatte die sowjetische Führung auch Zehntausende Polinnen und Polen aus der ukrainischen und belarussischen Sowjetrepublik nach Zentralasien deportieren lassen. Stalin und Nikolai Jeschow, Chef des sowjetischen Inlandsgeheimdienstes NKWD, waren überzeugt, dass es innerhalb der Sowjetunion ein Netzwerk von ausländischen Spionen gebe und gerade die Polen, so ihre absurde Vorstellung, dabei eine Schlüsselrolle spielten. Im Jahr 1937 und 1938 ermordete der NKWD über 110 000 Polinnen und Polen und Menschen anderer Nationalitäten, die das Regime propolnischer Sympathien beschuldigte.

Mit der Besetzung Ostpolens im Herbst 1939 setzte die sowjetische Regierung ihre Politik des Terrors fort, die, wie schon zuvor, Erschießungen und Deportationen in die Sowjetunion umfasste. Obwohl der sowjetische Terror jeden treffen konnte, erhielt er dennoch eine eindeutig antipolnische Stoßrichtung, galten doch Polen und Polinnen als die Vertreter der Klassenverhältnisse, die überwunden werden mussten. Ihren Höhepunkt erreichte die stalinistische Gewalt, als der NKWD im Frühjahr 1940 mindestens 22 000 polnische Kriegsgefangene, vor allem Offiziere und Polizisten, aber auch Angehörige der polnischen Intelligenz und katholische Geistliche ermordete. Das Politbüro der kommunistischen Partei hatte die Morde angeordnet, die die Männer vom NKWD an verschiedenen Orten im Westen der Sowjetunion ausführten. Zum Symbol für diese Tat wurde der Wald von Katyn, in der Nähe der sowjetischen Stadt Smolensk. Dieses Verbrechen war die gezielte Tötung eines bedeutenden Teils der polnischen Elite. Diejenigen sollten ermordet werden, die als Rückgrat der polnischen Nation galten und damit als Hindernis auf dem Weg zu einem sowjetisierten Polen. Es waren die deutschen Besatzer, die nach dem Überfall auf die Sowjetunion im Sommer 1941 auf die verscharrten Leichen stießen. Die nationalsozialistische Führung versuchte, das Massaker propagandistisch auszuschlachten und stellte es als den Beweis für die Verbrechen des „jüdischen Bolschewismus" dar, während die Sowjetunion es der deutschen Besatzungsherrschaft anlastete. Nach dem Ende des Zweiten Weltkriegs erhielt die sowjetische Regierung diese Lüge aufrecht, und die kommunistischen Machthaber in Polen tabuisierten die Erschießungen von Katyn. Erst in den 1980er-Jahren geriet die sowjetische Regierung vermehrt unter internationalen Druck, das Verbrechen endlich aufzuklären. Im Jahr 1990 gestand der damalige Generalsekretär der KPdSU Michail Gorbatschow schließlich offiziell ein, dass die Sowjetunion für die Massenerschießungen verantwortlich war.

Katyn ist zum Symbol für die sowjetische Gewalt gegen die polnische Nation geworden. Das polnische und das russische Narrativ über den Zweiten Weltkrieg stehen sich in der Gegenwart unversöhnlich gegenüber. Dabei hatte es noch vor wenigen Jahren Anzeichen gegeben, dass eine Versöhnung trotzdem möglich sein könnte. Vorausgegangen war dieser zaghaften russisch-polnischen Annäherung eine Tragödie, die Polen im Jahr 2010 ereilte. Auf dem Weg zu einer Gedenkveranstaltung für die Opfer von Katyn war die Maschine des polnischen Präsidenten Lech Kaczyński, bei der sich auch ranghohe Militärs und andere Angehörige der polnischen Elite an Bord befanden, über der nun russischen Stadt

Smolensk abgestürzt. Die dortige Bodencrew hatte den Piloten zuvor aufgrund der Wetterverhältnisse davon abgeraten, den Landeanflug zu beginnen, diese entschieden sich aber anders. Das Unglück löste in Polen eine kollektive Trauer aus. Wieder hatte Polen einen bedeutenden Teil seiner Elite verloren, und das ausgerechnet im Zusammenhang mit dem Gedenken an die Opfer von Katyn – so eine in Polen gängige Interpretation der Ereignisse. Als der damalige polnische Ministerpräsident Donald Tusk zur Unglücksstelle reiste, wurde er von Wladimir Putin empfangen. Die ungelenke Umarmung der beiden Männer vor den Kameras der internationalen Presse sorgte für Aufsehen. Der sonst nicht gerade für seine zugewandte Seite bekannte Putin versuchte, dem sichtlich erschütterten Tusk Trost zu spenden. Endlich, so eine Lesart, endlich zeigte Russland Empathie für Polen, das so lange unter den imperialen Ambitionen des mächtigen Nachbarn im Osten gelitten hatte. Nach diesem Unglück war zum ersten Mal Andrzej Wajdas Film über Katyn (2007) im russischen Staatsfernsehen zu sehen, in dem der Großmeister des polnischen Kinos, dessen Vater vom NKWD ermordet worden war, eindrucksvoll erzählt, wie die Lüge über die Massenerschießungen in der Nachkriegszeit die Überlebenden und die Hinterbliebenen der Opfer ein weiteres Mal traumatisierte. Der Film endet mit einer schwer erträglichen, etwa zwanzig Minuten dauernden Sequenz, in der der Transport der polnischen Offiziere in den Wald von Katyn und ihre massenhafte Erschießung durch den NKWD gezeigt wird.

Die russisch-polnische Annäherung sollte aber nicht von Dauer sein. Putins wachsende anti-polnische Rhetorik kulminierte in einem Aufsatz im Juni 2020, in dem er ausgerechnet Polen eine Mitschuld am Ausbruch des Zweiten Weltkriegs unterstellte.[25] In Polen war es vor allem der Zwillingsbruder des verunglückten Präsidenten, Jarosław Kaczyński, der eine ganz bestimmte Deutung des Unglücks von Smolensk vorantrieb. Der Vorsitzende der rechtskonservativen Partei Recht und Gerechtigkeit (*Prawo i Sprawiedliwość*, PiS) war davon überzeugt, dass Russland für den Absturz verantwortlich sei und die Regierung Tusk eine Mitverantwortung trage. Inzwischen ranken sich um das Unglück absurde Verschwörungstheorien, die von den Gegnern des PiS-Lagers als die „Religion von Smolensk" beschrieben werden. Der Glaube an eine russische Manipulation des polnischen Flugzeugs ist unterdessen zugleich ein Bekenntnis zu einem streng nationalkonservativen Polen.

Das Trauma der Massenerschießungen von Katyn sowie die sowjetische Vertuschung des Verbrechens erklären, warum die russische Interpretation einer zumindest impliziten Mitverantwortung Polens für den Ausbruch des Zweiten Weltkriegs aus polnischer Perspektive unerträglich ist. Sie ist auch historisch falsch. Für Polen ist die Erfahrung der doppelten Besatzungsherrschaft das Trauma ihrer Erinnerung. Im Untergrund kämpften Polinnen und Polen sowohl gegen die deutsche als auch gegen die sowjetische Okkupation. Und im Sommer 1944 leisteten sie offenen Widerstand gegen eine der Besatzungsmächte.

Warschau 1944

Der Aufstand begann am 1. August 1944, als sich die Niederlage NS-Deutschlands abzuzeichnen begann. Die Rote Armee war an die polnische Hauptstadt an der Weichsel herangerückt, und eine Schlacht zwischen Wehrmacht und Roter Armee vor den Toren Warschaus schien bevorzustehen. Die Entscheidung zur Erhebung ging in erster Linie von der Führungselite der polnischen Heimatarmee (*Armia Krajowa*) aus, die während des Zweiten Weltkriegs die deutschen Besatzer vom Untergrund aus bekämpfte und der polnischen Exilregierung in London unterstand, die den Plan aus dem Ausland unterstützte. Maßgeblichen Einfluss hatten dabei zwei Faktoren: zum einen das Attentat auf Adolf Hitler am 20. Juli, das die Offiziere der Heimatarmee als Anzeichen für eine mögliche innere Desintegration des NS-Staates deuteten. Ein zweiter Faktor war die sich nähernde Rote Armee. Die Heimatarmee wollte beim Eintreffen der sowjetischen Truppen die Hauptstadt in polnischer Hand wissen, sie sollte von Polen selbst und nicht durch die Sowjetunion von der deutschen Besatzung befreit werden. Nachrichten über die Entwaffnung polnischer Einheiten und die Inhaftierung von Angehörigen der Heimatarmee durch die sowjetische Armee in den Ostgebieten Polens verhießen nichts Gutes für die Vision eines von der Sowjetunion unabhängigen Polens im Nachkriegseuropa. Im Bündnissystem der Alliierten hatte Polen, vertreten durch die polnische Exilregierung in London, gegenüber der Sowjetunion eine ausgesprochen schwache Position inne, waren doch auch die westlichen Mächte nicht daran interessiert, für ein freies und unabhängiges Polen die Kriegsallianz mit Stalins Sowjetunion zu gefährden.

Als der Aufstand begann, lebten in Warschau fast eine Millionen Menschen, von denen etwa 50 000 in der Heimatarmee kämpften. Aber auch weite Teile der Zivilbevölkerung waren maßgeblich dafür verantwortlich, dass die Aufständischen über sechzig Tage dem übermächtigen deutschen Feind Widerstand leisten konnten. Besonders in der Anfangsphase des Aufstands schlossen sich Zivilisten und Zivilistinnen spontan den Aufständischen an, bauten Barrikaden, versorgten die Soldaten der Heimatarmee mit Essen und Kleidung.

Eine große Faszination übte der Aufstand auf junge Menschen, selbst auf Kinder aus. Ein eindrückliches Beispiel dafür sind die Tagebuchaufzeichnungen von Wanda Przybylska, zum Zeitpunkt des Aufstands erst vierzehn Jahre alt. In ihren Einträgen wird deutlich, dass gerade in der Frühphase des Aufstands die Hoffnung bestand, die Polen könnten die Stadt tatsächlich von den Deutschen befreien. Am 2. August 1944 lesen wir:

> „Was für eine gute Nachricht! Ach, wie schön ist das! Ich freue mich!!! Gerade kam ein Soldat durch die Straße, der die Nachricht brachte. Die Bolschewisten sind schon in Warschau, unweit von hier, in der Ząbkowska Straße. Die Brücken sind schon von den Unseren besetzt, so daß sie jeden Augenblick in der Stadtmitte sein können. Alles läuft hervorragend – Hurra!!! Hurra, Hurra!!! Tapfere Jungs! Angeblich ist ganz Warschau von den Unseren beherrscht."[26]

Wanda war in diesen frühen Augusttagen euphorisch und hielt eine völlige Einnahme der Stadt durch die polnische Heimatarmee für möglich. Zugleich aber zeugt ihr Tagebuch auch von den Leiden, denen die Zivilbevölkerung während der Kämpfe ausgesetzt war. Nur wenige Tage später berichtete sie, wie sie mit ihrer Familie im Luftschutzkeller ausharrte, während die Deutschen Warschau erbarmungslos bombardierten. Trotz ihres jungen Alters kümmerte sich Wanda während des Aufstands um Verletzte in provisorisch eingerichteten Lazaretten, sie schilderte die Solidarität der Warschauer Bevölkerung untereinander. Ihre ältere Schwester, ebenfalls noch keine achtzehn Jahre alt, arbeitete als Sanitäterin. Wanda beneidete sie um diese aktive Rolle im Aufstandsgeschehen. Aber ihre Stimmung verschlechterte sich. Am 6. August notierte sie:

> „Die Nacht war nicht gut, der Tag furchtbar. Wie wird es weitergehen? Oh, ich möchte nicht daran denken, aber ich glaube, wir erreichen kein

> freies Polen. Wir sitzen im Keller. Wir sind auf den Tod vorbereitet. [...] Ich glaube, es gibt auf der Welt schon keine Menschen mehr. Ringsherum brennt es. Die Deutschen werfen Brandbomben. Die Menschen, die aus den Ruinen hervorkommen, reißen aus. Von Wola [ein Stadtteil Warschaus] kommt Hilfe für die Deutschen. Und wir? Wir erhalten keine Hilfe. Dabei flehen alle Menschen darum. [...] Ich erinnere mich an das Ghetto, als die Juden gekämpft haben und bis auf den letzten umgekommen sind. So wird es auch uns ergehen."[27]

Das furchtbare Dilemma, in dem sich die Bevölkerung Warschaus befand, schlug sich in Wandas Aufzeichnungen nieder:

> „Unsere Armee hält sich großartig, aber die Bolschewisten kommen nicht, und die Deutschen attackieren und bombardieren uns immer stärker, so daß alles brennt und manche Stadtteile völlig in Flammen stehen. [...] Wir dürfen nicht den Mut verlieren. Wir sehen wie unsere Jungs mutig kämpfen und sich nicht ergeben. Es ist eine Schande, daß wir anfangen, die Hoffnung zu verlieren."[28]

Nachdem Wanda diese Worte am 7. August 1944 in ihr Tagebuch geschrieben hatte, hielten die Aufständischen noch fast zwei Monate durch. Während der Kämpfe um die einzelnen Stadtteile verübten die Deutschen mit ihren Verbündeten furchtbare Verbrechen an der städtischen Zivilbevölkerung, das größte dieser Massaker fand im August in Wola statt. Eine Augenzeugin erinnerte sich später, wie sie von den Deutschen zur Exekutionsstelle geführt wurde, zusammen

> „mit meinen drei Kindern. An einer Hand hatte ich meine beiden jüngeren Kinder, meinen älteren Sohn an der anderen. Die Kinder weinten und beteten. Der ältere Junge sah die Masse der Leichen und schrie: ‚Sie werden uns töten' und rief nach seinem Vater. Der erste Schuss traf ihn, der zweite traf mich; die nächsten beiden töteten meine beiden jüngeren Kinder."[29]

Die schwangere Frau überlebte trotz ihrer Verletzungen das Massaker, weil die Vollstrecker davon ausgingen, dass sie nicht mehr am Leben sei. Auf diese Weise erlebte sie mit, wie die Deutschen den ganzen Tag über Menschen ermordeten. Wie hoch die Opferzahlen genau waren, konnte bis heute nicht abschließend geklärt werden. Schätzungen gehen davon aus, dass allein an drei Tagen Anfang August bis zu 30 000 Menschen umgebracht wurden. Trotz dieses Ausmaßes ist den wenigsten Deutschen der Massenmord von Wola ein Begriff.

Auch im benachbarten Stadtteil Ochota massakrierten die Deutschen zusammen mit der SS-Brigade des russischen Kollaborateurs Bronislaw Kaminski etwa zehntausend Menschen. Am 5. August drangen betrunkene Soldaten in das Radium-Institut ein, das zu Beginn der 1930er-Jahre auf Initiative von Marie Curie gegründet worden war. Zeugen und Zeuginnen berichteten von massenhaften Gruppenvergewaltigungen von Frauen und jungen Mädchen, die sich über Tage hinzogen. Viele der Opfer wurden danach erschossen. Auch vor der Ermordung der Kranken schreckten die Soldaten nicht zurück, einige von ihnen wurden bei lebendigem Leibe verbrannt. Nach ihren Plünderungen steckten die Soldaten das Institut in Brand, in dem sich zu diesem Zeitpunkt immer noch Menschen befanden.[30]

Die von Hitler persönlich angeordneten Massaker an der polnischen Zivilbevölkerung und an gefangen genommenen Soldaten der Heimatarmee sollten den Widerstandsgeist der Menschen Warschaus brechen. Dieses Kalkül ging aber nicht auf, erst am 2. Oktober kapitulierten die Polinnen und Polen und ergaben sich den deutschen Machthabern. In der Zivilbevölkerung bewegte sich die Zahl der Opfer zwischen 150 000 und 200 000, von den Soldaten der Heimatarmee starben etwa 16 000. Unter den Toten des Aufstands war auch Wanda Przybylska, sie erlebte ihren fünfzehnten Geburtstag nicht. Die Beschießung und das Bombardement hatten schon während des Aufstands große Teile der polnischen Hauptstadt zerstört, nach seinem Ende wurde das westliche Weichselufer mit dem historischen Stadtkern systematisch dem Erdboden gleichgemacht. Bewusst zerstörten die deutschen Truppen dabei auch polnische Kulturgüter aus den zahlreichen Bibliotheken und Museen. Warschau und sein kulturelles Erbe sollten ausgelöscht werden. Die vor der Stadt stationierte Rote Armee kam den Aufständischen nicht zu Hilfe. Dies war wohl ein bewusstes Kalkül der Sowjetführung. Die Ausschaltung derjenigen, deren Loyalität einem unabhängigen Polen galt und nicht den Sowjets, war im Interesse Moskaus.

Zwei deutsche Lebenswege: Erich von dem Bach-Zelewski und Heinz Reinefarth

Vor Ort hauptverantwortlich für die Niederschlagung des Aufstands, die Massaker an der polnischen Zivilbevölkerung und die Zerstörung der Stadt waren unter anderem zwei Männer, die im nationalsozialistischen Deutschland Karriere gemacht hatten: Heinz Reinefarth und Erich von dem Bach-Zelewski. Beide wurden für die Verbrechen, die sie in Polen begangen hatten, niemals vor Gericht gestellt. Bach-Zelewski gelang es, sich nach dem Krieg als Zeuge gegen andere Nationalsozialisten den westlichen Alliierten anzudienen, obwohl er auf die Anklagebank gehört hätte. Noch erschütternder ist die weitere Biografie Reinefarths, der in der Bundesrepublik eine Laufbahn als erfolgreicher Politiker in Schleswig-Holstein einschlagen konnte.

Bach-Zelewski, Jahrgang 1899, trat im Februar 1930 in die Nationalsozialistische Deutsche Arbeiterpartei ein, ein Jahr später wurde er Mitglied in der SS, wo er in den 1930er-Jahren in Ostpreußen und anschließend in Schlesien Karriere machte.[31] Während seine Rolle ganz zu Beginn des deutschen Überfalls auf Polen bislang nicht geklärt ist, so ist erwiesen, dass er im Jahr 1940 an der Etablierung des Konzentrationslagers Auschwitz beteiligt war. Gut erforscht ist auch, dass Bach-Zelewski maßgeblich am deutschen Vernichtungskrieg in Belarus mitwirkte. Als Höherer SS und Polizeiführer (HSSPF) Russland Mitte war er für die Erschießung von Jüdinnen und Juden verantwortlich, ab Oktober 1942 übernahm er zusätzlich die Funktion des „Bevollmächtigten des RFSS für Bandenbekämpfung". In dieser Position ordnete er den erbarmungslosen Kampf gegen Partisaninnen und Partisanen an, wobei in der Praxis der nationalsozialistischen Besatzung kaum ein Unterschied zwischen „Partisanen" und „Juden" gemacht wurde. Die systematischen Zerstörungen belarussischer Dörfer sind ebenfalls der Bilanz von Bach-Zelewskis Tätigkeit in diesem Teil der Sowjetunion zuzurechnen (siehe Kapitel 4).

Im August 1944 wurde Bach-Zelewski von Heinrich Himmler schließlich die Kommandogewalt über die deutschen Truppen in Warschau übertragen. In seinen Aussagen nach Kriegsende versuchte Bach-Zelewski, sich als barmherziger Befehlshaber zu inszenieren, der sich stets darum bemüht habe, die Gewalt gegen die Zivilbevölkerung zu minimieren, und dafür sogar die Befehle Hitlers umgangen habe. Angesichts der massiven Gewalt, die unter seinem Kommando gegenüber der Warschauer

Bevölkerung und ihrer Stadt angewandt wurde, waren dies offensichtliche Lügen und der Versuch, die eigene Rolle im NS-Staat aus Angst vor Strafverfolgung kleinzureden. Der ranghohe SS-Führer Bach-Zelewski war mit dieser Strategie erfolgreich. Es ist nicht genau geklärt, welche Absprache es zwischen ihm und den Amerikanern nach Kriegsende gegeben hat, in jedem Fall gelang es Bach-Zelewski, im Nürnberger Prozess gegen die Hauptkriegsverbrecher und in einigen seiner Nachfolgeprozesse als Zeuge gegen seine ehemaligen Kameraden aufzutreten. Zwar wurde er im Entnazifizierungsverfahren als Hauptschuldiger eingestuft, musste aber die damit verbundene mehrjährige Haftstrafe nicht antreten. So schien es zunächst, dass die einzige Konsequenz seiner Rolle im Vernichtungskrieg im östlichen Europa lediglich die Aberkennung seiner Pensionsansprüche war. In den späten 1950er- und 1960er-Jahren holte Bach-Zelewski seine Vergangenheit aber doch noch ein, allerdings waren es nicht seine Verbrechen in Belarus und Polen, die ihn hinter Gitter brachten, sondern der Mord an mehreren deutschen Kommunisten in den Jahren 1933/34. Hierfür wurde er im Jahr 1963 zu lebenslanger Haft verurteilt. Das dann doch noch gegen ihn eröffnete Ermittlungsverfahren wegen seiner Rolle im Holocaust in Belarus wurde in demselben Jahr mit der Begründung eingestellt, dass Bach-Zelewski bereits in Haft sei, wo er bis zu seinem Tod 1972 auch verbleiben sollte.

Für die Umsetzung der Befehle Hitlers zur Zerstörung Warschaus und zur Ermordung seiner Zivilbevölkerung war im unmittelbaren Kampfgeschehen der Untergebene von Bach-Zelewski, Heinz Reinefarth, einer der Hauptverantwortlichen. Der 1903 geborene Reinefarth hatte sich bereits in sehr jungen Jahren für völkische Ideologie begeistert und war Mitglied rechter Milizen geworden.[32] Im Jahr 1932 wurde der Jurist Reinefarth Mitglied der NSDAP – mithin mehrere Monate vor der Machtübernahme durch die Nationalsozialisten. Von der SA wechselte er 1933 zur SS, wo er aber zunächst eher langsam aufstieg. Zu Kriegsbeginn im September 1939 war er als Wehrmachtssoldat im Einsatz, bevor er sich nach seiner Entlassung im Winter 1941/42 ganz auf seine Karriere in der SS konzentrierte und Posten in der besetzten Tschechoslowakei, dem „Protektorat Böhmen und Mähren", innehatte und schließlich im besetzten Polen eingesetzt wurde. Mit dem Auftrag zur Niederschlagung des Warschauer Aufstands Anfang August 1944 ging auch eine Beförderung innerhalb der SS und der Polizei einher. Nachdem Reinefarth aus Sicht des nationalsozialistischen Staates seine Mission erfolgreich erfüllt hatte, wurde er im Oktober 1944 mit der Auszeichnung des Eichenlaubs zum Ritterkreuz bedacht. Bis zum Kriegsende galt Reinefarth den Entscheidungsträgern in Berlin als zuverlässiger Regimeanhänger: Als die Niederlage Deutschlands sich längst abzeichnete, wurde er zum Festungskommandanten von Küstrin (heute Kostrzyn nad Odrą) ernannt, nicht einmal hundert Kilometer östlich von Berlin gelegen. Zwar erfüllte er auf diesem Posten nicht die Erwartungen des Nazi-Regimes, wurde aber für seinen Rückzug auch nicht mehr belangt.

Nach dem Krieg bemühte sich Polen mehrfach um eine Auslieferung Reinefarths aus Deutschland, um ihn im Land seiner Verbrechen vor Gericht zu stellen. Diese Gesuche lehnten sowohl britische als auch amerikanische Behörden ab. Hintergrund war die Zusammenarbeit Reinefarths mit dem CIC, dem damaligen Nachrichtendienst der amerikanischen Armee. Dessen Mitarbeiter versprachen sich davon Informationen über das sowjetische Militär und waren im Zuge des aufkommenden Kalten Krieges bereit, dafür mit ehemaligen Nazi-Größen zusammenzuarbeiten.

Die massiven Defizite des Entnazifizierungssystems zeigen sich eindrücklich in der Biografie Reinefarths: Im Dezember 1949 wurde er von den britischen Verwaltungsbehörden als offiziell entlastet eingestuft. Einer politischen Karriere stand damit nichts mehr im Wege. Reinefarth ließ sich mit seiner Familie in Westerland auf Sylt nieder und engagierte sich im Bund der Heimatvertriebenen und Entrechteten, einer Partei, in denen ehemalige Nazi-Funktionäre in hohem Maße vertreten waren. In Schleswig-Holstein feierte sie Wahlerfolge, sodass Reinefarth über ausgezeichnete Kontakte in die Politik verfügte. Von 1951 bis 1963 bekleidete er das Amt des Bürgermeisters von Westerland. Zwar thematisierten deutsche Medien seine NS-Vergangenheit in den 1950er-Jahren immer wieder, ein Ermittlungsverfahren gegen ihn stellte die Staatsanwaltschaft Flensburg aber 1958 wieder ein – angeblich, weil seine Verantwortung für die Massenmorde in Warschau nicht belegt werden konnten. Im selben Jahr wurde Reinefarth in den schleswig-holsteinischen Landtag gewählt, die regionale Presse unterstützte ihn trotz seiner Verstrickung in die deutschen Verbrechen. Allerdings geriet er aufgrund seiner nationalsozialistischen Vergangenheit zunehmend unter Druck, was schließlich dazu führte, dass er auf eine zweite Landtagskandidatur verzichtete und 1963 als Bürgermeister abgewählt wurde. Erneute Ermittlungen gegen ihn wurden aber ebenfalls bald wieder eingestellt. Zwar verwehrten ihm die Behörden eine Zulassung als Notar, aber strafrechtliche Konsequenzen für sein Handeln gab es nicht. Reinefarth starb 1979 als freier Mann auf Sylt. Erst im Jahr 2014, aus Anlass des 70. Jahrestags des Warschauer Aufstands, fand der Landtag von Schleswig-Holstein endlich deutliche Worte für die Karriere des SS-Mannes und sprach den Opfern des Warschauer Aufstands und ihren Angehörigen sein „tiefes Mitgefühl" aus und bat sie um Verzeihung. Der Landtag brachte einstimmig sein Bedauern darüber zum Ausdruck, „dass es nach 1945 in Schleswig-Holstein möglich werden konnte, dass ein Kriegsverbrecher Landtagsabgeordneter wird".[33]

Die Erinnerung an den Aufstand

Wie erinnerten sich Polinnen und Polen an den Aufstand nach seiner Niederschlagung? Inwiefern ließen die neuen kommunistischen Machthaber überhaupt eine Erinnerung zu? Die dramatischen Ereignisse haben ihre Spuren im Stadtbild hinterlassen, ja, die ganze Stadt ist ein Zeugnis des Aufstands, musste sie doch nach dem Krieg fast vollständig wiederaufgebaut werden. Das größte Denkmal befindet auf dem Krasiński-Platz vor dem Gebäude des Obersten Gerichtshofs Polen. In ihm spiegelt sich wider, was zu einem Sinnbild des Aufstands geworden ist: die unterirdischen Kanäle Warschaus, in denen sich die Aufständischen fortbewegten. Jerzy Kochanowski, der uns durch das Warschau des Aufstands führt, weiß aus eigener Erfahrung zu berichten, welche Faszination sie auf die nachgeborenen Generationen ausübten: Er selbst ist 1960 geboren und träumte als Jugendlicher davon, selbst bei dem Aufstand dabei gewesen zu sein. Um das Handeln seiner Helden nachzuempfinden, stieg er als Teenager in die Untiefen der Warschauer Kanalisation und fand nur mit großem Glück wieder den Weg an die Oberfläche – seinen Eltern hat er diese Geschichte erst Jahrzehnte später erzählt. Diese Anekdote zeigt, dass trotz des Versuchs der Sowjetunion, den Aufstand in der polnischen Erinnerung zu marginalisieren, er in den Erzählungen der Familien präsent blieb. Denn nach dem Krieg war die Erinnerung an den Aufstand zunächst durch die Vorgaben aus Moskau bestimmt.

Die Befreiung von der nationalsozialistischen Besatzung bedeutete für Polen keinen Aufbruch in die staatliche Unabhängigkeit, vielmehr wurde die Macht von der kommunistischen Partei übernommen, die wiederum von der Sowjetunion abhängig war. In der Konferenz von Jalta im Februar 1945 schlugen die Alliierten Polen der sowjetischen Einflusssphäre zu. Aus Moskauer Sicht war die Erinnerung an den Warschauer Aufstand unbequem. Veteranen der Heimatarmee wurden in der Nachkriegszeit zu Opfern des stalinistischen Terrors, zynischerweise warfen die kommunistischen Machthaber ausgerechnet ihnen eine Zusammenarbeit mit den deutschen Faschisten vor. Zehntausende Kämpfer des Untergrunds verurteilten die Gerichte zu langen Haftstrafen, viele von ihnen wurden in die Sowjetunion deportiert oder gar zum Tode verurteilt. Auch das ist ein Grund, warum gerade im stalinistischen Polen die Erinnerung an den Aufstand oft nur im kleinsten Kreis der Familien stattfinden konnte. Polnische und sowjetische Kommunisten versuchten, besonders in der Zeit der Stalinisierung Polens (1948–1956), die Anführer des Aufstands zu diskreditierten, indem sie ihn als Ergebnis der verantwortungslosen Politik der polnischen Exilregierung und reaktionärer Kräfte darstellte, die den massenhaften Tod der Warschauer Bevölkerung billigend in Kauf genommen hätten. Den Heldenmut der einfachen Bevölkerung kontrastierten sie mit der Gewissenlosigkeit der Offiziere der Heimatarmee. Dies zeigt aber auch, dass es unmittelbar nach Kriegsende für die kommunistische Partei nicht möglich war, den Aufstand ganz zu verleugnen. Schließlich waren seine Spuren überall in Warschau zu sehen, die Stadt lag in Trümmern. Angehörige der Opfer und Veteranen der Heimatarmee versammelten sich an jenen Orten, an denen die Deutschen Menschen erschossen hatten, gedachten dort der Toten und errichteten provisorische Denkmale. Schon drei Jahre nach dem Krieg genehmigte die Stadtverwaltung eine erste Gedenktafel, die zwar den Aufstand nicht explizit erwähnte, wohl aber auf die Erschießungen an jenem Ort verwies. Diese Sprachregelung sollte die nächsten Jahrzehnte prägen, sodass die Bevölkerung oft nur anhand der Daten ablesen konnte, dass die Gedenktafeln an Ereignisse des Aufstands erinnerten. Aufgrund des lokalen Wissens über den Aufstand kann aber vermutet werden, dass den Menschen klar war, wessen hier gedacht wurde. Zugleich entwickelten sich Friedhöfe zu zentralen Erinnerungsorten, an denen die Stadtbevölkerung sich ihrer Heldinnen und Helden erinnerte und um sie trauerte und so eine Gegenerinnerung zu denen der kommunistischen Führung am Leben erhielt.

Staatlicherseits setzte 1956 eine gewisse Liberalisierung ein, und es konnten nicht nur Filme und Romane über den Aufstand erscheinen, sondern auch wissenschaftliche Abhandlungen publiziert werden. Die zwiespältige Rolle der Roten Armee blieb jedoch ein Tabu. Eine allmähliche Rehabilitierung einzelner Anführer der Heimatarmee begann in den 1970er- und 1980er-Jahren. Freilich waren diese durch die völlig unterschiedlich gelagerten Interessen der kommunistischen Parteiführung einerseits und den ehemaligen Aufständischen und ihren Angehörigen andererseits umstritten: Das 1964 zentral errichtete Denkmal war nicht etwa den Teilnehmern des „Warschauer Aufstands" gewidmet, sondern wurde offiziell als „Denkmal der Helden von Warschau 1939 bis 1945" bezeichnet. Im Jahr 1980 entstand in der Volksrepublik Polen die Solidarność, die erste freie Gewerkschaft in einem sozialistischen Land, die sich bald zu einer umfassenden zivilgesellschaftlichen Bewegung entwickelte. Damit einher ging eine offenere Diskussion um die Vergangenheit Polens, die bis dahin vor allem in Publikationen in der Illegalität, dem sogenannten Zweiten Umlauf, und im Exil geführt worden war. In den 1980er-Jahren gelang es, Pläne für ein großes Denkmal in der Hauptstadt noch vor dem Fall des Kommunismus zu verwirklichen. Bei unserem Stadtspaziergang sind wir vor allem von einem Denkmal berührt: das 1983 enthüllte Denkmal des kleinen Aufständischen, das an die Kinder erinnert, die oft als Botengänger im Aufstandsgeschehen wichtige Funktionen erfüllten.

Inzwischen gibt es auch ein zentrales Museum für den Aufstand in Warschau, das wir bei unserer Reise ebenfalls besuchen. Die Planungen für dieses Projekt lassen sich bis in die 1980er-Jahre zurückverfolgen, eröffnet wurde das Museum aber erst am 31. Juli 2004, einen Tag bevor sich der Beginn des Aufstands zum sechzigsten Mal jährte. Es war auch ein Projekt, das der damalige Stadtpräsident von Warschau und spätere Präsident Lech Kaczyński vorantrieb. Das Ziel der Warschauer politischen Elite und der Museumsmacher war es, dem Aufstand endlich einen gebührenden Platz in der Gedenklandschaft der polnischen Hauptstadt zu geben und dabei zugleich ein eindeutiges national verbindliches Narrativ über dieses Ereignis zu etablieren. Somit erfüllt das Museum auch eine wichtige geschichtspolitische Funktion. Denn in den 1980er- und 1990er-Jahren war einerseits eine neue Offenheit im Umgang mit der Geschichte entstanden, andererseits begannen auch gerade die jüngeren Polinnen und Polen kritische Fragen zu stellen. War es verantwortungsvoll gewesen, den Aufstand im Angesicht der deutschen Übermacht zu wagen? Waren dadurch nicht gerade junge Menschen in einem sinnlosen Kampf geopfert worden? War mit der Zerstörung der Warschauer Altstadt der Preis für diesen Akt des Heldenmuts nicht viel zu hoch gewesen? Solche Fragen berührt die Ausstellung nicht. Stattdessen setzt sie auf ein heroisierendes Narrativ. Die vielen Schulklassen, denen wir während unseres Besuchs begegnen, zeigen, dass diese Darstellung besonders den jungen Menschen vermittelt werden soll. Das Museum hat sich zu einem der beliebtesten in der polnischen Hauptstadt entwickelt.

Das Konzept des Museums ist für manche gewöhnungsbedürftig, setzt es sich doch zum Ziel, dass die Besucher den Verlauf des Aufstands emotional nachempfinden, ja, sich gar in die Rolle der Aufständischen hineinversetzen sollen. Begleitet wird die Besucherin von einer stetigen Geräuschkulisse, von Schreien und Bombenabwürfen. An den Wänden angebrachte Schilder auf Deutsch sollen das Gefühl der Besatzungsherrschaft wiedergeben. Im Zentrum der Ausstellungsräume steht ein Quader, der als Monument des Aufstands, als Herz der Ausstellung fungiert. Von ihm geht ein ständiges Klopfen aus, das die Besucherin bei ihrem Gang durch das Museum begleitet. Ein Anliegen ist es außerdem, den Aufständischen, die sich für ihr Land aufgeopfert haben, ein Denkmal zu setzen und zugleich einen Raum des Erinnerns für sie zu schaffen. Entsprechend finden sich an den Wänden Namen und Fotografien derjenigen, die im Geschehen die Rolle der Helden und Heldinnen und der Opfer einnahmen. Diesen Menschen sind „Grabsteine" gewidmet, auf denen ihre Geschichte wiedergegeben wird. In diesem Sinne nimmt die Ausstellung Bezug auf ein fest verankertes Motiv über die Geschichte Polens insgesamt, die durch das Ereignis des Aufstands symbolisiert wird: eben die einer Nation der Opfer und Helden. Vor diesem Hintergrund ist zu sehen, dass Ereignisse, die sich in diese Erzählung nicht einfügen lassen, von Teilen der polnischen Gesellschaft abgelehnt werden.

Wer die Traumata unserer polnischen Nachbarinnen und Nachbarn verstehen will, wer sich mit der Erinnerung an die verlorene Welt des polnischen und europäischen Judentums auseinandersetzen will, der muss nach Warschau reisen.

Lwiw – Von Nachbarschaft, Zeugenschaft und Gewalt

Lwiw (polnisch: Lwów, deutsch: Lemberg), heute in der Westukraine gelegen, ist eine wunderschöne Stadt. Es ist der Beginn des Jahres 2015, als wir sie zum ersten Mal besuchen. Gelesen haben wir schon viel über sie, diese fast mythische Stadt des untergegangenen Habsburger Reiches. Als wir um zwei Uhr nachts mit unserem Nachtzug von Kyiv eintreffen, bewundern wir als Erstes den Bahnhof, der aus der Zeit des österreichischen Kaiserreiches stammt. Unser charmanter Taxifahrer entpuppt sich schnell als Lokalpatriot, der uns die Namen der prachtvollen Kirchen nennt, an denen wir vorbeifahren. Als er bemerkt, dass wir im Russischen sicherer sind als im Ukrainischen, wechselt er bereitwillig die Sprache – er beherrscht sie beide. Wir kommen weiter ins Gespräch und fragen ihn, ob er auch hier geboren sei. Nein, antwortet er, er sei nicht in Lwiw geboren, sondern ganz im Osten Russlands, unweit der Grenze zu Japan. An der Grenze zu Japan? Ja, dorthin seien seine Eltern nach dem Zweiten Weltkrieg deportiert worden. Und schon ist sie wieder ganz nah, die Gewaltgeschichte Lwiws, die in unzähligen Familien der Stadt Opfer forderte. In gewisser, ironischer Weise gehören die Eltern unseres Gesprächspartners zu den Glücklichen, denn immerhin haben sie überlebt, und ihr Sohn konnte schließlich in jene Stadt zurückkehren, die für ihn seine Heimat ist. Abertausende Menschen aus Lwiw wurden im 20. Jahrhundert für immer aus der Stadt vertrieben, zwangsumgesiedelt oder ermordet.

Heute merkt man der Stadt diese Geschichte auf den ersten Blick nicht an. Unsere Faszination für Lwiw setzt sich am nächsten Morgen fort. Es ist eine lebendige, junge Stadt, die zunehmend Besucherinnen und Besucher aus der ganzen Welt anzieht. Eindrucksvoll sind ihre Kaufmannshäuser, die den Marktplatz säumen. Wunderschön sind die in der ganzen Stadt verteilten Kirchen mit ihrer Renaissance- oder Barockarchitektur. Mal sind es römisch-katholische, mal griechisch-katholische, und besonders beeindruckt sind wir von den Wandgemälden in der armenischen Kirche. Heute ist die Bevölkerung vor allem stolz darauf, dass man einst zum Habsburger Reich gehörte, dem europäischen Vielvölkerstaat in der Mitte Europas, dem nach seinem Untergang im Jahr 1918 viele Menschen nachtrauerten. Einer davon war der jüdisch-österreichische Schriftsteller Joseph Roth, der nur wenige Kilometer von Lwiw entfernt in der kleinen Stadt Brody 1894 geboren wurde. In Galizien aufgewachsen schuf Roth in seiner Literatur jenem Habsburg ein Denkmal, das ganz unterschiedlichen Nationalitäten eine Heimat geboten hatte, darunter vielen Jüdinnen und Juden. Dieses jüdische Erbe ist in Lemberg wiederum sehr stark verblasst. Und das, obwohl zu Zeiten Habsburgs und während der Zweiten Polnischen Republik (1918–1939) bis zu einem Drittel der Stadtbevölkerung jüdisch war. Ihre Kultur, die das Stadtbild über Jahrhunderte geprägt hatte, ist durch die Gewaltexzesse des Zweiten Weltkriegs ausgelöscht worden. Auch die polnische Bevölkerung, die die Stadt lange Zeit dominierte, ist nur noch durch eine sehr kleine Minderheit präsent. Das Neben-, Mit- und Gegeneinander vieler unterschiedlicher ethnischer Gruppen, Religionen und Sprachen, das die Städte Ostmitteleuropas über Jahrhunderte ausgezeichnet hat, es ist heute unwiederbringlich verloren. An der Geschichte Lwiws lässt sich mithin eine größere Geschichte des östlichen Europa im 20. Jahrhundert erzählen: von interethnischen Konflikten in einem Vielvölkerreich, die durch den Beginn eines totalen Krieges zunehmend eskalierten; von einer Fortsetzung des Ersten Weltkriegs im östlichen Europa nach 1918, als konkurrierende nationalstaatliche Projekte sich unversöhnlich gegenüberstanden; von einer neuen Ordnung, die mit Diskriminierung gegen Minderheiten einherging; von der Ethnisierung sozialer Beziehungen und gegenseitigem Misstrauen, die ein Miteinander immer mehr erschwerten; und schließlich von der deutsch-sowjetischen Allianz zwischen 1939 und 1941 bis hin zum deutschen Angriff auf die Sowjetunion – und dem besetzten Ostpolen –, der zu Genoziden und gewaltsamem Bevölkerungsaustausch führte. Bis zur Mitte des Jahrhunderts hatte sich das Antlitz von Städten wie Lwiw radikal geändert.

Lwiw im Habsburger Reich und im Ersten Weltkrieg

Seit der ersten Teilung des polnisch-litauischen Staates im Jahr 1772 gehörte Lwiw zur Habsburgermonarchie. Im Habsburger Reich war die Stadt das kulturelle Zentrum des östlichen Galizien, das 1867 zu einem Kronland der Doppelmonarchie Österreich-Ungarn wurde. Hier lebten vor allem Polinnen und Polen, Ukrainerinnen und Ukrainer, Jüdinnen und Juden, aber auch Armenier und Armenierinnen, Österreicherinnen und Österreicher waren in der Stadt vertreten. Doch es waren die polnischen Eliten, die die Stadtpolitik bestimmten. Im Verlauf des 19. Jahrhunderts erstarkte die ukrainische Nationalbewegung immer mehr und geriet zunehmend in Konflikt mit der polnischen. Dabei spielten neben der Konkurrenz um Macht und Einfluss auch kulturelle Gegensätze eine Rolle: Die polnischen Eliten blickten oft auf die ukrainische Bevölkerung herab, akzeptierten sie nicht als eigenständige Gruppe, sondern betrachteten sie häufig als eine Variante der eigenen Nation und gingen davon aus, dass sie sich mit der Zeit in die vermeintlich überlegenere polnische Nation assimilieren lassen würden. Zugleich betrachteten sie die zunehmend selbstbewusster agierenden Ukrainer als eine Bedrohung der eigenen Hegemonie im öffentlichen Raum und bemühten sich entsprechend, den vermeintlich „polnischen Charakter" der Stadt zu verteidigen bzw. zu sichern.[1]

Im Vergleich zur polnischen Nationalbewegung war die ukrainische schwächer ausgeprägt. Anders als im Falle der Polen gab es keinen ukrainischen Adel – dieser hatte sich im Laufe der Jahrhunderte entweder russifiziert oder polonisiert –, der die Führungsrolle hätte übernehmen können. Es war schließlich der ukrainischsprachige Klerus in Galizien, der zu dem wichtigsten Multiplikator einer ukrainischen nationalen Idee werden sollte. Vor allem der Klerus trug die Idee einer ukrainischen nationalen Gemeinschaft in die bäuerliche Lebenswelt, die sich traditionell eher über lokale und religiöse Identitäten definierte, aber die ukrainische Sprache beibehalten hatte.

Diese religiöse Zugehörigkeit war zugleich eine zentrale Abgrenzung zu den Polen: Die allermeisten Ukrainer und Ukrainerinnen in Ostgalizien gehörten der ukrainischen unierten griechisch-katholischen Kirche an, die zwar den Papst als oberstes Kirchenhaupt anerkannte, in ihrem Ritus aber der byzantinischen Tradition folgte. Insofern waren die unierten Ukrainer wie auch die katholischen Polen ein Beispiel für die Verbindung von religiöser und nationaler Identität.

Im Rahmen der Institutionen der Habsburgermonarchie konnten die polnisch-ukrainischen Konflikte, die sich in Lwiw am deutlichsten zeigten, letztlich doch immer wieder ausgehandelt und so eingedämmt werden. Dies änderte sich mit dem Ausbruch des Ersten Weltkriegs, der Lwiw zu einem Schauplatz der Massengewalt und wechselnder Okkupationsregime machte. Als der Krieg im Sommer 1914 ausbrach, war die Haltung der multiethnischen Stadtgesellschaft keineswegs eindeutig.[2] Unter der polnischen Bevölkerung herrschte bei einigen so etwas wie Kriegsbegeisterung, bestand doch die Hoffnung, dass ein Krieg die Chancen auf die Wiedererrichtung des polnischen Staates erhöhte. Die jüdische Bevölkerung war der Monarchie gegenüber loyal und fürchtete, dass ein Einmarsch der russischen Armee mit antijüdischen Pogromen einhergehen könnte – schließlich hatte es diese im Zarenreich immer wieder gegeben. In der ukrainischen Bevölkerung gab es unterschiedliche Positionen, einige waren loyal gegenüber der habsburgischen Staatsmacht, während andere auf einen Sieg des Zarenreichs hofften. Der Krieg radikalisierte die staatlichen Vertreter der Habsburgermonarchie, und bereits kurz nach Ausbruch des Krieges sah sich die ukrainische Bevölkerung unter den Generalverdacht gestellt, Österreich-Ungarn verraten zu haben und sich in einer Allianz mit Russland zu befinden. Abertausende wurden gefangen genommen oder hingerichtet. Schon Ende August 1914 zog sich die K.-u.-k.-Armee aus Lwiw zurück, und bald darauf marschierten russische Truppen in die Stadt ein. Die zarische Besatzung begegnete der lokalen Bevölkerung mit Misstrauen, besonders die Menschen jüdischen Glaubens verdächtigten sie der Illoyalität. Die Deportationen in die inneren Gebiete des Russischen Reiches konnten gleichwohl jeden treffen, auch wenn Juden und Jüdinnen davon besonders häufig betroffen waren. Auch die lang befürchteten Pogrome fanden statt, als Kosaken Ende September 1914 plündernd durch das jüdische Viertel zogen, Menschen misshandelten und töteten.

Ziel der russischen Besatzer war die „Russifizierung" Ostgaliziens, und damit auch Lwiws, begriffen sie die Stadt und die Region doch als Teil der russischen Nation. 1914 hatte diese Vorstellung direkten Einfluss auf die Besatzungspolitik, als ukrainische Einrichtungen geschlossen wurden. Die russische Besatzung sollte nicht von Dauer sein, im April 1915 nahmen wieder österreich-ungarische Truppen die Stadt ein, und abermals stellte sich die Frage nach der Loyalität der Bewohnerinnen und Bewohner. Diese standen nun vor der Herausforderung, der neuen alten Staatsmacht unter Beweis zu stellen, dass sie auch während der russischen Besatzungszeit eigentlich immer Österreich-Ungarn verbunden gewesen waren, was manchen besser gelang als anderen. Dass die Habsburger nun Menschen verfolgten, die sie der Zusammenarbeit mit den russischen Truppen bezichtigten, öffnete der gegenseitigen Denunziation Tür und Tor.

Polnische und ukrainische Konkurrenzen – Staatsgründungen während und nach dem Ersten Weltkrieg

Dabei sah es zunehmend so aus, als ob die polnische Bevölkerung sich durchsetzen würde. Noch während des Krieges trieben Deutschland und Österreich-Ungarn die Wiedererrichtung eines polnischen Königreichs voran, um so polnische Unterstützung für den Krieg gegen Russland zu gewinnen. In Lwiw führte die Gründung dieses Vorläufers eines unabhängigen Polen im Jahr 1916 zu unterschiedlichen Reaktionen: Die jüdische Bevölkerung versicherte Polen ihrer Solidarität, in der ukrainischen aber regte sich Widerstand, sahen sie darin doch einen polnischen Angriff auf ihr Volk. Das polnische Königreich bestand auch noch nach dem Zusammenbruch des Russischen Reiches zu Beginn des Jahres 1917 fort, wurde aber schließlich durch die Gründung der Zweiten Polnischen Republik am 11. November 1918 abgelöst. Damit hatte Polen seine staatliche Souveränität wiedererlangt.

Aber auch die ukrainische Nationalbewegung sah im Ersten Weltkrieg die Chance, einen eigenen Staat zu verwirklichen, und dabei spielte für die Ereignisse in Lwiw das, was weiter östlich in Kyiv und St. Petersburg geschah, eine wesentliche Rolle. Kurz nach der Februarrevolution 1917 in der russischen Hauptstadt Petrograd (heute St. Petersburg), die zum Ende des Zarenreiches führte, hatte es einige Monate so ausgesehen, als ob die Ukrainer im ehemals russischen Teilungsgebiet sich auch eine Zukunft in einer Union mit Russland vorstellen konnten. Mit der Machtübernahme der Bolschewiki in Russland im Oktober 1917 zeichnete sich aber schnell ab, dass auch unter den erklärten Marxisten großrussische imperiale Ansprüche alles andere als selten waren. Nachdem im November 1917 der ukrainische Zentralrat in Kyiv zunächst die Ukrainische Volksrepublik in einem föderativen Sowjetrussland ausgerufen hatte, erklärte sie im Januar des folgenden Jahres die Unabhängigkeit der Ukraine. Die Bolschewiki waren aber keineswegs bereit, sich damit abzufinden, und setzten letztlich im Russischen Bürgerkrieg die „Wiedervereinigung" der Ukraine mit dem sowjetischen Russland durch. Im Unterschied zu ihren zarischen Vorgängern erkannten sie aber die Existenz einer ukrainischen Nationalität mit der Gründung einer Ukrainischen Sozialistischen Sowjetrepublik im Dezember 1918 explizit an. Im Dezember 1922 wurde diese Teil der neu gegründeten Sowjetunion.

Aber nicht nur Kyiv wurde im Zuge des Ersten Weltkriegs zu einem Schauplatz von Versuchen, einen unabhängigen ukrainischen Staat zu gründen. Das zweite wichtige Zentrum war Lwiw, wobei es hier nicht die (sowjet-)russischen Ambitionen waren, die das Projekt schließlich beendeten, sondern polnische. Noch vor der offiziellen Gründung der Zweiten Polnischen Republik riefen ukrainische Aktivisten am 1. November 1918 die Westukrainische Volksrepublik aus, die nicht nur Galizien, sondern auch die Bukowina und Teile des nördlichen Ungarn umfassen sollte. Mithilfe ukrainischer Soldaten gelang es ukrainischen Politikern, die Macht in Lwiw zu übernehmen, was bei den Polinnen und Polen einen regelrechten Schock auslöste. Schnell bildete sich in der Stadt ein polnischer Widerstand, der Beginn eines Krieges zwischen Ukrainern und Polen stand unmittelbar bevor.

Zwischen die Fronten geriet besonders in Lwiw erneut die jüdische Bevölkerung. Als es polnischen Einheiten Ende November 1918 gelang, die ukrainischen Machthaber aus der Stadt zu vertreiben, verübten sie im jüdischen Viertel ein entsetzliches Pogrom, der bis dahin schlimmste Gewaltausbruch gegen Jüdinnen und Juden in der neuzeitlichen Geschichte Lwiws. Polnische Soldaten zogen durch die Straßen, plünderten jüdisches Eigentum, misshandelten, vergewaltigten, demütigten und töteten die jüdischen Bewohnerinnen und Bewohner. An den Ausschreitungen beteiligten sich auch polnische Zivilistinnen und Zivilisten. Mindestens 73 Todesopfer waren zu beklagen. Derweil hielt der Krieg zwischen Ukrainern und Polen weiter an, und besonders die Rückeroberung Lwiws hatte für die ukrainischen Einheiten oberste Priorität. Tatsächlich konnten sie zwar das restliche Ostgalizien unter ihre Kontrolle bringen, nicht aber die Stadt.

Aufschwung schien die ukrainische Staatsgründung zu erhalten, als im Januar 1919 die Vereinigung der Westukrainischen Volksrepublik mit der zu diesem Zeitpunkt noch existierenden Ukrainischen Volksrepublik stattfand. Letztlich aber war es Polen, das aus dem Konflikt über Ostgalizien militärisch wie politisch siegreich hervorging. Eine Rolle spielte dabei auch, dass für die Ukrainische Volksrepublik der Kampf gegen Sowjetrussland Priorität hatte, sodass sie schließlich auf Ostgalizien zugunsten Polens verzichtete. Insgesamt waren in diesem Krieg auf ukrainischer Seite etwa 15 000 Männer gefallen, auf polnischer Seite über 10 000. Die endgültigen Grenzen Polens wurden erst durch den Frieden von Riga festgelegt, unterzeichnet am 18. März 1921 von Vertretern Sowjetrusslands, der Sowjetukraine und Polen. Ostgalizien war nun Teil des neuen alten polnischen Staates. Für die polnisch-ukrainischen Beziehungen waren die Kämpfe im Zuge des Ersten Weltkriegs verheerend, und auch für die jüdische Bevölkerung war der Krieg ein traumatisches Erlebnis.

Das Erbe jenes Krieges zwischen der Ukraine und Polen – es ist in Lwiw bis heute sichtbar. Während unseres Besuchs fahren wir zum Lytschakiwski-Friedhof, dessen Gräber die Geschichte der multiethnischen Stadt erzählen. Hier liegen nicht nur viele berühmte ukrainische Persönlichkeiten wie der Dichter Iwan Franko begraben, sondern auch Polinnen und Polen. Durch den Schnee stapfen wir auf einen kleinen Hügel hinauf, um die Gräber der polnischen Gefallenen des Januaraufstands von 1863/64 zu betrachten, als sich die Polen gegen die russische Teilungsmacht erhoben. Hier wird es ganz deutlich: Lwiw ist bis heute ein zentraler Ort der polnischen nationalen Erinnerung, nicht nur in Bezug auf das 20., sondern auch auf das 19. Jahrhundert. Besonders interessieren wir uns aber für die „Lemberger Adler", jene polnischen Kinder und Jugendlichen, die während der Belagerung der Stadt durch ukrainische Truppen im November 1918 die Stellung hielten und die bereits in den 1920er-Jahren in das nationale polnische Pantheon der Helden aufgenommen wurden.

In der Zwischenkriegszeit entwickelte sich um diese jungen Menschen ein „politischer Totenkult", der in der Gestaltung einer eigenen Grabanlage seine deutlichste Ausprägung fand. Die Überreste von Gefallenen wurden bereits kurz nach Ende des Krieges hierhin überführt. Schulklassen wurden an ihre Gräber geführt, um die Erinnerung am Leben zu erhalten. Die Verehrung der „jungen Adler" wurde zum integralen Bestandteil der Identität des polnischen Lwów, aber auch des polnischen Staates in der Zwischenkriegszeit insgesamt. Wie in anderen Ländern Europas spielte dabei auch in Polen der Kult um den „unbekannten Soldaten" eine große Rolle. Nach dem Massensterben während des Ersten Weltkriegs erfüllte das Grabmal für diesen Soldaten die Funktion, stellvertretend für all jene zu stehen, deren Körper nicht mehr geborgen werden konnten. 1925 entschied der Kriegsrat in Warschau, dass einem unbekannten Soldaten aus Lwiw die Ehre zuteilwerden sollte, in Warschau als Symbol für die Kämpfe der ganzen Nation zur letzten Ruhe getragen zu werden. Der Transport der Gebeine des „unbekannten Soldaten" von Lwiw nach Warschau ging mit einer mehrtägigen Feier einher, an der die polnische Stadtgesellschaft regen Anteil nahm. Denn, dass die Gebeine des Unbekannten einem polnischen Menschen gehören mussten, daran konnte kein Zweifel bestehen. Deswegen war es für die ukrainische wie auch die jüdische Minderheit sehr schwer, sich in diesen katholisch-polnischen Diskurs einzuschreiben. De facto schloss dieser Kult viele polnische Staatsbürgerinnen und Staatsbürger aus der nationalen Wir-Gemeinschaft aus, er trennte eher, als dass er integrierte.

Bei unserem Gang über den Lytschakiwski-Friedhof stoßen wir auf eine großflächige und prachtvolle Grabanlage, die den „Lemberger Adlern" gewidmet ist. Allerdings ist ihre Rekonstruktion erst wenige Jahre her. Als die westliche Ukraine nach 1945 der Sowjetunion zugeschlagen wurde und die polnische Bevölkerung der Stadt von den sowjetischen Behörden vertrieben wurde, begann auch der Zerfall und schließlich die Zerstörung der Gräber für die polnischen Kindersoldaten. Erst in den 1980er-Jahren gab es Bemühungen, zunächst vor allem von Menschen in Polen, den Friedhof wiederaufzubauen. Zwar war die Restaurierung eines der wichtigsten Symbole für die ehemals starke polnische Identität Lwiws nicht unumstritten, aber schließlich nahmen sich auch lokale ukrainische Aktivistinnen und Aktivisten des Projekts an und halfen dabei, den ursprünglichen Zustand wiederherzustellen. Besonders bemerkenswert ist, dass im Zuge des Wiederaufbaus des Friedhofs direkt neben der Ruhestätte der „jungen Adler" inzwischen eine Erinnerungslandschaft an die Kämpfer der Ukrainischen Galizischen Armee entstanden ist, die im Krieg um Lwiw gegen die polnische Armee kämpfte. Die ehemaligen Gegner liegen jetzt also in unmittelbarer Nähe zueinander.

2005 wurden die Grabanlagen gemeinsam von den Staatsoberhäuptern Polens und der Ukraine eröffnet. Eine Gedenktafel, die der ukrainische Präsident Wiktor Juschtschenko und sein polnischer Amtskollege Aleksander Kwasniewski damals enthüllten, feiert den Ort als einen „der historischen Aussöhnung und der Verständigung" zum „Nutzen des gemeinsamen europäischen Hauses". Mögen auch Nationalistinnen und Nationalisten auf beiden Seiten die heutige Gestalt des Friedhofs entweder als späten polnischen Triumph oder unverzeihliches Einknicken der Ukraine vor ihrem Nachbarn sehen – politische Eliten und viele in der Lokalbevölkerung akzeptieren sie als ein Vermächtnis der ehemals multiethnischen Stadt, das es zu pflegen gilt. Insofern ist die Wiedererrichtung der polnischen Grabanlagen auf dem Lytschakiwski-Friedhof letztlich ein Beispiel dafür, dass es gelingen kann, über Erinnerungsgrenzen hinweg eine gemeinsame Sprache zu finden, aufeinander zuzugehen. Das muss nicht bedeuten, dass man eine gemeinsame Erzählung über die gewaltvolle Vergangenheit findet, aber dass man bereit ist zu akzeptieren, dass es unterschiedliche Erinnerungen an sie gibt. Zugleich aber ist der Friedhof im Zuge der jüngsten Ereignisse in der Ukraine abermals zu einem traurigen Ort geworden, denn hier liegen heute – wieder oftmals sehr junge – Menschen begraben, die im Krieg gegen Russland im Donbass gefallen sind.

Aber ist der Friedhof nicht trotzdem ein Zeichen der Hoffnung für eine gemeinsame Erinnerung über nationale Grenzen hinweg? Ja, so kann man es deuten, und doch sind auch die problematischen Aspekte der Erinnerungslandschaft von Lwiw nicht fern. Im ukrainischen Teil stehen wir schließlich vor einem mächtigen Gedenkstein für die Division „Galizien". Wir schauen uns betrübt an, denn wir wissen um die Geschichte der Division: Sie war eine 1943 aufgestellte SS-Division während des Zweiten Weltkriegs, die sich aus Ukrainern und sogenannten „Volksdeutschen" rekrutierte. Aufgestellt auf Geheiß des Gouverneurs des Distrikts Galizien, dem SS-Führer Otto Wächter, kämpfte sie aufseiten der Deutschen und war in schwere Verbrechen u. a. gegen die polnische Zivilbevölkerung beteiligt, trotzdem wird sie in Lwiw und Umgebung bis heute gefeiert.[3] Denkmäler für Personen, die im Zweiten Weltkrieg furchtbare Verbrechen begangen haben, sind heute in sehr vielen Städten der Westukraine zu finden. In der populären Erinnerungskultur wird nur der anti-sowjetische Widerstand dieser Menschen erinnert, ihre Beteiligung an der Ermordung der jüdischen und polnischen Bevölkerung dagegen ausgeblendet. Am bekanntesten ist die Verehrung von Stepan Bandera, jenem faschistischen Anführer, der von einer ethnisch homogenen Ukraine träumte. Auch in Lwiw gibt es von ihm eine überdimensionale Statue. Für jüdische Ukrainerinnen und Ukrainer ist dies wie ein Schlag ins Gesicht.

Lwiw in der Zwischenkriegszeit

Die Zeit der deutschen Herrschaft stand noch bevor, als der Krieg um Ostgalizien 1921 endete. Trotz der Gewalt des Ersten Weltkriegs, dem Misstrauen, der Konkurrenz um Lwiw, lebten Polinnen und Polen, Ukrainerinnen und Ukrainer sowie Jüdinnen und Juden nun in einem gemeinsamen Staat. Aber die Wunden der letzten Jahre waren noch längst nicht verheilt. Zwar setzte der polnische Staatschef Józef Piłsudski eine Untersuchungskommission ein, um die antijüdischen Pogrome in Lwiw aufzuarbeiten, tatsächlich gab es aber nur für sehr wenige der Verantwortlichen juristische Konsequenzen. Trotzdem war das Polen der Zwischenkriegszeit ein Ort, mit dem sich auch viele Jüdinnen und Juden identifizierten. Keineswegs schloss es sich aus, die polnische Staatsbürgerschaft mit Stolz zu tragen und jüdisch zu sein. Damit aber war der Antisemitismus aus dem Alltag freilich nicht verschwunden. Der Vorwurf, die jüdische Bevölkerung hätte sich zu Kriegszeiten illoyal gegenüber Polen verhalten, hielt sich hartnäckig.

Offiziell genossen die Minderheiten im Polen der Zwischenkriegszeit – neben der jüdischen und ukrainischen Bevölkerung lebten hier vor allem Deutsche sowie Belarussinnen und Belarussen – rechtlichen Schutz, de facto aber waren die Beziehungen des polnischen Staates zu ihnen ausgesprochen angespannt. Besonders unter der ukrainischen Bevölkerung gab es viele, die sich nach wie vor einen eigenen Staat wünschten und die polnische Herrschaft ablehnten. Aus ehemaligen ukrainischen Soldaten des Ersten Weltkriegs bildete sich schon 1920 die Ukrainische Militärische Organisation (UWO), die aus der Illegalität heraus den Staat bekämpfte. Mit Sabotageaktionen und Anschlägen auf Politiker besonders in Ostgalizien war es ihr Ziel, den Staat zu destabilisieren. Bestätigt sahen sich die ukrainischen Kämpfer durch die Erfahrungen der ukrainischen Bevölkerung mit dem polnischen Staat, der sie diskriminierte.

Durch die repressive und teilweise gewalttätige Konfrontation mit dem polnischen Staat sowie das tödliche Attentat eines Juden auf einen der ukrainischen Anführer, Symon Petljura 1926 in Paris, radikalisierte sich die Nationalbewegung in Ostgalizien und im Exil zunehmend.[4] Wie in anderen faschistischen Bewegungen der Zwischenkriegszeit spielte die Konstruktion äußerer und innerer Feinde eine Schlüsselrolle, vor allem Polen, Juden und Russen fungierten als Feinde der ukrainischen Nation. In Lwiw wirkten Stichwortgeber des ukrainischen Nationalismus. Politisch organisierte sich der ukrainische Widerstand in der Organisation Ukrainischer Nationalisten (OUN), die 1929 in Wien ins Leben gerufen wurde. Einer der wichtigsten Anführer der OUN war Stepan Bandera, dem wir während unseres Besuchs in der Westukraine noch öfter begegnen werden.

Im Vergleich zur ukrainischen Bevölkerung, standen Jüdinnen und Juden dem polnischen Staat sehr viel wohlwollender gegenüber. Dabei war die jüdische Bevölkerung keine homogene Gruppe, vielmehr gab es verschiedene Strömungen, die zum Teil unterschiedliche Vorstellungen davon hatten, welche politischen Ordnungen für die jüdische Bevölkerung Polens am besten seien. Unter ihnen gab es Sozialisten und Sozialistinnen, Zionisten und Zionistinnen und jene, die nach wie vor ihre Zukunft in Polen sahen. Allen Gruppierungen war gemeinsam, dass sie sich mit wachsendem Antisemitismus konfrontiert sahen. Gegen Ende der 1920er-Jahre mehrten sich in der Stadt gezielte Angriffe gegen jüdische Geschäfte und Institutionen, die oft mit Gewalt einhergingen. Die antisemitische Hetze in nationalistischen polnischen Zeitungen trug ihrerseits dazu bei, die Stimmung weiter anzuheizen. Ein besonders eindrückliches Beispiel für die wachsende feindliche Stimmung gegen Jüdinnen und Juden war ihre Diskriminierung an den höheren Bildungseinrichtungen. Auch in Lwiw gab es an der Universität die sogenannten „Ghetto-Bänke" für jüdische Studierende. Trotzdem darf nicht vergessen werden, dass es auch in dieser Atmosphäre immer Menschen gab, die sich für ihre jüdischen Kommilitonen und Kommilitoninnen einsetzten und sich solidarisch verhielten.

Lwiw, der Beginn des Zweiten Weltkriegs und das Juli-Pogrom

Für die Menschen in Lwiw begann der Zweite Weltkrieg nicht mit dem Einmarsch der Deutschen, sondern mit dem der Roten Armee am 22. September 1939. In den geheimen Zusatzprotokollen in Folge des deutsch-sowjetischen Nichtangriffsvertrags (Hitler-Stalin-Pakt) war die ostpolnische Stadt der Sowjetunion zugeschlagen worden. Es wiederholten sich Muster, die die Erfahrungen der Bevölkerung schon im Ersten Weltkrieg geprägt hatten: Wer freute sich über den Einmarsch der Sowjets? Wer begrüßte sie fröhlich auf den Straßen und zeigte so seine Begeisterung für die Idee des Kommunismus? Als die sowjetischen Truppen knapp zwei Jahre später wieder abzogen, sollte die Abrechnung mit denjenigen, die sich in den Augen ihrer Nachbarn und Nachbarinnen in diesen Septembertagen schuldig gemacht hatten, zu einem Ausbruch der Gewalt führen.

1939 begannen die neuen Machthaber schnell, das polnische Antlitz der Stadt durch eine konsequente Sowjetisierung und Ukrainisierung zu verändern. Straßenumbenennungen fanden statt, und Funktionsträger in der Verwaltung wurden ausgetauscht. In Lwiw folgte die stalinistische Politik jenem Muster, das auch in anderen Orten des besetzten Polen typisch war: Menschen wurden zur Zwangsarbeit in das Innere der Sowjetunion deportiert, in mehreren Deportationswellen wurden etwa 125 000 Personen aus Ostgalizien vertrieben, wobei die polnische Bevölkerung hier deutlich überrepräsentiert war. Aber Jüdinnen und Juden sowie Ukrainerinnen und Ukrainer waren ebenfalls von den sowjetischen Repressionen betroffen. Zwar bot das neue sowjetische Regime besonders den sozial benachteiligten Schichten unter ihnen auch echte Aufstiegschancen in Bildung und Verwaltung, zugleich aber waren ihre religiösen und kulturellen Entfaltungsmöglichkeiten im Vergleich zur Zweiten Polnischen Republik wesentlich geringer.

Mit dem Angriff auf die Sowjetunion im Juni 1941 war das Ende der sowjetisch-deutschen Allianz besiegelt. Bereits knapp eine Woche nach dem deutschen Überfall marschierte die deutsche Wehrmacht gemeinsam mit ihren ukrainischen Helfern in Lwiw ein. In den wenigen Tagen zwischen dem sowjetischen Abzug und dem deutschen Einmarsch herrschten Chaos und Gewalt auf den Straßen. Unmittelbar vor ihrem Rückzug hatten die Sowjets Insassen von Gefängnissen ermordet, unter ihnen viele ukrainische Nationalisten. Die sowjetische Gewalt gegen die Lokalbevölkerung während der ersten Besatzung erklärt, warum viele die deutschen Truppen zunächst freudig begrüßt hatten. Tatsächlich aber sollte das Ausmaß der Gewalt durch die deutsche Besatzungspolitik dann das der sowjetischen übertreffen. Die deutsche Okkupationsmacht war es, die mit der systematischen Ermordung des Judentums Lwiws zum ersten Mal in der Geschichte der Stadt eine genozidale Politik gegenüber einer der Bevölkerungsgruppen verfolgte. Das ehemalige Ostgalizien wurde zum Distrikt Galizien und dem Generalgouvernement Polen unter Leitung des NS-Juristen Hans Frank zugeschlagen.

1939 hatten noch etwa 104 000 Jüdinnen und Juden in Lwiw gewohnt; während der sowjetischen Besatzung waren Tausende deportiert worden, zugleich aber auch jüdische Neuankömmlinge aus der Sowjetunion in die Stadt gezogen. Bereits 1943 waren diese Menschen fast alle von den Deutschen ermordet worden. Die Tötung der jüdischen Bevölkerung in Lwiw begann im Sommer 1941 mit einem Pogrom, das zwischen vier- und achttausend Jüdinnen und Juden das Leben kostete. Historiker haben herausgearbeitet, dass es sich bei diesem Pogrom um ein öffentliches Spektakel mit karnevalesken Elementen handelte, bei dem Teile der Stadtbevölkerung nicht nur als Zuschauerinnen und Zuschauer in Erscheinung traten, sondern auch selbst misshandelten und töteten.[5] Die Gewaltakte waren integraler Bestandteil einer öffentlichen Feier des Herrschaftswechsels. Unmittelbar vorausgegangen war die propagandistische Ausschlachtung der Ermordung von Tausenden Gefängnisinsassen durch den NKWD. Dieses Verbrechen lasteten die deutschen Invasoren dem „jüdischen Bolschewismus" an, überhaupt begleitete ihren Einmarsch in Ostgalizien eine antisemitische Propagandakampagne, die in ukrainischen Medien Widerhall fand. Dass unter den Opfern des NKWD auch Jüdinnen und Juden waren, wurde dabei meist verschwiegen.

Das Pogrom stand in unmittelbarem Zusammenhang mit dem deutschen Einmarsch und hätte ohne diesen nicht stattgefunden. Lwiw war im Sommer 1941 auch kein Einzelfall, sondern es handelte sich um eine Welle der antijüdischen Aggression, die Orte vom Baltikum bis hinunter zum Schwarzen Meer erfasste (siehe Kapitel 7). Allein im von Deutschland besetzten Ostgalizien starben zwischen 7295 und 11 309 Menschen.[6] Das Pogrom in Lwiw begann mit der öffentlichen Demütigung und Misshandlung von Jüdinnen und Juden. Zuerst zwangen die Deutschen die Menschen, die bereits verwesenden Leichen aus dem Gefängnis zu holen. Dann mussten die Menschen die Straßen reinigen. Ein zentrales Element war außerdem, Frauen sexuell zu erniedrigen. Sie wurden gezwungen, sich nackt auszuziehen, wurden verprügelt und durch die Straßen gejagt. Ein weiteres Element war die Inszenierung antikommunistischer Rituale, bei denen Jüdinnen und Juden eine ihnen von den Tätern zugedachte Rolle erfüllen mussten. In Lwiw wurden sie gezwungen, russische Lieder zu singen und sich öffentlich zu Stalin zu bekennen.

In den Erinnerungen von Überlebenden wird geschildert, wie Jüdinnen und Juden den Gewaltausbruch erlebten. Janina Hescheles, damals ein junges Mädchen, schrieb in ihren kurz nach Kriegsende publizierten Erinnerungen darüber: Ihr Vater, der kurz zuvor aus sowjetischer Lagerhaft entlassen worden war, war völlig verstört, als sich die Nachrichten über die antijüdischen Ausschreitungen verbreiteten. Dann sahen Vater und Tochter es mit eigenen Augen: „Vor der Post standen Leute mit Spaten, und Ukrainer schlugen auf sie ein und schrien: *‚Jude! Jude!'*"[7] Janina und ihr Vater fanden bei Bekannten Unterschlupf, in deren Wohnung stetig Schreie von draußen zu ihnen vordrangen. Der Vater entschloss sich, Janina alleine nach Hause zurückzuschicken. Dabei wurde sie abermals Zeugin von massiven Übergriffen, diesmal ausgeübt von Kindern: „hier sah ich 6-jährige Lulatsche, die Frauen die Haare vom Kopf und Greisen die Bärte ausrissen. Schreie und Weinen, immer heftiger. Ich schloss die Augen, hielt mir die Ohren zu und rannte so schnell ich konnte nach Hause."[8] In den folgenden Tagen und Wochen wurden in Janinas Bekanntenkreis immer wieder Menschen Opfer von Misshandlungen, manche wurden gefangen genommen. Auch David Kahane, der den Holocaust in Lwiw ebenfalls überlebte, hielt seine Erinnerungen an diese Tage fest. Er notierte in seinen Aufzeichnungen die grauenhaften Szenen vor dem Gefängnis, wo die Juden vor den Augen der Stadtöffentlichkeit die Leichen bergen mussten: „Der Platz vor dem Gefängnis, der Innenhof, die Gänge waren voller Menschen, die [das Geschehen] mit fröhlicher Befriedigung und unverhohlener Schadenfreue beobachteten. Von Zeit zu Zeit waren hysterische Rufe zu hören: ‚Erschießt sie, die Mörder!'"[9]

Das Pogrom, das am 1. Juli 1941 seinen Höhepunkt erreicht hatte, fand unter den Augen der Deutschen statt und wurde von diesen bewusst angefacht. Männer der Einsatzgruppe C waren für die Erschießungen von Juden im Brygidki-Gefängnis verantwortlich. Bei der zweiten großen Massenerschießung wenige Tage später waren sie ebenfalls federführend. Aber auch die Wehrmacht trug für die Gewaltexzesse eine Mitverantwortung, indem sie ausschließlich Jüdinnen und Juden zu Zwangsarbeiten und zur Bergung der Leichen heranzog und so der lokalen Bevölkerung deutlich signalisierte, dass die jüdische Bevölkerung in der neuen Hierarchie am unteren Ende stand. Kahane hielt in seinen Aufzeichnungen fest, dass sich sowohl Polen und Polinnen als auch Ukrainer und Ukrainerinnen am Pogrom beteiligt hätten. Die historische Forschung hat aber inzwischen die Schlüsselrolle ukrainischer Nationalisten und der ukrainischen Miliz herausgearbeitet, die mit den neuen Besatzern kooperierte. In dieser Kooperation spielten auch die ideologische Verwandtschaft sowie Verbindungen zwischen Nationalsozialismus und radikalem ukrainischen Nationalismus eine Rolle. Noch wichtiger aber war, dass viele ukrainische Nationalisten auf Deutschland setzten, um die eigene politische Vision eines unabhängigen ukrainischen Staates unter deutschem Schutz zu verwirklichen. Lwiw war wiederum der zentrale Ort für den Versuch, diese Pläne voranzutreiben: Am 30. Juni 1941 rief Jaroslaw Stezko hier einen ukrainischen Staat aus. Allerdings war die deutsche Besatzungsmacht damit keineswegs einverstanden und beendete die nationalstaatlichen ukrainischen Ambitionen sehr schnell. Stezko wurde zehn Tage nach seiner eigenmächtigen Aktion von den deutschen Besatzern verhaftet. Stepan Bandera wurde ebenfalls inhaftiert.

Die Vernichtung der jüdischen Gemeinde Lwiws

Für die jüdische Bevölkerung Lwiws bedeutete die deutsche Besatzung den Beginn ihrer Auslöschung. Unmittelbar nach der deutschen Übernahme der Stadt begann ihre systematische Entrechtung, Ausgrenzung und öffentliche Erniedrigung. Auch in Lwiw wurde zudem wie auch in Warschau ein Judenrat gebildet. Nur sehr wenige überlebten die deutsche Herrschaft. In einigen dieser Fälle spielten ukrainische und polnische Nachbarinnen und Nachbarn eine Rolle, oftmals Bekannte, ehemalige Arbeitgeber oder Kommilitoninnen, die ihr eigenes Leben riskierten, um ihren jüdischen Mitmenschen zu helfen. Die Drohung der Besatzer, jeden hinzurichten, der auf diese Weise versuchte, die Vernichtungspläne der Nationalsozialisten zu durchkreuzen, war keine leere: Allein zwischen Oktober 1942 und Juni 1944 wurden mindestens einhundert Ukrainer in Galizien aufgrund dieses „Vergehens" ermordet.[10] Oft waren es die persönlichen Netzwerke vor dem Krieg, die die Rettung bedeuten konnten. So sind Fälle bekannt, in denen Ukrainerinnen oder Polen ehemalige Bekannte und Freunde aus der Schule versteckten. Außerdem spielten unierte und katholische Kleriker nicht selten eine Rolle. Der bekannteste Fall in Lwiw ist der Metropolit der Stadt Andrej Scheptyzkyj, der zwar den deutschen Einmarsch als Ende der sowjetischen Herrschaft begrüßte, die Verfolgung der jüdischen Bevölkerung aber ablehnte. Während des Krieges versteckte der religiöse Führer – wie auch andere Geistliche – mehr als einhundert Jüdinnen und Juden in seiner Kirche und rettete ihnen so das Leben. Dem Historiker und Überlebenden des Holocaust Eliyahu Yones, der selbst zur Bergung von Leichen vor einem der Gefängnisse in Lwiw gezwungen worden war, war es wichtig, an die ukrainischen und polnischen Helferinnen und Helfer zu erinnern.[11]

Zur Wahrheit gehört aber auch, dass viele der Retterinnen und Retter sich bezahlen ließen und ihre Hilfe einstellten, wenn Jüdinnen und Juden über keine Mittel mehr verfügten oder ihnen zuerst ihren Besitz nahmen, nur um sie dann trotzdem den deutschen Behörden auszuliefern. Die ständige Angst vor dem Verrat durch die lokale Bevölkerung ist ein ständig wiederkehrendes Motiv in den Berichten von Überlebenden (siehe den „Abschiedsbrief" der Mutter Wassili Grossmans in Kapitel 5). Darüber schrieb auch David Kahane in seinen Erinnerungen, in denen er die unterschiedlichen Wege reflektierte, durch die Jüdinnen und Juden sich zu retten versuchten. Ihm zufolge konnten noch am ehesten diejenigen sich der Ermordung entziehen, die ein „arisches" Aussehen hatten und außerdem ukrainisch oder polnisch sprachen und so versuchten, den Krieg mit gefälschten Papieren zu überleben.[12] Der Mehrheit der jüdischen Bevölkerung Lwiws kam keiner zu Hilfe. Nach der ersten Gewaltwelle des Pogroms Anfang Juli begann die nächste Welle der gezielten Ermordung der jüdischen Bevölkerung wenige Wochen später in den „Petljura-Tagen". Hier waren es die Einsatzgruppen, die mit Unterstützung der ukrainischen Miliz abermals mehrere Tausend Jüdinnen und Juden erschossen. Außerdem waren diese Tage dadurch bestimmt, dass die systematische Misshandlung, Ausraubung und Tötung dieser Menschen absolut straffrei bleiben würde. Ukrainische Hilfspolizisten nahmen das deutsche Angebot an. Der Holocaust war also wie in so vielen anderen Städten, Kleinstädten und Dörfern ein öffentliches Ereignis. Die Deutschen machten die nicht jüdischen Bewohnerinnen und Bewohner zu Augen- und Ohrenzeugen, aber auch zu Mittäterinnen und Mittätern ihrer Verbrechen.

Zwischen August 1941 und März 1942 wurde vor allem die jüdische Intelligenz ermordet. Massenerschießungen fanden in der Regel außerhalb der Stadtgrenzen statt. Außerdem fiel in diese Zeit die Errichtung des Ghettos von Lwiw. Seit November 1941 wurde die jüdische Bevölkerung in einem kleinen Teil im armen westlichen Viertel der Stadt eingepfercht. Schon einen Monat zuvor gab es Aushänge, die die Errichtung eines Ghettos ankündigten. Begleitet wurde dieser Prozess durch die Aussonderung von alten, kranken und schwachen Menschen, die als „unproduktiv" galten und von den Deutschen und ihren Helfern erschossen wurden. Dazu durchsuchte die Gestapo gemeinsam mit ihren ukrainischen Helfern Wohnungen. Die Umsiedlung, die erst im September 1942 abgeschlossen war, ging abermals einher mit der systematischen Enteignung der jüdischen Bevölkerung, wobei es vor allem die Besatzer waren, die sich bedienten. Um den Rest kämpfte die polnische und ukrainische

Stadtbevölkerung. Zu den Menschen, die ins Ghetto ziehen mussten, gehörte auch die junge Janina Hescheles. In ihren Aufzeichnungen beschrieb sie, wie bereits in der Zeit davor immer wieder „Aktionen" durchgeführt wurden, Familienmitglieder und Bekannte verschwanden und ermordet wurden. Wie so viele andere musste auch Janina Zwangsarbeit in der Stadt leisten und durfte nur zu diesem Zweck das Ghetto verlassen. Besonders berüchtigt war das Janowska-Lager, in dem immer wieder Massenerschießungen der Häftlinge stattfanden und das als Durchgangslager für Transporte in die Vernichtungsstätte von Bełżec diente (siehe Kapitel 9). Die Einrichtung des Ghettos ging einher mit der Zerstörung und dem Niederbrennen der Synagogen.

Im gesamten Ghetto waren die regelmäßig stattfindenden „Aktionen" gefürchtet, in denen SS-Leute die Menschen im Ghetto verhafteten und wegschafften. Auch sie wurden in Bełżec ermordet. Wie auch im Warschauer Ghetto gab es unter den Jüdinnen und Juden Spekulationen darüber, was wohl mit ihnen geschehen sei. Und auch in Lwiw wollten sich viele nicht vorstellen, dass sie tatsächlich getötet wurden. Im Juli 1942 erreichten die Menschen im Ghetto von Lwiw erste Gerüchte, dass es Städte gab, die als „judenrein" deklariert worden waren. Es zeichnete sich ab, dass Arbeitsbescheinigungen nicht mehr lebensrettend sein würden. „Es gab Geschichten über endlose Züge voller Juden, die jeden Tag im Bahnhof von Bełżec eintrafen und dann in diesem mysteriösen Grab verschwanden."[13] Im August 1942 kam es zur größten „Aktion", nach deren Ende etwa 50 000 Menschen in Bełżec umgebracht wurden. Wieder brachten sich viele Menschen, darunter ganze Familien, lieber um, als sich von der Gestapo und den SS-Männern verhaften und abtransportieren zu lassen. Im Juli 1943 wurde das Ghetto dann „liquidiert", in Flammen gesetzt und die übrig gebliebene Bevölkerung getötet. Als die Rote Armee 1944 in Lwiw einmarschierte, zählte sie etwa achthundert jüdische Menschen, die in Verstecken in und um Lwiw die deutsche Herrschaft überlebt hatten.[14]

Einer der Hauptverantwortlichen für den Mord an der jüdischen Bevölkerung von Lwiw und in anderen Regionen Ostgaliziens war der SS-Mann Otto Wächter, der von 1942 bis 1944 Gouverneur des von den Nazis geschaffenen Distrikts Galizien war. Wächter war ein früher Nationalsozialist, ein Massenmörder und eifriger Vollstrecker des Judenmords. Nach dem Ende des Krieges konnte er sich durch Flucht und Versteck zunächst in Österreich und dann in Italien der Verhaftung entziehen. Er starb im Juli 1949 in Rom, von wo er gehofft hatte, sich über die sogenannte „Rattenlinie" ehemaliger Nationalsozialisten nach Lateinamerika abzusetzen. Wächter und seine Frau Charlotte hatten sich während der NS-Zeit in Österreich und im besetzten Polen an dem Besitz verfolgter Menschen bereichert. Viele Kunstwerke sind aller Wahrscheinlichkeit nach noch immer im Besitz ihrer zahlreichen Erben, nur wenige wurden wieder zurückgegeben. Charlotte Wächter verfasste 1979 Erinnerungen an die Zeit ihres Mannes in Lwiw und schrieb darüber: „Da in Lemberg war die Gemeinschaft recht schön, vor allem weil Otto sich so an seiner Tätigkeit freute. Er liebte diese ‚Altösterreich' [sic!] die ihn auch sehr schätzten."[15] Charlotte war bis zu ihrem Lebensende fest davon überzeugt, dass ihr Mann und sie nichts falsch gemacht hätten, ihr Sohn Horst Wächter ist ebenfalls dieser Ansicht und weigert sich, die Verbrechen seines Vaters anzuerkennen.[16]

Verbrechen an der nicht jüdischen Bevölkerung Lwiws

In Lwiw wurden wie in allen von den Deutschen besetzten Ländern nicht nur Juden und Jüdinnen Opfer von Gewalt, sondern auch die nicht jüdische Bevölkerung. Der Terror und die Massentötungen prägten die gesamte Besatzungszeit, auch als die Schlachten schon längst vorbei waren. In Lwiw hatte auch diese Gewalt eine öffentliche Dimension, richteten die Besatzer doch in der österreichischen Zitadelle des 19. Jahrhunderts ein Lager für sowjetische Kriegsgefangene ein. Dadurch kam die Politik des Aushungerns und der Ermordung dieser Menschen auch nach Lwiw. Allein in der Stadt und der Region von Lwiw starben 133 000 sowjetische Kriegsgefangene.[17] Auch zivile Opfer waren in hohem Maße zu beklagen. Zwar war die Versorgungslage in Lwiw nicht ganz so katastrophal wie in anderen Regionen. Das sollte aber nicht darüber hinwegtäuschen, dass auch hier grauenhafte Zustände herrschten. Im Winter 1942 berichteten deutsche Beamte, dass es viele Versorgungsengpässe gab und viele in der lokalen Bevölkerung vor Hunger starben.[18] Das hing mit der insgesamt für die nationalsozialistische Besatzung typischen Politik zusammen, die die slawische Bevölkerung als minderwertig ansah. Daher hatte deren Versorgung keine Priorität, allenfalls sollten sie versklavt werden. Die umliegenden Dörfer mussten hohe Quoten ihrer Erträge an die Deutschen abgeben, sodass auch dort große Not herrschte. Manche versuchten, dem Hungertod durch eine „freiwillige“ Meldung zur Arbeit nach Deutschland zu entgehen.

Kahane berichtete in seinen Erinnerungen auch davon, dass nicht jüdische Menschen zur Arbeit nach Deutschland abtransportiert wurden. „Ganze Dörfer in Ostgalizien wurden zur Arbeit nach Deutschland gebracht.“ Laut Kahane sei dies freiwillig geschehen, und bei ihrer Durchreise durch Lwiw hätten die Menschen die jüdische Bevölkerung verhöhnt.[19] Tatsächlich hatte die überwältigende Mehrheit keine Wahl; auch die wenigen, die sich zu Beginn der Besatzung für die Ausreise nach Deutschland entschieden, wussten nicht, was sie dort erwartete. Laut einer Zählung von 1947 verschleppten die Deutschen allein im Gebiet Lwiw 132 205 sowjetische Staatsbürger und Staatsbürgerinnen zur Zwangsarbeit nach Deutschland. Nur eine Minderheit von ihnen war zu diesem Zeitpunkt in die Stadt zurückgekehrt. Diese Menschen hatten eine Tortur hinter sich, waren oft gewaltsam von ihren Familien getrennt worden, hatten in Durchgangslagern entwürdigende „Desinfektionen“ über sich ergehen lassen müssen, die Frauen wurden häufig kahl geschoren. In Deutschland waren sie dann der Willkür ihrer Arbeitgeber und Arbeitgeberinnen hilflos ausgeliefert, wurden gedemütigt. Manche von ihnen blieben nach dem Ende des Zweiten Weltkriegs dort, lebten dann oft in Armut, waren entwurzelt und wurden weiterhin von der deutschen Mehrheitsgesellschaft ausgegrenzt. Erst vor wenigen Jahren hat die Schriftstellerin Natascha Wodin mit ihrem Roman *Sie kam aus Mariupol* die Geschichte dieser Menschen endlich einem breiten Publikum in Deutschland bekannt gemacht.[20] Wodin wurde Ende 1945 als Tochter zweier Menschen geboren, die in Deutschland Zwangsarbeit hatten leisten müssen. Ihre Mutter, die sich das Leben nahm, als Wodin elf Jahre alt war, stammte, wie so viele Zwangsarbeiterinnen, aus der Ukraine.

Wodins Eltern lebten nach dem Krieg unter ausgesprochen schwierigen Bedingungen weiterhin in Deutschland. Viele ihrer Leidensgenossen und Leidensgenossinnen kehrten nach 1945 in die Sowjetunion zurück. Bei der Wiederankunft in ihrer Heimat erwartete die ehemaligen „Ostarbeiter“ oft nichts Gutes. Der sowjetische Staat begegnete ihnen mit großem Misstrauen, warf ihnen vor, mit den Faschisten kollaboriert zu haben. Das konnte wiederum Lagerhaft, die Zwangsumsiedlung in die östlichen und südöstlichen Regionen der Sowjetunion zur Folge haben oder die Abkommandierung zu körperlich besonders schwerer Arbeit.

Diese Menschen sind treffend als die „Opfer zweier Diktaturen" bezeichnet worden.[21] Im heroischen Gedenken der offiziellen sowjetischen Geschichtspolitik hatten diejenigen, die Deutschland hilflos ausgeliefert waren, keinen Platz. Die Erinnerung an sie wurde marginalisiert, und erst in den 1990er-Jahren begann im öffentlichen Raum ein allmählicher Prozess, das Leiden dieser Menschen anzuerkennen.

Von dem Schicksal der Verschleppung und Zwangsarbeit erzählte die aus Lwiw stammende Oxana Kossakowskaja, die des Mordes an einem deutschen Offizier beschuldigt und 1943 verschleppt wurde. Sie überlebte die Konzentrationslager Auschwitz und Ravensbrück. Ein Jahr nachdem sie nach Ende des Krieges voller Freude in ihre Heimatstadt zurückgekehrt war und sich an der Philologischen Fakultät und dem Konservatorium zum Studium immatrikuliert hatte, wurde sie von den sowjetischen Behörden verhaftet und der Kollaboration mit den Faschisten beschuldigt. „Sie fragten, warum mich die Deutschen nicht erschossen hätten, warum ich überlebt hätte", berichtete Kossakowskaja in einem Interview im Jahr 2006. Sie wurde zu zehn Jahren Lager an der Kolyma im fernen Osten in Sibirien verurteilt (siehe das ähnliche Schicksal von Boris Iljitsch Vakser in Kapitel 4).[22]

Andere Menschen aus der polnischen und ukrainischen Bevölkerung wurden als Zwangsarbeiterinnen und Zwangsarbeiter direkt in einem der in der Stadt errichteten Lager eingesetzt. Wie in so vielen Lagern herrschten auch hier entsetzliche Zustände, und es fanden regelmäßig Erschießungen statt. Ab Ende des Jahres 1942 verschärfte sich die antipolnische Politik der deutschen Besatzer noch einmal erheblich. Sie wurden in das Lager Janowska und das Łącki-Gefängnis gebracht, wo nach Angaben der Polnischen Heimatarmee dreihundert Polen erschossen wurden. Außerdem waren schon zu Beginn der NS-Herrschaft wie im gesamten besetzten Polen abermals polnische Eliten Zielscheibe der Gewalt. Am bekanntesten ist der Professorenmord in Lwiw, bei dem kurz nach der Einnahme der Stadt durch die Deutschen zunächst 21 polnische Professoren, unter ihnen viele herausragende Wissenschaftler, von einem Sonderkommando des Sicherheitsdienstes verhaftet und ermordet wurden. Wenige Tage später wurden zwei weitere Professoren getötet. Ebenfalls Opfer der deutschen antipolnischen Politik wurden an die hundert Studierende und Dozierende der Universität. Wie auch im Falle der jüdischen Bevölkerung wurden die Verbrechen von der Plünderung des Eigentums der Getöteten begleitet. Zugleich versuchten die Deutschen immer wieder, die polnische und ukrainische Bevölkerung gegeneinander auszuspielen – was ihnen in der Regel auch gelang. Obwohl beide Gruppen massiv unter der deutschen Gewalt litten, kam es zu keinem Zusammenschluss gegen den gemeinsamen Feind. Die OUN-B hatte sich zu diesem Zeitpunkt von der Allianz mit Deutschland losgesagt und kämpfte auch gegen die Deutschen.[23] Das ohnehin extrem angespannte Verhältnis zwischen der ukrainischen und polnischen Bevölkerung verschlechterte sich im Verlauf des Krieges noch weiter. Ukrainische Hilfspolizisten halfen den Deutschen, Kämpfer der Polnischen Heimatarmee, aber auch des ukrainischen Widerstands im Untergrund zu finden; Polen erschossen ukrainische Polizisten. In der zweiten Hälfte des Jahres 1943 nahm die Gewalt der Besatzer noch einmal deutlich zu, sowohl polnische als auch ukrainische Menschen wurden erschossen, viele öffentlich gehängt. Diese Radikalisierung hing auch mit Entwicklungen zusammen, die sich nicht direkt in Lwiw abspielten, sondern auf dem Land in Ostgalizien und dem weiter nördlich gelegenen Wolhynien.

Die ethnischen Säuberungen der Ukrainischen Aufstandsarmee und die Rache der Polnischen Heimatarmee

In diesen ländlichen Regionen verloren die Deutschen nämlich im Verlauf des Jahres 1943 zunehmend die Kontrolle, vor allem aufgrund der Macht der Ukrainischen Aufstandsarmee (*Ukrajinska Powstanska Armija*, UPA), die im Herbst 1942 aus unterschiedlichen nationalukrainischen Partisanenverbänden hervorgegangen war. Die UPA war der militärische Arm der OUN und beanspruchte Ostgalizien und Wolhynien als Teil eines ethnisch homogenen zukünftigen ukrainischen Nationalstaats. Obwohl vereinzelt jüdische Ärzte in ihren Reihen dienten, waren die Kämpfer und Kämpferinnen der UPA oft antisemitisch eingestellt, galt die jüdische Bevölkerung ihnen doch als Verkörperung der verhassten sowjetischen Macht. Viele ihrer Einheiten beteiligten sich an der Ermordung der jüdischen Bevölkerung.[24] Neben ihnen galten den Anführern der Ukrainischen Aufstandsarmee auch Polen und Polinnen als Feinde der ukrainischen Nation. Die UPA bekämpfte sowohl die polnische Untergrundarmee, als auch sowjetische Partisanen und die deutschen Besatzer. Die Polnische Heimatarmee bekämpfte ihrerseits die Ukrainer und schmiedete Pläne, die ukrainische Bevölkerung aus einem zukünftigen polnischen

Staat in die Sowjetunion zwangsumzusiedeln. Darin zeigte sich auch, wie sehr sich das Verhältnis seit der Zwischenkriegszeit gewandelt hatte: Damals hatte es zwar ebenfalls eine erbitterte Konkurrenz um Ostgalizien gegeben, aber man war immerhin bereit, die jeweils andere Seite als Minderheit zu akzeptieren. Jetzt gab es Pläne für Zwangsdeportationen und schließlich auch ethnische Säuberungen.[25] Polnische Einheiten überfielen ukrainische Dörfer, die UPA tat das Gleiche mit polnischen Siedlungen.

Was sich nun vor allem in Wolhynien, aber auch in Teilen Ostgaliziens abspielte, wird in Polen als das „Blutvergießen von Wolhynien" (*rzeź wołyńska*), in der Ukraine als die „Tragödie von Wolhynien" (*wolynska trahedija*) bezeichnet. Insgesamt belaufen sich die Opferzahlen in der polnischen Bevölkerung Schätzungen zu Folge auf 70 000 bis 100 000 Menschen.[26] Die Täter umstellten die Dörfer und begannen, bewaffnet mit Äxten und Gewehren, die polnischen Bewohnerinnen und Bewohner zu töten. Gruben wurden ausgehoben und die Menschen direkt dort erschossen. Nachdem die Mörder alle umgebracht hatten, raubten sie die Häuser ihrer Opfer aus und zündeten anschließend das Dorf an.

Koordination und Planung der Morde lag bei den Anführern der UPA, die für die Durchführung ihrer Absichten auch Männer aus den Dörfern rekrutierten, sodass ein beachtlicher Teil der Morde von Ukrainern an ihren unmittelbaren Nachbarn verübt wurde. Außerdem waren Angehörige der OUN-B eine treibende Kraft. Die Motivation der Täter konnte unterschiedlich sein – einige waren überzeugte Anhänger der Vision einer ethnisch homogenen Ukraine, andere sahen die Möglichkeit, sich polnischen Besitz anzueignen, was gerade in Anbetracht der Entbehrungen unter deutscher Besatzung eine Verbesserung der eigenen Lage bedeuten konnte. Außerdem berichteten sowohl Täter, aber auch Überlebende davon, dass einige der Männer von der UPA unter Androhung der Todesstrafe gezwungen wurden, zu töten.[27] In einigen Fällen lässt sich zudem zeigen, dass sich ukrainische Polizisten an den Massakern beteiligten, die zuvor schon den Deutschen bei der Ermordung der jüdischen Bevölkerung geholfen hatten. Zugleich berichteten polnische Überlebende allerdings auch von Akten der Solidarität und Hilfe ihrer ukrainischen Nachbarinnen und Nachbarn: Sie warnten sie vor bevorstehenden Angriffen, verhalfen ihnen zur Flucht oder versteckten sie – all dies taten sie, obwohl bekannt war, dass Ukrainer, die Polen halfen, als Verräter in den eigenen nationalen Reihen galten. Ihren Mut und ihre Mitmenschlichkeit bezahlten viele tatsächlich mit ihrem Leben. Zugleich darf nicht vergessen werden, dass es in der Region eine Vielzahl von polnisch-ukrainischen Familien gab, Mischehen waren keineswegs selten. So wurden nicht nur Polinnen und Polen zu Opfern der Gewalt, sondern auch die ukrainische Zivilbevölkerung gehörte zu den Leidtragenden des Konflikts. Polnische Einheiten der Heimatarmee verübten nicht minder grausame Racheakte an Zivilistinnen und Zivilisten, dies kostete mehr als zehntausend Menschen das Leben.[28]

Die Ereignisse in Wolhynien und Ostgalizien sind der größte erinnerungskulturelle Konflikt zwischen der Ukraine und Polen – bis heute. Im Jahr 2016 brachte der polnische Regisseur Wojciech Smarzowski den Film *Wolhynien* in die polnischen Kinos. Darin erzählt er die Geschichte des Massakers als letzte Episode einer Gewaltgeschichte, die mit dem Einmarsch der Sowjets in Wolhynien im Jahr 1939 beginnt, sich mit der Ermordung der jüdischen Bevölkerung unter deutscher Besatzung fortsetzt und schließlich mit der Ermordung der Polinnen und Polen der Region endet. Die polnische Hauptfigur Zosia durchlebt während des fast dreistündigen Films Grauen apokalyptischen Ausmaßes. In der Ukraine konnte das Werk aufgrund der erbitterten Proteste von Nationalisten nicht gezeigt werden. Dabei ist durchaus auch eine andere Deutung möglich, denn, selbst wenn der Film die Morde an der polnischen Zivilbevölkerung in den Mittelpunkt stellt, ist er doch zugleich die Geschichte einer polnisch-ukrainischen Liebe. Zu Beginn des Films werden wir zu Zeuginnen der Hochzeit von Zosias Schwester: Sie heiratet einen Ukrainer, ganz offensichtlich eine Liebesheirat. Bei der Hochzeit sehen wir eine polnisch-ukrainische Kulturlandschaft, in der die Traditionen der beiden Völker miteinander verschmelzen, die Männer reiten gemeinsam aus, die Frauen singen. Und auch Zosia selbst liebt einen Ukrainer, der aber während der ersten sowjetischen Besatzung von den Machthabern erschossen wird. Sie selbst und das gemeinsame Kind überleben den Zweiten Weltkrieg, der den Rest der ukrainisch-polnischen Familie zerstört hat. Auf politischer Ebene hat es durchaus Zeichen der Akzeptanz der ukrainischen Verantwortung gegeben: Bei einer Reise nach Polen kniete der damalige ukrainische Präsident Petro Poroschenko im Juli 2016 vor dem Warschauer Denkmal für die Opfer von Wolhynien. Zum 75. Jahrestag der Massaker zeigten sich allerdings wieder die konträren Sichtweisen auf die Geschichte: Der Präsident Polens, Andrzej Duda, gedachte der polnischen

Opfer in Luzk; Poroschenko erinnerte an die ukrainischen Ermordeten im polnischen Dorf Sahryń, die Racheakten der Polnischen Heimatarmee zum Opfer gefallen waren.[29]

Das Ende des polnischen Lwóws

Während der Massaker auf dem Land versuchten viele Polinnen und Polen, in die Städte zu flüchten, darunter auch nach Lwiw. Hier erlebten sie schließlich das Ende der deutschen Besatzung. Die Stadt wurde bei den Verhandlungen der Siegermächte der Sowjetunion zugeschlagen und wurde damit Teil der sich nach Westen hin ausdehnenden Sowjetukraine. Polen verlor Gebiete im Osten, dafür verschoben sich seine Grenzen nach Westen. Diese Neuordnung Europas war mit Bevölkerungsverschiebungen gewaltigen Ausmaßes verbunden, von denen auch Ukrainerinnen und Ukrainer, Polinnen und Polen in hohem Maße betroffen waren. In Deutschland ist in diesem Zusammenhang vor allem die Zwangsaussiedlung der deutschen Bevölkerung aus Ostmitteleuropa bekannt, tatsächlich fanden massenhafte Vertreibungen auch innerhalb dieser Region statt.

Nachdem die Rote Armee die Stadt eingenommen hatte, zeichnete sich schnell ab, dass die sowjetischen Behörden zwar Ukrainerinnen und Ukrainer als sowjetische Staatsbürger ansahen, die polnische Bevölkerung dagegen als ein irredentistisches Element, das aus der Sowjetunion entfernt werden musste. Ihre Loyalität galt nicht Moskau, sondern dem polnischen Nationalstaat – eine Einschätzung, die in weiten Teilen zutreffend war. Noch während des Krieges betonte der Sekretär der lokalen kommunistischen Partei, dass Lwiw eine ukrainische und keine polnische Stadt sei. Im September 1944 verständigte sich die sowjetische Regierung mit dem Lubliner Komitee der polnischen Kommunisten darauf, dass es zwischen der Sowjetunion und Polen einen massenhaften Bevölkerungsaustausch geben müsste: Die polnische Bevölkerung sollte die Sowjetukraine verlassen, die belarussische und ukrainische Bevölkerung im östlichen Polen sollte in die jeweiligen Sowjetrepubliken zwangsumgesiedelt werden. Die Androhung von Gewalt und erneute Verhaftungswellen durch den NKWD führten dazu, dass die überwältigende Mehrheit der polnischen Bevölkerung ihre Heimat verlassen musste. Die Vertreibungen der lokalen Bevölkerung dauerte auch nach dem Zweiten Weltkrieg noch an. In der sogenannten „Aktion Weichsel“ veranlassten polnische Behörden 1947 die Zwangsumsiedlung von etwa 144 000 Ukrainer und Ukrainerinnen sowie Bojken und Lemken innerhalb Polens.[30]

Nach dem Krieg versuchten die Sowjets ihrerseits, das öffentliche Gesicht von Lwiw zu depolonisieren. Fast alle polnischen Denkmale wurden zerstört, die Straßennamen waren bereits ukrainisiert worden. So war aus der Stadt, die sich jahrhundertelang durch ihre Multiethnizität und Multikulturalität ausgezeichnet hatte, innerhalb weniger Jahre ein ethnisch weitgehend homogener Raum geworden. Ausgerechnet die bei vielen ukrainischen Nationalisten und Nationalistinnen verhassten Sowjets hatten einen alten Traum verwirklicht und die Zentral- und Ostukraine mit der Westukraine in einem Staat vereint. Der Preis dafür war freilich hoch: Unabhängig war die Sowjetukraine nicht, dies sollte erst viele Jahre später, im Sommer 1991 geschehen. Zugleich kam der Ukraine ein besonderer Platz in der inoffiziellen Hierarchie der sowjetischen Völker zu, denn sie stand an zweiter Stelle hinter Russland. Viele Kommunisten, die in Moskau Karriere machten, stammten aus der Ukraine – allerdings vorwiegend aus der Zentral- und Ostukraine.

In Ostgalizien war die Gewalt mit dem Kriegsende 1945 nicht vorbei. Die UPA war nicht bereit, sich mit der Sowjetisierung der Ukraine abzufinden, und kämpfte weiter gegen die Sowjetmacht. Anschläge der ukrainischen Widerstandsbewegungen trafen nicht nur Repräsentanten des Sowjetregimes, sondern auch Ukrainerinnen und Ukrainer, die mit den neuen Machthabern kooperierten. Bis 1945 hatten die Partisanen und Partisaninnen bis zu 30 000 Menschen ermordet, etwa die Hälfte davon Ukrainer und Ukrainerinnen. Die Sowjetunion reagierte ihrerseits mit brutaler Gewalt. Allein zwischen Februar 1944 und Oktober 1945 hatten die Sicherheitsorgane 100 000 der UPA-Kämpferinnen und Kämpfer getötet. Ein weiteres Repressionselement, das noch weit in die Nachkriegszeit hinein gebraucht wurde, war die Deportation von Familien, ja ganzer Dörfer nach Sibirien. Dabei waren auch viele Menschen betroffen, die selbst gar nichts mit der Partisanenbewegung zu tun hatten. Die Zivilbevölkerung war zwischen der UPA und den sowjetischen Behörden gefangen – Kooperation mit beiden konnte den Tod zur Folge haben.

Spuren der Erinnerung im heutigen Lwiw

Welche Spuren der Vergangenheit findet man heute in dem pulsierenden Zentrum der Westukraine?[31] Bei unserem Besuch in Lwiw suchen wir nach Erinnerungen an die Vernichtung der jüdischen Stadtbevölkerung. Zuerst gehen wir zu dem Denkmal für die jüdische Gemeinde, das bereits zu Beginn der 1990er-Jahre eingeweiht worden ist. Es ist den 136 800 Jüdinnen und Juden des Ghettos von Lwiw gewidmet, die auf dem „Weg des Todes“ von den „deutsch-faschistischen Besatzern“ ermordet wurden. Neben einer verschlungenen schwarzen Statue finden wir individuelle Gedenksteine an die Opfer. Wie aber ist die Geschichte des jüdischen Lwiws in die allgemeine Geschichte der Stadt integriert? Um das herauszufinden, machen wir uns auf den Weg in das kleine Stadtmuseum. Dort aber begegnet uns vor allem eine Geschichte des ukrainischen Freiheitskampfes gegen Polen und Sowjetrussland im Zuge des Ersten Weltkriegs. Hier werden die „Patrioten“ der frühen Stunde gefeiert, die ihr Leben im Kampf für eine unabhängige Ukraine gaben. Im Museum finden wir eine Fotografie, die zeigt, wie die Menschen in Lwiw die einmarschierenden Sowjetsoldaten fröhlich begrüßen – ein Überbleibsel der sowjetischen Ausstellung? Die meisten Fotos aber zeugen von der Allianz zwischen der Sowjetunion und NS-Deutschland zu Beginn des Zweiten Weltkriegs. Informationen über das Schicksal des Judentums von Lwiw sind rar gesät, aber es gibt sie. Eine Tafel informiert über die Einrichtung des Judenrats und des Ghettos, die Deportationen nach Bełżec und über die grauenhafte Bilanz deutscher Herrschaft: 150 000 ermordete Juden. Ebenso erfährt die Besucherin von der Aufstellung der Division Galizien – allerdings nicht, dass sie Teil der SS war und sich an Massakern an der polnischen Zivilbevölkerung beteiligte. Kein Wort verliert die Ausstellung über die schmerzhaften Momente der jüdisch-ukrainischen und der ukrainisch-polnischen Beziehungsgeschichte, über Pogrome, über Morde zwischen Nachbarn – darüber wird geschwiegen. Lediglich die Besatzungsmächte kommen als Gewalttäter vor. Auch außerhalb der Museumsmauern wird der Gewalt der deutschen Besatzer gegenüber der polnischen Elite gedacht: 2011 wurde am Ort ihrer Erschießung ein Denkmal für die ermordeten Professoren der Universität Lwiw eingeweiht, verbunden mit der Hoffnung, dass es die Ukraine und Polen erinnerungskulturell zusammenführen würde. Und auch in anderer Hinsicht gibt es beeindruckende Projekte in Lwiw: Eines davon ist das privat finanzierte Zentrum für Städtische Geschichte, an dem zahlreiche lokale Wissenschaftler und Wissenschaftlerinnen beteiligt sind und das sehr gute Forschungs- und Bildungsarbeit leistet.[32]

Parallele Geschichten? Lwiw und Jedwabne

Lwiw ist bei Weitem nicht die einzige Stadt und die Ukraine nicht das einzige Land im östlichen Europa, wo die Geschichte der jüdischen und nichtjüdischen Bevölkerung auf schmerzhafte Weise miteinander verbunden sind. In Polen führte das Buch des polnisch-amerikanischen Historikers Jan Tomasz Gross mit dem Titel *Nachbarn* zu einer hoch emotionalen Debatte.[33] In dieser im Jahr 2000 erstmals veröffentlichten Untersuchung beschrieb Gross, wie mehrere hundert der jüdisch-polnischen Bewohnerinnen und Bewohner des kleinen Orts Jedwabne in Ostpolen im Zuge des Herrschaftswechsels zwischen den Sowjets und den Deutschen von ihren nicht-jüdischen polnischen Nachbarn ermordet wurden. Die Diskussion über dieses Ereignis wurde zu einer Auseinandersetzung mit dem polnischen Selbstbild als Nation der Opfer und Helden, weil hier etwas thematisiert wurde, was eigentlich nicht sein durfte: die Frage nach polnischer Täterschaft. Blickt man auf die Ereignisse in der ostpolnischen Kleinstadt Jedwabne im Sommer 1941, so sind Parallelen zu den Ereignissen in Lwiw unübersehbar: Auch hier beendet der Vormarsch der Deutschen die sowjetische Besatzung, auch hier gab es ein einige Tage andauerndes Machtvakuum, in dem sich die Gewalt gegen die jüdische Bevölkerung entlud, auch hier warfen Einwohnerinnen und Einwohner ihren jüdischen Mitmenschen vor, sie hätten mit den Sowjets zusammengearbeitet und seien verantwortlich für deren Verbrechen. Und auch in Jedwabne ging das Pogrom, das am 10. Juli 1941 stattfand, mit der Inszenierung antikommunistischer Rituale einher. Danach wurden die Opfer in einer Scheune zusammengetrieben und bei lebendigem Leibe verbrannt. Vor allem das nationalkonservative Lager in Polen war und ist aber nicht bereit, diese Ergebnisse der historischen Forschung zu akzeptieren.

Die polnisch-jüdische Journalistin Anna Bikont nahm das Buch von Gross zum Anlass, um selbst über die Morde an Jüdinnen und Juden in der Region und die (nicht-)Erinnerung an sie zu forschen. Denn nicht nur in Jedwabne gab es Pogrome, sondern auch in vielen der umliegenden Kleinstädte. Besonders erschütternd an Bikonts Recherchen ist die Schilderung des Umgangs mit dem Pogrom nach dem Ende des Krieges. Zwar wurden in Polen einige der Täter vor ein Gericht gestellt, die meisten von ihnen lebten aber unbehelligt in Jedwabne und Umgebung weiter. Und dort, vor Ort, waren es nicht etwa die Täter, die von der Gemeinschaft geschnitten wurden, sondern die wenigen Überlebenden und die Menschen, die Jüdinnen und Juden geholfen hatten. Besonders eindrücklich ist die Geschichte von Rachela Finkelsztejn und Stanisław Ramotowski. Er rettete ihre Familie zunächst vor dem Pogrom in Radziłów, die meisten ihrer Verwandten wurden schließlich von den Deutschen in Treblinka ermordet. Rachela selbst konvertierte zum Christentum, heiratete ihren Retter und wurde zu Marianna Ramotowska. Als Bikont Jahrzehnte nach dem Verbrechen versucht, mit ihr über die Ereignisse zu sprechen, stößt sie zunächst auf eine Mauer des Schweigens und der Angst. Angst vor der Reaktion der Nachbarschaft, wenn sie über das spricht, was den Jüdinnen und Juden angetan wurde. Beeindruckt und zugleich verstört ist Marianna davon, dass Bikont aus ihrer eigenen jüdischen Identität kein Geheimnis macht. Im Gespräch mit ihr gesteht sie schließlich, dass sie im Nachkriegspolen sogar für einen der Mörder ausgesagt hat, um sich selbst und ihren Mann zu schützen.[34]

Mehrheitlich lehnt es die Gesellschaft in Jedwabne bis heute ab, sich mit den Geschehnissen des Sommers 1941 auseinanderzusetzen, und sieht sich als Opfer einer Rufmordkampagne. Antisemitische Untertöne sind in der Debatte um Jedwabne unüberhörbar – die Juden und Jüdinnen hätten doch nun mal mit den Sowjets paktiert, und jetzt seien sie und ihre Nachkommen ohnehin nur aufs Geld aus. Eine Gedenkveranstaltung zum 60. Jahrestag des Verbrechens im Jahr 2001 boykottierten die meisten Bewohner und Bewohnerinnen des Ortes. Die erste Regierung der rechtskonservativen PiS, die zwischen 2005 und 2007 an der Macht war, versuchte mit einem „Lex Gross", die Auseinandersetzung mit polnischer Verantwortung zu sanktionieren – ein Vorhaben, das immerhin vom Verfassungsgericht gekippt wurde.

Zugleich gibt es in Polen auch einen anderen Umgang mit der Geschichte: Im Museum der polnischen Juden in Warschau etwa wird auch über polnische Täterschaft umfassend informiert. 2001 bat der damalige polnische Präsident Aleksander Kwasniewski in Jedwabne im Namen derjenigen in Polen um Vergebung, deren Gewissen von dem Verbrechen „bewegt" seien und die Scham empfänden.[35] Der Skandal um die Geschehnisse in Jedwabne war für viele Wissenschaftlerinnen und Wissenschaftler und Intellektuelle ein Anstoß, die Geschichte des Holocaust in Polen detaillierter zu erforschen und dabei die Frage nach der Zusammenarbeit der lokalen nicht jüdischen Bevölkerung mit den Deutschen nicht auszusparen. Vor wenigen Jahren ist die zweibändige Studie mehrerer Historikerinnen und Historiker über die Verfolgung der Jüdinnen und Juden in unterschiedlichen Regionen des besetzten Polen erschienen. Auf der Grundlage gründlicher Quellenarbeit kommen sie zu einem erschütternden Ergebnis: Die Mehrheit der Jüdinnen und Juden, die sich in Polen vor den Deutschen versteckten, kamen durch direkte (Ermordung) oder indirekte (Denunziation) Beteiligung ihrer nicht jüdischen Nachbarinnen und Nachbarn um.[36] Auch die Kunst hat sich des Themas angenommen: Im Oktober 2021 kam der Film *Die Hochzeit* von Wojciech Smarzowski in die polnischen Kinos, der schonungslos von den Pogromen an Jüdinnen und Juden im östlichen Polen erzählt. Die Abwehrreaktionen gegen diese Erkenntnisse sind aber nach wie vor heftig.[37]

Die 2016 eröffnete Erinnerungslandschaft für die jüdische Gemeinde Lwiws befindet sich auf dem Gelände der ehemaligen Goldenen-Rose-Synagoge.

Anderthalb Jahre nach unserem ersten Besuch kehren wir im Sommer 2016 nach Lwiw zurück. Bei einem entspannten Spaziergang durch das Zentrum entdecken wir etwas Neues: Eine Gedenklandschaft für die ermordete jüdische Gemeinde der Stadt ist entstanden. Von einer Informationstafel erfahren wir, dass dies Teil einer größeren Initiative des Stadtrats von Lwiw ist, die jüdische Geschichte der Stadt sichtbarer zu machen und über den Holocaust aufzuklären. Die Überreste der einst prachtvollen Goldene-Rose-Synagoge sind freigelegt worden, und eine Gedenktafel wurde angebracht. Die Landschaft erinnert an das Unrecht, das Jüdinnen und Juden während des Zweiten Weltkriegs erlitten haben. Auf Hebräisch, Englisch, Polnisch und Ukrainisch erzählen Steine ihre Geschichte. Einen Hinweis auf das Pogrom im Sommer 1941 suchen wir allerdings vergeblich. Stattdessen wird der ukrainisch-jüdische Wissenschaftler Marten Feller mit den Worten zitiert, dass Juden und Ukrainer stets in „gegenseitiger Sympathie“ verbunden gewesen seien, ihr Verhältnis wird auf diese Weise romantisiert. Die Last der Vergangenheit, sie liegt immer noch schwer auf der ukrainischen Erinnerungskultur. Und trotz alledem verlassen wir Lwiw mit einem leisen Gefühl der Hoffnung: Nicht nur, dass wir Orte der polnisch-ukrainischen Aussöhnung finden konnten, auch das jüdische Erbe ist innerhalb weniger Jahre ein Stück sichtbarer geworden und dies stellt das Bild der Westukraine als homogenen Raum, in der nur die Verehrung von Nationalisten Platz hat, in Frage. Hoffentlich wird es so weitergehen.

Babyn Jar – Ein Schauplatz der Vernichtung des sowjetischen Judentums

Auf dem sozialen Netzwerk Twitter kann man der Gedenkstätte von Auschwitz folgen. Täglich wird man dann daran erinnert, dass unzählige Menschen aus ganz Europa, die Mehrheit von ihnen Jüdinnen und Juden, hier von den Deutschen ermordet wurden. Das Auschwitz Memorial veröffentlicht die Geburts- und Sterbedaten der Häftlinge, die hier umgekommen sind. Eine Auswahl an Tweets vom 30. Januar 2021:

> „30. January 1912 | Andrei Samsonov was born. A Soviet army soldier. In #Auschwitz from October 1941. No. R-3187 (Soviet prisoner of war) He perished in the camp on 4 January 1942."

> „30. January 1912 | A Pole, Henryk Konca, was born in Warsaw. A clerk. In #Auschwitz from 21 June 1942. No. 40442 He perished in the camp on 15 August 1942."

> „30. January 1931 | A German Sinti girl, Johanna Reinhardt, was born in Watterdingen. In #Zigeunerlager (Gypsy camp) in #Auschwitz II-Birkenau from 27 March 1943. No. Z-5960. She perished in the camp on 29 December 1943."

> „30 January 1896 | A Polish Jew, Josef Beer, was born in Kraków. A worker. In #Auschwitz from 18 May 1942. No. 35691. He perished in the camp on 13 July 1942."

Manchmal gibt es Bilder der Opfer. Unter dem folgenden Tweet vom 29. Januar 2021 ist das Bild eines Babys zu sehen:

> „29 January 1941 | A Dutch Jewish boy, Arnolf van Emden, was born in The Hague. In August 1942 he was deported to #Auschwitz and murdered in the gas chamber after selection."

Allein anhand dieser kleinen Auswahl an Tweets kann man die Geschichte von Auschwitz ablesen. Ein Lager, in dem Juden und Jüdinnen, sowjetische Kriegsgefangene, Sinti und Sinteze und Romnja und Roma aus ganz Europa getötet wurden. Der Ort steht symbolisch für den industriellen Massenmord, für die Mordmaschinerie NS-Deutschlands mit dem Ziel, das Judentum und andere Menschen, die als minderwertig galten, auszurotten. Auch visuell prägt Auschwitz die Erinnerung an den Holocaust: So etwa die berüchtigte Rampe von Auschwitz, an der entschieden wurde, wer von den gerade mit dem Zug angekommenen Menschen ins Gas geschickt wurde und wer zunächst Zwangsarbeit für das Regime leisten sollte. Oder auch das Eingangstor des Lagers mit der zynischen Aufschrift „Arbeit macht frei".

Auschwitz, wo über eine Millionen Menschen ermordet wurden, ist zum Symbol geworden für die Vernichtung des europäischen Judentums im Zweiten Weltkrieg. Von den Deutschen auf polnischem Boden errichtet, ist Auschwitz von Historikern als das „Zentrum des nationalsozialistischen Massenmordes an den europäischen Juden" beschrieben worden.[1] Der professionelle Twitter-Account und die gut ausgebaute Erinnerungsstätte des „Memorial and Museum Ausschwitz-Birkenau" stehen im krassen Gegensatz zu den in Deutschland viel weniger präsenten Vernichtungsstätten auf damaligem sowjetischen Boden – heute in der Ukraine, Belarus, Litauen oder im Westen Russlands.

Hier wurden die Jüdinnen und Juden oftmals nicht ins Gas geschickt, sondern unmittelbar nach Einmarsch der Deutschen zusammengetrieben, in ein Ghetto gepfercht und schließlich getötet. In unzähligen Dörfern und Städten wurden sie sofort erschossen. Dieser *Holocaust by Bullets* ist aber im deutschen Gedächtnis viel weniger präsent als der Tod im Gas.[2] Für die Vernichtung des sowjetischen Judentums, zu Hunderttausenden in zahllosen Massakern in Wäldern und Schluchten erschossen, gibt es kein visuelles Gedächtnis, wie für den industriellen Massenmord in Auschwitz mit seinen Gleisanlagen: weil die Deutschen beim Rückzug entweder die Spuren ihrer Verbrechen ausradiert hatten, oder weil es kein Denkmal gibt, oder weil es den Tätern möglich war, über ihre Verbrechen zu schweigen und sie zu verdrängen.

Deswegen ist der Topos „Auschwitz" auch viel präsenter in erinnerungspolitischen Diskursen. Die universale „Pflicht zum Gedenken" an Auschwitz löste in den 1990er-Jahren den schillernden Mythos vom

„Russlandfeldzug“ ab: Nun waren die Erzählungen der Kriegsgeneration, in denen vor allem die eigenen Opfer beklagt wurden, gesellschaftlich schlichtweg nicht mehr tragfähig. Auschwitz wurde zum Kern der Menschenrechtserziehung, der Bildung für Humanismus und Demokratie. Es ist Auschwitz, wo das „Bewusstsein von der Fragilität unserer Zivilisation“ und eine „bis in die anthropologische Substanz gehende Scham“ erfahrbar werden, schrieb einmal Jan-Philipp Reemtsma. Die Ausstrahlung von Auschwitz als Symbol für den Holocaust schlechthin rückt jedoch den ungemein wichtigen Nexus zwischen dem Holocaust und dem deutschen Vernichtungskrieg im Osten in den Schatten. Ein Teil davon ist die Frage nach den Tätern.

Tritt hier die Frage nach den Tätern von Auschwitz auf, so geht es um Hitler und Himmler, um die „SS-Schergen“, um die Wachbataillons der Trawniki-Männer, kurzum – um eine Handvoll verbrecherischer Typen, die Strafe verdienen. „Ganz normale Männer“ (Christopher Browning) – Wehrmachtsangehörige, Feldgendarmerie und Polizei zählen im historischen Bewusstsein nicht unbedingt dazu. Ulrike Jureit, eine der Autorinnen der Wehrmachtsausstellung, charakterisierte es als Phänomen eines „opferzentrierten Gedächtnis, bei dem Täter nicht in Erscheinung treten.“ Kann es sein, dass eine abstrakte Erinnerung an das maschinelle, anonyme Töten eine bequemere ist als das Erinnern an unzählige deutsche Erschießungsstätten in der gesamten westlichen Sowjetunion? Letzteres könnte nämlich eine viel engere Verbindung der deutschen Gesellschaft und der Verbrechen vermitteln.

Wir wollen uns ein Bild machen an einem Ort, an dem der Holocaust und der Krieg eng miteinander verbunden sind: Babyn Jar (russisch: Babij Jar), während des Krieges am Rande der ukrainischen Hauptstadt Kyiv gelegen, heute Teil des Stadtgebiets. Nirgendwo wurden in einer Einzelaktion so viele Jüdinnen und Juden ermordet wie hier.

Babyn Jar

Der sowjetische Schriftsteller Wassili Grossman begleitete während des Zweiten Weltkriegs die Rote Armee bei ihrem Kampf gegen die Wehrmacht und der (Rück-)Eroberung des östlichen Europas (siehe Kapitel 5). Grossman, der selbst aus der Ukraine stammte, schrieb während dieser Zeit im Jahr 1943 einen Text über die „Ukraine ohne Juden“. Die Ukraine, das machte Grossman eindrucksvoll deutlich, war einer der Hauptschauplätze des deutschen Vernichtungskrieges im Osten gewesen – diese Tatsache ist bis heute vielen Deutschen nicht bewusst. Millionen Menschen wurden zur Zwangsarbeit verschleppt, jene, die als Feinde der Besatzungsmacht galten, von SS-Männern oder Wehrmachtssoldaten ermordet. Das ukrainische Volk hatte unzählige Opfer zu beklagen: „In keiner ukrainischen Stadt, in keinem Dorf, gibt es ein Haus, wo nicht Worte der Entrüstung über die Deutschen zu hören wären, wo während dieser zwei Jahre keine Tränen vergossen worden wären, wo der deutsche Faschismus nicht verflucht würde, kein Haus ohne Witwen und Waisen."[3]

Aber im Unterschied zu den Juden, gab es im Falle der ukrainischen Bevölkerung Überlebende, die ihre Geschichten erzählen konnten. Die Einzigartigkeit des Verbrechens an den Jüdinnen und Juden lag darin, dass sie ausgelöscht worden waren. Die Dörfer, in denen sie gelebt hatten, schwiegen.

> „Es gibt keine Juden in der Ukraine. […] Ein Volk wurde meuchlerisch ermordet. […] Es geht um die Ermordung eines Volkes, die Ermordung des Hauses, der Familie, der Bücher, des Glaubens. […] Es geht um die Ermordung der Seele und des Körpers eines Volkes, die Ermordung eines großartigen Schatzes von Fertigkeiten, der von Tausenden klugen, talentierten Meistern ihres Faches und Geistesarbeitern in vielen Generationen angehäuft wurde. […] Es geht um die Vernichtung eines Volkes, das Jahrhunderte mit dem ukrainischen Volk nachbarschaftlich zusammengelebt, mit ihm zusammen gearbeitet und Freud und Leid auf derselben Erde mit ihm geteilt hat."[4]

In jeder Zeile artikuliert sich der Schmerz des Autors darüber, dass die deutschen Besatzer die Ukraine einer ihrer zentralen Wesenszüge beraubt hatten.

Über siebzig Jahre nachdem Grossman seine Beobachtungen niederschrieb, kommen wir in Kyiv an. Es ist Sommer 2014, vor Kurzem hat sich in der ukrainischen Hauptstadt Dramatisches vollzogen: Nach wochenlangen Protesten wurde das kleptokratische Regime des ukrainischen Präsidenten Wiktor Janukowytsch gestürzt, kurz darauf die ukrainische Halbinsel Krim von Russland annektiert. Auch im ostukrainischen Donbass, wo viele Menschen den Vorgängen auf dem Kyiver Majdan –

nicht zuletzt unter dem Eindruck russischer Propaganda – skeptisch bis ablehnend gegenüberstanden, hat Russland militärisch interveniert. Durch die Mobilisierung pro-russischer Kräfte und Gewalt gegen diejenigen, die sich zur Ukraine bekannten, hat der russische Angriff zu einem Krieg geführt, der bis heute anhält. Der Majdan-Aufstand von 2013/14 war zweifelsohne zum Großteil das Projekt der ukrainischen Zivilgesellschaft; er war ein Schritt hin zu einer staatsbürgerlich verfassten Nation, die sich durch das Bekenntnis zu einer demokratischen Ukraine auszeichnet. Aber zugleich hat er auch Gräben innerhalb der ukrainischen Gesellschaft sichtbar gemacht, nicht zuletzt, was die Erinnerung an den Zweiten Weltkrieg angeht.

Wir wollen uns vor Ort ein Bild machen von der unübersichtlichen Gedenklandschaft und sind dafür nach Kyiv gereist. Babyn Jar ist eine unserer ersten Stationen. Wir fahren vom Zentrum zur Metrostation Dohoroschytschi, kurz nach dem Metro-Ausgang stoßen wir auf ein Denkmal: Ein kleines Mädchen streckt der Betrachterin beide Arme entgegen, links und rechts von ihr sitzen zwei in sich zusammengesackte Kinderfiguren auf dem Boden. Dieses 2006 aufgestellte Denkmal ist jenen Kindern gewidmet, die in der Schlucht von Babyn Jar ermordet wurden. Wir wissen aber, dass hier noch viele weitere Denkmale stehen.

Schnell finden wir ein weiteres Denkmal in Form einer jüdischen Menora. Auf den Armen des Leuchters sind Bilder von vor Schmerz und Schrecken verzerrten Gesichtern eingelassen. Wo wir nun stehen, hat sich vom 29. bis zum 31. September 1941 Schreckliches, Unvorstellbares vollzogen. Hier ermordeten Angehörige der SS und der Polizei mit logistischer Unterstützung der Wehrmacht und ukrainischen Helfern insgesamt über 33 000 Menschen, die überwältigende Mehrheit von ihnen Juden und Jüdinnen. Auf zwei Schautafeln ist in aller Kürze dargestellt, was hier passiert ist. Es war die zahlenmäßig größte deutsche Mordaktion durch Erschießen in der Sowjetunion im „Holocaust durch Kugeln". Um ihr Ziel, das Judentum der Stadt auszulöschen, in die Tat umzusetzen, hatten die Führung der Wehrmacht, der Einsatzgruppe C und des Sonderkommandos 4a einen perfiden Weg gewählt. An den Tagen vor dem Massaker fanden sich im gesamten Stadtgebiet von einer ukrainischen Miliz angebrachte Aushänge auf Russisch, Ukrainisch und Deutsch mit folgendem Text:

> „Sämtliche Juden der Stadt Kiew und Umgebung haben sich am Montag, den 29. September 1941 bis 8 Uhr; Ecke der Melnik- und Dokteriwski Straße (an den Friedhöfen) einzufinden.
>
> Mitzunehmen sind Dokumente, Geld und Wertsachen sowie warme Bekleidung, Wäsche usw.
>
> Wer dieser Aufforderung nicht nachkommt und anderweitig angetroffen wird, wird erschossen.
>
> Wer in verlassene Wohnungen von Juden eindringt oder sich Gegenstände daraus aneignet, wird erschossen."

Bei den Opfern wurde auf diese Weise der Eindruck erweckt, dass sie „nur" aus Kyiv in Lager oder in andere Städte abtransportiert werden würden, nicht aber, dass sie ermordet werden würden. Eine der wenigen Überlebenden des Massakers, die Künstlerin Dina Mironowa Pronitschewa, erinnerte sich später, dass sie und ihre Eltern sowie ihre Bekannten und Nachbarn davon ausgingen, dass sie an einen anderen Ort gebracht werden würden. Tatsächlich waren die Täter selbst überrascht, wie gut ihre Strategie aufging und wie viele Jüdinnen und Juden sich am Morgen des 29. September an der Schlucht einfanden. Die Eintreffenden wurden gezwungen, ihre Wertsachen abzugeben und sich zu entkleiden. Schon an dieser ersten Station der Vernichtung misshandelten Angehörige der SS und der Wehrmacht ihre Opfer. Die Täter bildeten einen Korridor, durch den sie die Menschen trieben, bis sie schließlich an dem Rand der Schlucht angekommen waren. Hier wurden sie in Reihen aufgestellt und erschossen, manche auch dazu gezwungen, sich auf die bereits Erschossenen zu legen, um dann selbst getötet zu werden. Pronitschewa gelang es, sich aus der Menge zu lösen und sich mit der Behauptung, dass sie nur die Begleitung gewesen und selbst keine Jüdin sei, zunächst vor der Erschießung zu retten. Von einem kleinen Hügel aus beobachtete sie gemeinsam mit etwa dreißig bis vierzig weiteren Personen, die zunächst auch aus dem Korridor hinausgelassen worden waren, die Mordtaten der Deutschen. Sie sah, wie Kinder von ihren Müttern getrennt und lebendig in die Schlucht geworfen wurden, die bereits voller Leichenberge war. „Ich war", so formulierte sie es Jahre später, „Augenzeugin des furchtbarsten Gewaltaktes an völlig unschuldigen Menschen."[5] Gerade, weil sie und die anderen nun Zeuginnen und Zeugen waren, sollten am Ende des Tages auch sie erschossen werden. Pronitschewa überlebte nur, weil sie sich kurz vor dem Abfeuern des tödlichen Schusses in die Grube fallen ließ.

> Sie „fiel auf menschliche Leichen, die sich dort in blutiger Masse befanden. Von diesen Opfern erklang Stöhnen, viele Menschen bewegten sich noch, sie waren nur verwundet. Hier gingen auch Deutsche und Polizisten umher, die die noch Lebenden erschossen oder totschlugen. Irgendeiner von den Polizisten oder Deutschen drehte mich mit dem Fuß um, sodass ich mit dem Gesicht nach oben lag, er trat mir auf die Hand und auf die Brust, danach gingen sie weiter und schossen irgendwo weiter hinten."

Am Abend gelang es Pronitschewa – nachdem sie beinahe lebendig begraben wurde –, an den Rand der Schlucht zu kriechen und zu fliehen. Dabei sah sie noch, wie die Deutschen Fliehende aus der Grube erschossen, darunter der vierzehn Jahre alte Motja. Er war vom Körper seines Vaters verdeckt worden und hatte genau wie Pronitschewa zunächst überlebt. Als er sich nur wenige Meter von Pronitschewa entfernt aus seinem Versteck wagte, wurde er erschossen. Pronitschewa wurde auch Zeugin sexueller Gewalt: Sie beobachtete, wie sieben Deutsche zwei junge Mädchen vergewaltigten, bevor sie sie erstachen.

Die Täter

Wer waren die Täter von Babyn Jar? Anfang Oktober meldete die SS:

> „[D]as Sonderkommando 4a hat in Zusammenarbeit mit Gruppenstab und zwei Kommandos des Polizei-Regiments Süd am 29. und 30. 9. 1941 in Kiew 33 771 Juden exekutiert […]. Geld, Wertsachen, Wäsche und Kleidungsstücke wurden sichergestellt und zum Teil der NSV zur Ausrüstung der Volksdeutschen, zum Teil der kommissarischen Stadtverwaltung zur Überlassung an bedürftige Bevölkerung übergeben. Die Aktion selbst ist reibungslos verlaufen. […] Die gegen die Juden durchgeführte ‚Umsiedlungsmaßnahme' hat durchaus die Zustimmung der Bevölkerung gefunden. Daß die Juden tatsächlich liquidiert wurden, ist bisher kaum bekannt geworden, würde auch nach den bisherigen Erfahrungen kaum auf Ablehnung stoßen. Von der Wehrmacht wurden die durchgeführten Maßnahmen ebenfalls gutgeheißen."[6]

In der historischen Forschung gilt es inzwischen als erwiesen, dass sich in Babyn Jar nicht nur die SS, sondern auch Angehörige der Wehrmacht schuldig gemacht hatten. Kyiv war von der sechsten Armee der Wehrmacht unter der Führung von Generalfeldmarschall Walter von Reichenau erobert worden. Reichenau selbst war von der NS-Ideologie überzeugt und verstand die Armee als eine Institution, der beim Vernichtungsfeldzug der Deutschen gegen die Sowjetunion eine zentrale Rolle zufiel. In einem wenige Tage nach dem Massaker von Babyn Jar erlassenen Befehl hieß es entsprechend:

> „Das wesentliche Ziel des Feldzuges gegen das jüdisch-bolschewistische System ist die völlige Zerschlagung der Machtmittel und die Ausrottung des asiatischen Einflusses im europäischen Kulturkreis. Hierdurch entstehen auch für die Truppe Aufgaben, die über das hergebrachte einseitige Soldatentum hinausgehen. Der Soldat ist im Ostraum nicht nur Kämpfer nach den Regeln der Kriegskunst, sondern auch Träger einer unerbittlichen völkischen Idee und der Rächer für alle Bestialität, die deutschem und artverwandtem Volkstum zugefügt wurden. Deshalb muß der Soldat für die Notwendigkeit der harten, aber gerechten Sühne am jüdischen Untermenschentum volles Verständnis haben."[7]

Reichenau war damit ein Beispiel dafür, dass die NS-Ideologie auch in der Wehrmacht Einzug gehalten hatte. Die Wehrmacht leistete bei der Erschießungsaktion in Babyn Jar wichtige Zuarbeit und war an der Entscheidung zum Massenmord beteiligt. Aus der lokalen Bevölkerung rekrutierten die Deutschen außerdem Helfer: Ukrainische Polizisten unterstützten die SS bei der Identifizierung der Jüdinnen und Juden und halfen dabei, sie am Erschießungsort zusammenzutreiben.

Die Opfer

Die Stadt Kyiv hatte zur Zeit des russischen Zarenreichs mitten im sogenannten Ansiedlungsrayon für die jüdische Bevölkerung gelegen, also in jenem Gebiet, das sich vor allem im heutigen Polen, Belarus, Litauen und in der Ukraine erstreckte, in dem die Juden und Jüdinnen im Zarenreich überhaupt siedeln durften. In der Stadt Kyiv selbst durften sie allerdings erst ab dem Jahr 1859 wohnen, und auch dann zunächst nur bestimmte Gruppen wie Kaufleute, Veteranen der russischen Armee und Hochschulabsolventen. Dennoch entwickelte sich Kyiv in den folgenden Jahrzenten zu einer „jüdischen Metropole", in der sich ein reges jüdisches soziales und kulturelles Leben entwickelte.[8] Mit dem Zusammenbruch des Zarenreichs im Februar 1917 wurden von der Provisorischen Regierung alle Siedlungsbeschränkungen und auch alle anderen diskriminierenden Maßnahmen gegenüber Jüdinnen und Juden aufgehoben. Zugleich ermöglichte das Ende des Zarenreichs es den ukrainischen national-orientierten Eliten, die Etablierung eines unabhängigen ukrainischen Nationalstaats voranzutreiben. Kyiv, schon vor 1917 das Zentrum nationaler ukrainischer Ideen, wurde zu einem Ausgangspunkt dieser Bemühungen. Schließlich beendeten die Bolschewiki in der Zentral- und Ostukraine und Polen in der Westukraine auf militärischem Wege alle Versuche, die Ukraine als souveränen und unabhängigen Staat zu etablieren (siehe Kapitel 2). Kyiv blieb auch in der Sowjetunion ein Zentrum jüdischen Lebens. Vor dem deutschen Einmarsch handelte es sich um eine multiethnische Stadt, geprägt vor allem durch seine ukrainischen, jüdischen und russischen Bewohnerinnen und Bewohner wie auch durch jene, die sich in erster Linie als Bürgerinnen und Bürger der Sowjetunion verstanden.

Welche Namen, welche Schicksale verbergen sich hinter jener Zahl der 33 771 an drei Septembertagen in Babyn Jar erschossenen Menschen? Allein die Rekonstruktion all ihrer Namen erweist sich als ein schwieriges und noch nicht abgeschlossenes Unterfangen.[9] Die Frage, wen Kyiv und die Welt in jener Schlucht im September 1941 verloren hatten, trieb auch die Mitglieder des sowjetischen Jüdischen Antifaschistischen Komitees um. Das Komitee wurde im Jahr des deutschen Angriffs auf die Sowjetunion gegründet und hatte sich zum Ziel gesetzt, international Hilfe für die verfolgten Jüdinnen und Juden zu mobilisieren. Seit 1943 sammelte es auch Zeugnisse der Ermordung sowjetischer und polnischer Juden und Jüdinnen, die in einem Schwarzbuch kompiliert und veröffentlicht werden sollten. Zur Publikation zu Sowjetzeiten kam es indes nicht. Die sowjetische Führung war gegen die Hervorhebung der spezifisch anti-jüdischen Dimension der deutschen Verbrechen, genauso wie sie die Rolle lokaler Kollaboration marginalisieren wollte. Beides passte nicht in das propagierte Bild einer absoluten Einigkeit des sowjetischen Volkes (siehe Kapitel 4). So konnte das Schwarzbuch erst Anfang der 1980er-Jahre in Israel erscheinen. Dabei ist es eine wichtige Quelle für die Vernichtung des sowjetischen, polnischen und baltischen Judentums.

Das erste Kapitel ist Babyn Jar gewidmet. Der Bericht über das Massaker wurde von dem sowjetisch-jüdischen Schriftsteller Lev Oserov verfasst, der sich dabei auf dem Komitee übergebene Dokumente und Aussagen von Zeugen vor Ort berief. Der Bericht macht deutlich, dass die Erschießungen in Babyn Jar der grausame Höhepunkt von Gewaltverbrechen an Jüdinnen und Juden in der Stadt Kyiv war. Sofort nach der Einnahme Kyivs durch die Wehrmacht am 19. September 1941 begannen die Quälerei, Demütigung und Ermordung der jüdischen Bevölkerung. Die Familie von Nesja Elgort begriff die Bedrohung, die von den Deutschen ausging, sofort. Ihr Vater wurde von den Deutschen verschleppt, und als sie sich auf die Suche nach ihm begab, wurde sie Zeugin, wie die Deutschen Juden „Gewehrkolben gegen die Beine schlugen, sie tanzen ließen und die grausam Mißhandelten dazu zwangen, schwere Kisten auf Lastwagen zu verladen. Die Leute brachen unter der viel zu schweren Last zusammen. Sofort prügelten die Deutschen mit Gummiknüppeln auf sie ein."[10] Als Nesja schließlich ihren Vater unverhofft fand, war sie von seinem Aussehen erschüttert. Er war zusammen mit anderen Juden in einen feuchten Keller gesperrt worden. „Einige von ihnen wurden schrecklich gequält, doch Nesjas Vater und der Rabbiner konnten sich wie durch ein Wunder retten. Tränen strömten über die hohlen Wangen des Greises."[11] Dass das Schwarzbuch in der Sowjetunion nicht veröffentlicht wurde, verwundert nicht, stand doch das, was dort geschildert wurde, dem sowjetischen Mythos entgegen, dass die gesamte Bevölkerung dem deutschen Feind geschlossen Widerstand geleistet hätte. Vielmehr ist hier auch von denjenigen die Rede, die mit den deutschen Besatzern kooperierten oder die grauenhafte Situation der Juden und Jüdinnen ausnutzte. Der Hausmeister des Blocks, in dem Nesja und ihre Familie lebten, eignete sich den Besitz aus jüdischen Wohnungen gemeinsam mit den Deutschen an.

Einige Jüdinnen und Juden wurden direkt auf den Straßen der Stadt ermordet, darunter viele alte Menschen, die nicht mehr die Kraft hatten, zu fliehen oder sich in der Sammelstelle einzufinden, wo sie ohnehin der Tod erwartet hätte. Eine Frau namens Sofia Goldowskaja wurde von der SS aus ihrer Wohnung in der Saksahanskyj-Straße geholt und erschlagen. „Sie war Mutter von zehn Kindern."[12] Diese Misshandlungen und Morde im öffentlichen Raum, im Wesentlichen von der SS unter Beteiligung lokaler Helfer begangen, machten die Bewohner von Kyiv zu Ohren- und

Augenzeugen der Verbrechen an den Juden. Alte Menschen wurden auf die offene Straße geschleift, wo sie „vor Hunger, Kälte und an der Gleichgültigkeit ihrer Mitmenschen" starben.[13]

Unter den Opfern, das zeigt das Schwarzbuch eindringlich, waren Persönlichkeiten aus dem kulturellen, akademischen und politischen Leben der Stadt. Dort war etwa der Jurist Ziperowitsch, „ein äußerst gebildete[r] Mensch", der gemeinsam mit seiner Frau erschossen wurde. Da war die schon sehr alte Schriftstellerin, Übersetzerin und ehemalige politische Aktivistin Sara Maximowna Ewensohn. Laut Bericht des Schwarzbuchs war sie „die erste Übersetzerin von Feuchtwanger und anderen zeitgenössischen Autoren ins Russische. Sie beherrschte ausgezeichnet mehrere westeuropäische Sprachen und stand im Briefwechsel mit bedeutenden Vertretern der Kultur und Kunst."[14] Sie kam zu Tode, als sie von den Deutschen aus ihrer Wohnung im dritten Stock aus dem Fenster geworfen wurde. Der Komponist und Dirigent Chaim Jampolski, der bekannt war für seine jüdischen und ukrainischen Kompositionen, überlebte die deutsche Besatzung Kyivs nicht. Zu den auf offener Straße Umgekommenen gehörte auch der Mathematiker und Schachmeister Anatoli Sandomirski, der schon seit Jahren ans Bett gefesselt war.[15] Zu den Todesopfern zählte ebenso der Bakteriologe Professor Mossej Grigorjewitsch Benjasch, der in Europa einen exzellenten Ruf genossen hatte.

Es gab Fälle, in denen sich nicht jüdische Familienmitglieder entschieden, ihre Verwandten in der Stunde des Schreckens und des Todes nicht allein zu lassen. So entschied sich die russische Frau des jungen Schriftstellers Mark Tschudnowski, ihren Mann zur Sammelstelle zu begleiten, wo sie beide umkamen. Denn die Morde in den ersten Tagen nach dem Einmarsch der Deutschen waren – so Oserov – lediglich das „Vorspiel des Massenmordes", der schließlich in den Erschießungen in der Schlucht von Babyn Jar seinen grausamen Höhepunkt erreichte.[16]

Die juristische (Nicht-)Aufarbeitung in Deutschland

Wurden die Täter jemals zur Verantwortung gezogen? Tatsächlich spielte Babyn Jar sowohl in einigen sowjetischen Kriegsverbrecherprozessen als auch in den westlichen Nürnberger Prozessen unmittelbar nach Kriegsende eine Rolle. Jahrzehnte nach dem Massaker wurde Babyn Jar schließlich auch vor einem deutschen Gericht verhandelt. Als der Nürnberger

Prozess gegen die Hauptkriegsverbrecher begann, stand zwar niemand der unmittelbar an dem Massaker beteiligten Männer vor Gericht, trotzdem aber wurde es von der sowjetischen Seite thematisiert, stand es für sie doch für die ganze Grausamkeit der deutschen Besatzung. Oberjustizrat Lev N. Smirnov verlas am 14. Februar 1946 in seiner Anklage eine ganze Reihe deutscher Verbrechen und verwies in diesem Zusammenhang auch auf die „Massenverbrechen der Deutschen, den sogenannten ‚Aktionen' insbesondere in Kyiv".[17] Der sowjetischen Anklage zufolge waren in der Schlucht von Babyn Jar annähernd 100 000 Menschen während der deutschen Besatzung umgekommen – eine Zahl, die inzwischen von der historischen Forschung als zu hoch widerlegt worden ist.[18] Aber in der Tat waren es nicht nur die jüdischen Opfer im September 1941, die dort ermordet wurden, in den darauffolgenden Jahren erschossen die Deutschen hier auch sowjetische Kriegsgefangene, ukrainische Geistliche, Romnja und Roma und Nationalistinnen und Nationalisten und andere Menschen, denen sie Sympathie für die Sowjetherrschaft unterstellten. Allerding ging Smirnov detailliert auf die Erschießungen speziell der Jüdinnen und Juden ein, die „vor der Erschießung [...] alle splitternackt ausgezogen und misshandelt wurden". Die detaillierte Beschreibung der Mordtaten, wie sie von den wenigen Überlebenden geschildert worden waren, fanden sich in der Anklageschrift wieder:

> „Die erste für die Erschießung bestimmte Gruppe mußte sich auf den Boden eines Grabens legen, und zwar mit dem Gesicht nach unten. Sie wurden daraufhin mit Maschinenpistolen erschossen. Hierauf bedeckten die Deutschen die Erschossenen leicht mit Erde, worauf die nächste Partie der Opfer als zweite Schicht auf die gelegt und ebenfalls aus Maschinenpistolen erschossen wurde."[19]

Zugleich firmierte Babyn Jar als Beweis dafür, wie grausam die Deutschen mit Kindern umgegangen waren. Sich auf Zeugen der sowjetischen Außerordentlichen Kommission berufend, die schon während des Krieges Beweise für die deutschen Verbrechen gesammelt hatte, legte Smirnov dar, „‚wie die Deutschen Säuglinge in die Grube geworfen und diese lebend mit ihren toten oder verwundeten Eltern begraben hätten. Man sah, wie die Erde von den Bewegungen der noch lebenden Menschen schwankte.' Dies war kein Einzelfall, sondern ein System." Babyn Jar war damit Ausdruck dessen, wie die Deutschen in ihrem Vernichtungsfeldzug gegen die Sowjetunion agiert hatten.

Eine ähnliche Funktion erfüllte Babyn Jar vor Kriegsverbrechertribunalen, die bewusst in zeitlicher Nähe zu den Prozessen in Nürnberg in der Sowjetunion stattfanden. So wurde während des im Januar 1946 in Kyiv verhandelten Prozesses gegen fünfzehn Personen Anklage erhoben, die sich unterschiedlicher Verbrechen auf sowjetischem Boden schuldig gemacht hatten. Darunter war auch Paul Scheer, der ab Mitte November 1941 in Kyiv eingesetzt worden war und der vor Gericht angab, hier vor allem für die Verfolgung von sowjetischen Partisanen verantwortlich gewesen zu sein. Als die Erschießungen von Babyn Jar stattfanden, war er somit noch gar nicht in der ukrainischen Hauptstadt angekommen. Trotzdem hörte das Gericht ausführlich die Zeugenaussage von der Überlebenden Dina Pronitschewa, die auch zu Beginn dieses Kapitels zitiert worden ist. „Ich habe Menschen gesehen", erinnerte sie sich vor Gericht, „die innerhalb von Minuten ergrauten."[20] Obwohl es in der Sowjetunion Praxis werden sollte, Juden und Jüdinnen nicht explizit als die Opfer der deutschen Gewaltherrschaft zu nennen und stattdessen von „friedlichen sowjetischen Bürgern" zu sprechen, war dies während des Prozesses nicht immer der Fall. Das Gericht machte vielmehr deutlich, dass die Opfer von Babyn Jar vor allem jüdischer Herkunft gewesen waren:

> „[D]ie Hauptstadt der Ukraine, das vielgelittene Kiew wird die Tragödie von Babij Jar nicht vergessen – die Tragödie der Massenerschießungen der jüdischen Bevölkerung Kiews: es kamen Frauen, Alte, Kinder, die Deutschen zogen sie aus, trieben sie zu den zuvor bereiteten Löchern und erschossen sie kaltblütig, trennten Kinder von ihren Müttern und warfen sie lebend ins Grab."[21]

Die Gerichtsprozesse waren somit wichtige Ereignisse, die in der sowjetischen Öffentlichkeit die deutschen Verbrechen an der jüdischen Bevölkerung bekannter machten. Mit dem SS-Führer Friedrich Jeckeln wurde außerdem im Kriegsverbrecherprozess in Riga zumindest einer der direkt am Verbrechen Beteiligten zur Verantwortung gezogen. Jeckeln war nicht nur für seine Rolle beim Massaker von Babyn Jar angeklagt. Die Gesamtzahl der Menschen, die auf Geheiß von Jeckeln ermordet wurden, gab das Gericht als unbekannt an. Erwiesen sei aber, dass auf seinen Befehl in der

Ukraine und in Belarus „400 000 sowjetische Bürger jüdischer Nationalität“ getötet wurden und darüber hinaus „200 000 Juden“ ermordet, die aus von den Deutschen besetzten Gebieten ins Baltikum abtransportiert worden waren.[22]

Auch im Westen wurden Männer für ihre Rolle beim Massaker von Babyn Jar vor Gericht gestellt. Im sogenannten Einsatzgruppenprozess in Nürnberg gegen eine ganze Reihe hoher SS-Funktionäre mussten sich auch Paul Blobel, Waldemar von Radetzky, ebenfalls Mitglied des Sonderkommandos 4a, und zunächst auch Otto Rasch verantworten. Das amerikanische Militärtribunal tagte vom 15. September 1947 bis zum 10. April 1948. Den Angeklagten wurde vorgeworfen, Verbrechen gegen die Menschlichkeit sowie Kriegsverbrechen begangen zu haben und Mitglieder in einer kriminellen Organisation gewesen zu sein. Alle Angeklagten bezeichneten sich als „nicht schuldig“. Während Otto Rasch aus Krankheitsgründen aus dem Prozess ausschied und im November 1948 starb, wurde Blobel zum Tode und Radetzky zu zwanzig Jahren Haft verurteilt, Letzterer aber schon 1951 wieder begnadigt. Von den Wehrmachtsangehörigen, die sich logistisch an dem Verbrechen beteiligt hatten, wurde niemand belangt. Die in diesem Zusammenhang wichtigste Person, Walther von Reichenau, war noch während des Krieges gestorben. Das Interesse der Bundesrepublik, ehemalige Wehrmachtsangehörige für ihre Beteiligung an Verbrechen im Osten zur Verantwortung zu ziehen, war außerdem äußerst gering.

So sollte es noch Jahrzehnte dauern, bis Babyn Jar zum Gegenstand einer Verhandlung vor einem deutschen Gericht werden sollte, aber auch in diesem ging es nicht um Soldaten der Wehrmacht. Auf den Weg gebracht wurde der Prozess von dem für die Verfolgung ehemaliger Nationalsozialisten bekannten Staatsanwalt Fritz Bauer. Bauer klagte im März 1965 SS-Mitglieder an, die u. a. an den Morden von Babyn Jar beteiligt gewesen waren, und leitete zunächst die Ermittlungen. Dabei wurden sowohl Führungsfiguren als auch SS-Leute niedrigeren Ranges ins Visier genommen. Im Prozess, der in Darmstadt im Jahr 1968 gegen zehn Mitglieder des Sonderkommandos 4a begann, wurde abermals deutlich, dass die deutsche Armee tief in die Verbrechen auf sowjetischem Boden verstrickt war. Die meisten Angeklagten versuchten, die Verantwortung auf den bereits verstorbenen Blobel oder die Wehrmacht zu schieben. Die deutsche Öffentlichkeit nahm kaum Notiz von dem Prozess, lediglich das *Darmstäd-*

ter Echo berichtete ausführlich.[23] Das Gericht verhängte gegen sieben Angeklagte Haftstrafen zwischen vier und fünfzehn Jahren, während drei Angeklagte gar nicht bestraft wurden. Im Lichte dessen, was in Babyn Jar geschehen war, waren dies milde, aber keineswegs ungewöhnliche Urteile in der bundesrepublikanischen Nachkriegsgeschichte. Diese Urteile sollten aber nicht darüber hinwegtäuschen, dass die meisten Männer, die über drei Tage mehr als 33 000 Menschen misshandelt und erschossen oder logistische Hilfe für das Unterfangen geleistet hatten, sich niemals für ihre Taten verantworten mussten.

Die schwierige Erinnerung

Wie aber stellte sich die Erinnerung an diesem zentralen Ort des Zweiten Weltkriegs in der Sowjetunion selbst dar? Das Gedenken an das spezifisch jüdische Leid, das sich hier zugetragen hatte, sollte von offizieller Seite in der Sowjetunion nach dem Krieg zunächst heruntergespielt werden. Mit der Zeit aber ließ sich diese Marginalisierung der jüdischen Identität der Opfer nicht mehr aufrechterhalten. Zu Beginn der 1960er-Jahre etablierte sich immer mehr eine von Juden und Jüdinnen wie Nichtjuden und Nichtjüdinnen getragene Gegenerinnerung, die die Lücken der offiziellen sowjetischen Erinnerung zutage treten ließen, so dass Babyn Jar schon zu Sowjetzeiten zu einem eindeutig jüdisch konnotierten Ort wurde.

Der bekannte sowjetische Schriftsteller Ilja Ehrenburg – Mitherausgeber des bereits erwähnten „Schwarzbuch" – war einer der Ersten, der das Massaker von Babyn Jar künstlerisch zu bearbeiten versuchte. In einem 1944 erschienenen Gedicht wurde die jüdische Identität der Ermordeten allerdings nicht erwähnt. Später tauchte das Massaker aber in seinen Romanen auf, die unmittelbar nach Kriegsende erschienen. Es waren die jüdischen Protagonisten, die hier ihren Tod fanden. Implizit also wurde in den Werken Ehrenburgs deutlich, dass die Verbrechen in Babyn Jar sich gegen die jüdische Bevölkerung Kyivs gerichtet hatten. Anders verhielt es sich im Apparat der ukrainischen kommunistischen Partei. Zwar kamen hier in den 1940er- und 1950er-Jahren Diskussionen auf, ob man in Babyn Jar ein Denkmal errichten sollte, aber man entschied sich nicht nur dagegen, sondern sogar dafür, den Ort des Verbrechens physisch zu verändern: 1957 fiel die Entscheidung für den Bau eines Staudamms und eines Sportstadions in Babyn Jar, die Reste des jüdischen Friedhofs wurden Mitte der 1960er-Jahre zerstört und an seiner Stelle ein Fernsehmast aufgestellt, die Schlucht mit Schlamm aus einer in der Nähe gelegenen Ziegelfabrik gefüllt. Die Arbeiten am Staudamm wurden im Jahr 1960 beendet, aber schon im nächsten Jahr sollte der Boden in Babyn Jar nachgeben und der Staudamm brechen. In den Fluten aus Wasser und Schlamm verloren 145 Menschen ihr Leben, auch für diese Opfer gibt es inzwischen ein Denkmal.

Das sowjetische Schweigen und Überformen der Erinnerung blieben aber nicht unwidersprochen. Ein Meilenstein der Erinnerung an Babyn Jar sollte das Gedicht eines Nichtjuden werden. Während des sogenannten Tauwetters unter Nikita Chruschtschow veröffentlichte 1961 der Poet Jewgeni Jewtuschenko sein Gedicht *Babij Jar*, in dem er gerade das Fehlen eines Denkmals anprangerte. In den ersten Zeilen heißt es: „Über Babij Jar, da steht keinerlei Denkmal. / Ein schroffer Hang – der eine, unbehauene Grabstein." Außerdem thematisierte Jewtuschenko den sowjetischen bzw. den älteren russischen Antisemitismus: „Ich fleh die Pogrombrüder an, ich flehe – umsonst. / ‚Hau den Juden, rette Rußland!' – ". Ebenso fand Jewtuschenko eine Sprache für die Dimension des Verbrechens: „ein einziger Schrei ohne Stimme / über tausend und aber – / tausend Begrabene hin. Jeder hier erschossene Greis – / ich. / Jedes hier erschossene Kind – / ich."[24] Jewtuschenko schuf in seinem Gedicht eine alternative Erzählung zur offiziellen sowjetischen Erinnerung an den Krieg, indem er den Antisemitismus im eigenen Land thematisierte sowie das Nichterinnern an jüdisches Leiden. In den folgenden Jahrzehnten sollte diese Gegenerzählung immer stärker werden und sich auch auf das konkrete Erinnern vor Ort auswirken. Erstmals fand 1966 – am 25. Jahrestag des Verbrechens – eine größere Gedenkveranstaltung in Babyn Jar statt, an der auch ukrainische Dissidenten teilnahmen und das jüdische Anliegen unterstützten. Der ukrainische Dissident Ivan Dsjuba hielt eine Rede, in der er die Wahrung des Andenkens an die ermordete Juden als Aufgabe aller Ukrainer beschrieb.[25] Babyn Jar wurde innerhalb einiger Jahre zu einem Symbol, das über das Massaker von 1941 noch hinauswies. Es war ein Ort jüdischer Selbstvergewisserung in der sowjetischen Gesellschaft, in der sich jüdische Bürgerinnen und Bürger auch in der Gegenwart mit Antisemitismus und Diskriminierung konfrontiert sahen. In den 1970er- und 1980er-Jahren forderten sie hier das Recht zur Auswanderung ein. Die Gedenkveranstaltungen mit mehreren Tausend Menschen fanden jährlich statt, und die sowjetischen Behörden, die 1966 noch einige der Redner verhaftet hatten, ließen die Menschen gewähren.

Es war der gesellschaftliche Druck vonseiten jüdischer Sowjetbürger und Sowjetbürgerinnen, aber auch von nicht jüdischen Intellektuellen, der schließlich zur Errichtung eines Denkmals in Babyn Jar noch zu Sowjetzeiten führte. 1976 wurde ein Ehrenmal errichtet, in dem ein junger Mann vor ineinander verschlungenen Körpern steht. Erkennbar sind Frauen und Männer sowie, oben an der Spitze des Denkmals, der Körper eines Kindes. Aber trotz des inzwischen etablierten sowjetisch-jüdischen Narrativs zu Babyn Jar fehlt ein Hinweis auf Juden und Jüdinnen als Opfer des Massakers. Kurz vor dem Ende der Sowjetunion wurde die ukrainische Inschrift um eine russische und jiddische ergänzt: „Hier wurden zwischen 1941 und 1943 von den deutsch-faschistischen Okkupanten mehr als 100 000 Bürger der Stadt Kyiv und Kriegsgefangene erschossen." Die jiddische Übersetzung ist allerdings fehlerhaft. Als wir im Sommer 2014 vor diesem Denkmal stehen, lässt es uns ratlos zurück. Der kräftige Körperbau der Hauptfigur und sein entschlossener Blick nach vorne wirkt seltsam deplatziert als Erinnerung an eine Tat, in der Menschen ihrer Würde, ihres Körpers, ihres Lebens beraubt wurden.

Es ist eher das Mahnmal in Form der jüdischen Menora, das für das Verbrechen eine Formsprache findet. Eingeweiht wurde es im Jahr 1991, als es zu einem gewissen Durchbruch der jüdischen Erinnerung an Babyn Jar kam. In diesem Jahr fiel das sich abzeichnende Ende der Sowjetunion mit dem 50. Jahrestags des Verbrechens zusammen. Die Menora wurde von dem späteren ukrainischen Präsidenten Leonid Kravchuk enthüllt, der zu diesem Zeitpunkt der ranghöchste Politiker der Sowjetukraine war. Ausländische Gäste wie der US-amerikanische Präsident Bill Clinton und Yitzhak Rabin besuchten Babyn Jar und gedachten der Opfer. Mit dem Ende der Sowjetunion im Dezember 1991 begann aber auch ein bis heute andauernder Konflikt über ein angemessenes Erinnern an diesen Ort jüdischen Leidens in der unabhängigen Ukraine. Mit diesem Konflikt werden wir auch bei unserem Besuch konfrontiert: Wir sind auf der Suche nach einem Kreuz, das an die ukrainischen Nationalisten erinnern soll, die von den Deutschen während des Zweiten Weltkriegs in Babyn Jar erschossen wurden. Sie waren Mitglieder der OUN, einer radikalnationalistischen Organisation, die für einen eigenen, von der Sowjetunion unabhängigen ukrainischen Staat kämpfte und dafür auch bereit war, mit

Das sowjetische Denkmal für die Opfer des nationalsozialistischen Terrors in Babyn Jar wurde 1976 enthüllt. 1989 wurde die ukrainische Inschrift um eine jiddische und russische ergänzt.

dem nationalsozialistischen Deutschland zusammenzuarbeiten (siehe Kapitel 2). Wir fragen einen älteren Herrn, ob er weiß, wo sich das Denkmal für die ukrainischen Nationalisten befindet. Er schaut uns zweifelnd an. Ob wir wüssten, dass an diesem Ort Zehntausende Juden erschossen wurden? Dass ukrainische Hilfspolizisten an diesem Verbrechen beteiligt waren? Dass wir uns ausgerechnet an diesem Ort ein Denkmal ansehen wollen, das an Mitglieder einer Organisation erinnert, die zu großen Teilen antisemitisch war, ist aus seiner Perspektive unangemessen.

Für uns freilich ist es kein Ort, an dem wir den Nationalisten huldigen wollen. Ein solcher Ort ist es aber für einige Ukrainer und Ukrainerinnen. Die Shoa vollzog sich zu einem erheblichen Teil auf einem Gebiet, das heute ukrainisch ist. Trotzdem aber ist die Ermordung der europäischen Juden noch nicht Teil des dominanten ukrainischen nationalen Gedächtnisses geworden. Einerseits kann man in der gesamten Ukraine beobachten, wie das jüdische Erbe des Landes allmählich wiederentdeckt wird. Dabei spielen nicht nur die besonders seit den 1990er-Jahren wiederbelebten jüdischen Gemeinden eine Rolle, auch nicht jüdische Ukrainerinnen und Ukrainer sind daran beteiligt, das jüdische Erbe in ihrer Heimat zu pflegen. Bei einer Reise in die kleineren Städte der Zentralukraine sehen wir „alte" sowjetische Denkmale oft außerhalb des Stadtzentrums, die eben nicht explizit an die jüdische Bevölkerung erinnern, sondern von den ermordeten „friedlichen sowjetischen Bürgern" sprechen. Wir kennen die sowjetischen Codes inzwischen gut und wissen, dass das in der Regel bedeutet, dass hier Juden und Jüdinnen erschossen worden sind. Wir sehen aber auch neue Denkmale und kleine Museen, die Juden und Jüdinnen gewidmet sind. Als wir nach Berdytschiw hineinfahren, erstreckt sich vor unseren Augen ein großer jüdischer Friedhof. Der Taxifahrer erzählt uns, dass er jahrelang völlig überwuchert war, jetzt sind die Grabsteine aber gut zu erkennen. Beim Anblick dieses weitläufigen Friedhofs – der einzige der drei jüdischen Friedhöfe der Stadt, den es noch gibt – können wir zum ersten Mal zumindest im Ansatz begreifen, was wir in der Theorie schon lange wissen: Anders als in Deutschland, wo Jüdinnen und Juden eine kleine Minderheit bildeten, waren im östlichen Europa, in der Ukraine, in Litauen, in Polen, in Belarus, viele Städte zu einem großen Teil oder sogar mehrheitlich jüdisch. Um die Jahrhundertwende, als Berdytschiw noch Teil des russischen Zarenreichs war, waren die meisten Bewohner und Bewohnerinnen der Stadt jüdisch. Als die deutsche Armee im Juli 1941 in die Stadt einmarschierte, waren es immer noch etwa die Hälfte. Ihre systematische Ermordung begann umgehend. Als die Rote Armee die Stadt zurückeroberte, lebten dort fast keine Jüdinnen und Juden mehr.

Eine weitere Station unserer Reise ist Winnyzja, wo vor dem Zweiten Weltkrieg über ein Drittel der Bevölkerung jüdisch war. Im lokalen Museum suchen wir nach der Darstellung des Holocaust und finden eine einzige Fotografie sowie eine Karte, die auf die Erschießung der jüdischen Bevölkerung in der Stadt verweisen. Auf der Hauptstraße, nicht weit vom Museum, befindet sich eine Synagoge, in der wir freundlich von zwei Gemeindemitgliedern empfangen werden. Unsere Frage, warum die Ermordung der Jüdinnen und Juden keinen größeren Raum im Stadtmuseum einnimmt, sorgt für Irritationen – dort würde erinnert werden, es gäbe eine Schautafel, auf der die Erschießungsorte verzeichnet seien. Unsere Gesprächspartner verstehen nicht, warum uns das zu wenig erscheint. Wir werden beschenkt mit Büchern über den Holocaust in der Ukraine. Wir fragen nach anderen Spuren jüdischen Lebens und Leidens in der Stadt und werden auf ein Denkmal aufmerksam gemacht, das sich außerhalb des Stadtzentrums befindet. Außerdem, so wird uns gesagt, gäbe es auch noch die Reste eines jüdischen Friedhofs. Zum Mahnmal fahren wir mit der Straßenbahn, gehen an etwas heruntergekommenen Häusern und Werkstätten vorbei, bis wir uns vor einer Stele im sowjetischen Stil wiederfinden, die an die Opfer der faschistischen Deutschen erinnert. Auf ihr ist auch ein Davidstern zu sehen, allerdings sieht es so aus, als sei er nachträglich an dem Denkmal angebracht worden. Wir rufen unsere neue Bekanntschaft in der jüdischen Gemeinde an, die unsere Vermutung bestätigt: Ja, er selbst habe in den 1990er-Jahren dafür gesorgt, dass ein Davidstern an die Stele kommt. Das sowjetische Denkmal ist nun als jüdisch markiert. Mit einem Taxi machen wir uns dann auf den Weg zum jüdischen Friedhof, können ihn aber nicht finden. Der Fahrer ist mit unserem Anliegen überfordert. Er atmet erleichtert auf, als er uns endlich einen Friedhof präsentieren kann, allerdings handelt es sich – unschwer zu erkennen an den Kreuzen – um einen christlichen Friedhof. Nein, wir schütteln den Kopf, wir sind auf der Suche nach der jüdischen Ruhestätte. Etwas entnervt macht er sich daran, jeden älteren Passanten nach dem Friedhof zu fragen. Nach mehreren Fehlversuchen haben wir Glück und werden an einer Straßenecke hinausgelassen mit der Anweisung, einen Hügel hinaufzugehen, dort sei der Friedhof. Und tatsächlich stoßen wir auf dieser Anhöhe über dem historischen Stadtzentrum auf jüdische Grabsteine. Sie sind teilweise überwuchert oder von Bäumen verdeckt, es ist aber völlig klar, dass sich hier früher der jüdische Friedhof befand. Jetzt erinnern nur noch diese versteckten Steine mit ihren schwer lesbaren Inschriften an ihn, eingeklemmt zwischen dem noch unfertigen Bau einer orthodoxen Kirche und einem Privathaus, dessen Besitzer uns aus der Ferne kritisch beäugt.

Besonders beeindruckt sind wir aber von unserem Besuch in Dnipro, der viertgrößten Stadt der Ukraine, die im Südosten des Landes liegt. Es ist eine Stadt, deren sowjetisches Erbe unübersehbar ist: Breite Straßen und monumentale Denkmäler, die an den „Großen Vaterländischen Krieg" erinnern, säumen das Zentrum. Zugleich ist in Dnipro auch das größte Museum für den Holocaust im postsowjetischen Raum beheimatet. Es ist untergebracht in dem jüdischen Kultur- und Veranstaltungszentrum „Menora" im Herzen der Stadt neben der Synagoge. Bei einem Spaziergang sehen wir die Gläubigen in das Gotteshaus strömen. Hitler und seine Helfer haben das osteuropäische Judentum nicht vollständig vernichtet. Die Initiative und Finanzierung für das Museum und Zentrum geht im Wesentlichen auf Ihor Kolomojskyj und Gennadij Bogoljubow zurück, selbst Juden und aus der Region stammend. Das 2012 eröffnete Museum ist ein bemerkenswerter Ort – denn hier wird nicht nur über die Geschichte des osteuropäischen Judentums informiert, sondern es werden auch Aspekte der ukrainisch-jüdischen Beziehungsgeschichte thematisiert, die sonst eher verschwiegen werden, wie etwa die Pogrome gegen die jüdischen Gemeinden oder der Antisemitismus von OUN und UPA.

Es zeigt sich also ein vielstimmiges Bild der ukrainischen Erinnerungskultur an den Holocaust. Das Besondere an Babyn Jar ist, dass hier unterschiedliche Erzählungen über die Vergangenheit um denselben Ort konkurrieren. Sowohl die (ukrainisch-)jüdische Erinnerung als auch die national orientierte ukrainische Erinnerung beanspruchen Babyn Jar als Ort „ihrer" Opfer. Die frühen 1990er-Jahre waren von einer neuen Offenheit bei der Anerkennung jüdischen Leids geprägt – wir erinnern uns an das 1991 gemeinsam mit ukrainischen Politikern eingeweihte Denkmal in Form einer Menora. Inzwischen aber werden auch hier die Konfliktlinien immer deutlicher, die exemplarisch stehen für jüdisch-ukrainische Erinnerungskonflikte. Eine dezidiert nationale Gedenkpolitik verfolgte in den frühen 2000er-Jahren der prowestliche Präsident Wiktor Juschtschenko, der aus der sogenannten „Orangenen Revolution“ von 2004 siegreich hervorgegangen war, nachdem sein Vorgänger Wiktor Janukowitsch die Wahlergebnisse hatte fälschen lassen. Im Januar 2010 erklärte Juschtschenko Stepan Bandera postum zum „Held der Ukraine“. Dies ist nicht nur aus jüdischer, sondern auch aus polnischer Sicht hoch problematisch. Zwar ist eine direkte Beteiligung Banderas an Pogromen nicht nachzuweisen, den Organisationen, für die er eine Führungsfigur war, aber sehr wohl. Für Juschtschenko und seine Anhänger, besonders in der Westukraine, ist aber nur Banderas antisowjetische Haltung wichtig. Dabei ist Stepan Bandera auch innerhalb der Ukraine mitnichten eine positive Integrationsfigur. Seine Verehrung schadet nicht nur dem ukrainisch-jüdischen und dem ukrainisch-polnischen Verhältnis, er ist auch für viele Ukrainer und Ukrainerinnen kein Held. In den eher von der sowjetischen Erinnerung geprägten östlichen Regionen des Landes ist Bandera ein Symbol für die Kollaboration mit dem deutschen Feind. Der nach dem Majdan im Mai 2014 gewählte Präsident Petro Poroschenko und seine Regierung verfolgten ebenfalls eine national-orientierte Geschichtspolitik. In einer Reihe von „Dekommunisierungsgesetzen“ legten sie fest, dass sowohl die OUN als auch die UPA als „Kämpfer für die Unabhängigkeit der Ukraine“ erinnert werden müssten.[26] Das ist freilich hochproblematisch: In einer Demokratie ist es nicht die Aufgabe des Staates vorzuschreiben, wie Geschichte geschrieben wird. Ein weiteres Gesetz erklärte die Sowjetunion und NS-Deutschland zu zwei totalitären Regimen, die gleichermaßen für den Ausbruch des Zweiten Weltkriegs verantwortlich gewesen seien und die beide auf dem Territorium der Ukraine Verbrechen gegen die Menschlichkeit und Genozide verübt hätten.[27] Kontext dieser Gesetze war der russische Angriff auf die Ukraine wenige Monate zuvor. Es war der Versuch der Regierung einerseits eine offizielle Abkehr von der sowjetischen Vergangenheit und den imperialen Ansprüchen aus Moskau zu vollziehen, zugleich aber die Lebensleistung derjenigen Ukrainer und Ukrainerinnen zu honorieren, die in der Roten Armee gegen NS-Deutschland gekämpft hatten. Die geschichtspolitische Haltung von Wolodymyr Selenskyj, dem (jüdischen!) Nachfolger von Poroschenko im Amt des Präsidenten, ist bisher weniger eindeutig.

In Babyn Jar wird schon viel länger zwar nicht direkt Banderas gedacht, aber dafür der Mitglieder der OUN, die hier ermordet wurden.

Bei einem der Denkmale handelt es sich um ein 1992 aufgestelltes einfaches Kreuz, unter dem auf dem Boden eine Platte eingelassen ist. Links und rechts sind außerdem Platten mit einer Liste der OUN-Mitglieder, die hier erschossen wurden. Unter einem ukrainischen Dreizack ist zu lesen: „Zwischen 1941 und 1943 starben im Kampf für einen unabhängigen ukrainischen Staat 621 Mitglieder der antinazistischen Organisation Ukrainischer Nationalisten, unter ihnen die hervorragende Dichterin Olena Teliha. Babyn Jar wurde zu ihrem brüderlichen Grab. Ruhm den Helden!" Es stimmt zwar, dass das Verhältnis zwischen der OUN und NS-Deutschland sich kurz nach dem Angriff auf die Sowjetunion wandelte, als nämlich deutlich wurde, dass die Deutschen kein Interesse an einer unabhängigen Ukraine hatten. Es gab Mitglieder der OUN, die zu Opfern des Nazi-Terrors im östlichen Europa wurden, und es stimmt, dass in Babyn Jar viele von ihnen erschossen wurden. Genauso waren nicht alle ukrainischen Nationalisten – da trifft sich Vergangenheit und Gegenwart – Antisemiten. Die OUN aber als Organisation, deren Zellen und militärische Arme während des Zweiten Weltkriegs eben auch mit Wehrmacht und SS zusammenarbeiteten und an der Ermordung von abertausenden Juden und Jüdinnen sowie Polen und Polinnen beteiligt waren, als „antinazistisch" zu bezeichnen, mutet grotesk an. Die ganze Problematik des Erinnerns zeigt sich auch darin, wer sich heute alles in die Tradition der OUN stellt. Ausgerechnet am 29. September, jenem Datum, an dem das Massaker an der jüdischen Bevölkerung im Jahr 1941 begann, versammelten sich in Babyn Jar rechtsextreme Gruppierungen, um ihrer nationalen Idole zu gedenken.[28]

In Babyn Jar geht es aber auch darum, derjenigen Millionen nichtjüdischer Opfern in der Ukraine zu gedenken, die völlig unschuldig waren. Diese Opfer sind in Deutschland immer noch nicht Teil des gesellschaftlichen Wissens, ihre Stimmen sind nicht Teil des kulturellen Gedächtnisses. Dazu zählen die Menschen, die als Zwangsarbeiterinnen und Zwangsarbeiter nach Deutschland verschleppt wurden. Jahrzehntelang weigerte sich die Bundesrepublik, sie für das Unrecht, das ihnen widerfahren ist, auch nur minimal zu entschädigen. Für diese „Ostarbeiter" gibt es ebenfalls einen Gedenkstein in Babyn Jar, obwohl ihr Schicksal mit diesem Ort eigentlich gar nicht verbunden ist. Aber auch sie sind eine Opfergruppe, die zu Sowjetzeiten marginalisiert wurde. Sehr wohl mit Babyn Jar verbunden ist dagegen das Schicksal der ermordeten Roma und Romnja. Auch für sie gibt es seit einigen Jahren ein Denkmal.

Wie der Opfer von Babyn Jar gedacht werden kann, ist bis heute Gegenstand von kontroversen Debatten. Bei unserem Gang durch den Park von Babyn Jar finden wir einen Gedenkstein aus dem Jahr 2001, aufgestellt aus Anlass des 60. Jahrestags des Massakers an der jüdischen Bevölkerung, auf dem die Errichtung eines Kulturzentrums versprochen wird. Wir gehen weiter und entdecken wenig später einen weiteren Stein, diesmal aus dem Jahr 2011, aufgestellt, als sich das Verbrechen zum 70. Mal jährte. Hier ist die Rede von einem zu errichtenden „Memorial-Museum Komplexes Babin Jar". Ein Museum gibt es bis heute nicht. Die Idee eines Kulturzentrums am Ort des Geschehens geht zurück auf das amerikanische „Joint Distribution Committee" (JDC), das auch die Finanzierung bereitstellen wollte. Die Initiative war allerdings auch in jüdischen Kreisen umstritten, beinhaltet sie doch auch die Einrichtung von Konferenzzimmern, eines Theaters und eines Cafés. Ein Megaprojekt also, das vielen unangemessen erschien angesichts dessen, was sich in der Schlucht zugetragen hat.[29] Verschiedene Gegenprojekte vermochten es nicht, einen mehr oder minder kohärenten Gegenentwurf zu präsentieren, geschweige denn zu realisieren.

Der jüngste Vorstoß ging vom Babyn Yar Holocaust Memorial Center (BYHMC) aus, einer privaten Initiative, die aber vom Kyiver Bürgermeister Witalij Klitschko und dem ukrainischen Präsidenten Wolodymyr Selenskyj unterstützt wird.[30] Das internationale Team – darunter so bekannte Namen wie die Konzeptkünstlerin Marina Abramović und der preisgekrönte Regisseur Sergej Loznitsa – wird seit 2019 von einem „art director", dem Kinoregisseur Ilya Khrzhanovsky, geführt. Kritik gab es von Anfang an. Auch von jüdisch-ukrainischer Seite wurde die Beteiligung russischer Oligarchen und Akteure an der Initiative gerade im Zuge des russisch-ukrainischen Krieges teilweise scharf kritisiert. Vor dem Hintergrund der russischen Propagandastrategie, die Ukraine als Hort von Antisemiten und Faschisten zu diskreditieren, bestand die Befürchtung, das Museumsprojekt könnte von russischer Seite instrumentalisiert werden.[31]

Aber auch aus anderen Gründen ist das Projekt in der Ukraine umstritten. Die Kritik zielt zum einen auf den Ansatz des künstlerischen Leiters Khrzhanovsky, die Morde für Besucher vermeintlich erfahrbar zu machen, und zwar sowohl aus Täter- als auch aus Opferperspektive. Der Historiker Yohanan Petrovsky-Shtern, dessen Urgroßmutter in Babyn Jar ermordet wurde, übte scharfe Kritik an dem Versuch, die Grauen des Massakers durch einen effektheischenden Ansatz zur angeblichen „transformative experience" zu machen. Khrzhanovsky habe nichts über den Holocaust in der Ukraine verstanden.[32] Zum anderen wird aber in der Ukraine auch bemängelt, dass die nicht jüdischen Opfer von Babyn Jar und hier besonders die ethnischen Ukrainer und Ukrainerinnen nicht genügend Raum bekämen. Nicht zuletzt deswegen legte das staatliche Institut für das nationale Gedächtnis einen Gegenentwurf vor, der zwar auch ein Museum für die Opfer des Holocaust vorsieht, aber konkretere Pläne bestehen für ein zweites Museum, bei dem die nicht jüdischen Opfer im Vordergrund stehen.

Ob das Institut die geeignete Institution ist, um national-ukrainische Narrative des Zweiten Weltkriegs mit den Erfahrungen der Juden und Jüdinnen der Ukraine zu versöhnen, bleibt abzuwarten. Gegründet wurde es im Zuge der national-patriotischen Erinnerungspolitik Juschtschenkos im Jahr 2006 mit dem erklärten Ziel, eine dezidiert nationale Sicht auf die Geschichte der Ukraine zu popularisieren. Dies lässt wenig Raum für die Komplexität der Kriegserfahrung in der multiethnischen Sowjetukraine. Andererseits kann man die Konflikte um das angemessene Gedenken in Babyn Jar auch aus einer anderen Perspektive sehen, denn immerhin werden diese wichtigen Diskussionen endlich in einem demokratischen Diskurs geführt. Die post-sowjetische Ukraine ermöglicht den Beteiligten diesen Austausch. Die zahlreichen Veranstaltungen am 80. Jahrestags des Massakers an der jüdischen Bevölkerung im Jahr 2021 zeigen, dass ihr Schicksal inzwischen in der ukrainischen Geschichtskultur einen viel größeren Raum einnimmt als noch vor wenigen Jahren. Die Debatten darüber, wie man der Jüdinnen und Juden Kyivs und den anderen Opfern der NS-Massengewalt in der Ukraine gedenken soll, hielten bis in die jüngste Zeit an. Heute fallen hier russische Bomben und es werden neue Opfergruppen an diesem symbolträchtigen Ort hinzukommen.

Von Minsk nach Malyj Trostenez – Der lange Weg zur Holocausterinnerung in Belarus

Der Großonkel einer von uns, Boris Iljitsch Vakser, verlor seine ganze Familie im Minsker Ghetto während der deutschen Besatzung des sowjetischen Belarus. Er sprach nie darüber und scherzte über den Beruf des Historikers: „Katja, je interessanter ein Ereignis für den Historiker ist, desto tragischer ist es für den Zeitgenossen." Erst nach seinem Tod konnten wir seine Geschichte rekonstruieren, teilweise aus seinen Briefen, die er 1946 an die Leningrader Verwandtschaft geschrieben hatte und die man im Familienarchiv aufbewahrte, teilweise aus seinem dreieinhalbstündigen Interview für das Zeitzeugenarchiv des Washington Holocaust Memorial Museum, das 1997 aufgezeichnet wurde. Es waren seine Briefe, die unser Interesse weckten. Auf das Interview stoßen wir viel später, es war für uns eher ein Schlüssel zur sowjetischen Subjektivität. Wir erkannten den Versuch von Boris, bewusst seinen Lebensweg zu „machen" – für den englischen Begriff *making of lives* gibt es keine prägnantere Bezeichnung im Deutschen. Aus diesem Interview haben wir gelernt, wie man als Holocaust-Überlebender keine Opfer-, sondern eine Heldengeschichte erzählt. Aber eins nach dem anderen.

Der erste Brief ist das erste Lebenszeichen von Boris an seine Tante in Leningrad.

> „Meine Lieben! Zum ersten Mal nach fünf Jahren erhielt ich die Möglichkeit, Euch einen Brief zu schreiben. Ich versuche, mich kurz zu fassen, und schildere, was mir nach dem 22. Juni 1941 widerfahren ist. Am 27. Juni 1941, als die Deutschen Minsk einnahmen, erkrankte mein Vater schwer, und es war uns nicht mehr möglich, zu Fuß weiterzugehen. Wir ließen unser Hab und Gut hinter uns und blieben in einer Ortschaft 80 km östlich von Minsk. Am 26. August wurde mein kranker Vater von Deutschen erschossen, als Geisel, unter Hunderten anderer Juden und Kommunisten, und die Familie blieb unter Versorgung von mir, dem 14-jährigen Jungen, zurück. Ich flüchtete mit falschen Papieren aus dem Ghetto und lebte als Belarusse in der Ortschaft Rakov. Trotz aller Ver-

suche ist es mir nicht gelungen, meine Familie zu retten – meine Mutter, die erkrankt war, wurde am 22. April 1943 im ‚Krankenhaus' des jüdischen Ghettos mit einem Bajonett totgestochen, und mein Brüderchen Osja wurde Ende 1942 mit anderen jüdischen Kindern in Trostenez nahe Minsk verbrannt.

So habe ich überlebt! Und nicht nur überlebt – ich habe eine Untergrundgruppe gegründet, die mit den Partisanen in Verbindung stand und die unter schwersten Bedingungen im deutschen Hinterland arbeitete: Riga, Vilnius, Kaunas, Königsberg, Warschau, Berlin, für die Sache der Heimat. Dessen ungeachtet wurde ich am 16. April 1944 in Baranowitschi im Partisanenverband verhaftet und antisowjetischer Tätigkeit beschuldigt, da es mir gelungen ist, vor den deutschen Tätern zu fliehen …"

Petschora, 25. 5. 1946

Ort des Absenders ist die Lagerstadt Petschora im Norden Russlands, ein Teil des sowjetischen Gulag. Nach der Befreiung von Belarus im April-Mai 1944, bei der er große Freude empfand, wurde Boris vom NKWD verhaftet. Die nächsten zwei Jahre verbringt er in Untersuchungshaft in Gomel, Minsk und Moskau. Für die (vermeintliche) Kollaboration mit den Deutschen wird Boris zu acht Jahren Arbeitslager hinter dem Ural verurteilt. 1949, noch während seiner ersten Lagerhaft, wird er erneut angeklagt, diesmal der „antisowjetischen Tätigkeit", und erhält noch einmal eine Strafe von zehn Jahren. Im Lager arbeitet er als Heizer, als Buchhalter, als Verwalter des Lagertheaters.

Im Jahr 1956 kam dieser Großonkel aus dem Lager zurück, aber er ging nicht nach Minsk, sondern nach Leningrad. Es war wohl eine bewusste Entscheidung, denn in Minsk gab es niemanden mehr, der auf ihn hätte warten können. Für ihn war es der Ort, an dem seine Familie umgebracht worden war.

Sein ganzes Leben war beherrscht von der Verbitterung, dass er – obwohl er die Familie verloren und im Untergrund gekämpft hatte – wegen der Tatsache, als Jude überlebt zu haben, unter dem Generalverdacht der Kollaboration stand. Wie kann man anderen die eigene Unschuld beweisen? Wie auf die eigenen Verdienste aufmerksam machen? Er bevorzugte es wohl, gar nicht darüber zu sprechen.

Für viele wie ihn war es kaum möglich, eine Erfahrung, die gewissermaßen aus der offiziell vorgegebenen Erzählung fiel, in Worte zu fassen. Dazu gehörten neben dem Leid als Opfer des stalinistischen Terrors auch das Schicksal von Zwangsarbeiterinnen und Zwangsarbeitern sowie aller anderen, die in den besetzten Gebieten lebten und nicht im antifaschistischen Widerstand waren. Auch die spezifisch jüdische Erfahrung der genozidalen Gewalt seitens der Deutschen sowie die Breite der lokalen Unterstützung der nicht jüdischen lokalen Bevölkerung fiel in den Bereich des Verschweigens. Diese Sprach- und Repräsentationsmuster bildeten sich erst in den frühen 1990er-Jahren heraus. Für seinen Vater, seine Mutter und seinen kleinen Bruder ließ Boris in den späten 1980er-Jahren ein Kenotaph an seinem Familiengrab an einem der Leningrader Friedhöfe bauen: Ilja, Chaja und Oskar, mit den Todesdaten 1941, 1942 und 1943.

Deutsche Besatzung des sowjetischen Belarus

Bereits kurz nach Kriegsende nannte ein US-Journalist Belarus „the most devasted territory in the world".[1] Ohne diesen Superlativ übernehmen zu wollen, können wir mit Sicherheit sagen, dass die katastrophalen Folgen der deutschen Besatzung im sowjetischen Belarus ungeheuerlich waren: Die meisten Städte wurden vollständig zerstört, Dörfer niedergebrannt, 1,7 Millionen Menschen (von den neun Millionen vor dem Krieg) ermordet. Das Land wurde wirtschaftlich ausgeplündert und die Zivilbevölkerung zur Zwangsarbeit nach Deutschland verschleppt. Zusammen mit den besetzten nordrussischen (Beispiel Leningrad) und den mittelrussischen Gebieten (Smolensk) war für dieses Land im Hungerplan 1941 die mörderischste Perspektive vorgesehen. Ziel der deutschen Vernichtungspolitik waren nicht nur die in Belarus lebenden Jüdinnen und Juden, sondern die gesamte belarussische Bevölkerung. Allein an der Hungerstrategie gegenüber der Zivilbevölkerung wie auch an der Einrichtung der Straf- und Todeslager für die Zivilbevölkerung, in denen sich Jüdinnen und Juden und Nicht-Juden und Nicht-Jüdinnen trafen, ist dies deutlich abzulesen. In ein solches Lager in Minsk kam auch der 14-jährige Boris mit seinen Eltern und seinem Bruder. Unter freiem Himmel, ohne sanitäre Einrichtungen, ohne Essen und Wasser mussten Menschen in großer Bedrängnis ausharren. Den Deutschen ging es dabei vor allem um die Identifizierung und Ermordung von Sowjetfunktionären und um eine bevölkerungs- und wirtschaftspolitische Auswahl von nützlichen und „unnützen Essern".

Nach Reinhard Heydrichs Befehl vom 17. Juli 1941 für die SiPo und das SD galt es, die „auszuscheidenden Elemente" ausfindig zu machen und „alle bedeutenden Funktionäre des Staates und der Partei, die leitenden Persönlichkeiten der Zentral- und Mittelinstanzen bei den staatlichen Behörden, die führenden Persönlichkeiten des Wirtschaftslebens, die sowjetischen Intelligenzler, alle Juden, alle Personen, die als Aufwiegler oder fanatische Kommunisten festgestellt wurden"[2], zu ermorden. Die Feldgendarmerie, geheime Feldpolizei und die Abwehrtrupps der Wehrmacht „unterstützten" im Juli 1941 die Einsatzgruppe B bei den Aussonderungen aus dem Zivilgefangenenlagern in Minsk und Baranowitschi und erschossen hunderte Juden und Jüdinnen.[3]

Der Vater von Boris, Ilja Vakser, überlebte diese erste Selektion noch. Er wurde kurz vor dem Krieg, im Stalinistischen Großen Terror, der Spionage für Polen verdächtigt, verhaftet und im Gefängnis gefoltert. Das reichte den Deutschen offensichtlich als Zeichen seiner antikommunistischen Gesinnung. Entgegen der jubelnden Feststellung an die deutsche Heeresgruppe vom 22. Juli, „in Minsk gibt es keine jüdische Intelligenz mehr!", lebte Ilja Vakser noch bis August 1941.

Es gilt nicht nur für Belarus, dass es keine genaue Definition gab, wer in besetzten Gebieten eigentlich als Jude anzusehen war. So wurden auch in Baranowitschi alle Bewohner einer Straße erschossen, weil sie als jüdisch galt. Die Gebietskommissare des Reichskommissariats Ostland waren frei, über das Jüdischsein der Bevölkerung im besetzten Gebiet zu bestimmen.

Die Familie von Boris wurde ins Minsker Ghetto eingewiesen, das am 19. Juli errichtet worden war. Ihre Minsker Wohnung ging an jemand anderen – Ziel der Ghettoisierung der jüdischen Bevölkerung war u. a. die Lösung des Wohnproblems für die deutschen Besatzer sowie die „Gabe" von jüdischen Wohnungen an die nicht jüdische belarussische Bevölkerung, deren Sympathien somit gewonnen werden sollten.

Im Ghetto herrschten von Beginn an Wohnungsnot und Hunger, und bald nach der Ghettoisierung begannen die „Aktionen" – die Selektionen der verdächtigen jüdischen Männer. Das Propagandabild stellte den Juden dem Partisanen gleich – „da, wo ein Jude ist, ist auch ein Partisan". Die Idee, dass die Juden den Sowjetstaat bis zum Schluss verteidigen würden, legitimierte eine brutale Gewalt der Deutschen an der jüdischen Bevölkerung als Präventivmittel. Erich Bach-Zalewski (jener, der auch für die Niederschlagung des Warschauer Aufstands mitverantwortlich war, siehe Kapitel 1) prahlte gegenüber Berlin mit seiner Arbeitsleistung, der Reinigung von Belarus von Juden. So funkte er am 7. August nach Berlin, dass die Zahl dreißigtausend in „seinem Gebiet“ überschritten sei.[4] Im August 1941 wurde auch Boris' Vater abgeholt und erschossen.

Orte wie Bialystok, Oschmiany, Witebsk und Brest stehen für besonders blutige Gewalt und Tötungsorgien, und da die Wehrmachtssoldaten dieses Geschehen anfangs fotografisch dokumentierten, wusste die deutsche Bevölkerung sehr wohl von diesen Verbrechen. Manche Wehrmachtssoldaten griffen selbst zur Waffe, um Jüdinnen und Juden zu töten: Die 70. Infanteriedivision führte im Herbst 1941 selbstständig und systematisch große Massaker mit Tausenden Opfern durch. Nun fielen auch Frauen und Kinder der genozidalen Gewalt zum Opfer: Die Schwelle zum Genozid wurde schnell überschritten.

Anfang November 1941 – kurz vor dem wichtigsten sowjetischen Feiertag der Großen Oktoberrevolution – begann im Minsker Ghetto eine große Erschießungsaktion, Deutsche wüteten drei Tage, danach wurde das Ghetto stark zusammengezogen. Boris Vakser überlebte durch ein Wunder, und es gelang ihm, sich zu verstecken, am 10. November floh er aus dem Ghetto.

Zwei Wochen später, am 14. November, fand die größte Massenexekution des Jahres 1941 in Slonim statt, als SiPo, Wehrmacht und (Feld-) Gendarmerie kooperierten, um etwa 9500 Frauen, Kinder und Greise – „unnütze Esser“ – zu ermorden.

Die Ghettovernichtungen dienten dazu, den jüdischen Besitz zu plündern. Die beschlagnahmten Gegenstände wurden in Lagern gesammelt. Berüchtigt ist das riesige Textillager des GK Weißruthenien in der Minsker Oper. Der Höhere SS- und Polizeiführer Erich Bach-Zalewski versandte an die zehntausend Paar Kindersocken und zweitausend Paar Kinderhandschuhe als Weihnachtsgabe für Kinder von SS-Leuten.

In der Forschung wurde mehrfach auf ein Spezifikum der deutschen Besatzung in Belarus hingewiesen: In keinem anderen Teil des deutsch besetzten Europa war die Solidarität der nicht jüdischen Bevölkerung mit Jüdinnen und Juden so stark ausgeprägt wie in Belarus. Auch Boris erfuhr die lebensrettende Unterstützung durch seinen Mitschüler Lew Loban. Lew versteckte Boris bei sich zu Hause, versorgte ihn mit Essen und Trinken und gab ihm Möglichkeiten, sich zu waschen und zu entlausen.

Boris fälschte seinen Pass und änderte seinen Namen in Vaks*ov* (sic!). Im Interview gibt er als schwerste Erinnerung aus dieser Zeit an, dass es ihm nicht gelungen war, seinen Bruder zu retten: „Ich kann es mir bis heute nicht verzeihen ... Ich bereue es so!" Oskar, sein kleiner Bruder, wird wohl unter Tausenden Opfern in den Massengräbern von Malyj Trostenez begraben sein.

Malyj Trostenez

Malyj Trostenez ist eine der unzähligen deutschen Vernichtungsstätten auf sowjetischem Boden – und dabei die größte von allen. Für die Holocaustforscher und -forscherinnen und die Erinnerungsgemeinschaften spielt Malyj Trostenez eine ähnlich wichtige Rolle wie Auschwitz, Majdanek und Treblinka. Der zwölf Kilometer von Minsk entfernte Ort war der zentrale Ort des Terrors auf dem Gebiet von Belarus. Er wurde im Frühjahr 1942 errichtet – hier waren Gleise, auf denen man die Menschen in das Arbeits- und Vernichtungslager verschleppen konnte. Die ehemalige Kolchose „Karl Marx" diente den Deutschen als Lagergelände – und nebenan befand sich ein schwer einsehbares Waldstück, Blagowschtschina, das als Ort für Exekutionen gewählt wurde.

Malyj Trostenez zeichnet sich dadurch aus, dass es als ein exemplarischer Ort der NS-Vernichtung in den besetzten Gebieten fungieren kann: Der Ort besteht aus drei Teilen, an denen die Art und Logik des Vernichtungskrieges gegen die Sowjetunion gezeigt werden kann. Im KZ Malyj Trostenez mussten Häftlinge Zwangsarbeit leisten, in Blagowschtschina exekutierten und verscharrten deutsche Einsatzkommandos deportierte Zivilisten, und im Wald Schaschkowka arbeitete eine Leichenverbrennungsanlage, um die Spuren der Verbrechen zu verwischen (die sogenannte „Operation 1005B").

In Blagowschtschina wurden nach offiziellen belarussischen Angaben, die auf den Angaben der Außerordentlichen Staatlichen Kommission (Tschrezvytschajnaja Gosudarstvennaja Komissija, kurz: TschGK), basieren, etwa 150 000 Menschen getötet. Bis kurz vor der Befreiung durch die Sowjetarmee mordeten hier die nationalsozialistische „Sicherheitspolizei" (SiPo) und der „Sicherheitsdienst des Reichsführers SS" (SD): Am 29. und 30. Juni 1944 wurden die letzten Überlebenden aus den Minsker Gefängnissen und Arbeitslagern geholt, in einer Scheune eingesperrt, erschossen und verbrannt.

Doch Malyj Trostenez ist nicht nur ein Ort der deutschen Verbrechen an der Zivilbevölkerung – es ist auch ein Ort der Vernichtung des europäischen Judentums im Rahmen der sogenannten „Endlösung“. Nach der Wannsee-Konferenz kam Minsk für das Reichssicherheitshauptamt (RSHA) weiterhin als ein Ort für künftige Deportationen mitteleuropäischer Jüdinnen und Juden infrage. So führten die Besuche der Holocaust-Planer Eichmann, Himmler und Reinhard Heydrich im März-April 1942 in Minsk zur Entscheidung, Judendeportationen nicht nur wiederaufzunehmen, sondern die Deportierten auch umgehend nach ihrer Ankunft in der Umgebung von Minsk zu ermorden. Eine von außen schwer einsehbare Lichtung im Waldstück Blagowschtschina an der Landstraße Richtung Mogilew, etwa 13 Kilometer von Minsk entfernt, wurde als Ermordungsstätte ausgewählt. Schließlich wurden alle in der Zeit von Mai bis Oktober 1942 nach Minsk deportierten Juden und Jüdinnen, insgesamt sechzehn Transporte, davon neun aus Wien, fünf aus Theresienstadt, einer aus Berlin / Königsberg und einer aus Köln, gleich am Tag ihrer Ankunft zur Lichtung im Waldstück Blagowschtschina gebracht, das im NS-Jargon als „Umsiedlungsgelände“ bezeichnet wurde. Dort wurden sie entweder erschossen oder durch Vergasung umgebracht.

Blagowschtschina wird zu einem der größten Mordfelder in Europa. Mit dem Ausbau der Zentren des industriellen Mordes – wie unter anderem in Treblinka im Oktober 1942 – wird Malyj Trostenez als Zielort für Deportationen und zur Ermordung mitteleuropäischer Juden aufgegeben.

Erinnere Dich! Jüdische Denkmale in der Sowjetunion

Die Reue des Angehörigen, nicht retten zu können, und das Schuldgefühl, selbst überlebt zu haben, führten bei den Überlebenden zu einem „eskapistischen Vergessen“, wie der ausgewiesene Forscher zu jüdischen Erinnerungsstrategien am Institut der Dokumentations- und Gedenkstätte Yad Vashem in Jerusalem, der Historiker Arkady Zeltser, schreibt. Der sowjetisch-jüdische Dichter Lev Oserov brachte es in seinem 1946 verfassten Gedicht *Babij Jar* auf den Punkt: „Und ich werde mich bis zum Grabe quälen, dass wir nicht eines Todes gestorben sind“ (*Ved do groba mutschitsja mne, tschto ne umerli smert'ju odnoj*).[5]

War vielleicht das erlebte Trauma einer der Gründe, warum einige Jüdinnen und Juden es vorzogen, sich nach dem Krieg nicht an der Erinnerungskultur zu beteiligen? Die sowjetische Geschichtspolitik war hinsichtlich des spezifischen Schicksals von Juden und Jüdinnen ambivalent, und man sollte auch die besonderen sowjetisch-jüdischen Erinnerungsaktivitäten nicht aus dem Blick verlieren. Während der sowjetisch-jüdische Schriftsteller Ilja Ehrenburg im *Pravda*-Artikel am 17. Dezember 1944 die Opferzahl von sechs Millionen ermordeten Juden ausdrücklich benannte, schlug Solomon Michoels, ein anderer sowjetisch-jüdischer Schriftsteller und Vorsitzender des Jüdischen Antifaschistischen Komitees (JAK) vor, sich nicht allzu sehr der schmerzlichen Geschichte zuzuwenden, sondern in die Zukunft zu schauen. Michoels fiel dem stalinistischen Terror im Zuge der antijüdischen Politik nach Kriegsende im Jahr 1948 zum Opfer, wenig später wurden die Mitglieder des JAK des Kosmopolitismus und des jüdischen Nationalismus angeklagt und verfolgt. Dem Terror fielen nicht nur Menschen, sondern auch Denkmale, Museen und Bücher zum Opfer: Das Jüdische Museum in Vilnius wurde beseitigt, das Schwarzbuch von Wassili Grossman und Ilja Ehrenburg, das auch die Morde in Babyn Jar dokumentierte (siehe Kapitel 3), wurde vernichtet. Es gehört zu den sowjetischen Widersprüchen, dass an manchen Orten die jüdischen Denkmale abgetragen wurden, wie in Ponary in Vilnius, und an einigen anderen Orten dagegen weiterhin bestanden.

Es war Minsk, wo das explizit jüdische Denkmal gleich nach dem Krieg (1946) gebaut werden konnte: Die Gedenkstätte *Jama* (Grube) erinnert an den Ort, an dem am 2. März 1942 etwa 5000 Minsker Juden und Jüdinnen aus dem Ghetto erschossen wurden. Die von der Front zurückgekehrten Soldaten der Roten Armee erfuhren, dass ihre Familien an diesem Ort getötet wurden, und es waren die jüdischen Kriegsveteranen, der Steinmetz Morduch Sprischen und der Dichter Chaim Maltinski, die die Errichtung des Denkmals hier initiierten. Um den Bau dieses Denkmals durchzusetzen, musste man Beharrlichkeit aufbringen: Chaim Maltinski, selbst Kriegsversehrter, erklomm mit einem Bein und auf Krücken den sechsten Stock des Regierungsgebäudes und erklärte der Zensurbehörde, dass unter diesen 5000 Todesopfern seine Mutter, seine Frau und sein siebenjähriger Sohn seien.

Das Jama-Denkmal bekam eine Inschrift auf Jiddisch und auf Russisch, und während der gesamten sowjetischen Zeit blieben die Inschriften auf Jiddisch weiter bestehen. Allein an dieser Inschrift ließe sich die enge Verbindung der jüdischen und der sowjetischen Identität in der Sowjetunion ablesen.

Auf Russisch steht dort: „Das lichte Andenken für Ewige Zeiten an die 5000 Juden, die hier durch die Hände der ärgsten Feinde der Menschheit – die faschistisch-deutschen Eroberer am 2. März 1942 umkamen."

Auf Jiddisch liest man: *„likhter ondenk af eybike yorn di finf toyzent yidn-kdoyshim vos zaynen dermordet gevon durkh di hent fun die blutikste soynim fun der mentshhayt – di fashistishn daytshishe merder talyonim dem 14 oder 1942 yor."*

Die Inschrift auf Jiddisch spricht den jüdischen Opfern eine besondere Qualität zu – *yiddn-kdoyshim,* nennt als jüdische Opfer *kdoyshim,* was in der alttestamentarischen Tradition „Märtyrer", oder „Heilige" bedeutet, die „Für den Glauben Gefallenen"[6]. Auch die Bezeichnung der deutschen Faschisten als „Ärgste Feinde der Menschheit" ist sinnfällig – in der jüdischen Tradition ist die binäre Opposition in Opfer und Täter / Henker üblich, wobei Erstere als ohnmächtig und unschuldig und Letztere als das absolute und allmächtige Böse – Haman in der hebräischen Tradition – dargestellt werden. Die sowjetische Sprachkonvention erkennt man in der Titulierung der Täter als „faschistisch-deutsche Eroberer", während die nicht deutschen lokalen Mittäter ausgeklammert werden. Ein Element der Botschaft ist sowohl der sowjetischen als auch der jüdischen Tradition eigen – „Erinnere Dich!" (*zahor*) und „Ewiges Andenken" (*Vetschnaja pamjat'*) oder „Nichts ist vergessen" (*Nitschto ne zabyto!*) verbindet die beiden kulturellen Praktiken der Gedenkarbeit.

Im Archiv des Jerusalemer Dokumentationszentrums Yad Vashem konnten wir uns das Bildarchiv mit den jüdischen Denkmalen für die Opfer der deutschen Besatzung in der Sowjetunion ansehen. Es sind 733 an der Zahl, und sie sind sehr verschieden: Einige sprechen von Juden als Opfer, einige von sowjetischen Bürgern, einige weisen traditionelle jüdische Zeichen auf, manche nicht, manche Inschriften sind auf Jiddisch, manche ausschließlich auf Russisch und in der Nationalsprache (Litauisch, Lettisch, Estnisch) gehalten. An einigen ist die Inschrift auf Russisch „Nichts ist vergessen – niemand ist vergessen" (*Nikto ne zabyt – nitschto ne zabyto*) angebracht – was uns wiederum sofort an das Blockadedenkmal auf dem Piskarevo-Friedhof in St. Petersburg erinnert (siehe Kapitel 6).

Es sticht noch ein vertrautes Bild hervor: Auf kleinen unscheinbaren Denkmalen in Bila Zerkwa (Ukraine) und Petschora[7] (Pskover Gebiet, heute Estland) ist die Fotografie eines anderen Denkmals angebracht –

des Denkmals für die Kämpfer im Warschauer Ghetto von Nathan Rappaport, einem in Polen geborenen jüdischen Bildhauer, dessen Werk wir bereits aus Warschau kennen (siehe Kapitel 1). Er überlebte die Shoah durch seine rechtzeitige Flucht in den sowjetischen Teil Polens und gelangte von dort 1941 ins zentralasiatische Taschkent. Zeltser erklärt uns, dass das ikonische Bild in der jüdischen Erinnerungsgemeinschaft sehr bekannt gewesen war und als Element von vielen übernommen wurde.[8] Die Gedenkstätte Yad Vashem selbst bekam für ihre erste Ausstattung die Kopie dieses Denkmals, da es sich auf einer Mauer des Gedenkens platzieren ließ. Es kann für uns ein Hinweis darauf sein, dass unsere theoretischen Kategorien von einer „oktroyierten" Heldenerinnerung, die einer „aufrichtigeren" Opfererinnerung entgegengesetzt ist, nicht stimmig sind. Ob die Überlebenden über ihre Toten als Opfer sprachen und ob sie über sich selbst als Opfer sprachen, hat viel mehr mit der sowjetischen Subjektivität als mit der sowjetischen Geschichtspolitik zu tun.

Viele Fotografien in diesem Archiv zeigen Menschen vor den Denkmalen – Familien und ihre Gäste. Es ist ein Zeichen dafür, dass die Erinnerungsarbeit in der Familienkommunikation eine große Rolle spielte und durch den Briefwechsel auch die ausländische Diaspora in Amerika und Israel erreichte. Das alles zeigt, dass man mit dem gängigen Bild vom absoluten Tabu hinsichtlich der jüdischen Opfer in der sowjetischen Erinnerungskultur vorsichtig sein muss. Denn dieses „Babi-Yar-Syndrom" (Arkady Zeltser) verliert die sehr komplexe Frage nach den Freiräumen für die Erinnerung „von unten" in der sowjetischen Erinnerungskultur aus dem Blick.

Reise an den historischen Ort

Im Sommer 2018 fahren wir nach Minsk, um uns selbst ein Bild vom Geschichtsort Malyj Trostenez zu machen. Der Anlass für unsere Reise ist die Eröffnung des zweiten Abschnitts der Gedenkanlage in Blagowschtschina, dem Ort der Massenerschießungen. Es ist ein großes Aufgebot an Presse, Diplomaten, Politikern und Repräsentantinnen von Gedenkstätten sowie jungen Menschen. Es werden Reden gehalten, und zu Orchestermusik singt ein Chor das Mozartsche Requiem. An uns und alle anderen Teilnehmer und Teilnehmerinnen an der Zeremonie werden rote Nelken verteilt, die wir am Hauptmahnmal niederlegen.

Am nächsten Tag fahren wir noch einmal dorthin, um uns den Ort Blagowschtschina in Ruhe anzusehen. Nun menschenleer, wirkt er anders als in der Hektik der offiziellen Trauerveranstaltung. Ohne Menschentrubel stechen die riesigen Erdgruben hervor: die Massengräber. Es ist kein Ort des Pathos mehr, sondern allein durch die natürliche Landschaft ist die Wirkung ungeheuer stark, er erscheint als Ort des Grauens.

Der Minsker Historiker Alexander Dolgowski führt uns durch den Ort und erzählt dessen Entstehungsgeschichte. Im Gegensatz zur belarussischen Hauptstadt Minsk, wo die Überlebenden gleich nach dem Krieg ein Denkmal initiierten, blieb der Ort Malyj Trostenez lange ohne Gedenkzeichen – teilweise wegen der geografischen Abgeschiedenheit, teilweise aufgrund des Geldmangels: Die Belarussische Sowjetnomenklatur investierte nach der schweren Zerstörung des Landes durch die Deutschen zunächst in den Wiederaufbau. Blagowschtschina wurde als Militärübungsplatz genutzt. Erst in den 1960ern, als in den restlichen Regionen der Sowjetunion die Erinnerung an die zivilen Opfer in den Vordergrund der offiziellen Erinnerungspolitik rückte – es entstand u. a. der Piskarevo-Friedhof für die Blockadeopfer in Leningrad –, wurde in Trostenez ein Gedenkstein aufgestellt – 1961 ein kleineres Denkmal in Malyj Trostenez und 1963 ein hoher klassischer Obelisk in Bolschoi Trostenez. Letzterer, obwohl mit dem historischen Ort nicht verbunden, wurde zur eigentlichen Gedenkstätte, wahrscheinlich, weil hier viel mehr Menschen lebten und arbeiteten, im Gegensatz zu Malyj Trostenez, wo eine Nutzungsfläche einer Kolchose entstand.

In der Schule von Bolschoj Trostenez besuchen wir eine „Geschichtsecke", die uns die Geschichte des Vernichtungsortes erzählt. Diese entstand bereits in den 1970er-Jahren durch lokale Aktivistinnen und Aktivisten und wird vom Lehrpersonal der Schule gepflegt. Alexander macht uns auf die sowjetische Machart der Ausstellung aufmerksam – karge Texte, explizite Bilder des Schreckens und typische Erinnerungsbotschaften wie, wieder einmal, „Nichts ist vergessen und niemand ist vergessen!" von der Leningraderin Olga Bergholz. Die Geschichtsecke in der Schule ist für uns ein Museum im Museum und somit eine wertvolle Quelle für die sowjetische Geschichte der Erinnerung.

Lange Zeit wurden in Malyj Trostenez und in Bolschoj Trostenez Juden und Jüdinnen als eine besondere Opfergruppe nicht erwähnt, ging es doch um „friedliche Bürger", Partisanen und sowjetische Kriegsgefangene – ein Muster, das wir bereits aus der Ukraine kennen. Als wir uns später bei Arkady Zeltser nach diesem Begriff der „friedlichen Bürger" erkundigen, erklärt er uns, dass diese Bezeichnung nicht nur als Euphemismus für das Wort „Judentum" gesehen werden sollte. Es sei auch ein Pendant zum Wort *kdoyschim* im Jüdischen, das das friedliche, zivile, unschuldige Opfer meint.

In der Sowjetzeit stand die Gesamtzahl von 201 500 Toten von Trostenez ausschließlich für sowjetische Opfer, wobei sich unter ihnen auch deutsche, österreichische, polnische und tschechische Juden und Jüdinnen befanden. Für Alexander Dolgowski ist die Erwähnung der Staatsangehörigkeit der Opfer ein wichtiges Anliegen, um diesen Ort aus der westeuropäischen Vergessenheit herauszuholen, ihn als gesamteuropäischen Ort zu gestalten. Denn in der Sowjetzeit konzentrierte sich alles auf Bolschoj Trostenez, während die Erschießungen in Blagowschtschina in Vergessenheit gerieten.

Die Diskrepanz zwischen dem Bekanntheitsgrad von Trostenez in der transnationalen jüdischen Erinnerungsgemeinschaft und der Erinnerungskultur am Ort selbst war immens. Der Name Malyj Trostenez nahm und nimmt v. a. in Verbindung mit dem Holocaust einen zentralen Platz in Yad Vashem / Jerusalem, in der Pinkas Synagoge / Prag, am Holocaustmahnmal am Judenplatz / Wien und am „Denkmal für die ermordeten Juden Europas" / Berlin ein. Am Ort selbst aber war über die Massengräber und über die Erinnerung buchstäblich „Gras gewachsen".

Dies änderte sich, als die ersten Angehörigen der Opfer aus dem Ausland in das postsowjetische Belarus kamen. Der Ort wurde unter Denkmalschutz gestellt und am NS-Tatort Blagowschtschina wurde intensiv geforscht. Alexander schenkt uns Kataloge zur Wanderausstellung „Vernichtungsort Malyj Trostenez. Geschichte und Erinnerung", die 2014–2016 in Belarus, Deutschland und Österreich gezeigt wurde. Die Ausstellung beleuchtete zum ersten Mal den historischen Kontext der NS-Vernichtung im besetzten Belarus, präsentierte die Schicksale der Opfer und der Überlebenden und zeigte den schwierigen Weg zum Erinnerungsort.

Die Errichtung der Gedenkanlage kostete jedoch Zeit – und ist bis heute, im Jahr 2021, nicht abgeschlossen. Der Historiker führt uns zunächst zum beeindruckenden Mahnmal „Pforte der Erinnerung" an der Stelle des Arbeitslagers in Malyj Trostenez. Es ist der erste Bauabschnitt der neuen postsowjetischen Gedenkanlage, der am 22. Juni 2015 eröffnet wurde. Die Skulpturen, die die ausgemergelten Häftlingsfiguren – Mann, Frau und Kind – hinter dem Stacheldraht darstellen, wecken Empathie und lösen Betroffenheit aus.

Wir laufen weiter zum nächsten Denkmal – „Der letzte Weg", der Ort, an dem die Züge mit den Deportierten ankamen. Hier stellten sie ihre Koffer ab und wurden zur Erschießungsstätte getrieben.

Das Motiv des letzten Weges ist ein ganz wichtiger für die jüdische Erinnerungskultur: *Zog nit keyn mol, az du geyst dem letstn veg!* – das Lied „Sag nie, dass Du den letzten Weg gehst!" war die Partisanenhymne der jüdischen Widerstandskämpfer und drückt nicht nur die Hoffnung auf Überleben aus. In der künstlerischen Ausgestaltung wurde das Motiv des letzten Weges gewählt, um zu zeigen, dass an Orten wie dem Minsker Ghetto oder in Malyj Trostenez die Hoffnung auf Überleben starb: Es war tatsächlich der „letzte Weg", von dem es kein Entkommen gab.

Gerade der „letzte Weg" wurde zum Gestaltungsmotiv der neuen Gedenkstätte an der *Jama* in Minsk und in Blagowschtschina. Diese Konzeption entwickelte der berühmte belarussische Architekt Leonid Lewin (1936–2014), der selbst viele Angehörige im Holocaust verloren hatte. Außer für Minsk und Malyi Trostenez kamen aus seiner Werkstatt weitere zentrale Denkmale der Kriegserinnerung in Belarus: die Gedenkstätte für das verbrannte Dorf Chatyn, das neue Mahnmal in Jama, das Mahnmal in Schunewka, der *Durchbruch* bei Uschatschi, u. v. m. Durch die fünf begehbaren Deportationswaggons – Zeichen für den entmenschlichten Eisenbahn-Transport der Jüdinnen und Juden aus dem westlichen Europa – führt der Weg zur Stätte der Erschießung. Der Abschnitt Blagowschtschina – sein letztes Projekt – wurde von seiner Tochter Galina Lewina fortgesetzt. Auch sie betont die Bedeutung der Aura des letzten Weges: „Die Gedenkstätte ist so konzipiert, dass jeder, der kommt, diesen letzten Weg gehen muss. Diese 800 Meter bis zu dem Ort, wo die Juden erschossen wurden, den Weg bis zu dieser letzten Grenze, hinter der die Vernichtung kam."

Diesen Weg gehen nun auch wir. Vor uns liegen Massengräber, oder eher – der ganze Wald ist ein Massengrab. Uns fallen die gelben Plastikschilder an den Baumstämmen auf: Sie tragen Namen und Lebensdaten der hier ermordeten Menschen. Der Historiker Dolgowski erklärt uns, dass diese Erinnerungspraxis aus einer österreichischen Bürgerinitiati-

Die Pforte der Erinnerung in der Gedenkstätte Malyj Trostenez in Belarus, die 2015 eröffnet wurde.

ve hervorgeht. Die Wienerin Waltraud Barton, deren Familienangehörige unter den Erschossenen in Blagowschtschina waren, hat diese Aktion IM-MER (Abkürzung für *Initiative Malvine – Maly Trostinec Erinnern*) im Jahr 2009 ins Leben gerufen. Ihre Vertreterinnen und Vertreter bringen seit 2010 gelbe Schilder mit Fotos und Namen der Ermordeten am Erschießungsort in Blagowschtschina an, der Initiative haben sich auch Angehörige der Opfer aus Deutschland angeschlossen. Die von uns bereits besuchte Schule aus Bolschoj Trostenez unterstützte diese Aktion und recherchierte nach Namen. Die von der Wiener Initiative IM-MER angebrachten Schilder wurden dabei zu einer Art Verbindungselement zwischen den beiden Projekten in Blagowschtschina.

Als dritter und letzter Teil der Gedenkanlage soll der Ort Schaschkovka errichtet werden – als Ort der Erinnerung an die deutsche Politik der „Verbrannten Erde". Das „Leichenverbrennungskommando", das aus sowjetischen Kriegsgefangenen und Juden bestand, musste die Massengräber öffnen, die Leichen herausholen und verbrennen und anschließend nach Gold durchsieben. Anschließend wurden alle „Arbeiter" ermordet. Doch die Arbeit an diesem Ort stockt, nicht zuletzt aufgrund der schwierigen außenpolitischen Situation: Der repressive Terror Lukaschenkos in Belarus macht jegliche Zusammenarbeit unmöglich. Belarus ist seit Herbst 2020 eine No-go-Area.

Malyj Trostenez als europäischer Erinnerungsort

Malyj Trostenez kann als ein gelungenes Beispiel für deutsch-belarussische Erinnerungsarbeit gesehen werden: von zivilgesellschaftlichen Organisationen in beiden Ländern (IBB Dortmund und IBB Minsk) gewünscht, von der Politik wohlwollend begleitet. Die Schnelligkeit, mit der der Abschnitt in Blagowschtschina fertiggestellt wurde, ist durchaus beachtlich: Im August 2017 hatte das städtische Baubüro mit den Bauarbeiten begonnen – und weniger als ein Jahr später wurde die großflächige Gedenkstätte eröffnet.

Aus dem vergessenen Ort des Sterbens ist nun der lang ersehnte, reale Ort des Gedenkens geworden. Die Historikerin Astrid Sahm, Geschäftsführerin des Internationalen Bildungs- und Begegnungswerks in Dortmund, möchte die Gedenkstätte als einen europäischen Lernort etablieren. Es soll ein Raum für neue grenzüberschreitende Verständigungsprozesse geschaffen werden. Auch der Historiker Alexander Dolgowski sieht in Malyj Trostenez das Potenzial, die nationalen Schranken der Erinnerungskultur zu überwinden: Die Möglichkeit der transnationalen Erinnerungskultur soll hier vorgelebt werden. Doch inwieweit können europäische und nationale Erinnerungsdiskurse harmonisch und spannungsfrei miteinander verknüpft werden? Während der Diskussionen rund um die Eröffnung der Gedenkstätte von Blagowschtschina konnten wir einige Trennlinien spüren. So befürchteten nicht jüdische belarussische Überlebende, dass sie durch das Gedenken an den Holocaust ausgeblendet werden könnten. Zugleich wiesen einige deutsche Besucher darauf hin, dass auf der Eingangstafel von Malyj Trostenez die jüdische Identität der Opfer nicht erwähnt wird. Und wie zum Beleg der enormen Herausforderungen eines für alle Betroffenen angemessenen Gedenkens fehlten bei der feierlichen Eröffnung die russischen und ukrainischen Staatsflaggen und Regierungschefs, obwohl der Ort mit dem Tod Zehntausender sowjetischer Kriegsgefangener, Ukrainer, Belarussen und Russen, verbunden ist. Kann es zur Versöhnung kommen, allein durch Erinnerung?

Es klang aber auch der wesentliche Gedanke an, wie eine „europäische" Erinnerung an die Verfolgten in Osteuropa entstehen kann: durch einen offenen und damit auch kontroversen Dialog. Dass es ein längst „überfälliger Schritt" sei, die Erinnerung an die Verbrechen in Malyj Trostenez in Deutschland präsenter und bekannter zu machen, sagte auch Bundespräsident Steinmeier in seiner Rede. Als Grund, warum es so lange eine Leerstelle im deutschen historischen Bewusstsein blieb, erklärte Steinmeier, dass infernalische Verbrechen sich einfach der menschlichen Vorstellungskraft entziehen, denn so ein Ort führt uns vor Augen, „wie Kindheit, Jugend und Unschuld entweiht, wie Menschen, ihrer Menschlichkeit entledigt, zu Tötungsmaschinen werden und ein Niemandsland hinterlassen – entleert, ohne Namen, ohne Orientierung". Als einen eher praktischen Grund für diese Kultur des Vergessens in Deutschland sehen wir die juristische Nichtaufarbeitung der Verbrechen in der Bundesrepublik, verbunden mit der Nichtbeleuchtung der Prozesse in der Sowjetunion, und ganz besonders – die fehlende Aufklärung über den Prozess in Minsk 1946.

Der Prozess

Der Minsker Kriegsverbrecherprozess fand vom 15. bis 29. Januar 1946 statt. Das sowjetische Militärtribunal klagte den Mord an Zivilisten während des Partisanenkampfes, Vernichtung der Juden und die Behandlung der Partisanen sowie die Verschleppung der Zivilisten an. Alle achtzehn Angeklagten – Angehörige der SS, SD, der Gendarmerie, der Polizei und des Heeres – wurden verurteilt, und vierzehn von ihnen am nächsten Tag nach der Urteilsverkündung öffentlich hingerichtet. Die rechtliche Grundlage dafür stellte die Anordnung Nr. 43 vom 19. April 1943 des Präsidiums des Obersten Rates der UdSSR dar, die regelte, dass Misshandlungen und Mord an Zivilisten und an sowjetischen Kriegsgefangenen mit der Todesstrafe zu ahnden sei.

Wir lesen in der fast 500-seitigen Stenogrammschrift des Gerichtsprozesses.[9] Der 21-jährige Alois Hetterich aus Frankfurt, Gefreiter des 595. Infanterie-Regiments gab zu, an der Massenerschießung von Zehntausenden Menschen aus dem Minsker Lager Masjukowschina beteiligt gewesen zu sein:

„Hetterich: Am 28. Januar 1943, als ich nach Minsk kam, hat uns der Oberleutnant Pichter zu sich geladen, der uns sagte, dass wir eine wichtige Aufgabe haben. Sollte jemand sich dieser entziehen, wird er erschossen. Er sagte nichts darüber, dass wir die Massenerschießung vollstrecken.
Staatsanwalt: Wie viele Tage führten Sie die Erschießungen durch, und wie viele russische Menschen haben Sie erschossen?
Hetterich: Ich meine – 10 000.
Staatsanwalt: Das heißt, 10 000 sowjetische Bürger wurden innerhalb von drei Tagen von Ihrem Bataillon erschossen?
Hetterich: Ja.
Staatsanwalt: Bekennen Sie sich daran schuldig, dass Sie einen verbrecherischen Befehl ausgeübt hatten?
Hetterich: Ja.
Staatsanwalt: Und wie viele Menschen genau haben Sie persönlich erschossen?
Hetterich: Ich kann es nicht genau sagen, denn die Nacht war dunkel. Wenn ich das Ziel getroffen hätte – dann fünfzehn.
Staatsanwalt: Es ist zu vermuten, dass Sie das Ziel gut gesehen haben und sich bemühten, es nicht zu verfehlen.
Hetterich: Wir schossen nicht aus den Gewehren, meistens aus dem schweren Maschinengewehr, das da stand.
Staatsanwalt: Wie haben Sie denn nachts geschossen? Die Menschen konnten ja fliehen.
Hetterich: Es gab kein Licht.
Staatsanwalt: Anscheinend schossen sie aus der unmittelbaren Nähe.

Hetterich: Ich habe nicht versucht, zu treffen.
Staatsanwalt: Nicht versucht? Haben Sie in die Luft geschossen?
Hetterich: Nein, ich schoss nicht nach einem bestimmten Menschen.
Staatsanwalt: Sie haben dann in die Menschenmasse geschossen?
Hetterich: Ich habe geschossen, damit die Kontrolle es sieht und sagen kann, dass ich auch geschossen habe.
Staatsanwalt: Aber wohin haben Sie denn geschossen – in die Menschenmenge oder in die Luft?
Hetterich: Ich habe nicht in die Luft geschossen. Ich schoss zwischen die Menschen, um niemanden zu treffen.
Staatsanwalt: Dann haben Sie niemanden getroffen, wenn Sie zwischen die Menschen geschossen haben. Aber Sie sagten, Sie hätten fünfzehn Menschen umgebracht.
Hetterich: Ich sagte, dass, wenn ich das Ziel getroffen hätte, wären es fünfzehn, denn in diesen drei Nächten habe ich drei Schüsse gemacht.
Staatsanwalt: Unter den Erschossenen befanden sich Männer, Frauen, Kinder, Kriegsgefangene und Zivilisten?
Hetterich: Es gab keine Kinder, es gab Kriegsgefangene, Frauen und Minderjährige.
Staatsanwalt: Ihr Oberleutnant hat Ihnen also nicht genau gesagt, was es für eine wichtige Spezialaufgabe sein wird. Und nach der ersten Nacht der Erschießungen hätte es Ihnen doch klar sein sollen, was das für eine Aufgabe ist. Wie sehen Sie das?
Hetterich: Ich sehe es als eine sehr große Gräueltat an.
[…]
Staatsanwalt: Erzählen Sie von den Verbrechen, die Sie im Gebiet von Lgov begangen haben.
Hetterich: Am 21. Februar 1944 kam ich in Lgov an. Unser Regiment wurde geteilt. Die Bevölkerung eines Dorfes wurde in zwei Teile geteilt, Männer und Frauen. Ein paar Hundert Männer brachte man aus dem Dorf und sie wurden erschossen. Währenddessen wurden Frauen, Kinder in den Häusern eingesperrt, ich habe den Befehl erhalten, zu meinem Maschinengewehr zurückzukehren, und habe das Weitere nicht gesehen. Vermute aber, dass sie auch erschossen wurden.
Staatsanwalt: Für was wurde die Dorfbevölkerung erschossen?
Hetterich: Nach dem Befehl des Oberleutnant Pichert, weil sie mit Partisanen in Verbindung standen, und weil die Rote Armee vorrückte."

Am 28. Januar sagte Alois Hetterich im Schlusswort Folgendes:

> „Ich war als junger Mensch durch die faschistische Propaganda geblendet. Ich war erst 18 als ich in die Wehrmacht eingezogen wurde. In der Wehrmacht nahm ich an der Vernichtung der sowjetischen Zivilisten und sowjetischer Kriegsgefangener teil. Ich bekenne mich schuldig, dass ich mich an diesen Verbrechen beteiligte, aber ich war erst 18. Ich bitte das Gericht um Milderung meines Urteils. Ich bitte Sie, mich am Leben zu lassen und kein schweres Urteil zu verhängen. Ich will meine Schuld durch Arbeit büßen."[10]

Alois Hetterich wurde zu fünfzehn Jahren Zwangsarbeit verurteilt. Der wahre Verantwortliche für die Massenvernichtung, Höherer SS- und Polizeiführer Erich Bach-Zalewski, der als Kronzeuge der Anklage in den Nürnberger Prozessen der Auslieferung an die Sowjetunion entging, wurde des Todes an Tausenden Sowjetbürgern und Polen nicht einmal angeklagt. Für seine Beteiligung am Holocaust und an der Vernichtung der „Partisanen-Dörfer" wurde er nie zur Rechenschaft gezogen.

Wann ist die Erinnerung zu Ende?

Eine von uns, die Großnichte unseres Protagonisten Boris Iljitsch Vakser, hat auf einer Podiumsdiskussion von seinem Lebensweg während des Krieges erzählt. Ungeachtet des Nachkriegsschicksals war der Sieg im Großen Vaterländischen Krieg für ihn persönlich bis zum Lebensende ein sehr wichtiges „heiliges Fest", wenn man das von einem säkularen Juden sagen kann. Wie viele andere mit ähnlichem Schicksal der doppelten Opferschaft hat er an seinem positiven Selbstbild gearbeitet. Hier gilt der bekannte Satz Joan Didions: „Wir erzählen uns selbst Geschichten, um zu leben." Dieses positive Selbstbild hat aber auch seine Beziehung zu Deutschland beeinflusst – nie sprach er von „Deutschen" als Tätern oder Verbrechern. Er hielt sich eher an Nietzsche – jeder Mensch, unabhängig von der Nationalität, ist zu absolut Bösem fähig. Mit am Podium saß jemand, dessen Onkel ein glühender Nazi war und zu Beginn des Krieges auch in Minsk stationiert gewesen war. Er ließ sich Ende 1942 in den Stalingrader Kessel einfliegen, denn er wollte zusammen mit der 6. Armee den Heldentod sterben. Er wurde nach diesem Onkel genannt – Jörg. Wie das auf einen wirke, neben jemandem zu sitzen, der höchstwahrscheinlich am Tod der Familie des eigenen Verwandten beteiligt gewesen ist, fragte er. Man spürte, dass es ihn, den NS-Nachkommen, emotional stark beschäftigte, doch darauf einzugehen, war in diesem öffentlichen Moment unmöglich. Später schrieb er einen Essay, in dem er diese Begegnung verarbeitete:

> „Da wurde das, was in den Geschichtsbüchern Holocaust und Vernichtungskrieg genannt wird, für mich spürbar als etwas, das zwischen Menschen geschehen ist und auch weiter zwischen Menschen wirkt. Dazu habe ich auf der Webseite von ‚NS-Familien-Geschichte' einen Absatz gefunden, der sicher für mich in Zukunft eine Rolle spielen wird:
>
> ‚Die andere Seite sind die Familien der Opfer. Für sie sind die Zerstörungen, Folterungen, Deportationen, Morde, die unsere Familienmitglieder zu verantworten hatten, alles andere als Vergangenheit. Im Gegenteil: Diese Familientraumata spielen im Leben vieler Angehöriger der Opfer bis zum heutigen Tag eine Rolle. Es ist für die Angehörigen der Opfer wichtig, dass wir zur Kenntnis nehmen, welches Leid die Täter und Täterinnen verursacht haben.'"[11]

Ein Jahr später trafen wir uns in Heidelberg, wo er wohnte, und tranken ein Glas auf das Leben und die friedensstiftende Erinnerung. Im Februar 2022 zerbrachen unsere Hoffnungen auf ein friedliches Europa durch den Putin'schen Angriffskrieg gegen die Ukraine. Aus der traumatischen Erinnerung wurde schreckliche Realität.

Stalingrad – Die Wolga in Flammen und Schornsteine im Schnee

Von den von uns ausgewählten Erinnerungsorten ist Stalingrad sowohl in Deutschland als auch in Russland der bekannteste: In Deutschland steht Stalingrad für das Massensterben der deutschen Soldaten an der Ostfront, in Russland für den ersten großen Sieg gegen die Wehrmacht und den beispiellosen Heroismus der Sowjetsoldaten. Doch in beiden Erinnerungskulturen stehen die zivilen Opfer des Krieges im Schatten dieser Märtyrermythen.

Stalingrad ist in Deutschland *das* Symbol für die vernichtende Niederlage im Osten, im visuellen Gedächtnis als Bild der frierenden, eingeschneiten deutschen Soldaten fest verankert. Für den deutschen Erinnerungskontext ist das Motiv des gnadenlosen russischen Winters und der weiten verschneiten Landschaften traditionell mit dem Angstdiskurs von „General Frost" und den Lagern in Sibirien verbunden.

Dabei ist die südrussische Stadt Stalingrad (seit 1961 Wolgograd) eine Stadt mit einem langen heißen Sommer. Die fast sechsmonatige Schlacht, bei der riesige Armeeverbände beteiligt waren, begann im Sommer 1942, und die lokale Bevölkerung litt vor allem an den Feuerbränden, die in der Stadt ausgebrochen waren. Die natürliche Hitze des südrussischen Sommers wurde durch die brennende Wolga ins Ultimative getrieben: Es brannten Fabriken, Öltanks, bombardierte Evakuierungsschiffe. Als die Schlacht am 2. Februar 1943 zu Ende war, blieben vom Stadtzentrum nur Kaminöfen, die in die Höhe ragten: Reste der verbrannten Wohnhäuser. Von diesen Zerstörungen, historischen Bauwerken und Wohnhäusern, die sich in Festungen verwandelten, zeugen mehrere Stadtdenkmale. Als wir an einem Augusttag in Wolgograd ankommen, liegen sie in einem Hitzeschleier.

Historischer Kontext – Schwarze Stadt und roter Himmel

Als die Schlacht um Stalingrad begann, lief bereits das zweite Jahr des deutschen Krieges an der Ostfront. Für den Sommer 1942 planten Hitler und die Militärführung, nachdem die Offensiven auf Leningrad, Moskau und Sewastopol zum Stehen gekommen waren, einen Großangriff, der Deutschland in den Besitz wichtiger Rohstoffquellen bringen sollte – die Kohleminen des Don-Beckens, sowie die Ölfelder im Kaukasus und am Kaspischen Meer. Für die Sowjetunion spielte Stalingrad eine wichtige Rolle sowohl als Industriezentrum und Waffenschmiede als auch in geografisch-strategischer Hinsicht, denn die Wolga war eine Versorgungsroute des Lend-Lease-Programms der westlichen Alliierten. Die Stadt mit etwa einer halben Million Einwohnern erstreckte sich über fast 40 Kilometer am Westufer der Wolga, die breiteste Stelle der Stadt betrug nur knapp 8 Kilometer.

Die Offensive begann zunächst erfolgreich für die Deutschen und die unterstützenden Truppen der Rumänen, Italiener, Ungarn und Kroaten: Die motorisierten Divisionen kamen rasch voran, und bald sollte die 6. Armee von Friedrich Paulus Stalingrad einnehmen. Am 23. August erreichten die ersten deutschen Panzer 70 Kilometer nördlich von Stalingrad die Wolga und riegelten den nördlichen Zugang zur Stadt ab.

Der Angriff erfolgte mit dem klaren Ziel der Auslöschung der Stadt sowie der Ausbeutung und Verschleppung der noch lebenden arbeitsfähigen Bewohner und Bewohnerinnen. Dabei folgte die Wehrmacht dem gleichen Muster, das den Angriffen auf Moskau und Leningrad im Herbst 1941 zugrunde gelegen hatte: Vor der Besetzung einer sowjetischen Stadt war diese durch Luftangriffe und Artilleriebeschuss dem Erdboden gleichzumachen. Die gesamte Luftflotte 4 kam über Stalingrad zum Einsatz und bombardierte vom 23. August bis zum 14. September 1942 unaufhörlich. Allein am ersten Tag des Luftangriffs, dem 23. August, kamen über 40 000 Menschen ums Leben.

Eine Überlebende berichtete:

> „Alle Häuser Stalingrads brannten, auch unser Haus. Nicht weit von uns stand ein Kino, es war ganz aus Holz gebaut. Die Deutschen warfen zuerst eine Sprengbombe, dann eine Brandbombe. So zerstörten sie die ganze Stadt. Das Kino brannte bis auf die Fundamente nieder. Unsere Luftabwehr hatte keine Chance. Sie war viel zu schwach. Am Anfang saßen Menschen auf den Dächern, die die Brandbomben mit langen Stangen aufsammelten und in Wassertonnen warfen. Viele von ihnen kamen dabei um. Alle Dächer waren aus Holz, alles brannte. Auch die Bäume und sogar die Erde."[1]

Wiktor Nekrassow, ein sowjetischer Schriftsteller und Teilnehmer an der Schlacht, beschrieb diese verheerende Situation in seiner viel gepriesenen Novelle *In den Schützengräben von Stalingrad*[2] mit eindrücklichen Worten: „Die Straße brennt. Nicht nur die Stadt, sondern das ganze Ufer in seiner ganzen Länge, so weit das Auge reicht. Schwarz und rot. Andere Farben gibt es hier nicht. Schwarze Stadt und roter Himmel."

Ein anderer Zeitzeuge berichtete über die Bombardierung des Elektrokombinats Stalgres:

> „Ich habe schon oft gehört, dass die Rotarmisten weniger die Bomben fürchteten als die Sirene des Bombers im Sturzflug. Nun habe ich mich davon überzeugt, dass das die reine Wahrheit ist. Tatsächlich, die Sirene bringt die Menschen außer Fassung. Tja, Sie können sich also vorstellen, was sich damals abspielte. Leute sprangen halb nackt aus den Betten, rannten in den Bunker, einige rannten zu den Aggregaten, um das Regime ‚Bereitschaft' für ein schweres Bombardement einzustellen."[3]

Erst Ende August 1942 begann die sowjetische Führung mit der Evakuierung der Bevölkerung. Dabei beschoss die deutsche Artillerie durchgängig die Wolgafähren, sodass Passagierdampfer beschädigt auf Grund liefen, doch sie wurden weiter beschossen: Der deutschen Führung ging es nicht nur um das Erobern der Stadt, sondern um die Vernichtung der Menschen.

Am 27. August gerieten mehrere Passagierdampfer, die die Flüchtenden aus der Stadt nach Saratow bringen wollten, unter Beschuss. Einer der Dampfer lief auf Grund, von den 1200 an Bord befindlichen Menschen konnten nur 186 gerettet werden. Anhand der Interviewprotokolle mit sowjetischen Soldaten konnte der Schrecken der Evakuierung rekonstruiert werden.

So erzählte Brigadekommissar Wassiljev aus der 62. Armee:

> „Ein schrecklicher Anblick, besonders die Kinder. Die werden im Steppensand abgesetzt und nicht einmal Wasser ist da, und natürlich keinerlei organisierte Verpflegung. Was konnte ein Arbeiter schon mitnehmen, wenn ringsum alles explodiert, wenn Minen explodieren, von oben fallen Bomben und die Kinder werden im Boot weggebracht. […] Die Familie eines Rotarmisten: Der Mann an der Front, die Mutter

> tot, sie hinterlässt einen Säugling, ein vierjähriges und ein achtjähriges Kind, ein alter Mann liegt krank da. Wie kann man so eine Familie im Stich lassen?"[4]

Bis Mitte September 1942, als die Wehrmacht in das Stadtinnere vordrang, wurden über die Wolga etwa 300 000 Menschen evakuiert, etwa 75 000 Zivilisten blieben in der Stadt. Sie wurden zu Zeugen und oft auch zu Teilnehmern des nun folgenden erbitterten Häuser- und Straßenkampfes.

Zwischen dem 10. September und dem 19. November 1942 war Stalingrad eine große Stadtfront ohne Hinterland. In den schweren Häuser- und Straßenkämpfen wurden die sowjetischen Soldaten der Stalingrader Garnison bis ans Wolga-Ufer zurückgedrängt, die versprengten kleineren Gruppen, die Reste der 62. Division von Wassili Tschujkov, hielten dabei die Masse der gesamten 6. Armee auf.

Die Deutschen waren siegessicher – sie waren zahlenmäßig (mit 12:1) enorm überlegen, besaßen stärkere Feuerkraft (Panzer, Flammenwerfer, Luftwaffe, schwere Artillerie) und waren insgesamt kriegserfahrener, denn durch die starken Verluste der ersten Kriegsmonate kämpften in der Roten Armee oft junge Männer und Frauen, die erst vor Kurzem eingezogen worden waren.

Insgesamt waren fast 99% der Stadt in deutscher Hand, der Rest bestand aus kleinen Brückenköpfen von sogenannten Sturmgruppen der Roten Armee, an denen die Wolga-Fähren landeten. Die Fähren lieferten Nahrung, Verstärkung und brachten die Verwundeten an das Ostufer des Flusses. Die Sicherung dieser Brückenköpfe ermöglichte das Überleben der Sturmgruppen.

In harten Kämpfen an der Stadtfront Stalingrad versuchte die Wehrmacht, die Brückenköpfe einzunehmen, während die sowjetischen Soldaten ihre Stellungen erbittert verteidigten. Häuser und Häuserruinen wurden zu Festungen, die jeweils von etwa 10 bis 20 Mann verteidigt wurden, das Kampfgeschehen bestand aus zahllosen kleinen Einsätzen – Straßen und Häuser wurden häufig mehrfach erobert und gingen wieder verloren. In den Häuserruinen und in den Erdgruben kämpften auch Zivilisten und Zivilistinnen ums Überleben, sie versteckten sich in Kellern oder Bunkern. Bewegung war in der Stadt nur in Gräben oder durch Abwasserkanäle möglich, und sogar in Letzteren wurde zum Schluss gekämpft.

Eine Stadtbewohnerin erinnerte sich:

> „Am 14. September [1942] wurde unsere Straße von den Deutschen besetzt. Während des Kampfes hatten wir Kinder uns in einem Graben versteckt. In den Wochen, in denen der Kampf um unser Viertel hin und her wogte, dachten wir überhaupt nicht ans Essen. Der Durst war viel schlimmer. Mein Brüderchen, damals zehn Jahre alt, fleht unsere Mama die ganze Zeit an: ‚Mama, trinken'. Wir beteten zu Gott, dass er uns Regen schicken möge. Aber es fielen höchstens mal zwei, drei Tropfen vom Himmel, das war's. Es war so schlimm, dass wir sogar unseren eigenen Urin tranken. Als wir über eine Woche ohne Wasser und Essen waren, sagte meine Mutter zu den anderen: ‚Ihr könnt machen, was ihr wollt, aber ich hole Wasser für meine Kinder!' Eine Nachbarin, Tante Natascha, die zwei Kinder hatte, ging mit ihr. Die beiden Frauen nahmen Geschirr mit, das unzerbrochen geblieben war. Die Wolga war ganz in unserer Nähe. Kaum waren sie aus dem Graben geklettert, traf eine Kugel Tante Natascha mitten ins Herz. Meine Mutter rutschte wieder zurück in den Graben. Die Kinder von Tante Natascha schrien und wollten zu ihrer Mama laufen. Wir hatten große Mühe, sie zurückzuhalten. Es war schrecklich."[5]

Zur sowjetischen Legende wurde der Häuserkampf um Pawlows Haus, das sich im Zentrum der Stadt befand und auf den deutschen Karten tatsächlich als Festung bezeichnet wurde. Im September 1942 grub sich hier eine Gruppe sowjetischer Soldaten unter Leitung von Sergeant Pawlow ein und kontrollierte die Umgebung. Die Verbindung zur eigenen Seite war nur über unterirdische Wege möglich, der Vorplatz des Hauses war vermint. Das Pawlow-Haus wurde von 31 Rotarmisten gehalten, fast alle haben die zwei Monate dauernde Verteidigung überlebt. Das Haus wurde stark zerstört, heute ist diese Ruine ein Denkmal der Stadt, stellvertretend für alle zerstörten Häuser Stalingrads.

Die deutschen Soldaten wurden in einen zermürbenden, extrem blutigen und höchst gewaltsamen städtischen Kampf hineingezogen, in dem ihre technische Überlegenheit keine große Rolle mehr spielte: Die Militärmacht, die bis dahin bis zu 30 Kilometer am Tag zurücklegte, scheiterte nun an einem nur 300 Meter breiten Frontabschnitt. In dieser Situation war es für die Luftwaffe nicht möglich zu bombardieren – sie hätte sonst eigene Leute getroffen –, und auch der Einsatz der Panzerarmee war stark eingeschränkt: Die Straßen waren seit den August-Bombardements zerstört, und Riesenkrater machten Manöver in größeren Panzergruppen unmöglich.

Die Rotarmisten kämpften mit ihren Scharfschützen – der legendäre Wassili Sajzew wurde zum Helden der sowjetischen und der westlichen Literatur in Filmen wie *Enemy at the Gates* (2001) – und mit Molotow-Cocktails. In dieser infernalischen Phase der Schlacht um Stalingrad kämpften beide Seiten meist ohne Essen und ohne Schlaf. Gefangene wurden schon längst nicht mehr gemacht.

Im verzweifelten Kampf um Stalingrad war die Rote Armee am Ende ihrer Kräfte, als der Oberbefehlshaber der Front, Georgij Zhukov, am 19. November 1942 ein Umfassungsmanöver startete. Die „Operation Uranus" endete mit der Einkesselung und Vernichtung einer ganzen deutschen Feldarmee. Rückblickend bestätigte Paulus, dass das Leiden der Soldaten der 6. Armee in Stalingrad alles an Elend übertraf, „was die deutschen Soldaten seit Beginn des Zweiten Weltkrieges erlebt hatten".[6] Da Hitler das Halten der „Festung Stalingrad" um jeden Preis befahl, ging der Kampf weiter, was bald darauf ein Massensterben verursachte. Die Militärführer stellten sich die Frage, ob das Oberkommando der Armee den aussichtslosen und verlustreichen Kampf angesichts der ausgehenden Munition und Versorgung weiterführen sollte, doch Hitler hatte eine Kapitulation ausgeschlossen: Der zehnte Jahrestag der Machtübernahme Hitlers Ende Januar 1943 durfte nicht durch die Kapitulation der Armee getrübt werden. Zehntausende Soldaten mussten in den Ruinen ausharren und litten unter dem Artilleriebeschuss an Frost und Hunger. So schilderte es ein Militärarzt in seinem Feldpostbrief vom 3. Dezember 1942:

> „Zur äußeren Lage: Wir hocken zusammen in einigen Erdlöchern einer Steppenschlucht. Notdürftigst eingegraben und eingerichtet. Dreck und Lehm. Aus nichts wird etwas gemacht. Kaum Holz zum Bunkern. Mäßige Feuerstellen. Wasser von weit her geholt, sehr knapp. Verpflegung noch zum Sattwerden. Ringsherum triste Landschaft in großer Monotonie und Melancholie. [...] Bedenkliche Gespräche, Heimatgespräche, Sichklammern an Gerüchte, echter Humor, Galgenhumor, Zynismus. Kommandeur spielt auf der Mundharmonika in die Stille hinein. ‚Bald

> ist heilige Nacht' (es war der erste Advent). Dann blitzen Erinnerungen an das schöne vergangene Leben auf, an Genuss und Versuchung, Liebe und Schande. Und jeder wünscht nur eins: Leben, am Leben bleiben! Das ist nackt und wirklich und war das Letzte: der Wille zum Leben. Ernsthafte Gespräche über Gott und die Welt. Und draußen furchtbares Getöse der Vernichtung ..."[7]

Das „nackte Leben" der „Stalingrader" begann noch vor der Gefangenschaft, denn im Kessel war die Versorgung absolut unzureichend, und es herrschten katastrophale hygienische Zustände. Im Januar 1943 begann die sowjetische Operation zur Zerschlagung des Kessels. Als die Reste der Paulus-Armee, 113 000 deutsche und rumänische Soldaten, in sowjetische Gefangenschaft gerieten, waren sie dem Tod näher als dem Leben. Insgesamt kostete die Schlacht und die nachfolgende Gefangenschaft knapp 300 000 deutsche Soldaten das Leben, auf sowjetischer Seite variiert die Zahl von einer halben bis zu einer Million gefallener Sowjetsoldaten. Militärisch war die Schlacht von Stalingrad zwar kein Wendepunkt des Zweiten Weltkriegs, doch psychologisch sehr wohl: Der sowjetische Sieg stärkte die Zuversicht an der Front und im Hinterland. Die erste große deutsche Niederlage bedeutete das Ende des Traums vom deutschen Großreich im Osten.

„Verlorene Siege" – Deutsche Perspektiven auf die Schlacht

Noch während die Reste der 6. Armee verzweifelt in der Stadt ausharrten, entwarf die NS-Propaganda die Stalingrad-Legende: Aus der beispiellosen Niederlage wurde ein beispielhaftes Martyrium.[8] Während die Feldpostbriefe der Soldaten und ihre Tagebuch-Einträge vom sinnlosen Kampf berichteten – der einzige Wunsch war: „raus aus dieser Hölle" – stilisierte Hermann Göring die Schlacht als den „größten Heroenkampf unserer Geschichte", und der *Völkische Beobachter* betitelte Nachrichten aus Stalingrad am Tag der Zerschlagung des Kessels mit: „Sie starben, damit Deutschland lebe". Die Tradition des nationalen Gefallenenkults ist offensichtlich: Die Aufopferung der Toten darf nicht umsonst gewesen sein, und die Kameraden an der Front und an der Heimatfront sollten heldenhaft weiterkämpfen.

In der Nachkriegszeit wurde Stalingrad zum Sinnbild für die Treue zu „Führer und Volk", zum Symbol für den vermeintlichen Verrat der

NS-Führung an „den Deutschen". Die Vorstellung von der Solidargemeinschaft der Soldaten, die verführt und verraten wurden, sollte helfen, das Trauma der Schuld für die NS-Massenverbrechen zu verdrängen. Im schillernden Opfermythos von Stalingrad hieß es, Hitler und seine Schergen hätten die „deutschen Tugenden" wie Standhaftigkeit, soldatische Ehre und Treue zur Heimat heimtückisch missbraucht. Wie im oben zitierten Brief des Militärarztes aus Stalingrad kamen in den Erinnerungen deutscher Stalingrader keine Kämpfe vor, nur Depression, eigene Verwahrlosung und (religiöse) Hoffnungen wurden thematisiert. Entbehrungen, Kälte und Hunger nahmen in den 1948–49 publizierten deutschen Berichten, die in hoher Auflage vertrieben wurden, den zentralen Platz ein. Sie stifteten die Solidargemeinschaft unter den Wehrmachtsveteranen, die somit als Kollektiv jegliche Verantwortung von sich weisen konnten, an den Verbrechen der Nazis beteiligt gewesen zu sein.

Doch eine oppositionelle Haltung zur Führung sucht man in den Selbstzeugnissen aus dem Kessel vergeblich. Anders dagegen in den ex post geschriebenen Memoiren der Offiziere, die als „Landserhefte" populär waren und die von unerschütterlicher Selbstsicherheit zeugen: Hätte man auf die Generäle und nicht auf den fanatischen Hitler gehört, wäre der Krieg gewonnen worden, so der Tenor der Publikationen, für die beispielhaft *Verlorene Siege* von Erich von Manstein steht.[9]

Die militärische Rechtfertigungslegende ergänzten die letzten Briefe der deutschen Soldaten aus Stalingrad, die erstmals 1950 in einem schmalen Bändchen erschienen sind. Im Blickpunkt der Erinnerungskultur standen nun einfache Soldaten, die sich ins Kriegsgeschehen hineingeworfen sahen. Unterstützt von Filmen wie *Hunde, wollt ihr ewig leben* (1959) wurde das Bild des einfachen Landsers – menschlich, warmherzig, kollegial –, dem der Russland-Feldzug unbehaglich ist, popularisiert. Auch für den literarischen Romankitsch bot die Schlacht ausreichend Stoff, so im äußerst populären Roman *Der Arzt von Stalingrad* (1956) von Heinz G. Konsalik, der auch zehn Jahre nach dem Krieg die exotisierenden Diskurse von asiatischer Barbarei und zivilisatorischer Rückständigkeit wiederauflegte.[10] Diese Perspektive auf den Krieg durch die letzten Briefe stärkte ein lange Zeit verbreitetes Bild des deutschen Soldatentums im Krieg gegen die Sowjetunion: ein ausgemergelter, hungernder, frierender Mann – ein sinnloses *Opfer*. Noch bei den in den späten 1980er- bis in die frühen 1990er-Jahre hinein veröffentlichten Erinnerungsschriften liest man von der kollektiven Unfähigkeit, sich anders denn als Opfer zu sehen, wobei der Gegner – als Soldaten oder Zivilisten – entweder gar nicht präsent oder lediglich als hinterlistiger „Ivan" vorkommt. Für die ganze Kriegsgeneration und zum Teil auch für die Kriegskinder sind solche sich gegenseitig untermauernden Erzählungen typisch. Die antikommunistische Rhetorik des Kalten Krieges erlaubte auch die nachträgliche Sinnstiftung, indem der Kampf gegen den Bolschewismus als ehrenhafte Sache dargestellt werden konnte.

1964 ließ der Bund der ehemaligen Stalingrad-Kämpfer ein zentrales Denkmal für die gefallenen Soldaten errichten: In Limburg auf dem Soldatenfriedhof steht ein 1,5 m hoher Granitblock mit Erde aus Stalingrad. Seit 1983 erinnert in der Berliner Kaiser-Wilhelm-Gedächtniskirche die sogenannte Stalingrad-Madonna an die Schlacht. Das Bild von einer Frau, die schützend ein Kind unter ihrem Mantel hält, hat der evangelische Pfarrer Kurt Reuber in Stalingrad als Sinnbild der Hoffnung auf das Leben gemalt.

Auch in Ostdeutschland wurde Stalingrad mythologisiert, bloß unter anderem Vorzeichen. In der sowjetischen Gefangenschaft traten viele Offiziere dem *Nationalkomitee Freies Deutschland* bei und schufen den antifaschistischen Gründungsmythos der DDR. Hier wurden Hitler und die NS-Ideologie als verantwortlich für das Massensterben der Kriegskameraden gesehen.

Man kann also nicht davon sprechen, dass die Erinnerungspraxis der Stalingrader ein einheitliches, homogenes Bild darstellt. Je nach politischer Gesinnung und West- und Ost-Biografien wurde der Erinnerungsort Stalingrad mit unterschiedlichen Inhalten und Sinnstiftungen gefüllt.

Monumentalität und Leerstellen sowjetischer Erinnerung

Im Rahmen der seit 1988 bestehenden Städtepartnerschaft Köln-Wolgograd wurde 2019 in Köln die Ausstellung *Stalingrad. Appell zum Frieden* gezeigt. Deutsche und russische Erinnerungsaktivisten, lokale Politiker und Mitglieder der russischen Gemeinde trafen sich in Räumlichkeiten der Karthäuserkirche zur Ausstellungseröffnung. Juri Starovatykh, ehemaliger Oberbürgermeister Wolgograds, der auf der russischen Seite die Städtepartnerschaft initiierte, erzählte in seiner Ansprache von seinen persönlichen Erinnerungen an das Feuerinferno in Stalingrad 1942. Als die Fähre, auf der er mit seiner Mutter evakuiert wurde, von der Luftwaffe beschossen wurde, schrie er in Angst und Panik: „Mama, warum schießen sie auf uns?" Wie ein Mantra wiederholt er während der Veranstaltung, es dürfe nie wieder zu einem Krieg kommen, wir, die junge Generation, seien für den Frieden verantwortlich.

Diese Angst, der Schmerz und die Verzweiflung der Überlebenden wurden aus der heroisch orientierten kommunistischen Erinnerungssprache ausgeklammert. Doch es ist offensichtlich, dass dieses Trauma die Menschen immer wieder heimsucht.

Die offizielle sowjetische Erinnerung war auf das Stadtgeschehen, und vor allem auf den Häuserkampf orientiert. Stalingrad war die erste sowjetische Stadt, die den Titel „Heldenstadt" (*gorod-geroj*) verliehen bekommen hat, hier wurden die meisten Titel „Held der Sowjetunion" verliehen (über 300), und hier steht die größte Denkmalanlage der Sowjetunion „Für die heroischen Verteidiger Stalingrads". Bis heute genießt „die Haupthöhe Russlands" Aufmerksamkeit auf der höchsten politischen Ebene. Die Entwicklung hin zum wichtigsten Ort der Kriegserinnerung begann noch während des Krieges: Es wurden Materialien und Relikte aus der Schlacht gesammelt, und speziell eingesetzte historiografische Kommissionen führten Interviews mit Zeugen und Kriegsteilnehmern. Das allererste Museum für die Schlacht wurde in Stalingrad bereits 1948 eröffnet, 1980 wurde es mit dem Panorama-Museum ergänzt.

In der nachsowjetischen Zeit wurde der Krieg insgesamt „menschlicher" erinnert: Es wurde mehr über den „schrecklichen Krieg" gesprochen – und das Leid der Menschen wurde in den Fokus gerückt. In den 1990er-Jahren wurde die Versöhnung politisch und gesellschaftlich großgeschrieben; und als es zum ersten Mal zum Besuch aus dem Westen kam, kam es zwischen Deutschen und Russen zum Austausch, zum Engagement für den Erhalt der Gräber – und oft entwickelten sich auch Freundschaften. Schon im März 1991 war eine Delegation des *Volksbundes Deutsche Kriegsgräberfürsorge* und der Stalingradkämpfer in Wolgograd. In den 1990ern wurde in der Nähe von Wolgograd der Militärfriedhof Rossoschka eröffnet, auf dem auch deutsche Soldaten beigesetzt sind. Es war der erste Friedhof der Wehrmacht. „Auch Deutsche waren Opfer des Krieges", war in Russland eine heute häufig anzutreffende Meinung, und nicht zuletzt ist es eine Folge der sowjetischen Erinnerungskultur, die entsprechend der kommunistischen Ideologie nach Klassenfeinden und nicht nach Nationen differenzierte. Deutsche Besucher, Veteranen und Angehörige wunderten sich, mit welch tiefer Herzlichkeit sie empfangen wurden. Auch der Bundespräsident Frank-Walter Steinmeier erinnerte sich in seiner Gedenkrede zum 80. Jahrestags des Überfalls auf die Sowjetunion:

> „Dass ich als deutscher Außenminister vor sechs Jahren zum Jahrestag des Kriegsendes in Wolgograd, dem ehemaligen Stalingrad, feierlich empfangen wurde von einer großen Menge Veteraninnen und Veteranen – aufrecht und stolz in ihren viel zu groß gewordenen Uniformen, die Hand zum militärischen Gruß erhoben, mit Tränen in den Augen –, das gehört zu den bewegenden, prägenden Erinnerungen meines Lebens."[11]

Der Russland-Historiker Jochen Hellbeck, der für sein Projekt *Facing Stalingrad*[12] mit Veteranen beider Staaten sprach, stellte fest, dass die beiden Erinnerungsdiskurse in ihrer Betonung des Schreckens der Schlacht einander ähneln. Nur die Sinnstiftung ist eine andere: Während die sowjetischen Soldaten ihren Beitrag zum Sieg betonen, bleibt den deutschen

Die Gedenkstätte „Mutter-Heimat ruft" in Wolgograd wurde 1967 eröffnet und erinnert an die Stalingrader Schlacht.

Veteranen nur, die traumatisierende Sinnlosigkeit des Kampfes festzustellen. Was aber auf beiden Seiten fehlt, ist der Hass aufeinander.

An einer Wand der Gedenkstätte, die die Figuren der Rotarmisten zeigt, lesen wir: „Eiserner Wind schlug ihnen ins Gesicht, sie gingen immer weiter vorwärts, und wieder ergriff die abergläubische Angst den Feind: Rückten da Menschen vor, waren sie sterblich?" Dies ist ein Zitat aus dem Essay des großen sowjetischen Schriftstellers Wassili Grossman (1905–1964). An den Wänden des Pantheons findet sich, etwas umgewandelt, seine Antwort auf die Frage: „Ja, wir waren sterblich, und kaum einer von uns hat überlebt. Aber wir haben alle unsere Pflicht gegenüber der heiligen Mutter Heimat erfüllt." (im Original: „Ja, sie waren einfache Soldaten, und kaum einer von ihnen hat überlebt, aber sie haben ihre Sache erledigt.")[13] Als Evgeny Vuchetich, der Bildhauer, dieses Zitat für die Hervorhebung des soldatischen Heldentums auswählte, war Grossman bereits gestorben, verbittert darüber, dass sein großes Werk – der Stalingrad-Roman *Leben und Schicksal* nicht veröffentlicht werden durfte.

Grossmans *Leben und Schicksal*

Grossman meldete sich bereits in den ersten Kriegswochen für den Einsatz in der Roten Armee. Seine Heimatstadt Berdytschiw wurde am 7. Juli 1941 von den Deutschen eingenommen, und er machte sich Sorgen um seine Mutter Jekaterina Grossman, die er nicht rechtzeitig zu sich nach Moskau evakuieren konnte. Das letzte Lebenszeichen seiner Mutter – ein Telegramm – erhielt er am 1. Juli, danach folgten zwei Jahre Ungewissheit über ihr Schicksal. Erst als die Wehrmacht sich auf dem Rückzug befand und die Rote Armee die Ukraine befreite, erfuhr Grossman, dass seine Mutter – wie alle anderen 10 000 jüdischen Bewohner Berdytschiws – von den Deutschen und ihren lokalen Mithelfern an einem Septembertag im Jahr 1941 getötet worden war. Der Holocaust wurde für Grossman zu einem persönlichen, ungeheuerlichen Ereignis – und dann zum zentralen Thema in *Leben und Schicksal.*

Schonungslos gegen sich selbst bearbeitete Grossman die Interviews über diese Massaker, die er mit den Einwohnern Berdytschiws führte, in einem Kapitel für das *Schwarzbuch* über den Mord an den sowjetischen Juden und im fiktiven Abschiedsbrief seiner Mutter, den sein Alter Ego Viktor Strum in *Leben und Schicksal* erhält. Dieser Brief ist eines der eindrücklichsten literarischen Zeugnisse des Holocaust: „Vitenka, ich bin mir sicher, dass Dich mein Brief erreichen wird, obwohl ich mich hinter der Frontlinie und hinter dem Stacheldraht des jüdischen Ghettos befinde. Deine Antwort werde ich nicht mehr erhalten, ich werde nicht mehr leben."

Nach dem Erhalt dieses Briefes beginnt die Hauptfigur, sich als Jude zu „fühlen". So auch Grossman selbst, der für diesen Brief die Details der Vernichtung der jüdischen Bevölkerung von Berdytschiw rekonstruierte. Um mit dem Tod seiner Mutter fertigzuwerden, schrieb er ihr an ihren Todestagen Briefe, die er in einer Schublade sammelte.

Grossman war fast die gesamte Kriegszeit an der Front und berichtete bis Januar 1943 auch aus Stalingrad. Es waren diese Kriegsberichte für die Armeezeitung *Krasnaja Zvezda*, „Roter Stern", die ihn berühmt machten. Seine Beobachtungen ließ er in den ersten Teil seines Stalingrad-Romans einfließen, den er 1949 fertigstellte. Er erschien 1952 unter dem Titel *Für die gerechte Sache*. In dieser Zeit schrieb er schon an der Fortsetzung des Romans, die zu einer scharfen Abrechnung mit Stalin wurde. Auch im liberaleren Tauwetter waren die Grenzen des Sagbaren eng gezogen. Das gesetzte Manuskript wurde konfisziert. Grossman wendete sich an den Parteiführer Chruschtschow selbst und bat um die Freiheit für seinen Roman, doch erfolglos. Erst 1980 erschien der von seinen Freunden ins Ausland geschmuggelte Roman in einem Verlag in der Schweiz, 1984 dann auf Deutsch, und erst 1989 in der Sowjetunion.

Leben und Schicksal ist mehr als ein Kriegsroman, es ist eine philosophische Betrachtung über Ideologien, die die individuelle Menschlichkeit zermalmen. In dieser Hinsicht polemisierte Grossman gegen Leo Tolstoi, obwohl er sich bei der Erzähltechnik durchaus an dessen *Krieg und Frieden* orientierte: Das Geflecht zweier verzweigter Familien bringt die individuellen Einstellungen zum Ausdruck. Aber während bei Tolstoi der fortschrittliche Determinismus die Menschheit voranbringt, werden die Figuren Grossmans von totalitären Mobilisierungsdiktaturen in den Arbeitslagern gequält und vernichtet.[14] Grossman schrieb nicht nur gegen Hitler, sondern auch gegen Stalin, denn in beiden feindlichen Ideologien wird ein unmenschliches Prinzip zur Erlangung der glücklichen Utopie zugrunde gelegt: Wo gehobelt wird, fallen Späne.

So ist es gerade der Häuserkampf in Stalingrad, der im Roman als „Insel der Freiheit" gezeichnet wird, weil hier Menschen jenseits des repressiven Drucks über die Perversionen des Sozialismus Stalinscher Prägung diskutieren können. *Leben und Schicksal* ist antifaschistisch und antistalinistisch zugleich – aber eben nicht antisowjetisch. Grossman sah die Sowjetsoldaten und das sowjetische Volk als Helden in diesem Krieg, und keine Enttäuschung durch die Sowjetbehörden konnte diesen Glauben zerstören. Das Leid des Menschen im Stalinismus und im Nationalsozialismus erhält bei ihm menschliche Züge, er zeigte auch ihre Ängste und Zweifel. Doch für ihn waren diese Soldaten keine passiven Opfer zweier Totalitarismen, sondern kämpften und starben für die gerechte Sache, für eine bessere Welt und für das Ende des NS-Terrors. In seinem Roman wie auch im *Schwarzbuch* liest man eine starke Erinnerungsbotschaft heraus: Wir sind moralisch verpflichtet, der Toten zu gedenken, und wir dürfen deren Beitrag zur Befreiung nicht anzweifeln. Das Traumatische verband sich mit dem Heldenhaften – und diese widersprüchliche Dialektik zeichnete auch die sowjetische Erinnerung an den Krieg aus.

Für die Dialektik der Erinnerungskultur hatte sich Jürgen Zarusky, unser viel zu früh verstorbene Freund und Kollege am Institut für Zeitgeschichte in München, ausgesprochen.[15] Dabei bezog er sich auf die Philosophie Grossmans, die er als antitotalitär deutete. Gerade in *Leben und Schicksal* fand Zarusky eine literarische Antwort auf die Herausforderung der Dialektik und einen Beitrag zur Bewältigung der Erinnerungskonflikte. Die Einsicht Grossmans ist eine einfache, doch offenbar politisch ungemein schwierige: Bei dem Holocaust handelt es sich um ein einmaliges Menschheitsverbrechen, und deswegen soll es den zentralen Stellenwert in der Erinnerungskultur bekommen. Die Feststellung der Befreiungsrolle der sowjetischen Menschen schließt zudem die Benennung sowjetischer Verbrechen keineswegs aus. Für den bundesdeutschen Diskurs ist es aber äußerst wichtig wahrzunehmen, dass „sowjetisch" nicht mit „russisch" gleichzusetzen ist. Die Rote Armee hatte einen multinationalen Charakter, schließlich dienten in ihr Menschen aus allen Sowjetrepubliken.

Leningrad – Vernichtung durch Hunger: Stimmen aus der Blockade

Kommt man in St. Petersburg am Flughafen Pulkovo im Süden der Stadt an und fährt mit dem Schnellbus in die Stadt, ist das monumentale Gedenkensemble *Für die heroischen Verteidiger Leningrads* das allererste Denkmal, das einem begegnet. Es ist ein ungewöhnliches Werk, denn sonst dominieren Barock, Klassizismus, Empire und Jugendstil die Architektur der Stadt an der Newa. Der Obelisk, mit den goldenen Ziffern „1941–1945" an der Spitze, ist umgeben von zwei halbrunden Granitmauern. Darauf auf der einen Seite: Zivilisten – Frauen, Kinder, Alte –, auf der anderen: Soldaten und Freiwillige an der Leningrader Front. Leid und Heroismus als zwei Seiten der Medaille im kulturellen Gedächtnis an die Belagerung Leningrads durch die deutsche Wehrmacht während des Zweiten Weltkriegs, die grauenvolle zweieinhalb Jahre, vom September 1941 bis Januar 1944, andauerte. Das Denkmal, errichtet 1975 zum 30. Jubiläum des Sieges im „Großen Vaterländischen Krieg", wurde zwar für seinen modernistischen Stil kritisiert, gibt aber sehr genau wieder, was die Blockade-Erinnerung in Russland auszeichnet: den Stolz, die Stadt verteidigt zu haben, und zugleich die Trauer um die Opfer.

Für viele ausländische Stadtbesucher, Touristen wie Geschäftsleute, ist das Denkmal die erste Begegnung mit dem Thema Blockade überhaupt. Die deutschen Stadtführer preisen ausführlich die imperiale Pracht der Stadt: „Venedig des Nordens", „Perle an der Ostsee", „das schönste historische Zentrum Europas". Doch, dass die Wehrmacht die Stadt 872 Tage eingekesselt hielt und die Bevölkerung aushungern wollte, bleibt meistens eine Randbemerkung. Nur wer sich explizit für die Kriegsgeschichte interessiert, baut Orte wie den Piskarevo-Friedhof, den größten Friedhof für zivile Opfer des Zweiten Weltkriegs weltweit, oder das Blockademuseum in sein Besuchsprogramm mit ein. Dabei ist das monumentale Denkmal *Für die heroischen Verteidiger*, ein deutliches Zeichen dafür, wie ungemein wichtig das Thema der Leningrader Blockade für die Petersburger und Petersburgerinnen bis heute ist.

Wir kommen mit unseren Studierenden nach St. Petersburg und haben genau dieses Ziel im Blick: Wir wollen uns die Erinnerungsorte in der Stadt ansehen und uns mit Historikerinnen und Historikern, Museumsleuten und vor allem mit Überlebenden der Blockade treffen. Über den historischen Kontext der Blockade haben wir in mehreren Seminarsitzungen bereits an der Universität gesprochen: Das Schicksal der Stadt ist als Teil des deutschen Vernichtungskrieges gegen die Sowjetunion gut erforscht.

In der Geschichtswissenschaft wird das Geschehen in Leningrad als „größte demografische Katastrophe, die eine Stadt in der Geschichte der Menschheit erleben musste",[1] bezeichnet: Durch Artilleriebeschüsse und Bombardierungen und vor allem Hunger sollte die Millionenstadt an der Newa, das heutige St. Petersburg, vernichtet werden. Das Vorgehen gegen Leningrad war Teil des Raub- und Vernichtungskrieges im Osten: Die deutsche Führung plante, durch das Aushungern der Stadt- und Dorfbewohner weite Teile der Sowjetunion zu entvölkern und auf diese Weise Raum für deutsche Siedler zu gewinnen. Der „Osten" sollte rücksichtslos germanisiert werden – auf Kosten der dortigen Bevölkerung, deren Dezimierung man vorab einkalkuliert hatte. Die konkrete Leitlinie der Besatzungspolitik im Osten war die maximale Ausnutzung der besetzten Gebiete. Die Pläne des Wirtschaftsführungsstabes sahen vor, die sogenannten „Zuschussgebiete" – die Waldgebiete im Norden – von der Versorgung mit landwirtschaftlichen Gütern abzuschneiden. Die Wehrmacht sollte sich vollständig aus dem Land versorgen, auf Kosten der Bevölkerung, für deren Versorgung man nicht aufkommen wollte. Der Lebensmittelraub und die Einrichtung der Hunger-Ghettos in den besetzten Gebieten waren die logische Folge dieser Politik, der Hungertod der Einheimischen war intendiert. Für die deutsche Wehrmachtsführung war es nicht zuletzt ein „Ernährungskrieg".

Von Anfang an spielte Leningrad eine zentrale Rolle in den Kriegsplänen Hitlers, es sollte als erste russische Großstadt „dem Erdboden gleich gemacht" werden.[2] Leningrad sollte kein Einzelfall bleiben: Auch für Moskau und Stalingrad plante der Führer gleichermaßen, die Städte zu zerstören und ihre Bevölkerung durch Hunger und Artillerie zu dezimieren. Der Befehl, die Stadt nicht zu erobern, sondern einzuschließen und durch Hunger und Artilleriebeschuss zu vernichten, fiel im September 1941. Die Belagerung der Stadt war also nicht auf ihre Einnahme aus –

etwas, das das Schicksal der Stadt im Zweiten Weltkrieg so besonders macht.[3] Die Reichsführung machte unmissverständlich klar, dass, sollte es ein Kapitulationsangebot Leningrads geben, es abzulehnen sei. Die städtische Bevölkerung musste verhungern. Im Generalplan OST sollte Leningrad verschwinden und unter dem Namen Ingermanland zum Siedlungsgebiet von etwa Zweihunderttausend Deutschen werden.

Die deutsche Gesellschaft wusste darüber Bescheid: Deutsche Zeitungen triumphierten: „Leningrad muß vernichtet werden!" Die Aufzeichnungen der deutschen Wehrmachtsgeneräle vor Leningrad bekunden lediglich die Sorge, das Erschießen von aus der Stadt fliehenden Zivilisten und Zivilistinnen würde die Psyche der dort eingesetzten deutschen Soldaten belasten.[4] Über die verhungerten Frauen, Kinder und alten Menschen machte man sich dagegen keine Gedanken. Leningrad war auch ein Teil des rassenideologischen Weltanschauungskrieges, in dem neben „dem Juden" und „Bolschewisten" „der Russe" der größte Feind war.

Während die Wehrmacht weiter nach Moskau zog, blieb Leningrad eingekesselt: vom Süden her durch die Wehrmacht, vom Norden durch die finnische Armee, die auf die Grenze von vor dem finnisch-sowjetischen Winterkrieg 1939 einrückte. In der drauffolgenden Zeit ist Leningrad lediglich ein Nebenkriegsschauplatz, auch wenn die Wehrmacht immer wieder versucht, den Belagerungsring enger zu ziehen. Vor allem vom Spätherbst 1942 an verstärken sich die Kämpfe um Leningrad, da die Rote Armee versuchte, den Belagerungsring zu durchbrechen. Allein am Brückenkopf Newskij Pjatatschok fielen an die Hunderttausende sowjetische Soldaten. Der letztlich erfolgreiche Durchbruch am 27. Januar 1944 war bereits der sechste Versuch der Roten Armee. Im heutigen Russland wird an diesem Tag aller Blockadeopfer gedacht.

Die größte humanitäre Katastrophe der Kriegsgeschichte

Zur Zeit der Einkesselung am 8. September 1941 befanden sich in der Stadt 2,5 Millionen Menschen. Der Hunger war in Leningrad sehr früh zu spüren: Die erste Lebensmittelrationierung auf Karten erfolgte im September 1941 – und bis November 1941 wurden die Normen für die Lebensmittelausgabe noch fünfmal gesenkt. Nach der Einnahme von Tichvin, als die komplette Abriegelung drohte, wurde am 20. November die niedrigste Brotration während der gesamten Zeit festgesetzt – 250 Gramm auf der Arbeiterkarte, 125 Gramm auf der Angehörigenkarte (als Angehörige galten Personen ohne eigenes Einkommen, Kinder und Angestellte). Bereits vor der Festsetzung der niedrigsten Norm litt die Bevölkerung unter Hunger. Diese 125 Gramm Brot, „mit Blut und Feuer halb und halb" (Olga Bergholz) wurde zum Hauptthema im veränderten Alltag der Leningrader. Obendrein war dieses Stück kein reines Brot, sondern es bestand aus unterschiedlichen Beimischungen – Kleister, Sülze, Sägemehl und Zellulose. Die Menschen verarbeiteten alles, was sie hatten, zu Nahrung: Lederwaren, Tapetenkleister, Holzleim, auch Haustiere wurden gegessen. Und an der Stelle, wo das Lebensmittellager Badajewo gebrannt hatte, wurde sogar die Erde aufgesammelt, der man nachsagte, sie schmecke süß und fettig. Auch diese Erde hat man gegessen. Man lebte von der Hoffnung auf die Erhöhung der Lebensmittelrationen und von den Gerüchten, dass in diesem oder jenem Geschäft der Stadt Lebensmittel ausgegeben würden.

Doch nicht nur an Hunger litten die Leningrader: Die Stadt befand sich darüber hinaus unter ständigem Artilleriebeschuss und war das Ziel von Bombenangriffen. Die Stadtbewohner verloren durch Flächenbrände ihre Häuser, ihr Hab und Gut – und viele verloren ihr Leben.

Zudem fielen in dem „Todeswinter" 1941/42 die Temperaturen bis auf minus 40 Grad, was schwerwiegende Störungen im städtischen Betrieb verursachte. In der Stadt gab es weder Strom noch Brennstoff – die Verkehrsmittel fielen aus, die Wasserleitungen platzten, und die Leningrader mussten zu Fuß weite Wege zur Arbeit oder auf der Suche nach Essen und Holz zurücklegen, was eine immense Kraftanstrengung erforderte. So brachen gerade auf der Straße viele Menschen zusammen. Erfrorene Tote auf der Straße gehörten zum täglichen Erscheinungsbild – ähnlich wie die „knirschenden" Schlitten, die die Toten transportierten: ein Bild, das die Blockade-Erinnerung für immer prägen sollte. Im Winter 1941/42 herrschte in der Stadt ein Massensterben. Die gesundheitlichen Folgen von Dauerhunger, Fehlernährung und Folgeerkrankungen wie Dystrophie – degenerative Störungen und Krankheiten, an der Menschen auch nach der Verbesserung der Lebensmittelsituation starben –, sind gravierend. Die permanenten Veränderungen im Organismus sowie die demografischen Auswirkungen infolgedessen wurden erst vor Kurzem zum Gegenstand umfassender Forschung.

Um sich vom Gedanken an den Hunger abzulenken, suchten die Menschen der Stadt nach Beschäftigung – der, der noch gehen konnte, ging in

Bibliotheken oder besuchte die Universitäten. Auch in mehreren Schulen der Stadt herrschte Betrieb, wobei der Unterricht abwechselnd im Schulgebäude und dann wieder im Luftschutzkeller abgehalten wurde.

Die einzige Hoffnung der Leningraderinnen und Leningrader auf Überleben war verbunden mit der „Straße des Lebens". Als solche wurde der im November 1941 eingerichtete Weg über den eingefrorenen Ladogasee bezeichnet – die einzige Verbindung der belagerten Stadt mit dem Festland. Nachts fuhren hier Fahrzeuge, die Menschen aus der Stadt hinaus und Lebensmittel in die Stadt hereinbrachten.

Die Evakuierung der Leningrader Bevölkerung ist ein bislang wenig bekanntes Kapitel der Blockadegeschichte: Das Schicksal der Leningrader auf ihrem gefährlichen, mühsamen Weg aus der belagerten Stadt steht bis heute im Schatten des Grauens des Massensterbens an Hunger im Winter 1941/42. Und es liefert abermals den Beweis für den verbrecherischen Charakter des deutschen Vernichtungskrieges gegen die Sowjetunion: Die Züge und Schiffe mit den Zivilisten – mit Kindern, Frauen, Alten und Kranken – wurden von der deutschen Luftwaffe ununterbrochen bombardiert.

Wir fahren mit der Oktjabrskij-Eisenbahn vom Finnljandskij-Bahnhof Richtung Ladogasee. In regelmäßigen Abständen kennzeichnet jeweils ein kleiner Obelisk den „XY-Kilometer der Straße des Lebens". Wo man heute die Strecke in nur zwei Stunden zurücklegt – Haltestellen Borisowa Griwa oder Ladozhskoe Ozero – dauerte die Fahrt im Herbst und Winter 1941 dagegen mehrere Tage und Stunden. Die Züge wurden von den Deutschen gnadenlos beschossen und bombardiert, denn, trotz Tarnung, waren die Dampfspuren doch zu erkennen. Die unbeheizten Züge voller ausgemergelter, erschöpfter Menschen konnten sich nur langsam fortbewegen. Viele Flüchtlinge starben unterwegs. Ihre Hoffnung, das Hinterland zu erreichen, sich satt zu essen und durch die Evakuierung zu überleben, erfüllte sich nur in den seltensten Fällen. Insgesamt wurden auf den Eisenbahnstationen Borisowa Griwa und Ladozhskoe Ozero fast dreitausend Menschen beigesetzt, die in den Zügen gestorben waren. Jene, die lebend ankamen, verbrachten in den eisigen Wartehallen der Eisenbahnstation weitere Stunden oder gar Tage mit Warten auf die Autos, die sie über den Ladogasee transportieren sollten. In der Anfangszeit des Betriebs (Dezember 1941 – Januar 1942) fehlte es an Fahrzeugen, um die Menschen auf die andere Seite des Sees ins Hinterland zu bringen.

In einem der Selbstzeugnisse ist das dokumentiert: „Die Menschen erfroren. Die Mütter verloren ihre Kinder, kamen zurück und fanden sie tot. Die Menschen warfen sich auf die Autos, griffen nach den Rädern, umklammerten die Reifen."[5]

Dieser Transport erwies sich als sehr schwer: Fahrzeuge wurden aus der Luft beschossen, und bei Tauwetter gerieten sie in Eislöcher und steckten fest. Bis die Autos wieder frei fahren konnten, erlitten viele Passagiere tödliche Erfrierungen. Im Sommer, als die Leningrader Frauen und Kinder auf dem Seeweg aus der Stadt herausgebracht werden sollten, wurden die Schiffe bombardiert. Im *Blockadebuch* von Daniil Granin und Ales Adamowitsch ist die Erinnerung daran festgehalten: „Als unser Schiff nun weiter vom Ufer war, sahen wir im Wasser die Rückseite des Koffers, ein weißes Hütchen, einen Ball schwimmen. Die Marineleute sagten uns, hier wurde kürzlich ein Evakuierungsschiff versenkt."[6]

Als wir am Bahnhof Ladozhskoe Ozero ankommen, fällt es uns schwer, uns beim Anblick der idyllischen Naturlandschaft dieses Grauen vorzustellen. Als wir uns dem Seeufer nähern, sehen wir mehrere Zeichen, die an die Opfer erinnern: ein Denkmal für die Eisenbahnmitarbeiter, die ihr Leben bei der Rettung der Menschen aus den brennenden Zügen verloren; ein Denkmal für die Kinder (Birkenbäume mit roten Halstüchern) und ein Museum der „Straße des Lebens."

Schreiben, um zu überleben

In St. Petersburg beschäftigt sich eine Gruppe von Lokalhistorikern und Anthropologen mit der Blockade Leningrads und der Erinnerungskultur. Milena Tretiakowa ist eine davon. Sie hat lange als Leiterin der historischen Abteilung des Blockademuseums gearbeitet. Seit Jahrzehnten sammelt sie Zeugnisse über die Zeit der Blockade – sowohl zeitgenössische Tagebücher als auch Erinnerungen von Überlebenden, den *blokadniki*. Sie berichtet über ihre Forschung und davon, dass sie und ihre Kolleginnen und Kollegen beim Lesen dieser Zeitzeugnisse emotional auf eine harte Probe gestellt wurden.

Bei vielen Dokumenten musste man am Ende feststellen, dass der Mensch seinen eigenen Weg in den Tod aufzeichnete. Was zumeist als Chronik einer außergewöhnlichen, unruhigen Zeit beginnt, dann den schweren Alltag beschreibt, schließlich das aufführt, was am Abend gelesen wurde – versehen mit literarischen Reflexionen, um sich vom Thema

Essen abzulenken –, verkommt zum Schluss zu unvollständigen, grammatikalisch falschen Sätzen, die lediglich den Tod der Angehörigen dokumentieren. Die letzten Einträge erscheinen ohne Punkt und Komma und verzichten auf Deklination. Irgendwann folgt der Schlusssatz, dass man sich den Tod herbeiwünsche, da der Hunger nicht mehr zu ertragen sei. Die Authentizität der Tagebücher beeindruckt und bedrückt auch heute. Die Aufrichtigkeit übt eine seltsame Faszination aus und zieht einen in den Bann. Der Blick auf die eingekesselte Stadt Leningrad aus dem Blickwinkel der Tagebuchschreiber eröffnete uns eine zutiefst menschliche Perspektive auf den Krieg und den Kriegsalltag.

Die meisten Leningrader und Leningraderinnen führen während der Blockade Tagebücher und werden so zu Chronisten des Lebens und Sterbens in der eingekesselten Stadt. So der 59-jährige Lazar' Mojzhes, der am 9. September 1941 notierte: „Die Ereignisse der letzten Tage in Leningrad sind so schwerwiegend, dass ich beschloss, darüber Tagebuch zu führen; vom ersten Tag des Krieges an waren die Luftalarme so häufig, dass man sich daran gewöhnte und kaum reagierte. Nur die Notwendigkeit, sich zu verstecken, schränkt einen ein …".[7]

Die ersten Einträge zeugen noch von Nervosität, Unruhe und Angst wegen der Luftangriffe. Doch ziemlich schnell werden die Tagebücher zu Zeugnissen des Leidens und Sterbens am Hunger. Alles dreht sich ums Essen, die Hungergefühle werden dokumentiert und lesen sich als Hilfeschreie. „Wir leben vom Mittagessen bis zum Mittagessen. Oh, ich habe so einen Hunger! Irgendwas wird man uns heute geben!", notierte eine 18-jährige Leningraderin.[8] Lazar' Mojzhes schreibt am 3. November 1941: „Alle Gespräche (in den Schlangen) konzentrieren sich auf 200 Gramm Brot, auf Kartoffeln, mit einem Wort auf das Thema des Magens, das jetzt alles dominiert." Bei der 16-jährigen Leningrader Schülerin Lena Muchina findet man Folgendes in ihrem Tagebuch: „Das Brot habe ich fast schon ganz gegessen, was sind schon 125g, das ist eine kleine Scheibe, aber die Bonbons muss ich irgendwie auf zehn Tage verteilen. Erst habe ich mit täglich drei Bonbons gerechnet, aber ich habe schon neun Stück gegessen."[9] Das Schreiben über die Rationen und deren Aufteilung über den Tag hinweg sollte einen disziplinieren und helfen, nicht gleich alles aufzuessen – und der Ablenkung dienen. Der Akademiker Dmitri Lichatschow, selbst Blockade-Überlebender, maß dieser Funktion der Ablenkung vom Hunger eine große Bedeutung zu:

„Die Kälte war irgendwie innerlich. Sie durchdrang alles. Der Körper erzeugte zu wenig Wärme. *Der menschliche Verstand war der letzte, der starb.* Wenn die Arme und Beine schon den Dienst verweigert hatten, wenn die Finger den Mantel nicht mehr zuknöpfen konnten, wenn der Mann keine Kraft mehr hatte, den Mund mit einem Schal zu bedecken, wenn die Haut um den Mund dunkel geworden war, wenn das Gesicht wie ein Totenschädel mit zusammengebissenen Vorderzähnen geworden war – das Gehirn arbeitete noch. Die Menschen schrieben Tagebücher und glaubten, dass sie noch einen Tag leben könnten."[10]

Gedanken über die Zubereitung und die Einnahme des Essens wie auch Fantasien über die Erhöhung der Rationen füllten viele Seiten der Tagebücher. Es ist paradox, dass gerade das übermäßige Beschreiben von Gerichten, von Rezepten und der Zubereitung von Speisen für allgegenwärtigen Hunger steht.

Die Notizen ordnen sich nach dem Prinzip „vor dem Essen" – „nach dem Essen". So schreibt die Literaturwissenschaftlerin Lidia Ginsburg in ihr Tagebuch: „Der Tag ordnete sich nun um drei Brennpunkte: Frühstück, Mittagessen, Abendessen."[11] Alle Aktivitäten des Tages – der Gang zur Arbeit, das Aufräumen des Häuserschutts, Rettungsaktionen in den Luftschutzkellern – waren dem Warten auf das Essen oder der Einnahme einer Mahlzeit untergeordnet. Das späte Aufstehen und das frühe Ins-Bett-Gehen versprachen bessere Überlebenschancen. So beginnen und enden die Tagebucheinträge jeweils erst um 9 Uhr und enden um 18 Uhr. Das Erzählen über den Besuch von Freunden beschränkt sich auf die Beschreibung dessen, was sie als Nahrung mitgebracht hatten. Nicht einmal die Angst, von Artilleriefeuer getroffen zu werden, unterbricht einen Leningrader beim Mittagessen. Das Aufnehmen von Nahrung wird zur einzigen sinnvollen Beschäftigung, zur einzigen Rettung im Überlebenskampf. Lidia Ginsburg beobachtet: „Was tun Sie da eigentlich, fragte man im Blockadewinter Professor R., der in Leningrad festsaß. Er gab zur Antwort: ‚Ich esse zu Mittag.'"[12]

Am Thema Essen zerbrechen auch menschliche, soziale Kontakte. Die Tagebücher thematisieren die Vereinsamung und Vereinzelung des Menschen, und zwar überall, sei es in der Warteschlange, im Arbeitskollektiv oder in der Familie. Die Tagebücher belegen, dass Lebensmittel, die Essenszubereitung und Nahrungsaufnahme zum Gegenstand von Streit und gegenseitiger Aggression wurden. Essen fand nun vor allem konzentriert, still und schweigsam statt, in höchster geistiger Anstrengung darauf, nicht allzu schnell zu essen und das Teilen zu überwachen. Die Hinweise auf die Konflikte in den Familien zeugen davon, dass das tägliche Teilen der Essensrationen mit den Angehörigen immer schwerer fiel. Dabei hatten die von den arbeitenden Familienmitgliedern abhängigen Menschen die geringsten Überlebenschancen. Sie bekamen die geringste Ration – und ihre Zeit bestand aus Warten auf denjenigen Familienangehörigen, der von der Arbeit eine Suppe mitbringt. Menschen teilten ihr Essen, und in den Tagebüchern sind diese teilenden Angehörigen die Ersten, deren Tod notiert wird – die arbeitende Mutter, die berufstätige Ehefrau. Zum Zeitpunkt ihres Sterbens ist man emotional so stark ausgezehrt, dass man ihren Tod lediglich ernüchtert notieren kann, wie Lena Muchina: „8.2. Gestern Morgen ist Mama gestorben. Ich bin nun allein." Der Leningrader Ivan Zhilinskij dokumentiert in seinem Tagebuch trocken den Tod seiner Frau: „Sie hat sich als tot erwiesen. Ruhe sie in Frieden."

Nicht alle Leningrader und Leningraderinnen konnten jedoch ihr Essen mit den wartenden Angehörigen teilen. Lidia Ginsburg, deren Mutter an Dystrophie starb, beschrieb sehr genau die Gefühle der Blockademenschen, die mitansehen, wie ihre Angehörigen hungers sterben:

> „‚… Sie hatte solche Lust auf Konfekt. Warum hab ich bloß dieses Konfekt gegessen? Ich hätte es nicht essen müssen.' Das denkt der Blockademensch, wenn er sich an seine Frau, seine Mutter erinnert, durch deren Tod das aufgegessene Konfekt zu etwas Unumkehrbaren geworden ist. Für die Überlebenden der Blockade war Reue ebenso unausweichlich wie die durch die Dystrophie hervorgerufenen Veränderungen ihres Organismus."[13]

Die Reue gegenüber ihrer Mutter, die Ginsburg im Essay „Aufzeichnungen eines Blockademenschen" aus einer entfremdeten Perspektive verarbeitet, teilten viele Überlebende der Blockade. Die Trauer um die verhungerten Familienangehörigen verband sich häufig mit der Reue darüber, nicht geteilt zu haben, und mit den Schuldgefühlen gegenüber den Toten, entweder, weil man selbst überlebt hatte oder weil man nicht in der Lage gewesen ist, die Nächsten angemessen zu bestatten. Der Tod wurde schließlich zur Normalität. Ihm begegnete man Tag für Tag an den zugeschneiten und vereisten Straßen. Jene, die noch Kraft hatten, schufen die Leichen, notdürftig in Bettlacken eingewickelt – nur jemand, der noch Essensersparnisse hatte, konnte einen Sarg erwerben –, mit Kinderschlitten zu Sammelstellen oder auf die Friedhöfe. Doch meistens blieben die Menschen einfach in ihren Wohnungen oder direkt auf den Höfen liegen. Das Sterben gehörte zu den vielen Hürden, die man um des eigenen Überlebens willen zu „schaffen" hatte. „Die Temperatur im Zimmer steigt nicht über 2 Grad. Neben der Küche liegt bereits eine Woche eine tote Alte. Unsere Geduld war gestern zu Ende – an einem dunklen Abend schafften wir sie aus der Wohnung weg", schrieb die 17-jährige Rosalia Serdnak.

„Das Leben ist nicht mehr zu ertragen", notiert Lazar' Mojzhes am 30. November völlig entmutigt. Laut Sterbeurkunde starb Lazar' Mojzhes am 30. Dezember 1941 an Dystrophie des III. Grades und wurde am 1. Januar 1942 auf dem Wolkow-Friedhof beigesetzt. Sein Name wie auch die Namen vieler weiterer Opfer stehen nicht im Gedenkbuch der Opfer der Belagerung.

Kinder in der Leningrader Blockade

Uns fällt auf, dass ein bestimmtes Tagebuch eine besonders starke symbolische Rolle spielt – das Buch mit den Aufzeichnungen von Tanja Sawitschewa. Die 11-jährige Tanja hielt in einem Notizbuch fest, wie ihre Familienangehörigen – Schwester, Oma, Mama, Bruder, zwei Onkel – nacheinander starben. Ihr letzter Eintrag lautet: „Sawitschews starben. Alle sind gestorben. Nur Tanja blieb." Tanja starb trotz der Evakuierung an den Folgen des Hungers, an Skorbut, nervlicher Erschöpfung und Blindheit. Hier konzentriert sich alles, was das Leben *in extremis* auszeichnet: das Sterben am Hunger, die Alltäglichkeit des Todes und die Einsamkeit des Kindes. Dieses Tagebuch nimmt den zentralen Platz in der Gedenkstätte Piskarevo und im Blockademuseum ein und macht Tanja zur Symbolfigur der Leningrader Blockade, stellvertretend für Hunderttausende von Blockadekindern, die ihr Schicksal teilten.

Das Leiden der Kinder wurde auch in Dokumentar- und Spielfilmen über die Blockade thematisiert. Wir schauen uns den Film *Blokada* von Sergej Loznitsa an, und auch hier, in einem vollständig aus Archivmaterial zusammengestellten Film, ist die Figur des Kindes zentral. Bereits in den sowjetischen Dokumentationen gehören gewisse Einstellungen zu den Schlüsselszenen: ein tot auf dem Boden liegendes Mädchen, um sie herum sind ihre Schulsachen verstreut, ein auf der Treppe liegendes totes Kleinkind sowie die Mutter, die weinend ihren in ein weißes Tuch gehüllten Säugling am Massengrab abgibt. In Loznitsas Film ist die einzig vertonte Einstellung ein Kinderschrei – „Mama, Mamotschka".

Wir wissen aus der Theorie Erinnerungskultur, dass ein *Kind* per se *das* Symbol des unschuldigen Opfers darstellt. In Verbindung mit dem Leid der Kinder in der belagerten Stadt zeichnete sich die sowjetische und später russische Erinnerungskultur durch eine besondere emotionale Intensität aus. Bis heute macht sie die spezifische Erinnerung an die Blockade im Kontext der Gesamterzählung über den Großen Vaterländischen Krieg aus.

Milena erzählt, dass das Schicksal der Kinder in der belagerten Stadt ein großes Sonderthema in der Blockadeforschung bleibt. Vor Kriegsbeginn wohnten über 800 000 Kinder in der Stadt. Ungefähr die Hälfte der Kinder wurden aus der Stadt evakuiert, dabei auch gegen den Willen der Mütter, aber etwa 400 000 sind aus verschiedenen Gründen in der Stadt geblieben.

Es sind viele Erinnerungen von Kindern selbst als auch von Erwachsenen, die von Kinderschicksalen erzählen, veröffentlicht worden. Vor allem in den späten 1960er-Jahren zeichnete sich in der Kinderliteratur ein regelrechter Boom über die Zeit der Belagerung ab. Verlage feierten 1968 das 50. Jubiläum des Komsomols, der Jugendorganisation der KPdSU, mit einer Flut von Publikationen über den Krieg innerhalb der Jugendliteratur. Nicht von ungefähr war es das Komsomol, das den Anstoß zur Gründung der ersten Blokadniki-Organisation gab, die aus ehemaligen Blockade-Schülern und -Schülerinnen bestand. Für Schriftsteller und Dichter wurde das während der Blockade gestorbene Kind zum Symbol aller Zivilopfer des Krieges. Michail Dudin, sowjetischer Dichter und Autor der „Blockadelyrik" (von ihm stammen die Zeilen auf dem Tor der Piskarevo-Gedenkstätte) erinnerte daran, dass ein eigenes schmerzhaftes Erlebnis ihn zu der Auseinandersetzung mit dem Thema bewogen hat: Einmal entdeckte er einen Kinderkörper, eingefroren in eine Eisscholle an der Newa.

Es existieren zwei Richtungen im Zusammenhang mit Erzählungen über Kinderschicksale. Der formale Hintergrund ist durch den offiziellen Diskurs vorgegeben: Leningrader Kinder sind für die Verteidigung und das Überleben der Stadt nützlich gewesen – sie haben in den Fabriken gearbeitet, Wachdienste übernommen, Befestigungen gebaut und Gemüsegärten angelegt. Auch ihre primäre Pflicht – ein guter Schüler zu sein und fleißig zu studieren – haben sie erfüllt. Diese generelle Leitlinie prägte grundsätzlich die sowjetische Kinderliteratur über die Blockade. Dadurch ist die didaktische Richtung der Erzählung vorgegeben – es geht nicht darum, die Wirklichkeit zu beschreiben, sondern die Protagonisten fungieren als Vorbilder für die nächste Generation. Dabei können die kleinen Figuren differenzierte Typen des Heldentums vertreten. Neben heroischen werktätigen Kindern gab es schlichtes Heldentum im Alltag, wenn Kinder moralisch eine richtige Wahl getroffen hatten: Sie haben ihr Essen geteilt, und sie waren ein Teil der Stadt als einer heldenhaften Einheit. Unsere Kollegin Tatiana Voronina beschäftigt sich mit dieser Art von Diskursen, die ein wichtiger Rahmen für die kommunikative Erinnerung von Blockade-Überlebenden bleiben.[14]

Die zweite, inhaltliche Ausrichtung dieser Erzählungen markiert der Fokus auf eigene traumatische Erinnerungen. Das, was am meisten Schmerz verursacht hat und unverarbeitet blieb – besonders der Verlust der Eltern –, steht im Zentrum solcher Erzählungen. Auch durchaus verstörende Aspekte haften dieser Erinnerung an – Kinder, die von Kannibalen gestohlen wurden, die Physiologie von Dystrophikern sowie moralische Abgründe der Mitmenschen tauchen in den Erzählungen auf.

Unsere Petersburger Kolleginnen und Kollegen eröffnen uns einige zeitgenössische Erinnerungen von Kindern. So erinnerte sich die damals 6-jährige Katja:

> „Auf dem Familienrat wurde entschieden, dass wir nicht in die Evakuierung weggegeben werden sollten. Deswegen versteckten wir uns bei jedem Türklingeln unter dem Tisch. Diese einfache Politik half: In wenigen Wochen war die Evakuierung der Kinder abgeschlossen, und wir blieben. Wie lebten wir? Zu allen Zeiten geben Eltern ihren Kindern Ratschläge mit auf den Weg, wenn sie sie auf die Straße schicken. Auch wir wurden etwas belehrt. Die Lehren waren einfach und verständlich. Wenn man dir ein Bonbon anbietet oder ein Stückchen Brot, gehe mit niemanden mit, sonst wird man dich töten und essen. Wenn dich auf den Straßen ein Artilleriebeschuss überrascht, verstecke dich im Hinterhof. Unsere Aufgabe im Haushalt war es, zu kontrollieren, dass auf al-

len Stühlen weiche Kissen liegen. Ich erinnere mich an das eine Mal, als wir es vergaßen, und Opa setzte sich auf einen harten Stuhl. Er sprang sofort auf wie gestochen – so weh haben es die aus dem Körper hervortretenden Knochen gehabt. Uns war es sehr peinlich. Und bald ist der Opa an Hunger gestorben. ... Und eines Tages kam unser Cousin Kolja von der Wassilijewski-Insel[15] zu uns. Er war 17, er war groß und schön. Kolja machte sich große Sorgen um seine Mutter: ‚Ich befürchte, sie überlebt den Monat bis zu den neuen Lebensmittelkarten nicht. Sie ist sehr schwach.' Wir konnten ihnen nicht helfen. Bald erfuhren wir, dass Kolja selbst es bis zum neuen Monat nicht schaffte. Alle waren sehr traurig, dass er ein paar Monate bis zur Aufnahme in die Armee nicht geschafft hatte: ‚Vielleicht wäre er am Leben geblieben.' Die Todesfälle waren etwas sehr, sehr Gewöhnliches. Wie hatten wir überlebt? Hauptsächlich dank des eisernen Charakters meiner Mama,[16] die unsere Rationen streng gleichmäßig verteilte. Und die Katzen haben uns gerettet. Ich weiß nicht, ob es unsere erste Katze war, aber ich selbst brachte das Tier von Onkel Dima. Er war auf der Front und seine Frau rief uns an und sagte, sie hätten keine Möglichkeit mehr, das Kätzchen zu füttern, und dass wir es holen können. Ich kam dort hin, man gab mir das junge Kätzchen im Korb, und damit es ihm nicht ängstlich wird, legte man einen Kartoffelbratling in den Korb. Zuhause stellte sich heraus, dass die Katze den Kartoffelbratling nicht gegessen hat, sondern sein Geschäft darauf verrichtet hatte. Bis heute bereue ich, dass der Bratling weder dem Kater noch uns zugute kam. Und noch eine Katze haben wir im Treppenhaus gejagt – Katzen hatten etwas zu essen, denn sie jagten Ratten. Das war ein erwachsener, kluger Kater, der gut verstand, dass man sich uns besser nicht nähert. Wir versuchten es erfolgslos, dann holten wir Mama. Mama zog sich an und tat so, als ob sie dem Kater keine Aufmerksamkeit schenke. Er blieb ahnungslos und im Vorbeigehen griff meine Mama ihn am Nacken. Danke euch, liebe Katzen! Ihr habt uns vielleicht das Leben gerettet."[17]

Bei diesen letzten Sätzen müssen wir an den ergreifenden Dokumentarfilm *900 Tage* von Jessica Gorter denken, in welchem das Katzen-Trauma am Beispiel einer Überlebenden, Lenina Nikitina, dargestellt wird. Lenina hatte als Kind ihr liebes Kätzchen gefangen und gegessen. Über die Schrecken der Blockade ist sie nie hinweggekommen und versuchte, es in ihrer Malkunst zu verarbeiten. Ihr bekanntestes Bild aus dem Jahr 1973 heißt *Man will ja leben* und zeigt ein verängstigtes Kätzchen, ein Schatten mit Axt und ein Kind, das die Katze festhält – Lenina selbst.[18]

Die Stimmen der *blokadniki*

Milena macht uns mit einigen Blockade-Überlebenden bekannt. Es sind nun vor allem die „Kinder der Blockade", jene älteren Männer und Frauen also, die damals, als die Stadt belagert wurde, Kleinkinder waren. Die meisten von ihnen verloren ihre Eltern und sind als Waisen aufgewachsen. Oft wissen sie nicht, wem sie ihr eigenes Überleben verdanken – wer hat viel geteilt, wer ging aus dem Leben, um einen zu retten.

Es ist uns schwer ums Herz, und wir sind ungemein gerührt, als wir in ihren bescheidenen Wohnungen an reich gedeckte Tische herangeführt werden. Leningrader, die gehungert hatten, haben ein spezielles Verhältnis zum Essen: Nie wird etwas weggeworfen, bleibt altes Brot übrig, wird es für Katzen, Hunde und Vögel gesammelt. Die Zeit des Hungers ist tief in der Psyche dieser Menschen verankert, erklärt uns Milena, Leningrader wollen bis heute keinen hungern sehen und füttern die Tiere, vielleicht auch als Widergutmachung für deren Schicksal im Todeswinter.

Wir treffen die 89-jährige Valentina und sind gleich peinlich berührt, dass sie mit ehrlicher Anerkennung würdigt, „dass man sich dafür interessiert".[19] Ihr Vater war am Ladogasee im Einsatz, an der Straße des Lebens. Dort ist er zusammen mit der Luftabwehrbatterie im Eis versunken. Während seines Einsatzes schrieb er nach Hause, wie viele Menschen bei der Evakuierung starben. Ihre Mutter beschloss daraufhin, die Gefahren nicht auf sich zu nehmen und stattdessen in der Stadt zu bleiben, zumal der Todeswinter überstanden war.

Valentina zeigt uns ein vergilbtes Dokument:

> „Dieses Dokument war bei ihr, als sie (Mutter) und Schwester getötet wurden. Sie gingen in diese Richtung die 2. Sowetskaja-Straße. Und die Schwester wurde in Teile gerissen, sie wurde in einem Sack aufgesammelt. Sechs Jahre, so klein. Und so blieb ich allein. Und stellen Sie sich vor, was für ein schreckliches Bild. Ich wusste es nicht, ich habe es nicht geglaubt, als ich aus der Schule kam, und sie waren nicht da. Dann sagte man mir, es ist eine Tragödie auf der 2. Sowetskaja-Str. passiert, und ich wusste, dass sie da in eine Poliklinik gegangen sind. Ich lief los, begann

zu fragen. Ich rannte zum Institut der Blutspende auf der 2. Sowetskaja, ich dachte, vielleicht hat man sie dahin gebracht, hoffte, dass sie noch am Leben ist. Und die Schwester. Ich rannte hin und hoffte, sie dort zu finden. Dann sagten mir liebe Menschen, dass ich ins Leichenhaus des Botkin-Krankenhauses gehen muss, zur Feststellung der Identität. Und dort waren meine Mama und meine Schwester und man händigte mir dieses Dokument aus und einen Kreuz-Anhänger, die man ihr abnahm."[20]

Es vergehe kein Tag, an dem sie nicht an ihre Mutter denke.

Doch das Trauma verbindet sich bei ihr mit Dankbarkeit:

„In ein paar Tagen brachte man mich in ein Blockade-Waisenhaus, wo die Kinder der während der Belagerung Getöteten untergebracht wurden. Ich muss hervorheben, dass ich meinen Lehrern sehr dankbar bin, die in dieser Zeit mit uns arbeiteten und uns mit ihrer Wärme wärmten, versorgten und pflegten. Es waren wahre Menschen."

Man gibt uns Erinnerungen von Nina Lazareva zu lesen, die sich ehrenamtlich in einer solchen Kindereinrichtung engagierte:

„Nach der Evakuierung ist ein Mangel an Arbeitskräften in der belagerten Stadt Leningrad zu spüren. Ich hatte ein kleines Töchterchen[21] und das Schicksal der Kinder hatte mich in dieser erbarmungslosen Zeit sehr bewegt. Ich hatte keine Ausbildung als Krankenschwester, aber ich konnte injizieren, verbinden und Rezepte lesen. Ich wollte den Kindern auf irgendeine Weise nützlich sein. Mein Ehemann musste in Leningrad bleiben, und ich blieb bei ihm und meiner 6-jährigen Tochter. Ich begann, im Kinderkrankenhaus an der Popov-Straße auszuhelfen. Ich hatte Tagschicht, danach zwei Tage Pause, die ich mit meiner Tochter verbrachte. Auf meiner Station waren 60 Betten. Es waren Kinder im Alter von einem Jahr bis 15–16 Jahren. Die Kinder, die in zerbombten Häusern gefunden wurden. Die Kinder von den Eltern, die an Hunger gestorben sind oder auf den Straßen, in Schützengräbern oder an der Front getötet wurden. Niemand kam sie ein einziges Mal im Krankenhaus besuchen. Viele Kinder starben, denn sogar eine verstärkte Ration konnte sie nicht vor Abmagerung retten. Kinder erkrankten an Lungenkrankheiten, an Tuberkulose. Die durch Hunger Geschwächten konnten die Krankheiten kaum verkraften.

Einmal kam ich zum Dienst, und in einem der Stationszimmer teilen mir Mädchen mit, dass Ira in der Nacht gestorben sei. Und am Vorabend wollte sie den ganzen Tag nicht essen und gab denen das ganze Essen. Und über das Brot sagte sie: ‚Gebt es Nina, denn sie hat auch ein Mädchen.' Ich war gerührt von diesem Testament, auch weil die Kinder diesen Wunsch ehrlich erfüllt hatten. Wie gutherzig war das. Und obwohl es mir schwerfiel, musste ich dieses Stückchen Brot nehmen. Das gestorbene Mädchen hieß Irina Sadovnikova, sie war erst zehn. Ein guter Mensch wäre aus ihr geworden."[22]

In den Räumen des *blokadniki*-Verbands Bewohner des belagerten Leningrads auf dem Newski besuchen wir Elena (geb. 1934), die langjährige Vorsitzende des Verbands. Sie hat die Blockade als Kind überlebt, ihre Großmutter und Mutter starben vor Hunger, sie wurde in eins der Waisenhäuser aufgenommen und im Herbst 1942 aus der Stadt evakuiert. Da ihr Vater sie gefunden hat, konnte sie nach dem Krieg zu ihm nach Leningrad zurückkehren. Sie erzählt uns, wie traumatisch die Fliegerangriffe für sie waren und dass sie sich sehr gut an den Geschmack des Aufgusses aus den Tannennadeln erinnert, den Leningrader kochten, um Skorbut zu verhindern:

„… ich stotterte während des Krieges, ich war einmal sehr erschreckt. Es war so: Wir wohnten in der fremden Wohnung, im 8. Stock. Es wurde bombardiert, und eine Bombe schlug in einen Baum ein, einen riesigen Baum, der am Haus stand. Alle schrien, das Haus wackelte, das Glas platzte, wir hatten es noch nicht geschafft, in den Luftschutzkeller zu gehen, und ich stand an der Wand, und die Wand begann zu beben. Wegen dieses Schocks stotterte ich lange."

Elena fühlt sich verpflichtet, uns ihre Erinnerungen mitzuteilen, sie sagt, bis heute spreche man nicht gerne darüber – und sie findet eine plausible Antwort dafür: „… damals über die Blockade zu sprechen, konnte kaum einer – es war ein physischer Schmerz, einfach ein physischer Schmerz. Und deswegen versuchten die Menschen, sie nicht zu erwähnen und nicht über sie zu sprechen." Schließlich, der Heldenmut:

„Ja, ich denke, allein hier zu leben, ist heldenhaft. In einer solchen Situation, wenn du nicht weißt, wo du am Leben bleibst, zu Hause oder auf der Straße, war es eine Heldentat, dass die Menschen die Stadt nicht aufgegeben haben. Und die Menschen, die dann darüber spekulieren, dass man die Stadt aufgeben sollte ... Was würde dann von der Stadt bleiben? Nichts. Nichts von dieser Schönheit."[23]

Die Vielfalt der Erinnerungen – Erinnern in der Sowjetunion

Durch die Gespräche mit Kollegen und Kolleginnen und mit *blokadniki* wird es uns klar: Über die Erinnerung an die Blockade sollte man in der Mehrzahl sprechen, denn es gibt eine ganze Vielfalt an Deutungen dieser tatsächlich katastrophalen Erfahrung während des Krieges: eine offizielle und eine familien-alltägliche Erinnerung, eine lokale (Petersburger) Erzählung und eine russlandweite Perspektive, historiografische Ansätze und Selbstzeugnisse von Blockade-Überlebenden.

Ungemein wichtig scheint der ursprüngliche Rahmen zu sein, in welchem diese einzigartige Erfahrung im Zweiten Weltkrieg entwickelt wurde: der Stalinismus. Bereits während des Krieges musste im Zentrum das Motiv der Verteidigung der „Festung Leningrad" stehen – „Halten um jeden Preis" lautete die Parole. Nach dem Krieg ging es direkt weiter mit Heldentaten, die nun bei dem Wiederaufbau der Stadt zu vollbringen waren. Das Chaos des Rückzugs der Rotarmisten, die verheerenden Niederlagen der ersten Kriegsmonate und damit auch die Schließung des Belagerungsrings, gehörten für Stalin nicht zu den Motiven, an die erinnert werden sollte. Der Propagandafilm *Velikaja pobeda pod Leningradom* („Der große Sieg vor Leningrad") verkündete 1947: „Mit dem Namen Stalins haben wir den Krieg gewonnen, mit dem Namen Stalins werden wir die neuen Erfolge erzielen. Vorwärts, Leningrader, für unsere Heimat, für das Glück sowjetischer Menschen."

Zur lokalen Erinnerungskultur gehörte das städtische Narrativ der Leningrader Führung in Bezug auf die Zeit der Blockade, mit Motiven wie Planübererfüllung an der Werkbank, die mutigen Soldaten und Freiwilligen der Volkswehr, der Stadt als Solidargemeinschaft, standhaften Zivilisten – es diente der Selbstlegitimation der Leningrader Macht. Nach dem Tod seiner rechten Hand Andrei Zhdanov (Führer des Zentralkomitees der Partei in Leningrad) und somit nur vier Jahre nach Kriegsende 1949 verdächtigte Stalin die Führung der kommunistischen Partei in Leningrad des illoyalen,

„selbstständigen Verhaltens". Im Zuge der „Leningrader Affäre" befahl der sowjetische Führer die Verhaftung und Repressionen gegen die Spitze des Leningrader ZK: Der lokale Heroismus durfte nicht groß geschrieben werden. Unter den Opfern waren die ersten Verantwortlichen für die Versorgung der Stadt im Kessel, aber auch Menschen, die sich für die Bewahrung der Erinnerung an die Blockade engagierten. Das lokale Leningrader Narrativ („Wir – die heroische Stadt") wurde von Stalin und seinem Kreis zurückgedrängt, das Museum der Verteidigung und Blockade Leningrads wurde aufgelöst, seine wertvollen Exponate gingen an das Leningrader Revolutionsmuseum. Dieser stiefmütterliche Umgang Moskaus mit der Blockade ist bis heute ein fester Bestandteil der Leningrader / Petersburger Blockade-Erzählung und ihres Selbstbildes.

Nach Stalins Tod, in der sogenannten Tauwetter-Periode der Chruschtschow-Zeit, wurde das Sprechen über das Leid in der Blockade wieder möglich, doch das Motiv der heroischen Verteidigung der Stadt blieb. Ein besonderer Fokus kam verstärkt dazu: die Auffassung von der Stadtbevölkerung als einem geschlossenen Kollektiv von Helden. Die Heldentaten bestanden darin, in unmenschlichen Situationen die Würde und menschliche Moral nicht zu verlieren, Essenrationen untereinander zu teilen und dass man die Probe der Standhaftigkeit bestanden habe. Über das besondere Leid Leningrads durfte nun gesprochen werden, von nun an war der besondere Leningrader Heroismus das Spezifikum der Erinnerungskultur. In der spätsowjetischen Zeit wurde diese Erzählung weiterentwickelt und kanonisiert: Im Jahr 1965 wurde die höchste Auszeichnung, der Orden Goldener Stern, verliehen, und 1975 wurde das Denkmal am Platz des Sieges aufgestellt. Doch im Gegensatz zu anderen Erinnerungsorten des Krieges war die Leningrader Blockade von Anfang an durch Komplexität ausgezeichnet: Schon zu sowjetischen Zeiten wurde ihrer über das Heldenhafte hinaus in nicht heroischen Formen gedacht, und der Stolz und die Trauer griffen ineinander.

Man erzählt uns viel über neue postsowjetische Formen der Erinnerung an die Blockade, und eine davon bleibt besonders im Gedächtnis. Ein neues Gedenkritual am 27. Januar und am 8. September besteht darin, dass Radiolautsprecher, die als Teil des Zivilschutzsystems in der Stadt installiert wurden, einen Sirenen-Ton und anschließend das Signal des Metronoms übertragen. Dieser Sirenen-Ton hatte zwischen 1941 und 1944 der Bevölkerung Fliegeralarm angekündigt. Das Metronom setzte danach in beschleunigtem Tempo ein, und zwar so lange, bis der Luftalarm beendet war. Das Leningrader Metronom und sein ständiges Klopfen – „dop dop dop“, wie die *blokadniki* sich erinnern – war allgegenwärtig, signalisierte es doch, dass das Radiosystem funktionierte.

Zu den neuen Formen der Erinnerung gehört auch die gesellschaftliche Aktion „Verlesen der Namen“ am 8. September, bei der die Petersburger und Petersburgerinnen die Namen der Menschen, die in ihrem Wohnhaus an Hunger gestorben sind, vorlesen und dabei ihrer gedenken. Dazu gehören ebenfalls Gedenkveranstaltungen wie „Unsterbliches Leningrad“, bei dem aus Tagebüchern rezitiert wird, sowie die Trauerzeremonien am Piskarevo-Friedhof in St. Petersburg.

Die Erinnerung an das, was uns die *blokadniki* erzählten, liegt uns schwer auf dem Herzen. Wir fragen uns, welche Bedeutung die offizielle kommunistisch geleitete Erinnerung an die Heldentaten für die Überlebenden hatte. Entsprach vielleicht die Einbettung der schmerzlichen Erfahrung in eine von qualvollen Erinnerungen gereinigte Erzählung von Solidarität und gegenseitiger Hilfe dem eigenen Wunsch, den erfahrenen Schmerz und Verlust der Familienangehörigen zu überwinden? Uns wird klar, wie eng offizielle Sprachmuster und individuelle Vorstellungen von der Erinnerung miteinander verbunden waren. Milena illustriert es am Beispiel des Monuments für die heroischen Verteidiger Leningrads, das uns auf dem Weg vom Flughafen ins Auge fiel: Das schließlich realisierte Denkmal geht zurück auf einen der ersten Entwürfe – von 1943 (!), von Architekten, die in der belagerten Stadt wirkten.

Letztendlich können wir es nicht wissen, aber vielleicht half die Einbettung in die Erzählung von der Solidarität und dem alltäglichen Heroismus einigen bei der Überwindung ihres Traumas. Viele haben die Belagerung verdrängt und konnten nicht darüber sprechen. Das heldenhafte Narrativ war auf der offiziellen und auf der individuellen Ebene verbreitet, und deswegen spielt das Bewusstsein, die militärische Belagerung überstanden zu haben, ohne die Stadt aufzugeben, bis heute eine wichtige Rolle bei der Identitätsstiftung.

Dabei hätten die menschlichen Abgründe vor allem die Schuld der deutschen Angreifer verdeutlicht: dass es den deutschen Kriegsführern darum ging, Menschen in Leningrad vor Hunger sterben zu lassen – und dass die Belagerungsstrategie der Wehrmacht eindeutig zu einem ihrer größten Verbrechen gehört.

Die Folge davon ist die verzerrte Wahrnehmung, die Leningrader hätten die Wahl gehabt, die Stadt bis zum Ende zu verteidigen oder sie aufzugeben, um ihr Leben zu retten. „Man hätte die Stadt früher entsetzen können. Stalin wollte es nicht“, so verlauten einige Stimmen. Die Opfer der Belagerung werden im Teil der russischen Öffentlichkeit als „Preis des Sieges“ bezeichnet – einen Preis, den sie auf Stalins Befehl zu zahlen hatten.

Doch wie stark sich die Erzählungen der *blokadniki* auch immer voneinander unterscheiden, eines haben sie gemeinsam. Ihre Lehre aus der Geschichte lautet: „Nie wieder Krieg!“ Der Wunsch, von Menschen dürfe kein Krieg mehr ausgehen, ist aufrichtig und unglaublich einfach.

Die Gegenwart der Erinnerung

Zusammen mit Milena besuchen wir das Museum der Verteidigung und Blockade Leningrads, kurz – das Blockademuseum. Es befindet sich im gleichen Gebäude wie die allererste Gedenkstätte, die 1949 aufgelöst wurde. Uns begegnen hier vier Schlüsselbilder der Blockade-Erinnerung: die Kinderschlitten (das Symbol für den Tod), ein Stück Brot (als Symbol für den Hunger), das Sawitschewa-Tagebuch (stellvertretend als Symbol des kindlichen Opfers) sowie das Metronom (symbolhaft für die ständige Gefahr durch Bombenangriffe). Gleich am Eingang liegen sie im Schaukasten, beleuchtet wie Reliquien. Mehrere Schülergruppen befinden sich im Museum, die Kinder verfolgen aufmerksam die Führung durch die Ausstellung. Bilder von zerbombten Häusern, Diagonal mit Klebestreifen überzogene Fenster, Lebensmittelkarten, Brot-Waagen, Tischlerleim, Aushänge vom Schwarzen Brett – all das, was uns auf den Tagebuchseiten begegnet ist, ist hier visuell zu erfahren. Uns fällt die Bedeutung des kulturellen Widerstands ins Auge, ein Thema, das wir bereits aus den jüdischen Museen und dem Museum der polnischen Juden kennen (siehe Kapitel 1). In Leningrad gab es trotz allem kulturelles Leben: Theaterplakate oder Konzertprogramme zeugen davon. Das akustische Gedächtnis der Blockade ist nicht nur der Takt des Metronoms, sondern auch die Siebente Symphonie von Schostakowitsch. Es sind rekonstruierte Klassenzimmer zu sehen und Kinder, die den Erwachsenen helfen.

Die Dauerausstellung ist eher sparsam mit Texten und Erläuterungen und präsentiert vor allem materielle Zeugnisse in einer seltenen Dichte. Milena erläutert, man habe ein Platzproblem. Das Archiv an Dokumenten und Exponaten sei riesig, man könne auf so engem Raum nicht alles zeigen. Viele Exponate bedürfen der Erklärung, sie benötigen Platz. Auch wir sehen, dass man sich gänzlich ohne Vorwissen oder eine Führung durch die Ausstellung die Geschichte nicht vollständig erschließen kann. Was auf alle Fälle grundsätzlich fehlt, ist die Einordnung der Wehrmachtsverbrechen vor Leningrad. Die deutschen Täter sind nicht präsent.

Als wir zum Piskarevo-Friedhof im Norden der Stadt unterwegs sind, vermeiden wir es, zu sprechen. Auf diesem ehemaligen Stadtfriedhof wurde während der Belagerung eine halbe Million Menschen begraben. Die Gedenkstätte wurde im Jahr 1960 eingeweiht. Von einer starken emotionalen Intensität sind die schlichten Massengräber mit den Jahreszahlen 1941, 1942 und 1943 rechts und links vom Hauptweg. Er führt vom Eingangsbereich mit zwei Pavillons und der Anlage des Ewigen Feuers zur Figur der trauernden Mutter – als Symbol für die Heimat. Die sechs Meter hohe Figur aus Bronze und ihre Geste – das Niederlegen eines Eichenblätterzweiges auf die Gräber – verkörpert die Gegenwart und soll die Form des Andenkens an die Opfer der Blockade symbolisieren. Die Texte der Blockadelyrik auf der Granittafel im Hintergrund bringen Leid und Heldentum der Leningrader Bevölkerung zum Ausdruck. Aus den Lautsprechern ertönt Musik – ein Requiem und die Siebente Symphonie von Schostakowitsch.

Der Friedhof Piskarevo ruft Gefühle tiefer Bedrückung hervor. Die Massengräber, die Körperhaltung der Mutter-Heimat sowie die kleine Ausstellung am Eingang verleihen dem Gedenken eher einen kontemplativen als einen heldenmütigen Charakter. Das Leiden während der Blockade wird im kleinen Museum in einem der Pavillons thematisiert. „Erzählt" wird hier vor allem das Sterben der Leningrader an Hunger, Kälte und Krankheiten während des Winters 1941/42. Als Exponate dienen wieder einmal die „Reliquien" der Blockade: Schlitten, Brot und Tagebuch. In einer Schleife an der Wand werden die Namen der Blockadeopfer eingeblendet – um alle wahrnehmen zu können, würden wir sicherlich mehrere Tage brauchen.

Wir bleiben mehrere Stunden auf dem Gelände der Gedenkstätte: Die Anlage ist riesig, und es sind neue Denkmale entstanden. Das sind zunächst solche für konkrete Opfergruppen, sei es nationaler oder beruflichen Art – Belarussen, Ukrainer, Tataren, Armenier, Personal der Betriebsschulen, der Elektrosila-Werke. Das sind aber auch kleinere individuelle

Denkmale, die Menschen für ihre Familienangehörigen errichtet hatten: An Bäumen sind Schilder mit Namen und Fotografien befestigt. Die offizielle Gedenkkultur verbindet sich auch hier auf besonders emotionale Weise mit dem menschlichen Wunsch, individuelle Orte der Trauer zu schaffen. Piskarevo ist ein lebendiger Erinnerungsort.

Ein einsamer Besucher am Gedenkfriedhof Piskarevo, St. Petersburg. Die Gedenkstätte wurde 1960 eröffnet.

Milena erinnert sich an einen Satz, der ihr beim Lesen der Tagebücher der Blockade in Erinnerung geblieben ist: „Die Stadt ist so schön … So schade, dass ich sterbe …", schrieb ein Leningrader. Tatsächlich wurde die Schönheit der Stadt in den Tagebüchern häufig beschrieben: Der öffentliche Verkehr war lahmgelegt, die Menschen mussten zu Fuß gehen, blieben erschöpft stehen vor den Fassaden der eingefrorenen, zugeschneiten Paläste, an den vielen Brücken der Stadt. Die winterliche Landschaft glich einer Apokalypse – Berge von nicht geräumtem Schnee, eingeschneite Straßenbahnen, Busse, Parks und Gärten. Die Stadt war ein vertrauter Fremder, bemitleidet, geliebt und gefürchtet zugleich. Man ging auf die Straße, um sich vom Hunger abzulenken, und zugleich musste man sich vor einem Artillerieangriff – oder schlicht vor dem eigenen Zusammenbruch wegen Entkräftung fürchten.

Jakov Rubantschik, ein Architekt, der in Leningrad blieb, war einer von vielen, die der winterlichen Stadt in der Katastrophe ein Gesicht gaben. Ein Bild, das er im August 1942 malte, verbindet das schmerzhafte Gestern mit dem hoffnungsvollen Heute. Auf „Blumen des Lebens" und „Schrammen auf Isaakii" sehen wir die erntereifen Krautköpfe vor den Säulen der St.-Isaak-Kathedrale mit vielen Einschusslöchern. Die Natur gibt Hoffnung auf das Leben, obwohl der Krieg bei Weitem noch nicht entschieden ist.

Diese unheimliche Dualität der Stadt Petersburg an der Newa sollte zum Kernpunkt eines neuen Gedenk- und Forschungszentrums zur Blockade in der Nähe von Smolny am Newa-Ufer werden. Die gesellschaftliche Initiative dazu startete im Jahr 2017, und 2019 ermittelte man einen Sieger im architektonischen Wettbewerb. „Die Schreienden Steine", der Vorschlag des russischen Architektenbüros „Studio-44", das die Ausschreibung gewann, versuchte mit modernen Mitteln, dem Besucher die alltägliche Realität der Blockade zu vermitteln. Eine große Rolle spielen dabei jene Exponate, die einen starken Symbolgehalt in sich tragen: ein Stück Brot von 125 g, Kinderschlitten, ein Ofen, Lebensmittelkarten, ein Krautkopf, das Tagebuch, das Radio … Die Petersburger unterstützten den Wettbewerb und überließen der Initiativgruppe, zu der auch Milena gehörte, ihre eigenen Familienreliquien und Tagebücher. Das, was hier hervorgehoben werden sollte, war eben die „andere Seite" der Blockade: das „Nicht-Teilen-Können", das Abstumpfen gegenüber dem Tod und die Fokussierung auf das eigene nackte Leben.

Das Projekt konnte nicht realisiert werden. Teilweise lag es an der Kritik seitens der *blokadniki* selbst, die dem neuen modernistischen Projekt wenig zusprachen und sich weiterhin in dem vertrauten Blockademuseum im Stadtzentrum wiederfanden, teilweise waren auch interne Unstimmigkeiten die Ursache. Vorerst auf Eis gelegt, wird also kein neues Projekt die kanonisierte Sichtweise auf die Blockade herausfordern.

Vor allem in den Sommermonaten hat St. Petersburg viele Touristen und Touristinnen, der Flughafen Pulkovo ist stark frequentiert. Bei der Anfahrt zum Flughafen kommt man wieder am Platz des Sieges und dem Blockade-Denkmal vorbei. Es wirkt durchaus wie die Mahnung, sich das „Nie wieder" gut einzuprägen und die vielen namenlosen Opfer des Krieges nicht zu vergessen.

Uns bleibt genügend Zeit, um beobachten zu können, wie die um die letzten Souvenirs besorgten Touristen zwischen den Boutiquen hin- und herrennen. Sehr beliebt ist das feine Porzellangeschirr aus dem 200 Jahre alten „Imperialen Petersburger Porzellanwerk": wunderschöne Tassen und Untertassen mit sich kreuzenden diagonalen kobaltblauen Streifen. Kaum jemand kennt die Entstehungsgeschichte des Motivs und seine Verbindung zur Blockade. Vor achtzig Jahren zeichnete eine Leningrader Künstlerin das, was sie umgeben hat – die sich kreuzenden Streifen, mit denen die Fenster zugeklebt waren. Sie sollten das Glas gegen Zerstörung durch die Explosionen sichern. Wurden die Streifen von Lichtprojektoren angeleuchtet, bildete sich ein unheimliches Schattenbild in den dunklen Leningrader Wohnungen. Ohne es zu ahnen, nahmen die Besucherinnen einen Teil der Blockade-Erinnerung in ihre Heimatländer mit.

„Wilner Getto" – Erzählungen vom Kampf und vom Verlust

2016 begleiteten wir eine Gruppe von interessierten Lehrenden, Historikerinnen und Gedenkstättenpädagogen vom Bayerischen Jugendring nach Litauen, mit dem Ziel, die Orte der deutschen Verbrechen an europäischen und sowjetischen Jüdinnen und Juden aufzusuchen. Zwischen der bayerischen Landeshauptstadt München und Litauen gibt es eine tragische Verbindung – die ersten deutschen Juden und Jüdinnen fielen in der litauischen Stadt Kaunas (dt. Kauen) dem systematischen Morden zum Opfer. Hier wurden in dem KZ Neuntes Fort bereits im November 1941 die aus München deportierten Jüdinnen und Juden massenhaft erschossen. Für Holocaustforscher und -forscherinnen und Erinnerungsgemeinschaften spielt Kaunas eine ähnlich wichtige Rolle wie Auschwitz, Treblinka und Majdanek, nur – hier wurde früher gemordet. Wir möchten uns vor Ort ansehen, wie hier an den *Holocaust by Bullets* und dessen Opfer erinnert wird, und in welcher Form man sich mit den Tätern auseinandersetzt. Uns liegt vor allem an der Geschichte aus erster Hand – wir wollen uns mit den Überlebenden und deren Angehörigen austauschen.

An einem sonnigen Junitag treffen wir in Vilnius Fania Brancovski. Sie lächelt uns entgegen, als wir sie an der Trolleybus-Haltestelle Traku Gatve an der alten Synagoge abholen. Die elegant gekleidete ältere Dame – geblümte Bluse, Bleistiftrock und modische Sonnenbrille – läuft schnellen Schrittes vor uns in Richtung Altstadt, und wir können kaum glauben, dass sie schon 96 Jahre alt ist. Fania ist Holocaustüberlebende und war Untergrundkämpferin im Wilnaer Ghetto.[1] Seit den 1990er-Jahren begleitet sie interessierte Besucher und Besucherinnen durch das jüdische Viertel – das ehemalige jüdische Ghetto – und an die Orte, wo sie gegen die deutschen Besatzer gekämpft hat. Fania macht sich Mühe, für den deutschsprachigen Teil unserer Gruppe extra langsam Jiddisch zu sprechen, doch dann wechselt sie ins Russische – und wir übersetzen.

Ihre Erzählung beginnt mit ihrer Kindheit im noch polnischen Wilno der Zwischenkriegszeit. Sie war neunzehn Jahre alt, als die Wehrmacht 1941 in ihre Heimatstadt einmarschierte. Sie erzählt uns von ihren Eltern, die, ins Ghetto getrieben, Zwangsarbeit leisten mussten, um danach im Wald von Ponar, einer Erschießungsstelle nahe Wilno, umgebracht zu werden. Aus ihrer Geldbörse holt sie ein Familienfoto hervor – das habe sie stets dabei –, mit Bleistift sind zwei Menschen markiert: sie selbst und ihre Cousine – die Einzigen aus der großen Brancovski-Familie, die die deutsche Besatzung überlebt hatten. 1942 schloss sich Fania der jüdischen Widerstandsgruppe *Fareinikte Partisaner Organisatzije* (FPO) an, schmuggelte Waffen ins Ghetto und beteiligte sich an Sabotageaktionen wie der Sprengung von Eisenbahnlinien. Ihre Gruppe schloss sich der sowjetischen Partisanenbewegung in den nahen Rudninku-Wäldern an und unterstützte auch die Befreiung von Vilnius durch die Rote Armee.

Fania führt uns durch das ehemalige jüdische Große Ghetto, von dem heute allerdings nicht mehr viel zu sehen ist. Als das Ghetto am 23. September 1943 aufgelöst wurde, wurden die restlichen Juden und Jüdinnen erschossen, und das Ghetto wurde niedergebrannt. Wohl wissend, dass die Rote Armee vorrücken würde und dass die genozidalen Kriegsverbrechen damit sofort sichtbar und hörbar werden würden, begannen die deutschen Besatzer im Sommer 1943 mit der Spurenvernichtung – der Politik der „verbrannten Erde“. Das war das endgültige Ende des litaui-

„Nur diese zwei überlebten“. Das Bild der Familie Brancovski vor dem Kriegsbeginn 1939. Fania befindet sich in der ersten Reihe, sitzend, erste von links.

schen Jerusalems: Neben der Großen Chorshujl-Synagoge wurden alle historischen Bauten wie auch die Schätze der Wilner YIVO-Bibliothek vernichtet.[2] Heute erkennt man die Spuren jüdischen Lebens allenfalls noch an den Gedenktafeln in der Innenstadt von Vilnius, die uns in jiddischer, litauischer und englischer Sprache auf diese große Leerstelle hinweisen: auf den Niedergang der jüdischen Welt in Litauen und das Ende ihrer tausendjährigen Geschichte.

Von Fania erfahren wir nicht nur die Geschichte der Vernichtung des litauischen Judentums, sondern auch des Widerstands. Ihr persönlicher Widerstand während des Krieges war der bewaffnete Kampf gegen die Nazis und deren Mithelfer. Ihr Widerstand heute ist ihr erinnerungskultureller Aktivismus: Wo immer das nationalistische politische Establishment die Ermordung des litauischen Judentums als fremde Tragödie bei der blutigen Auseinandersetzung zweier Totalitarismen – des Nationalsozialismus und des Kommunismus – darstellen möchte, steht Fania auf und meldet sich zu Wort. Ihr liegt sehr daran, zu erzählen, was die deutsche Besatzung für die jüdische Bevölkerung bedeutete und wie der Holocaust in Litauen stattfinden konnte. Die häufige erinnerungspolitische Referenz, man hätte keine freie moralische Wahl gehabt, für das Gute zu kämpfen, denn sowohl die Nazis als auch die Sowjets seien schreckliche verbrecherische Systeme gewesen, lehnt Fania entschieden ab, würde es für sie doch eine Entwertung ihres Beitrages zur Befreiung Litauens und zum Sieg gegen Hitler bedeuten. Auch, dass es sogar mehr als eine Entwertung sein könnte – nämlich die Kriminalisierung als „sowjetische Terroristin“ –, hat Fania bereits erfahren, als 2008 die litauische Generalstaatsanwaltschaft gegen sie, die damals 86-Jährige, ermittelte. Und immer wieder, am 9. Mai, wenn Fania zusammen mit Veteranen und Veteraninnen und ehemaligen Häftlingen der KZs und Ghettos auf die Straße geht, steht ihnen ein Teil der nationalistisch orientierten Jugend gegenüber, mit Plakaten, die besagen, die Rote Armee habe mehr Verbrechen begangen als die SS. Doch Fania macht weiter. Überzeugt erklärt sie uns gegenüber: „Ich werde oft gefragt: Ist es nicht schwer für dich? Ich meine, ja, es ist schwer für mich. Aber diese, die in Ponar liegen, die können nicht mehr aufstehen. Solange ich noch kann, halte ich es für meine Pflicht, Zeugnis abzulegen.“

Unsere Gruppe ist wahrhaftig beeindruckt und auch mitgenommen, als Fania sich sehr herzlich von uns verabschiedet und uns alles Gute wünscht. Fania und ihr Familienfoto sehen wir noch einmal, als wir das Grüne Haus besuchen – die Filiale des jüdischen Museums von Vilnius mit der Holocaustausstellung „Katastrophe". Vergrößert auf Leinwand und versehen mit der Unterschrift „Es haben nur zwei überlebt", bildet es den Auftakt zur Ausstellung und vergegenwärtigt unmittelbar die Totalität der Vernichtung: Sechzehn Familienmitglieder im Jahr 1939 – und nur zwei davon überlebten den Krieg.

Die deutsche Besatzung in Litauen

Der Holocaust an den Juden und Jüdinnen Litauens begann noch im Sommer 1941, kurz nach dem Überfall Deutschlands auf die Sowjetunion. Litauen war für die Deutschen kein eigenständiges Angriffsziel, sondern ein Durchgangsgebiet auf dem Weg nach Leningrad. In der deutschen Kriegsplanung sollte Litauen, wie auch die zwei anderen baltischen Republiken, Estland und Lettland, zunächst als Hinterland dienen und dann in den deutschen Herrschaftsraum mit einbezogen werden.

Dem Judenmord in der Sowjetunion – auf dem Gebiet der baltischen Republiken, von Belarus, Russland und der Ukraine – fielen über drei Millionen Menschen zum Opfer. Litauen nimmt auf der Karte des Holocaust in Europa einen besonders tragischen Platz ein: Das Land wurde zum Testgelände für die Vernichtung der europäischen Jüdinnen und Juden.[3] Das Judentum Litauens wurde vom deutschen Vernichtungsplan besonders getroffen, denn bis zum Krieg existierte hier die größte jüdische Gemeinde der drei baltischen Republiken: Etwa 220 000 Litvaks, litauische Juden, lebten hier. Wilno galt als das geistige und kulturelle Zentrum des Ostjudentums, ein „Jerusalem des Nordens", wie es von den Litvaken liebevoll genannt wurde. Hier gab es große Synagogen und Schulen, hier befand sich das YIVO, das Institut zur Erforschung der Kulturgeschichte des osteuropäischen Judentums, und auch ein jüdisches Museum. In der jüdischen Welt nahm das litauische Judentum wegen des Reichtums der kulturellen und literarischen Traditionen einen besonderen Platz ein. Dieses Judentum traf die „Endlösung" als Erstes.

96 Prozent der jüdischen Bevölkerung wurden vernichtet, und der größte Teil – fast 140 000 – bereits in den ersten fünf Monaten, von Ende Juni bis Ende November 1941. In Litauen, das flächenmäßig etwa so groß ist wie Bayern, gab es 200 Stätten der Erschießung – Kaunas Neuntes Fort ist nur eine davon. Die meisten anderen sind weit weniger bekannt, lie-

gen in den Wäldern, am Rande jüdischer Friedhöfe, sind nun von Gras bewachsene Felder – physisch und allegorisch tatsächlich „Leerstellen“.

Für die deutschen Kriegsplaner war die Vernichtung eines großen Teils der Juden im Baltikum der Auftakt zur Ermordung der Juden in der Sowjetunion. Terror gegen die Zivilbevölkerung und die Ermordung der Jüdinnen und Juden stellten zentrale Bestandteile der Blitzkriegsführung dar. Doch Litauen sticht hier hervor: In keinem anderen besetzten Land entschlossen sich die deutschen Entscheidungsträger so schnell und so weitgehend, die jüdische Bevölkerung zu ermorden. Die Schnelligkeit, mit der die Menschen vernichtet wurden, liegt im Kontext des Kriegsverlaufes gegen die Sowjetunion begründet, aber nicht zuletzt auch in der regionalen Besonderheit der deutschen Besatzungspolitik in Litauen.

Die Gewalt an den Jüdinnen und Juden Litauens lässt sich in drei Phasen einteilen. In der ersten Phase, die vom 22. Juni 1941 bis Anfang August 1941 dauerte, ging es den Deutschen um eine Art von Enthauptung der sowjetischen Gesellschaft, die den Zusammenbruch des Sowjetstaates bewirken sollte. Erste deutsche Opfer waren sowjetische Funktionäre, Kommissare, Kommunisten – und Juden, die man mit den Bolschewiki gleichsetzte. Die Verhaftungen von Kommunisten und jüdischen Männern wurden systematisch mit Listen vorbereitet, man sperrte sie in die städtischen Gefängnisse – in Vilnius war es das gefürchtete Gestapo-Gefängnis am Lukiški-Platz –, um sie kurz darauf zu erschießen.

Diese ersten Wochen der deutschen Besatzung sind die Zeit der unorganisierten Gewalt, während der die sogenannten Litauischen Partisanen jüdische Männer auf der Straße verhaften, sie als „kommunistische Funktionäre“ anklagen und hinrichten. Es ist die Zeit der unsystematischen mörderischen Gewalt an den jüdischen Nachbarn und Nachbarinnen: Im ganzen Land fanden nach dem Einmarsch der deutschen Truppen antijüdische pogromartige Ausschreitungen statt, die von Deutschen durch die antisemitische Propaganda angestiftet und vorangetrieben wurden. Den Rahmen für die Ausschreitungen bot der sogenannte antisowjetische Aufstand am 23. Juni 1941. Der Aufstand richtete sich nicht nur gegen die „Sowjets“ (Rote Armee), sondern auch gegen lokale litauische Kommunisten und tatsächliche oder vermeintliche Mitarbeiter der sowjetischen Strukturen. Als solche galten die Juden Litauens, die als „Profiteure“ und Verantwortliche für das litauische Leid während der Sowjetzeit stigmatisiert wurden – die NS-Propaganda vom „jüdischen Bolschewismus“ fiel hier auf fruchtbaren Boden. Man begrüßte die Deutschen als Befreier vom „Roten Terror".

Die Kollaborationsbereitschaft von Teilen der Bevölkerung ist erschreckend. Entsprechend der massenhaften Beteiligung und der brachialen Gewalt, lässt sich von einer „unsystematischen Massengewalt" der Litauer an ihren jüdischen Nachbarn sprechen. Die deutschen Besatzer dokumentierten die von Litauern ausgetragenen Pogrome fotografisch und schufen somit eine blutige Komplizenschaft, deren Folgen in der litauischen Gesellschaft bis heute auf eine schmerzhafte Weise nachwirken.

Die jungen Litauer, die sich an den Pogromen beteiligten, trugen als Kennzeichen ihrer antikommunistischen Gesinnung weiße Armbänder. Spricht man heute mit den Überlebenden und fragt sie nach den Tätern, dann bezeichnen sie sie meistens als *belopovjazočniki, baltaraiščiai*, zu Deutsch: die „Weißbändler". Später etabliert sich ein weiteres Wort, das Furcht und Schrecken auslöst: *šaulysai* – Schützen –, es bezeichnet die litauischen Polizisten, die die Massenexekutionen durchführten. Es zeugt davon, dass sich das Motiv der litauischen Täterschaft dauerhaft in der Erinnerungskultur verfestigt hat.

Berühmt-berüchtigt ist das Pogrom in Kaunas an der Lietukis-Garage vom 27. Juni 1941. Am helllichten Tag wurden in aller Öffentlichkeit an die hundert jüdische Männer auf brutale Art und Weise ermordet. Ein von der Wehrmacht angefertigtes Foto dient im jüdischen Gedenken bis heute als Symbolbild der litauischen Täterschaft: Ein blonder litauischer Mann posiert mit einer großen Eisenstange vor totgeschlagenen jüdischen Männern.

Elena Kutorgiene, eine Ärztin in Kaunas, notierte an diesem Tag in ihrem Tagebuch:

> „Patienten erzählten mir, dass man die Juden zwinge, Unrat mit bloßen Händen zu beseitigen, Gruben mit kleinen Schaufeln auszuheben und Abwasser zu trinken; sie mussten sich reihenweise hinlegen und wurden wahllos mit Eisenstangen auf den Kopf geschlagen. Die Erschlagenen wurden auf Lastwagen geworfen und irgendwo zum Einscharren gefahren. All diese Arbeiten führten Litauer aus, die Deutschen beteiligten sich nicht daran, sie standen nur dabei. Einige Deutsche haben fotografiert. Einfache arme Menschen, Bauern, waren vom Grauen gepackt, trauerten und litten mit den Juden."[4]

Auf der Führungsebene ergriff niemand Partei für die jüdischen Opfer. Weder die katholische Kirche noch die provisorische Regierung, die als Marionettenregierung am 23. Juni gegründet wurde, fanden auch nur ein Wort der Unterstützung für ihre jüdischen Nachbarn. Die Obrigkeit monierte lediglich, dass die Pogrome in aller Öffentlichkeit stattgefunden hatten, was nicht hätte passieren dürfen.

Nach der deutschen Übernahme der Zivilverwaltung im August 1941 begann die zweite Phase der Gewalt: das systematische Morden. Nun wurden auch Frauen und Kinder exekutiert. Sie wurden von der deutschen Besatzungsmacht als „unnütze Esser“ betrachtet, die an den Kräften zehrten und den Erfolg des Blitzkrieges verlangsamten. Vor allem in ländlichen Gebieten gehörten Exekutionen zum täglichen Erscheinungsbild. Bis auf wenige Ausnahmen wurde die gesamte jüdische Bevölkerung, ungefähr 75 000 Menschen, in zahllosen brutalen Massakern erschlagen, hingemetzelt und erschossen.

Mit welchem „Fleiß“ und großer „Organisiertheit“ der Massenmord vonstattenging, bezeugt der Bericht des Anführers des EK 3 Karl Jäger. Dieser Bericht ist eine akribische, skrupellose Tag-für-Tag-Auflistung aller in Litauen ermordeten Jüdinnen und Juden bis zum 1. Dezember 1941.[5] Sie endet mit einem ungeheuer zynischen Satz: Litauen könne – mit Ausnahme der „wenigen Arbeitsjuden“ – als „judenfrei“ gemeldet werden. Der Jäger-Bericht sucht in der Holocaustforschung seinesgleichen – es ist ein schreckliches Zeugnis davon, wie man 133 346 Menschen innerhalb von fünf Monaten ermordet, aber auch ein Dokument, welches zeigt, dass die Deutschen auch mit nur wenigen Personalressourcen, sich auf lokale Kräfte stützend, den Genozid an der jüdischen Bevölkerung durchführen konnten. Litauer sahen zu, wie überall jüdische Nachbarn vernichtet werden, nicht wenige beteiligen sich gar am Massenmord in den organisierten Polizeibataillonen.

Hinter den lakonischen Zeilen des „Jäger-Berichts“ stehen viele ergreifende Geschichten von Juden und Jüdinnen in Wilna, Paneriai, Rokiškis, Zagare, Kedainiai, Jubarkas, in den Forts der Festung von Kaunas, allesamt Orte von Massenmorden. Es ist eine unvergleichliche Dimension der Opfererfahrung: die tägliche Einschüchterung, die tägliche Jagd auf den Straßen, die Verschleppung zur Zwangsarbeit, die gewaltsame Trennung von Familien, öffentliche Drangsalierungen, die Denunziationen von litauischen Nachbarn und die oft ausgebliebene Hilfe oder sogar der Verrat, wenn die Flucht doch gelang. Zwischen der zahlversessenen Bürokratie des Holocaust und seiner Individualisierung und Personifizierung durch die Geschichte der Überlebenden tut sich ein fürchterlicher Kontrast auf. Liest man, wie nüchtern die Täter darüber berichten, packt einen das Grauen.

Zenonas Blynas, ein litauischer Polizist, der die Erschießungen ausführte, schrieb in sein Tagebuch:

> „Heute morgen mussten wir Juden aus Rokiskes erschießen. Ein drei Meter tiefer Graben wurde ausgehoben. 100 Juden wurden hingebracht, sie mussten sich in den Graben legen. Ihnen wurde gesagt, wer aufsteht, wird erschossen. Leute mit Maschinengewehren ‚gingen' über ihre Körper und streuten danach eine 20 bis 30 Zentimeter dicke Schicht von Asche darüber. Und dann kam die zweite Schicht …"

Während das Wehrmachtspersonal auf dem litauischen Gebiet nicht mehr als 600 Deutsche umfasste, gab es etwa 12 000 litauische Polizisten. Bereits in den ersten Kriegstagen wurden Teile des litauischen Militärs als das reguläre „Nationale Arbeitsschutzbataillon" reorganisiert. In Polizeibataillons zusammengefasst, waren sie für das Patrouillieren, Wachestehen, die Sicherung ihrer Bezirke vor „Banden" bzw. „Terroristen" und zur Partisanenbekämpfung bzw. bei Vergeltungsaktionen gegen die Zivilisten in Litauen und Belarus eingesetzt. Die 3. und 4. Kompanie des Bataillons und die „Sondereinheit" (*ypatingasis burys*) stellten auch das Personal für die Erschießungskommandos. Die Meldung zu den Einheiten war freiwillig, und niemand wurde sanktioniert, wenn er an der Exekution nicht teilnehmen wollte.

In der gleichen Zeit, in der Jäger von den Erschießungsaktionen im ganzen Litauen berichtete, wurden in den großen Städten wie Vilnius, Kaunas und Šiauliai Ghettos für „Selektierte", für „Arbeitsfähige" eingerichtet. Nur ein Arbeitsschein für die deutsche Kriegswirtschaft bot eine Überlebenschance. In Ghettos wurde die jüdische Bevölkerung Selektionen unterworfen, denen Tausende zum Opfer fielen. In Kaunas fanden solche Erschießungen im Neunten Fort statt, in Vilnius – in Ponar.

Am dramatischsten war die sogenannte „Große Aktion" am 29. Oktober 1941, als Deutsche und Litauer aus dem Kaunasser Ghetto nicht arbeitsfähige Juden – Kranke, Alte, Frauen und Kinder – „ausselektierten“ und zu Fuß zum Neunten Fort trieben. Von dieser Nacht, in der fast 10 000 Menschen ermordet wurden, sind erschütternde Zeugnisse erhalten geblieben, von Menschen, die sich im blutigen Chaos aus den Gruben retten konnten und es zurück ins Ghetto schafften.

Im Jäger-Bericht heißt es: 29.10.41, Kauen Fort IX.: 2007 Juden, 2920 Jüdinnen, 4237 Judenkinder („Säuberung des Gettos von überflüssigen Juden“).

Im Dezember 1941 – nachdem die meisten Juden Litauens bereits vernichtet waren – wurden die Morde ausgesetzt, und es begann die dritte Phase der antijüdischen Gewalt. Nun ging es vor allem um die wirtschaftliche Ausbeutung der Arbeitskraft jüdischer Häftlinge in den Ghettos. Die „Aktionen“ gingen weiter, als Mittel der Abschreckung gegen Widerstand.

Vom terrorisierten Alltag im Ghetto zeugt das Tagebuch der Mascha Rolnikaite, einem 14-jährigen jüdischen Mädchen, die oft als „litauische Anne Frank“ bezeichnet wird.[6]

Das „Tagebuch“ setzt man in Anführungszeichen, denn sie hat es nicht aufgeschrieben – wegen der Hausdurchsuchungen im Ghetto war es zu riskant. Stattdessen hat sie es auswendig gelernt. „Was mit Dir geschieht, das geschieht auch mit diesem Tagebuch“, sagte Maschas Mutter. Und Mascha wiederholte ihre Tageserlebnisse immer wieder, Wort für Wort, und lernte systematisch alle Texte auswendig. Sie hat überlebt. Aber ihre Mutter und ihr jüngerer Bruder und ihre Schwester wurden ermordet. Mascha musste im Ghetto bleiben und arbeiten, wurde in mehrere KZs verlegt und entging nur knapp dem Tod.

Nach der Befreiung aus dem Konzentrationslager Stutthof kehrte Mascha, kahl geschoren und mit ausgeschlagenen Zähnen, nach Vilnius zurück, fand ihren Vater, der inzwischen mit einer anderen Frau verheiratet war, und schrieb alles, was sie von Tag zu Tag wiederholt hatte, in drei dicken Notizbüchern nieder und versteckte sie in einer Schublade ihres Tisches. Von Mascha erfahren wir, was es bedeutet, in einem Ghetto zu leben. Enge, Hunger, Kälte, Zwangsarbeit, Erschöpfung, Ungewissheit, ständige Todesangst. Immer wieder „Aktionen“, die mit Erschießungen in Ponary enden.

„Herbst 1943
Mama sagt, wir müssen gehen. […] Wir nähern uns dem Tor. Wie oft bin ich in diesen zwei Jahren hier entlanggegangen. Ob ich wohl je wieder

hierherkomme? […] Der Hof ist groß und voller Soldaten. Die Schwerkranken, die man aus dem Krankenhaus hierhergebracht hat, werden ins nasse Gras gelegt. Die anderen Kranken setzt man auf die Erde oder legt sie auf Tragbahren. Zwischen den Kranken irren durchgefrorene Waisenkinder aus dem Kinderheim umher, wollen sich an jemanden klammern. Die Köpfe kahl geschoren und viel zu dünn angezogen, zittern sie vor Kälte. […]

Mama weint. Ruwele zuckt im Schlaf. Das Köpfchen an meine Schulter gelegt, ist er eingenickt. Sein warmer Atem kitzelt meinen Hals. Der letzte Schlaf … Und ich kann nichts dagegen tun, dass dieser warme, atmende kleine Körper schon morgen in einer engen blutverklebten Grube liegen wird. Andere werden auf ihn fallen. Vielleicht sogar ich selber …

Wozu mache ich mir solche Gedanken? Warum quäle ich mich damit? Es ist doch gar nicht so schrecklich. Nur am Anfang, wenn sie uns an den Rand der Grube treiben und wir dort stehen müssen. Danach werde ich nichts mehr spüren. Für einen Lebenden ist der Anblick einer Leiche schrecklich. Aber dem Toten macht es nichts aus. […]

Rajele schläft nicht. Mit ihren Fragen bringt sie Mama zur Verzweiflung. Treiben Sie uns nach Ponar? Und tut es weh, wenn man erschossen wird? Mama antwortet unter Tränen. Rajele streichelt sie, beruhigt sie, und nachdem sie Mama eine Zeit lang betrachtet hat, fängt sie erneut an zu fragen. […]

Ich gehe hindurch [das Ghettotor]. Ein Soldat packt mich am Mantel und stößt mich zur Seite. Ich drehe mich um, will es der Mama sagen, aber sie ist nicht da. Ich erkläre [dem Soldaten], dass man mich irrtümlich von meiner Mutter getrennt hat. Sie stehe dort drüben. Da sei meine Familie, und ich müsse zu ihr.

Plötzlich höre ich Mamas Stimme. Sie schreit, ich soll bloß nicht zu ihr kommen. Und den Soldaten bittet sie, mich nicht durchzulassen, weil ich noch jung sei und gut arbeiten könne …

‚Mama!', schreie ich, so laut ich kann. ‚Komm du zu mir!' Sie schüttelt nur den Kopf und ruft mit einer seltsam heiseren Stimme: ‚Lebe, mein Kind! Wenigstens du sollst leben. Nimm Rache für die Kleinen!' Sie beugt sich zu ihnen hinunter, sagt etwas und hebt sie mühsam nacheinander hoch, damit ich sie sehe. Ruwele blickt mich so merkwürdig an. Er winkt mit den Händchen."[7]

So gab es im Jahr 1944 Jüdinnen und Juden nur noch in den Fabriken, wo sie für Deutschland arbeiten mussten, und im Militärlazarett. Noch kurz bevor Vilnius befreit wurde, im Juli 1944, wurden die jüdischen Ärzte, die dort arbeiteten, in Ponar erschossen. Die noch bestehenden Ghettos wurden zum KZ umgewandelt und standen unter der Kontrolle der SS.

Eine der letzten Aktionen im KZ Kaunas war die „Kinderaktion" vom 27. und 28. März 1944. Ihr fielen 1000 Kleinkinder und Kinder zum Opfer. Sie wurden aus ihren Wohnungen gezerrt und dann mit Lastwagen in die Vernichtungslager Auschwitz und Majdanek transportiert, wo sie ermordet wurden. Ein Augenzeuge berichtet: „Das KZ war voll vom Jammern der Mütter und herzzerreißendem Weinen der Väter, die am Abend vom Arbeitseinsatz zurückkehrten und ihre Kinder nicht mehr vorfanden." Das Schreien und Jammern schwoll zu einer ununterbrochenen Tonkulisse an, und diese Stimmen hörten die Überlebenden noch lange nach dem Krieg.

In Litauen erlebten von den ursprünglichen 200 000 Juden nur 9000 das Kriegsende. Die meisten von ihnen als rechtzeitig Evakuierte oder in den Reihen der Roten Armee bzw. der Partisanenverbände.

Kaunas IX. Fort

Wir erreichen nun die Gedenkstätte in Kaunas. Das Neunte Fort in Kaunas gehört zu den international bekannten Orten der Vernichtung des europäischen Judentums. Während des Zweiten Weltkriegs wurden in dieser Festung an die 50 000 Menschen ermordet, davon etwa 30 000 Jüdinnen und Juden, die aus Frankreich, den Niederlanden, der Tschechoslowakei, Österreich und Deutschland zur Vernichtung hierher verschleppt wurden. Für München, aber auch für Frankfurt am Main und für Berlin nimmt Kaunas einen herausragenden Platz als „negativer Gedächtnisort" (Reinhart Koselleck) ein, und die Teilnehmer und Teilnehmerinnen unserer Gruppe möchten hier für die Münchner Jüdinnen und Juden rote Rosen an der Gedenktafel hinterlegen, die die Stadt München in den 2000er-Jahren errichtet hat.

Als Erstes betreten wir das alte Festungsgebäude, das seit der sowjetischen Zeit eine Ausstellung beherbergt. Hier wurde bereits 1959 eine Gedenkstätte eröffnet. Die Initiative zur Gründung der Mahnstätte für die Opfer des Faschismus lag bei der Regierung Sowjetlitauens, aber vorbereitet wurde die Gedenkstätte maßgeblich von Überlebenden: jüdischen Partisaninnen und Partisanen sowie ehemaligen Ghetto-Häftlingen. Dieser kleinen Gruppe von Männern und Frauen ist wie durch ein Wunder die Flucht aus dem Neunten Fort gelungen. Nach dem Krieg trafen sie sich auf dem Fortgelände wieder, erzählten über die Geschichte des Lagers, des Ghettos, ihrer Flucht und ihrem anschließenden Kampf gegen die Besatzer in den Partisanenverbänden. Sie hatten es sich mit dieser Mahnstätte zur Aufgabe gemacht, zu beweisen, dass „es tatsächlich geschehen ist". Als Exponate dienten dazu Relikte des Schreckens, die aus den Massengräbern des Neunten Forts ausgehoben wurden: Brillen, Schuhe, Schlüssel, Menschenasche, Zähne und Haare. In diesem kriminalistischen Ansatz unterschieden sie sich keineswegs von den ersten KZ-Gedenkstätten im westlichen Europa. Auch dort ging es den ehemaligen Häftlingen um den Nachweis des Verbrechens.

Die Elemente sowjetischer Ausstellungspraxis sind noch sichtbar. So sehen wir in dem Ausstellungsteil des Ghettos Kaunas und der „Großen Aktion" einen Haufen von Brillen. Unkommentiert liegen sie in einem Schaukasten – stumme Zeugen der Gewalt, bei dem die Opfer anonym und die Täter abstrakt bleiben.

Den jüdischen Überlebenden war nicht nur das Motiv der Vernichtung wichtig, sondern auch das Motiv des Kampfes gegen den Gegner, ihrer Vergeltung, der Rache. Eine vergrößerte Handschrift in Jiddisch leitet den Ausstellungsraum zur Großen Flucht ein: „Ich weiß nicht, ob Jesus wirklich an Weihnachten geboren wurde. Aber wir, die Leichenbrenner, sind in dieser Nacht tatsächlich zum Leben erweckt worden. Die Weihnachtsnacht war die Geburt des Christentums, wir haben die Legende der Rebellion geschaffen."

Das Zitat stammt von Alex Fajtelson, einem von 64 Gefangenen, denen am 25. Dezember 1943 der Ausbruch aus der Festung gelang. Der 20-jährige jüdische Gefangene verlor seine Eltern in der „Großen Aktion" im Kaunasser Ghetto, wurde dem sogenannten Leichenverbrennungskommando zugeteilt und musste hier Spuren des Massenmords beseitigen. Diese Politik der Spurenverwischung, unter Bezeichnung „Operation 1005-B" geführt, wurde für die Deutschen im Sommer 1943 zum Programm, als die Lage an der Front für sie prekär wurde. Die Arbeit bestand darin, die Gräber auszugraben, die Menschenkörper herauszunehmen, diese schichtweise mit Brennmaterial auf die Schienen zu stapeln, mit Sprit zu übergießen und anzuzünden. In Kaunas Neuntes Fort wurden 28 jüdische und sowjetische Gefangene zu dieser Arbeit gezwungen. An Füßen angekettet, mussten sie mit Schaufeln, Pickel und Hacken arbeiten. Alex Fajtelson erinnerte sich in seiner Erinnerungsschrift:

> „Der ‚Arbeitsprozess' wurde exakt eingeteilt, dafür ließ man die deutschen Offiziere einwöchige Kurse besuchen, damit sie lernen, wie man die Arbeit effizient gestaltet.
>
> 1. Die Bagger entfernen die oberste Schicht des lehmigen Bodens
> 2. Die Graber heben die Erde bis zu den Menschenkörpern (Puppen) aus
> 3. Es kommen die Zieher, die mit Hilfe von langen Haken aus der Grube auf die Oberfläche ziehen
> 4. Hier stehen die Untersucher, die die Puppen nach Schmuckstücken und Geld durchsuchen
> 5. Es kommen die Träger mit Tragbahren, worauf sie jeweils zwei ‚Puppen' ablegten und diese zum Platz trugen, wo der Scheiterhaufen errichtet worden war
> 6. Am Scheiterhaufen war ein Kommando mit einem ‚Brandmeister' an der Spitze. Er zählte die Puppen, sobald 300 beisammen waren, bespritzte man den Haufen mit Brennsprit und zündete die untere Stufe an. Der Scheiterhaufen brannte die ganze Nacht
> 7. Die ‚Trampler' zerstampften die nicht verbrannten Knochen auf einer Metallplatte mit Brechstangen."[8]

In den Erinnerungen von Alex begegnet uns neben der nüchternen, fast schon entfremdeten Beschreibung des Arbeitsvorgangs eine für Überlebende vielleicht nicht unbedingt zu erwartende Emotion: die Schuld.

> „Ich wurde in die Gruppe eingeteilt, wo man die Leichen zur Feuerstelle brachte. Mit bloßen Händen musste ich die toten Körper von den ‚Untersuchern' entgegennehmen, jeweils zwei auf die Tragbahren legen und sie zum Scheiterhaufen transportieren. […] Als ich mich mit der Tragbahre der beinahe ausgeräumten Grube näherte, blieb ich wie versteinert stehen. Die Toten waren angezogen und sahen aus wie Lebende, die vor Erschöpfung eingeschlafen waren. Noch heute sehe ich das

> Bild von mir: ein schwarzhaariges Mädchen im Alter von etwa 15 Jahren, das ausgestreckt quer in der Grube liegt, und mich mit Augen voller Überraschung und Schrecken anstarrt, den Mund halb geöffnet … […]
>
> Es gibt keine Worte, um zu schildern und zu beschreiben, was ich hier erlebte. Ich wußte, dass sich unter Ermordeten meine Eltern befanden. […]
>
> Ein wenig später nahm mich Berl Gempl zur Seite und zeigte mir einen litauischen Pass: ‚Alex, heute habe ich meinen Onkel verbrannt.' Von der Fotografie im Paß blickte uns ein Jude entgegen. Ich zitterte am ganzen Körper. Meine Eltern mußten auch hier sein. Ich umarmte Berl und schwor, dass wir uns eines Tages rächen würden für all das unschuldig vergossene Blut.
>
> Ja, wir tragen eine Schuld! Wir tragen eine Schuld, weil wir den Mördern halfen, die Spuren ihrer Verbrechen zu verwischen!"[9]

Hier von Schuld zu reden, klingt in diesem Zusammenhang paradox, aber wir denken dabei auch an die Reue und Schuld, die uns bereits in den Zeugnissen jüdischer Überlebender (siehe Kapitel 4) und der *blokadniki* (siehe Kapitel 6) begegnet ist. Die Schuld jener, die überlebten, vor jenen, die sterben mussten, sowie die Reue, die eigene Familie nicht retten zu können, war sehr verbreitet und prägte das Nachkriegsleben vieler Menschen. Das Trauma blieb unverarbeitet, und man verlieh diesem Gefühl dadurch Ausdruck, dass man an den Friedhöfen private Denkmale für die Toten errichtete. Zumindest so konnte man ihnen die letzte Ehre erweisen.

Alex erreichte neben dreizehn weiteren Geflüchteten das Ghetto in Kaunas. Sie versteckten sich dort und schlossen sich dann den sowjetischen Partisaneneinheiten an. Der Bericht, den sie ablegten, erreichte über Moskau die ganze Welt und machte das Neunte Fort als Mordstätte weltweit bekannt. Nach Kriegsende nahm dieser Bericht einen zentralen Platz im ersten jüdischen Museum in Vilnius (1944–1949) ein.

Als der sowjetische Schriftsteller Ilja Ehrenburg zusammen mit Wassili Grossman am „Schwarzbuch. Genozid an den sowjetischen Juden" arbeitete, war sofort klar, dass es den litauischen Teil des Buches ohne diesen Bericht nicht geben kann. Es war Fania Brancovski, die ihn, zusammen mit anderen Materialien aus dem Jüdischen Museum, an Ehrenburg und Grossman nach Moskau weiterreichte.

Im Neunten Fort haben wir Schwierigkeiten, in Erfahrung zu bringen, wer für die Massenverbrechen verantwortlich war. Zu den Tätern informiert uns lediglich eine schwer leserliche Tafel mit den Namen der führenden deutschen NS-Funktionäre des Reichskommissariats Ostland. Von den Litauern wird Antanas Impulevičius, der Kommandeur des 2. Litauischen Polizeibataillons, erwähnt. Impulevičius ist sicherlich einer der skrupellosesten und bekanntesten Mörder von Jüdinnen und Juden im östlichen Europa, seine Einheit mordete sowohl in Litauen als auch in Nachbarrepubliken. In der Jerusalemer Gedenkstätte Yad Vashem nimmt Impulevičius einen prominenten Platz in der Reihe der Täter ein. Doch reicht uns das als Information zu unserer Frage, wie so wenige Deutsche im besetzten Land so schnell so viele Menschen umbringen konnten? Warum erfuhren Deutsche bei ihrem Mordprogramm Hilfe von der lokalen Bevölkerung?

Dabei sind diese Fragen in der Geschichtswissenschaft längst beantwortet. So schildern Historiker wie Christoph Dieckmann und Arunas Bubnys ausführlich, dass es, erstens, zwischen Deutschen und Litauern einen Grundkonsens über die Gleichsetzung von Kommunisten und Juden – und somit über das jüdische Schicksal – gab. Und zweitens – das beschrieb am polnischen Beispiel Jan T. Gross eindringlich in seinem Buch *The Golden Harvest* – war die vermeintlich straflose Bereicherung an jüdischem Hab und Gut ein wichtiges Bindemittel zwischen Besatzungsmacht und litauischer Gesellschaft (siehe Kapitel 9). Doch hier, in der Gedenkstätte Kaunas, bekommen wir keine Antwort auf die Frage, die Mascha Rolnikaite in ihrem Tagebuch formulierte: „Woher dieser wilde Hass auf uns?“ Damit meinte sie nicht nur die Deutschen, sondern auch die Litauer.

Wir laufen über das Gelände des Forts. Unsere niedergedrückte Stimmung rührt nicht nur von der Begegnung und Auseinandersetzung mit dem historischen Ort, die einfach grauenvoll ist, sondern auch von dem unzureichenden heutigen Umgang mit dieser Stätte. An Sommertagen ist viel los im Neunten Fort der Kaunasser Festung: Schulgruppen besichtigen die Festungsanlage aus dem Ersten Weltkrieg, einige machen einen Picknick- und Badetag am See, Jugendliche aus dem Nachbarort nutzen den Park zum Inline-Skaten und die Bänke für gesellige Zusammenkünfte, Kinder und Hunde erfreuen sich an der Grünanlage, ab und zu fotografiert man den interessanten Schattenwurf auf dem monumentalen

Denkmal, das von weit her zu sehen ist. Die 32 Meter hohe Skulpturengruppe, die drei von Trauer, Wut und Leid verzerrte Menschenfiguren darstellt, irritiert – zu deutlich ist der Kontrast zu dem friedlichen Geschehen auf dem Festungsgelände.

Das Museum in der Gedenkstätte das Neunte Fort ist seit den 1990er-Jahren nämlich eine doppelte – wenn nicht sogar eine dreifache Gedenkstätte. Im Museum der Okkupationen werden Geschichten beider Besatzungen, der sowjetischen und der deutschen, ausgestellt. Der dritte Sektor der Ausstellung ist weit weniger politisch – die rekonstruierten Befestigungsanlagen aus dem Ersten Weltkrieg sollten eher die nach Unterhaltung orientierten Besucher anziehen.

Täter und Verantwortung

Die Frage nach den Tätern führt uns auch nach Deutschland, in den idyllischen Ort Waldkirch im Schwarzwald. Karl Jäger, der „Henker am litauischen Judentum" (Arno Lustiger), kommt von hier. Er war kein bloßer „Schreibtischtäter", der sich vor allem für die Effizienz des Tötens einsetzte – er fuhr selbst an die Orte der Massenerschießungen, um die Ausführung und die Folgen seiner Befehle zu beobachten. Sein Bericht nach Berlin soll den Vorgesetzten einen Beweis seiner Arbeitsperfektion liefern.

Bis zu seiner Verhaftung und seinem Tod im Jahr 1959 führte er ein unbehelligtes Leben – ganz typisch für die Kriegsfunktionäre in Deutschland. Es gelang ihm, nach dem Krieg unterzutauchen und in der Nähe von Heidelberg ein ungestörtes Leben zu führen. Als ihm 1959 in Ludwigsburg für den Massenmord an litauischen Juden der Prozess gemacht wurde, zeigte er weder Reue noch Schuldgefühle. Seine Unschuld beteuernd, nahm er sich in der Haft das Leben. Ungeachtet der Anklage galt er in seiner Heimat Waldkirch als angesehener Bürger („er war einer von uns"), stattdessen wurde der Freiburger Zeithistoriker Wolfram Wette, der über seine NS-Biografie arbeitete, als Nestbeschmutzer beschimpft. Die ältere Generation der Waldkircher forderte von den jungen und engagierten Zeithistorikern also einen Schlussstrich, noch bevor die Aufarbeitung der Täter inmitten unserer Gesellschaft angefangen hatte. Bis zum Jahr 2015 ließ die Zustimmung des städtischen Gemeinderats für das Mahnmal für die Ermordeten Jüdinnen und Juden Litauens der gesellschaftlichen „Initiative Waldkirch in der NS-Zeit" auf sich warten. 2017 wurde das Denkmal im Beisein von Fania Brancovski enthüllt, die dafür extra aus Vilnius angereist war. Der Film *Karl Jäger und Wir – die langen Schatten des Holocaust in Litauen*, ein Mehrgenerationenprojekt, wirft Licht auf diese über lange Jahre geleugnete Geschichte der Täter aus dem Heimatort. Es wirft auch Licht auf eine Region, die lange im Schatten stand: das deutschbesetzte Litauen mit den Spuren deutscher Verbrechen. Die Holocaustforschung, die auch den Holocaust durch Erschießungen in den Blick nahm, regte auch in Deutschland die Beschäftigung mit den NS-Biografien an.

Dass die Täter lange unbestraft blieben, bewegte und beschäftigte die Überlebenden stark. An den Freispruch des Gebietskommissars Franz Murer, der für den Mord und für Misshandlungen der litauischen Juden verantwortlich war, musste Mascha Rolnikaite noch lange denken. Für sie war er als „Chef" des Wilner Ghettos – als „Schlächter von Wilna" – für den Mord an ihrer Mutter und ihren Geschwistern verantwortlich. In Vilnius erst einmal zu 25 Jahren Haft und Zwangsarbeit in der Sowjetunion verurteilt, wurde er im Jahr 1955 während Chruschtschows Besuch und aufgrund des sowjetisch-österreichischen Staatsvertrags zusammen mit anderen Österreichern an Österreich ausgeliefert – und dort wieder freigelassen. Murer lebte wohlhabend in Graz – bis 1961 in Jerusalem der Eichmann-Prozess begann. Hier sprach Dvorzhecky, der als Arzt im Wilner Ghetto war, über die Taten Murers. 1963 stand Murer erneut vor Gericht, nun in Graz. Mascha Rolnikaite kann ihre Verzweiflung nicht verbergen, wenn sie von der himmelschreienden Ungerechtigkeit erzählt,[10] die Murers Opfern noch post mortem widerfahren ist.

> „Bei dem erneuten Prozess in Wien war der Gerichtssaal voll von Anhängern des Angeklagten, sie verspotteten die Zeugen, von denen einer mit einem Messer kam (Murer hatte seinen sechsjährigen Sohn vor seinen Augen getötet). Der Zeuge wurde aus dem Raum gezerrt. Eine Frau weinte. Der Richter rief sie zur Ordnung, und sie entschuldigte sich: ‚Er hat meine Schwester erschossen. Wir standen in einer Umarmung, und das Blut meiner Schwester floss mir die Beine hinunter.' Und dennoch wurde Murer freigesprochen. Ja, er ging aus dem Gerichtssaal, um den Sieg zu feiern."[11]

Die Überlebenden empfanden das unbehelligte Leben dieser Mörder als eine zweite Demütigung. Der „Nazi-Jäger" Efraim Zuroff, der am Simon-

Wiesenthal-Zentrum für Litauen zuständig ist, gilt im heutigen Litauen als persona non grata, da er mitunter die Mittäterschaft heutiger nationaler Helden am Holocaust aufdeckte – antisowjetischer Partisanenkämpfer. Der Jerusalemer Historiker wird umso mehr als Gefahr gesehen, als er die Selbst-Viktimisierung Litauens kritisch hinterfragt, indem er auf Erfahrung von direkter Gewalt an Jüdinnen und Juden durch ihre nicht jüdischen Nachbarn sowie auf die Gleichgültigkeit oder feindliche Haltung der litauischen Bevölkerung gegenüber ihrem Schicksal hinweist. In ihrem Buch *Die Unsrigen. Reise mit dem Feind* wies die Publizistin Ruta Vanagaite, die zusammen mit ihm die Orte der Massenerschießungen in Litauen bereiste, auf die Wahrnehmung solcher Feindbilder hin. Der mediale Skandal um dieses Buch demaskierte die national-konservativen Kräfte in Litauen. Vytautas Landsbergis, der „Vater" des unabhängigen Litauen und späterer Europaparlamentarier, der Ende der 1980er-Jahre maßgeblich an der Heroisierung des antisowjetischen Partisanenkampfes mitwirkte, nannte Vanagaite „Genossin Dušanskiene", „Genossin Duschanski" (Nachman Duschanski war NKWD-Offizier jüdischer Herkunft) und „empfahl" ihr gar einen „Juda-Selbstmord".[12]

In dieser angespannten politischen Lage ist die Suche nach den Tätern noch lange nicht abgeschlossen, und sie wird immer mehr zum Anliegen der Enkelkinder.

Widerstand

Der Kampf gegen die Mörder und Rache waren und sind wichtige Motive jüdischer Erinnerungskultur. Hier geht es auch um das Ankämpfen gegen das weitverbreitete Motiv, die Juden hätten sich wehrlos in den Tod abführen lassen (siehe Kapitel 1). Gegen diese tradierte Ansicht setzen sich die jüdischen Partisaninnen wie Fania Brancovski oder Rachel Margolis ein. Sie informieren über die Organisation des Widerstands im Ghetto selbst, die aktive Bemühung um Anschluss an die sowjetischen Partisanen, über den Kampf in den Wäldern und schließlich – die Teilnahme an der Befreiung Litauens von den Besatzern.[13]

Nicht zufällig widmet sich der beeindruckende Crowdfunding-Film über Fania Brancovski vor allem ihrem Leben als Partisanin *Liza*. Der Satz „Es führt kein Weg zurück von Ponar" wurde im Ghetto zu einem geflügelten Ausdruck, und es war dieser Satz, mit dem man zum Widerstand aufgerufen hatte. In Vilnius gründeten Abba Kovner und Itzhak

Wittenberg die FPO und riefen zum bewaffneten Aufstand auf. Von Abba Kovner stammt die einschlägige Metapher „Nicht wie die Schafe zur Schlachtbank!", die seitdem in aller Welt mit jüdischem Widerstand im Zweiten Weltkrieg assoziiert wird.[14]

Es war die jüdische Widerstandsbewegung im Wilner Ghetto, die international bekannt wurde. *Zog nit keynom as du gejst den letztn Veg* wurde, den letzten Weg aus dem Ghetto nach Ponar antizipierend, zu *der* Partisanenhymne des jüdischen Widerstands. Der junge Hirsch Glick, selbst ein Ghetto-Kämpfer, dichtete dieses Lied 1942. Er überlebte nicht. Zu einem Ghetto-Aufstand, wie es ihn z. B. in Warschau gab, ist es nicht gekommen, doch vielen ist eine Flucht aus dem Ghetto gelungen – Fania war unter ihnen und überlebte als Einzige. Wenn sie heute die Partisanenhymne hört, steht sie auf und singt mit.

Heute hat das Thema der jüdischen Partisanen einen schweren Stand. Abgesehen von Tafeln mit Ghetto-Kämpfern im Jüdischen Museum, gibt es keine einzige Ausstellung dazu. Das sowjetische Partisanenmahnmal wurde in den 1990er-Jahren abgetragen und steht in einem Freizeitpark des Kommunismus im Dorf Grutas. Diese Schicksale passen nicht in die heutige Erinnerungskultur. Sogar im Jüdischen Museum dürfen die abgebildeten Partisanen und Partisaninnen keine sowjetische Uniform tragen – denn diese ist eindeutig negativ konnotiert. Diese Leerstelle zeichnet die Doppelbödigkeit der Erinnerung an das jüdische Schicksal in Litauen aus: Lediglich als Opfer dürfen die Jüdinnen und Juden erscheinen, doch nicht als aktive Kämpfer und Kämpferinnen gegen die Nazis und ihre Mithelfer in sowjetischen Verbänden.

Chatyn, Pirčiupis und Korjukiwka – Drei Feuerdörfer, der Partisanenkampf und die Erinnerung danach

„Ich lebe der Erinnerung wegen" – Die Erzählung von Chatyn

Es ist still in der Gedenkstätte Chatyn. Nur die Trauerglocke unterbricht das Schweigen des ehemaligen belarussischen Dorfes, das vernichtet wurde und nun als Gedenkstätte exemplarisch für alle 627 vernichteten Dörfer steht. Wir kommen hierher ohne Führung, lediglich mit dem Buch des belarussischen Schriftstellers Ales Adamowitsch, *Ich aus dem Feuerdorf,*[1] im Gepäck. Es ist vermutlich auch gut so, denn so wird die Stille des Ortes nicht durchbrochen. Die als Schornsteine stilisierten Gedenksteine tragen die Namen dieser Dörfer und der Menschen, die dort umkamen. Es fällt uns auf, wie viele Kinder unter ihnen sind. Im Zentrum der Gedenkstätte steht die Figur eines alten Mannes, in Bronze gegossen, ein Mann, der seinen toten Sohn auf den Armen hält. Es ist ein ungewöhnlicher Anblick, denn in der klassischen, an die christliche Pietà angelehnte Trauerikonografie, ist es eine Mutter, die ihren toten Sohn hält und betrauert.

Doch auch diesen Vater hat es tatsächlich gegeben. In den Erzählungen von Ales Adamowitsch, der in den 1970er-Jahren Interviews mit Überlebenden und Augenzeugen sammelte, ist seine Geschichte festgehalten. Es handelt sich um Josif Kaminski, der seinen Sohn Adam auf den Armen hält. Adamowitsch zitiert sein Zeugnis in seiner dokumentarischen Novelle:

> „Nun, sie treiben uns in den Stall und machen das Tor zu, treiben uns rein und sperren uns ein. Es sind so viele Menschen im Stall, dass wir nicht atmen können, nicht mal eine Hand kann man heben. Die Leute haben geschrien, Kinder haben geschrien: Klar – so viele Menschen und so viel Angst. Es gab Heu, Stroh für die Kühe. Sie zündeten das Dach an, das Feuer fiel auf die Menschen, das Heu und Stroh brannte, die Menschen erstickten. Man konnte nicht atmen. Da sage ich meinem Sohn: Halte Dich an die Wand, mit Händen und Füssen.

Dann öffneten die Häscher die Scheunentür und begannen, die Bürger mit Maschinengewehren, Maschinenpistolen und anderen Waffen zu erschießen. Das Schießen war jedoch fast nicht zu hören, weil das Wehklagen der Menschen zu heftig war. Das brennende Dach stürzte herab, und das schreckliche, fürchterliche Geschrei verstärkte sich noch. Ich sagte meinem Sohn: ‚Über die Köpfe, über die Köpfe!': Ich hob ihn aus der Scheune heraus. Mir gelang es, unter den Leichen und verbrannten Menschen hindurch bis zum Tor zu kriechen. Im gleichen Augenblick fiel das brennende Dach, das Feuer griff auf alle über. Mein Sohn Adam war zuvor brennend – sein Haar brannte – aus der Scheune entkommen, etwa fünf Meter von der Scheune entfernt jedoch fiel er, durch Schüsse niedergestreckt hin."[2]

Vater und Sohn. Das Hauptdenkmal an der Gedenkstätte Chatyn, Belarus, das 1969 eröffnet wurde.

Die Zeugnisse, die Adamowitsch sammelte, sind uns sprachlich eine Offenbarung: Es ist eine sehr einfache Sprache im lokalen Dialekt der ländlichen Gebiete. Wir verstehen nicht alles, doch uns ist klar, dass Adamowitsch damit auch den Menschen eine Stimme gegeben hat, die keine Selbstzeugnisse hinterlassen haben. Im Gegensatz zu Blockade-Überlebenden haben die Bäuerinnen und Bauern keine Tagebücher geführt und keine Erinnerungen aufgeschrieben. Ihre Stimmen fehlten in der sowjetischen Erinnerungskultur bis in die späten 1970er-Jahre, als Adamowitsch ihnen eine Stimme verlieh und Elim Klimov ihnen mit seinem Film *Geh und Sieh* ein Gesicht gab.

> „Es erzählt Barbarka, Barbara Adamovna Slesarchuk, eine sechzigjährige Frau. Sie spricht mit einem seltsamen und unheimlichen Grinsen – als ob sie ein schreckliches Märchen erzählen würde, eine außerordentlich ferne Geschichte, die sie vor langer Zeit erlebt hat. Sie spricht manchmal fast wie eine Märchenerzählerin – im Sprechgesang, mit Wiederholungen, die nicht überflüssig erscheinen, und in der Landessprache – in drei oder vier Sprachen gleichzeitig: Weißrussisch-Ukrainisch-Russisch-Polnisch.
>
> ‚Wie wurden wir getötet? Getötet … Es ist schwer zu sagen … Der Mann wurde zuerst getötet. Sie zündeten ein Feuer in der Scheune an … Ich war so krank. Vier Kinder, ich war mit dem fünften schwanger … Abends um fünf Uhr haben sie unsere Häuser angezündet. Einer meiner Jungs hütete das Vieh, und drei von ihnen waren bei mir. Meine Hütte war damals weiter hinten, wo jetzt der Hof ist. Die Deutschen kamen und haben uns vertrieben. Wir versammelten uns in der Hütte, fünfzehn Weiber. Die Weiber saßen wie Schafe in der Hütte. Wir dachten: Vielleicht töten die Deutschen nur die Männer, aber die Frauen werden nicht getötet. Ich ging aus der Hütte. Los, fliehen wir, los fliehen wir. Ich und meine Kinder. Die Deutschen standen mit einer Kette um das Dorf herum, eine Kette hier, eine Kette dort, und die Deutschen liefen durch das Dorf. So viele von ihnen. Ich ging durch die Büsche nach Bogacha. Ich dachte nicht, dass ich leben würde. Ich dachte nicht, dass ich leben würde, ich wollte nur nicht hinschauen, ich wollte, dass er unsere Schädel von hinten knackt, ich wollte, dass wir unseren Tod nicht sehen.
>
> – Lauft hin, damit wir unseren Tod sehen! Wenn wir eine Kugel in den Hinterkopf oder in den Rücken bekommen – sage ich –, dann ist es

leichter für uns. Es ist schwerer, darauf zu warten, dass wir getötet werden. Hier, damit wir unseren eigenen Tod sehen können …'[3]

Nikolaj Ivanovich Repchik erzählt:

‚Sie haben uns 1942 verbrannt, im Frühjahr. Es war die SS. Mit Totenköpfen …

[Es ist die SS-Sondereinheit Dirlewanger, die Nikolaj meint – sie wurde von Himmler zur ‚Bandenbekämpfung' bevollmächtigt.]

Sie kamen, umzingelten das Dorf, und jagten – die Kinder, die Jungen, die Erwachsenen und die Alten. Wenn sie die Hütte betreten, legen sich die Leute hin, und wer wegläuft, wird erschossen. Ochsen rennen, Kühe rennen, Schweine quieken, und das Dorf brennt. Es sind keine Menschen da, aber die Herde wird durch das Dorf getrieben, das Vieh wird weggetrieben.'[4]

‚Ich schnappte mir die Jüngste, sie war neun Jahre alt … Ihr Kleid brannte und meines auch … Ich schleppte sie in das Loch, in dem die Lehmziegel standen, und legte sie hin … Und dann ging ich hinunter zum Feuer – für das ältere Mädchen … Sie wurde getötet und würde jetzt auch zu Tode brennen! … Ich zog daran, hob es hoch. Es ist so jung, so weich! … Sogar ein totes Kind wird von der Mutter (wenn nötig, indem sie sich selbst opfert) vor diesem ‚anderen', vor einem neuen Tod gerettet, wie Maria Fedorovna Kot aus dem Dorf Velikie Prusy im Bezirk Kopyl. Die Mutter versteckte die erschossenen Kinder in der Grube. Und dann kehrte sie noch einmal unter Lebensgefahr zu den Kindern zurück, um sie vor dem Feuertod und somit vor dem endgültigen Verschwinden zu retten.'"[5]

„Ich bin nicht aus diesem, aber auch aus einem Feuerdorf", sagte uns eine Bäuerin aus Witebsk. Und wie viele davon gibt es in Belarus, Dörfer, die auf schreckliche Art und Weise vom Feuer verbrannt wurden! Ich auch … ich auch … ich auch, hallt es aus den Dörfern in Belarus.[6]

Laut Adamowitsch lebt der Mensch für die Erinnerung. – „Ja, ein Mensch kann der Erinnerung willen leben: dass in ihr, in seiner Erinnerung, auch seine Kinder leben – die Ermordeten, die Verbrannten."

Historischer Kontext – Feuer als Kampfmittel

Um die Geschichte von Chatyn und Pirčiupis zu erzählen, bleiben wir auf der Spur des uns schon durch die Minsker Prozesse bekannten Georg Weisig, der von Mai bis Juni 1943 als Oberstleutnant das Polizeiregiment 305 befehligte, das in den Kriegsjahren zum 16. SS-Polizeiregiment umgebildet wurde. Er berichtete Ende 1945 vor Gericht Folgendes:

> „Der SD und die landwirtschaftlichen Kommandanturen sorgten für die Herstellung und Aufrechterhaltung der deutschen Ordnung auf dem von mir gesäuberten Territorium: Sie spürten auf und isolierten alle unzuverlässigen Personen, verschickten die arbeitsfähigen Einwohner nach Deutschland, beschlagnahmten der Ortsbewohner Vieh und Nahrungsmittel …“[7]

Jede Einheit hatte konkrete Aufgaben:

> „1. Das ganze Gebiet von Partisanen zu säubern.
> 2. Alle Einwohner zusammenzufassen und in die KZ einzusperren.
> 3. Alle, die sich der Festnahme durch Flucht entziehen wollen, auf der Stelle zu erschießen.
> 4. Alle Wohnorte einzuäschern.
> 5. Vieh und sonstiges Gut zu erfassen und sicherzustellen.“

Weisig bestätigte, dass es, nachdem sein Regiment durchgezogen war, im gesamten Gebiet von Sebesch bis zum Oswejskoe-See keinen lebenden Menschen mehr gab: Alle Ortschaften in den Wäldern wurden vernichtet.[8]

Die Entvölkerung der Dörfer, die der verbrecherischen Ideologie nach sonst der Versorgung der Partisanen dienen könnten, war von vornherein geplant. Das Gebiet wurde eingekesselt, verengt, ausgeräumt, durchkämmt, Vieh wurde vertrieben, Menschen wurden ermordet. Dabei war es klar, dass bei diesen Großaktionen vor allem Bauern sterben würden, es war bekannt und wurde in Kauf genommen, dass sich unter den Toten zahlreiche Kinder befinden würden. Selbst der Wehrmacht erschien dieses Vorgehen ungeheuerlich, so kritisierte Generalkommissar Wilhelm Kube: „Wenn bei 4500 Feindtoten nur 492 Gewehre erbeutet werden, dann zeigt dieser Unterschied, dass sich auch unter diesen Feindtoten zahlreiche Bauern des Landes befinden.“[9]

Das Oberkommando des Heeres (OKH) selbst sprach im Februar 1943 vom „Programm zur Vernichtung der Partisanen“. Die geplanten Aktionen führten jedoch vor allem zur Vernichtung ganzer Ortschaften samt der Zivilbevölkerung. Der Chef der sogenannten Bandenbekämpfung, der Höhere SS- und Polizeiführer Erich Bach-Zalewski, organisierte und führte dieses Massenverbrechen aus. So wurde Belarus zum Zentrum deutscher Verbrechen an der Zivilbevölkerung im Zusammenhang mit der so genannten „Partisanenbekämpfung".

In vielen Fällen ähnelte die Vernichtung der Bevölkerung den Massenerschießungen der sowjetischen Jüdinnen und Juden. Die SS, Polizei, Wehrmacht und ihre lokalen Helfer führten die Exekutionen mit Maschinengewehren aus. Der Einsatz des Feuers sollte verhindern, dass es Überlebende gab, zudem konnte die zerstörte, „eingeäscherte" Infrastruktur ja nicht mehr vom Gegner genutzt werden. Dafür wurden Menschen in die Scheunen oder Kirchen getrieben, die Häuser wurden angezündet. Insgesamt wurden bei diesen Vernichtungsoperationen in Belarus über 300 000 Menschen getötet.

Die schrecklich-schönen Feuerdörfer – Fotografien der Wehrmacht

Nicht nur lakonische Aussagen von einigen wenigen Angeklagten wie Weisig stehen uns als Zeugnisse für diese Grausamkeit zur Verfügung. Wir können uns auch anhand der Fotografien der Wehrmachtssoldaten von der Haltung der Deutschen zu ihren Taten überzeugen. Uns liegt eine umfangreiche Sammlung von Privatfotografien von Wehrmachtssoldaten vor: *Der Krieg und die Besatzung. Unbekannte Fotografien der Wehrmachtssoldaten aus den besetzten Gebieten der UdSSR und der deutsch-sowjetischen Front* von Georgi Schepelev.[10] Die Bilder von brennenden Häusern dokumentieren nicht nur die Häufigkeit der Anwendung des Feuers, sondern sie zeigen auch die Begeisterung, die diese Aktionen auslöste. Es ist ein Kampf mit archaischen Mitteln, auch wenn sich die deutschen Soldaten zivilisiert geben und diese Taten mit modernen Mitteln – den Agfa- und Kodak-Fotoapparaten – festhalten. Diese Privataufnahmen illustrieren sehr gut das, was ein jüngerer Infanterist seiner Ehefrau von brennenden Dörfern am Dnepr in einem Brief berichtete: „Auf dem gegenüberliegenden Ufer des Flusses brennt alles seit Tagen lichterloh, denn du musst wissen, dass alle Städte und Dörfer in jenen Gebieten, die wir jetzt räumen, in Brand gesteckt werden, auch das kleinste Haus im Dorf muss fallen. […] Es ist also ein grausig schönes Bild."[11]

Die schrecklich-schönen Bilder vom Feuerinferno im „Russlandfeldzug" schickten die Soldaten auch nach Hause, wodurch viele in Familienfotoalben erhalten geblieben sind. Die Bilder sind in dreierlei Hinsicht bedrückend: erstens, da sie die Gewalt durch die Besatzer schonungslos darstellen, zweitens, da die Beschriftungen auf der Rückseite von Hass und Demütigung gegenüber „Slawen" und „Juden" zeugen; und drittens, da sie darüber hinaus auch die breite Akzeptanz dieser Gewalt durch die Familien in der Heimat belegen. Solche Bilder haben, mehr als die Ermittlungen der sowjetischen Generalstaatsanwaltschaft, das Potenzial, das Bild der „sauberen Wehrmacht" infrage zu stellen. Die Unmenschlichkeit, die aus den Bildern spricht, die einerseits hungernde sowjetische Kriegsgefangene und andererseits gut gekleidete, wohlgenährte Wehrmachtssoldaten oder Wachpersonal kontrastieren, ist in vielen Publikationen als Spiegel des rassenideologisch geführten Krieges mit Vernichtungsabsicht dokumentiert. Dass diese Bilder jedoch nicht nur unter Soldaten kursierten, sondern auch an die Familien nach Deutschland geschickt wurden, wirft eine andere Perspektive auf die deutsche Gesellschaft, die von dem Vernichtungskrieg durchaus Kenntnis hatte und ihn billigte. Das individuelle Schweigen über die verübten Verbrechen der Wehrmachtsveteranen verband sich mit dem Nicht-Zeigen von Bildern von der Front. Wir haben mit den privaten Kriegsalben somit individuell konstruierte Erinnerungsräume einer ganzen Generation. Vielleicht erzählen diese Bilder genauso viel von der Mentalität der Kriegsgeneration, wie sie uns als Zeugnisse des Kriegsgeschehens dienen.

Die Bilder hätten in den Nachkriegsjahrzehnten und vor allem in den 1970er-Jahren das Potenzial besessen, den Diskurs des Selbstmitleids der Deutschen zu brechen. In vielen deutschen Familien werden solche Kisten des Großvaters bis heute aufbewahrt. Und da die Soldaten nicht mehr am Leben sind, ist die Rekonstruktion der Umstände der hier aufbewahrten Bilder ungemein schwierig. Dies fördert weiterhin den Diskurs „Opa war kein Nazi" im familiären Bewusstsein der Deutschen.[12]

Es waren also nicht nur die Einsatzgruppen und deren Kommandos an den Verbrechen beteiligt – sondern die gesamte Wehrmacht, bis in die chronisch unterbesetzte Gendarmerie, Feldgendarmerie und Feldkommandanturen, war darin involviert. Im sogenannten Russlandfeldzug wurden die meisten Wehrmachtsangehörigen zu Tätern. So zum Beispiel in der Feldgendarmerie, die oft als harmlose Logistik-Organisation vorgestellt wird. Ihre Aufgabe bestand, euphemistisch formuliert, in der Wahrnehmung von „Sicherungsaufgaben", das meinte das Aufspüren und die Festnahme von ehemaligen Rotarmistinnen und Rotarmisten und deren Überstellung in Durchgangslager sowie die Übergabe von Jüdinnen und Juden und vermeintlichen Kommunisten zu „bestimmungsmäßiger Behandlung" an die Sonderkommandos. Der Ausdruck „Zur weiteren Verwendung weitergeleitet" stand für die Praxis der Festnahme zur Massenliquidierung von Männern und Frauen, die als potenzielle Partisanen galten, und deren Kindern, „damit uns keine Rächer erwüchsen". Während der Streifendienste per Motorrad oder Auto im Rücken der Front stellten die Feldgendarmen die jüdische Bevölkerung „sicher" und leisteten somit einen nicht unwesentlichen Beitrag zur Judenvernichtung.

So der Fall des Führers der Feldgendarmerieabteilung 683, Rudolf Pallmann, der nicht nur aktiv nach versteckten Jüdinnen und Juden auf der Krim suchte, sondern sie auch eigenhändig erschoss.[13] Seiner Willkür wurden offenbar keine Grenzen gesetzt: Er erschoss Frauen und Kinder, die ihm als „äußerst verdächtig" vorkamen, dazu zählten sogar Säuglinge. Angehörige seiner Feldkommandantur „liquidierten" Dutzende Jüdinnen und Juden und ließen anschließend den Abend mit einem Hühneressen ausklingen. Nach dem Krieg versuchte er, seine Haltung mit dem NS-Leitsatz „Partisanen waren überall" zu verteidigen. Er lebte 15 (!) Jahre lang absolut unbehelligt, mehr noch, er nahm nach dem Kriegsende seine Arbeit als Polizist wieder auf und wurde zum Oberpolizeimeister bei Düsseldorf. Erst 1963 wurde ein Haftbefehl der Staatsanwaltschaft in Hamm gegen ihn durgesetzt, Pallmann wurde jedoch bald darauf wegen einer stattlichen Kaution einer Großbank und einer persönlichen Bürgschaft seines Vorgesetzten wieder entlassen. Der 1969 dann doch zustande gekommene Prozess – der ehemalige Feldgendarm wurde des Mordes an 141 Menschen in der Sowjetunion angeklagt – erregte in der deutschen Öffentlichkeit jedoch kaum Aufsehen und wurde, wenn überhaupt medial erwähnt, als Unrecht gegenüber der Generation der „lieben Großväter" heruntergespielt. Während des Prozesses zeigte Pallmann weder Reue noch Schuldbewusstsein: Er habe lediglich den Willen der Vorgesetzten befolgt. Dieses Exkulpationsmotiv, man sei lediglich ein Werkzeug der Befehlshaber gewesen, war und ist bei dem Fußvolk der Wehrmacht bis heute sehr verbreitet. Die Verurteilung Pallmanns zu lebenslangem Zuchthaus ist auch für die Jahre 1968/69 ein untypischer Fall. 1978 wurde die Strafe wegen seiner Krankheit unterbrochen. Pallmann, der durchschnittliche Wehrmachtsangehörige, der zum Täter wurde, stirbt 1979 in Düsseldorf in Freiheit.

Kriegserinnerung in Belarus – Die Partisanenrepublik

Während diese Verbrechen im deutschen historischen Bewusstsein kaum präsent sind, war und bleibt der Partisanenkampf in Belarus für die nationale identitätsstiftende Erinnerung zentral. Die von Deutschen komplett besetzte Republik habe mehrheitlich Widerstand im Untergrund geleistet, so der Grundton der Erinnerungspolitik. Die Ideologisierung des Partisanenkampfes bekam zudem ein „weibliches Gesicht": Zoya Kosmodemjanskaja in Russland, Maryte Melnikaite in Litauen und Mascha Bruskina in Belarus waren drei junge Frauen, die für ihren Partisanenkampf als Helden der Sowjetunion ausgezeichnet wurden. Alle drei wurden auf grausame Weise von Deutschen gefoltert und hingerichtet. Jugend und Weiblichkeit – diese Eigenschaften machten die drei zu Märtyrerinnen für ihre sowjetische Heimat. Mascha Bruskina, eine belarussische Jüdin, musste dafür ihr Jüdisch-Sein verlieren, extra anonymisiert und als „Unbekannte" dargestellt werden. Somit, während in Litauen Straßen und Plätze nach Maryte Melnikaite benannt wurden, blieb Bruskina in ihrer Rolle als „unbekannte Partisanin" ein Symbol für die Loyalität und Standhaftigkeit der sowjetischen Bürger von Belarus im Widerstand gegen den Feind. Schließlich war es gerade der Partisanenkampf, der als grenzübergreifendes Motiv der internationalistischen Völkerfreundschaft diente: Die Partisanenmuseen in Belarus, Russland, der Ukraine und Litauen standen in regem Austausch miteinander und präsentierten eine sowjetkonforme, glatte Erzählung vom selbstlosen heldenmutigen Kampf.

Petr Mascherow, selbst ehemals Kommandeur der Partisanendivision, der 1965 bis 1980 als Erster Sekretär der belarussischen Kommunistischen Partei die Republik leitete, erhob diese Partisanengeschichte durch den Denkmalbau und Filme zum spezifischen nationalen Mythos. Der Partisanenkampf wurde zum Markenzeichen der belarussischen regionalen Identität während der Sowjetzeit und wurde ohne wesentliche Veränderungen und Brüche in die nachsowjetische Zeit übertragen. Der Partisanenkampf ist *der* allgegenwärtige Referenzpunkt: 2005 wurde etwa im Zentrum von Minsk die monumentale Skulpturengruppe Partisanen-Belarus platziert. 2008 wurde zudem die Gedenktafel für die zusammen mit zwei weiteren Kämpfern hingerichtete Mascha Bruskina aufgestellt. Die heutige autoritäre Diktatur von Präsident Lukaschenko versucht, sich durch die Monopolisierung des erinnerungskulturellen Mythos von Belarus als der Partisanenrepublik zu legitimieren, die Opposition wird als Parallele zu den belarussischen Nazi-Kollaborateuren dargestellt und diffamiert.

Kriegserinnerung als Philosophie – Literatur und Film

Diese Heroik wurde bereits während der Sowjetzeit durch die Literatur gebrochen. Und der bekannteste belarussische Schriftsteller, Vassil Bykau, zeigte am Beispiel des stark mythologisierten Partisanenkampfes die grundlegenden Dilemmata der menschlichen Existenz auf. Bykau, geboren 1924 im Vitebsker Gebiet im östlichen Teil von Belarus, war bereits mit achtzehn Jahren in die Rote Armee rekrutiert worden. Sein Weg im Krieg begann zunächst als Gefreiter der Infanterie, und als solcher erlebte er das wahrscheinlich größte Inferno der Verteidigungsschlachten an der Leningrader Front – die Kämpfe an den südlichen Befestigungsanlagen in Strelna am Finnischen Meerbusen. Bis heute zeigt der Boden am Ostseestrand bei Petersburg die Spuren von diesen Kämpfen: Bombenschlaglöcher, Reste von den Unterständen und unzählige Gräben. Hier wurde der neunzehnjährige Vassil stark verwundet und schon als Gefallener gemeldet – eine Erfahrung, die er später in der Novelle *Es tut den Toten nicht weh* verarbeitete. Im Chaos der Kämpfe war die falsche Benachrichtigung „Gefallen des heroischen Todes für das Vaterland“ eine häufige Situation, die Tausende Soldatenmütter und -väter in endlose Verzweiflung stürzte.

Den Höhepunkt seines literarischen Schaffens erreichte Bykau in den 1970er-Jahren mit den Novellen *Sotnikov, Obelisk* und *Bis zum Morgengrauen überleben,* die ihn weltberühmt machten. In der Novelle *Sotnikov,* die auf einer realen Begebenheit basiert, gelang es Bykau, die Ungeheuerlichkeit der Wahl zwischen dem „Nackten (Über-)Leben“ und dem höheren Sinn der menschlichen Existenz sowie den Schattenbereich zwischen „Opfern“ und „Tätern“ so tiefgründig aufzuzeigen, dass der Text Filmkünstlern wie Larissa Schepitko in den 1970er-Jahren bis hin zu Sergej Loznitsa in den 2010ern als Vorlage diente. Bykau erzählt hier die Geschichte seines totgemeldeten Kameraden, den er zufällig wiedertraf: Jener versuchte, durch Kollaboration mit den Deutschen sein Leben in Gefangenschaft zu retten, und hoffte auf einen Fluchtversuch. Da sich dieser nie verwirklichen ließ, verwickelte er sich immer mehr in Verrat und Verzweiflung. In *Sotnikov* steht die Figur des gefangenen Partisanen Rybak für ihn. Der andere, titelgebende Gefangene, Sotnikov, der die Möglichkeit der Kollaboration ablehnt und direkt den Tod wählt – und im Film von Larissa Schepitko als „Märtyrer" für das Vaterland stirbt –, vermittelt paradoxerweise nicht die gleiche Tragik wie der Verräter Rybak. Der Partisan Sotnikov, der von Deutschen hingerichtet wird, kann die Logik des „Verräters" nicht nachvollziehen, für ihn ist kein Leben außerhalb seines Wertesystems möglich. Die physischen und psychischen Qualen von Rybak, die Mehrdeutigkeit seiner Figur, dürften Millionen von Sowjetbürgern vertraut sein. Die existenzielle Verstörung von Rybak spürte Bykau buchstäblich „an Haut und Nerven".[14] An seinen Schriftstellerkollegen Ales Adamowitsch schrieb Bykau: „Ich habe Sotnikov und Rybak genommen und gezeigt, dass beide dem Untergang geweiht sind, obwohl sie polare Gegensätze sind – so groß ist die Macht der Umstände. Ich mache keinen Hehl daraus, dass die Absicht hier vom Existentialismus ausgeht, wie ich ihn sehe."[15]

Es gehört zu den Ambivalenzen sowjetischer Kultur, dass gerade an den stark politisierten Themen wie dem Partisanenkampf die Fragen des Existenzialismus angesprochen werden durften. Es gibt kein gutes Leben im Bösen, und jeder Mensch ist *in extremis* zu allem fähig – sowohl zur Unmenschlichkeit als auch zur Selbstaufgabe. Die Frage, was mehr wert ist, die höhere Idee oder das Menschenleben, scheint Bykau offenzulassen, aber es verwundert nicht, dass die sowjetische Erinnerungspolitik gerade die Figur des Sotnikov als Musterbeispiel für den heldenhaften Sowjetbürger ausgelegt hat. Jenseits der sowjetischen Deutungsstränge wird jedoch diese „Samurai"-Logik, in jedem moralischen Dilemma den Tod zu wählen, infrage gestellt. Immer stärker überzeugt die eigentliche Idee Bykaus: Niemand hat das Recht, den moralischen Richter zu spielen. Als Bykau 2003 starb, wurde auf seinen letzten Wunsch hin sein Sarg von der nationalen belarussischen weiß-roten Fahne umhüllt – bereits damals hatten diese Farben des nationalen Protests gegen die Diktatur subversive Kraft.

Die philosophischen Fragen, die Bykau aufwarf, faszinierten Künstler und Künsterlinnen von Anfang an, Und dies vor allem im Film, einem Medium, in dem man unterschwellig viel mehr „zeigen" kann, als man „zwischen den Zeilen" in der Literatur zu vermitteln vermag. Larissa Schepitko drehte auf der Vorlage von *Sotnikov* ihr Meisterwerk *Der Aufstieg* mit expliziten religiösen Bezügen, und ihr Mann Elim Klimov verarbeitete das Sujet des Partisanenkampfes in seinem Film *Geh und Sieh*. Beide Filme bekamen internationale Preise und setzen ihr ästhetisches Nachleben in dieser oder jener Form bis heute fort: Hollywood-Regisseure haben sich viel von Larissa Schepitkos *Aufstieg* für Verhörszenen der Gestapo abgeschaut.

Mit dem Künstlerpaar Schepitko-Klimov haben wir ein weiteres Beispiel für die Verarbeitung des eigenen Kriegserlebnisses und des eigenen Bedürfnisses nach Verarbeitung durch Erzählung. Elim Klimov, geboren in Stalingrad, erlebte als Kind die brennende Wolga, als er mit seiner Mutter aus der Stadt evakuiert wurde. Das Inferno der brennenden Evakuierungsschiffe, von der deutschen Luftwaffe bombardiert, hinterließ tiefe Spuren. „Es quälte mich, dass ich keine Filme über den Krieg gemacht hatte", erinnerte sich der Regisseur später.

> „Ich wurde in Stalingrad geboren. Als Kind habe ich die Luftangriffe erlebt, wir sind über die Wolga in den Ural geflohen. Meine Mama, mein neugeborener Bruder und ich wurden im Oktober 1942 auf einer Fähre evakuiert. Stalingrad liegt auf dem rechten Ufer der Wolga und ist eine sehr lang gezogene Stadt, 16 Kilometer damals. Und die ganze Stadt brannte, die ganze Stadt, bis zum Himmel, und der Fluss brannte auch, anderthalb Kilometer bis zum anderen Ufer. Da war Öl ausgelaufen und der Fluss brannte. Wir wurden bombardiert, man bedeckte uns mit Decken und Kissen, aber natürlich krochen wir hervor, wir mussten das sehen. Mein Vater blieb in der Stadt zur Verteidigung. Also, ich habe diese ganz starken kindlichen Erinnerungen an diese Zeit, an diese Hölle. Ich war wirklich in der Hölle. Das blieb mir für immer, und da erschien mir immer, ich hätte die Pflicht, einen Film zu machen."[16]

Doch nicht die Stalingrader Schlacht wurde bei Elim Klimov zum Thema des Films, sondern die Vernichtung belarussischer Dörfer. Es sind die Novellen von Ales Adamowitsch, die den Regisseur zutiefst beeindruckten, als er nach einer geeigneten Vorlage suchte. Zutiefst erschüttert vom Schicksal Chatyns, forschte er weiter zum Geschehen in Belarus unter deutscher Besatzung und verarbeitete schließlich die Sammlung der

Selbstzeugnisse *Ich aus dem Feuerdorf* (*Ja iz ognennoj derevni*). Klimov erinnerte sich später:

> „Ich werde nie das Gesicht, die Augen eines Bauern vergessen, seine leise-leise Geschichte, wie sein ganzes Dorf in eine Kirche gejagt wurde und vor der Verbrennung ein Offizier des Sonderkommandos vorschlug: ‚Wer ohne Kinder ist, soll herauskommen.' Und er konnte es nicht ertragen, er ging hinaus und ließ seine Frau und seine kleinen Kinder drinnen … Wie ein anderes Dorf verbrannt wurde, zum Beispiel: Sie trieben alle Erwachsenen in die Scheune, aber ließen die Kinder zurück. Und dann, betrunken, umzingelten sie sie mit Schäferhunden und ließen die Hunde die Kinder zerfleischen."[17]

Im Mittelpunkt von *Geh und Sieh* steht der Junge Florian, der die nationalsozialistische Strafaktion an den Zivilisten während der „Bandenbekämpfung" 1943 miterlebt und sich innerhalb von zwei Tagen von einem fröhlichen Jungen in einen grauhaarigen alten Mann verwandelt.

Der belarussische Dorfjunge schließt sich trotz der Proteste seiner Mutter einer Partisaneneinheit an, doch wegen seines jungen Alters darf er nicht kämpfen und beschließt, die Truppe zu verlassen. Während der deutschen Anti-Partisanenaktion wird der Unterstand der Partisanen beschossen, und ein deutscher Landungstrupp landet auf dem Gelände. Als Florian in sein Heimatdorf zurückkehrt, findet er dort niemanden vor und sucht nach seiner Familie auf einer Insel mitten im Sumpf. Doch die Kamera zeigt dem Zuschauer, dass hinter seinem Haus, an der Mauer, die Dorfbewohner liegen, die kürzlich erschossen wurden. Kaum auf der Insel angekommen, findet Florian heraus, dass seine Mutter und seine beiden jungen Zwillingsschwestern ermordet wurden. Der schockierte Junge, der glaubt, dass sein Gang zu den Partisanen der Grund für den Tod seiner Familie war, unternimmt einen Selbstmordversuch, aber die Dorfbewohner verhindern, dass er stirbt.

Später wird Florian zum Zeugen der deutschen Strafkation, als alle Bewohner in eine Scheune getrieben werden, die Kinder, die von ihren Müttern aus den Fenstern gereicht werden, werden brutal zurückgeworfen. Vor der Aktion schlug auch hier ein Offizier des SK den Erwachsenen vor: „Wer ohne Kinder ist, soll herauskommen." Die SS, Soldaten und Kollaborateure schießen mit verschiedenen Waffen auf die Scheune und fügen den Flammen mit ihren Flammenwerfern noch mehr hinzu. Erschöpft von diesem Grauen, fällt der ergraute Junge mit dem Gesicht in den Sand.

Als er zu sich kommt, sieht er, dass die Deutschen nun selbst von sowjetischen Einheiten umkreist sind. Er beobachtet die Szene der Abrechnung, nimmt sein Gewehr und schießt auf das Propagandaplakat „Hitler der Befreier". Begleitet wird die Szene von einer „Wochenschau", die in umgekehrter chronologischer Reihenfolge die wichtigsten Ereignisse der Entstehung, Entwicklung und der Folgen des deutschen Nationalsozialismus zeigt: Konzentrationslager – Beginn des Zweiten Weltkriegs – Machtergreifung der Nazis – Bierputsch und Unruhen in der Weimarer Republik – Erster Weltkrieg usw. Es wird Musik gespielt – Nazimärsche und Ausschnitte aus den Werken Richard Wagners. Florian schießt die ganze Zeit, bis ein Babyporträt von Hitler und seiner Mutter erscheint. Er bringt es nicht über sich, auf das Kind zu schießen. Die Schlusseinstellung zeigt sein Gesicht: das Gesicht eines alten Mannes, verzerrt vor Entsetzen und Schmerz. Dieses Bild ist die logische Folge von *Geh und Sieh*. Dem Regisseur war klar, dass es sich um einen sehr gewalttätigen Film handeln würde, und er war der Meinung, dass kaum jemand in der Lage sein würde, ihn sich anzusehen. Als er Ales Adamowitsch davon erzählte, sagte der Schriftsteller: „Dann sehen sie es halt nicht. Wir müssen aber dieses Zeugnis hinterlassen. Als Zeugnis des Krieges, als Appell für den Frieden."[18]

Doch dieser Film wurde in der Sowjetunion gesehen, wurde von sehr vielen rezipiert: Er wurde 1986 sogar zum „Film des Jahres" gekürt. Es ist dieser Film, der im Juni 2021, zum 80. Jahrestag des deutschen Überfalls auf die Sowjetunion, in einer restaurierten Fassung in die russischen Kinos kam. Und es ist das Schicksal von Florian, das Frank-Walter Steinmeier aktuell in seiner Rede in Malyj Trostenez (siehe Kapitel 4) erwähnte, als er davon sprach, wie wenig wir von den deutschen Verbrechen in Belarus wissen:

> „Er [der Film] ist eine Begegnung mit dem Krieg. […] [Klimov interessiert sich] dafür, was dieser Krieg, diese Orgie der Vernichtung, aus uns gemacht hat. Er führt uns vor Augen, wie Kindheit, Jugend und Unschuld entweiht, wie Menschen, ihrer Menschlichkeit entledigt, zu Tötungsmaschinen werden und ein Niemandsland hinterlassen …"[19]

Pirčiupis – Wie ein Symbolort zur Leerstelle wird

Das litauische Kleindorf Pirčiupis, verbrannt im Juni 1944, wurde, ähnlich wie Chatyn, zum Gegenstand der künstlerischen Auseinandersetzung in der Sowjetzeit.[20] Dem Dörfchen vierzig Kilometer südlich von Vilnius wurden an die dreißig poetische Werke in- und außerhalb der Sowjetunion gewidmet, am bekanntesten ist wohl *Asche* des weltbekannten litauischen Lyrikers Eduardas Miezelaitis.

Ein absolut ungewöhnliches filmisches Bild vom Zweiten Weltkrieg zeichnete der sowjet-litauische Film *Faktas*: Weder im sowjetischen noch im westlichen Kinofilm hatte er Vorbilder. Hier rekonstruierten der Regisseur Almantas Grikevičius und der Drehbuchautor Vytautas Žalakevičius den Tag der Strafaktion der Deutschen am 3. Juni 1944 und vermischten die nachgestellten Szenen mit den Sequenzen aus den Verhörprotokollen der sowjetischen Untersuchungskommission von deutschen Wehrmachtssoldaten. Dieser 1980 erschienene Film, besetzt mit Stars des litauischen und russischen Kinos, war somit halb Spiel-, halb Dokumentarfilm und vermischte Erinnerung und Historizität. Im Westen wurde er unter dem Titel *Die Blutgruppe Null*[21] wahrgenommen und mit Preisen ausgezeichnet. Das vielleicht Innovativste an *Faktas* war, dass hier – sechs Jahre vor *Shoa* von Claude Lanzmann – die deutschen Zeugen zu Wort kommen und die Banalität des Bösen offenlegen.

In langen Szenen folgt die Kamera den deutschen Soldaten bei ihren übergriffigen Raubzügen in das idyllische Innere der litauischen Hütten; sie wühlen schamlos in Privatsachen, sie tragen das Hab und Gut der Menschen, die sie gleich verbrennen werden, hinaus – „was der Mensch alles an Sachen besitzt", wundern sie sich –; sie jagen Gänse und Hühner, treiben Schweine in die Lastwagen. Begleitet wird ihr Tun von der Rede des SS-Obersturmführers Walter Titel, der die Aktion leitete, er sehe seine Aufgabe darin, „das Gute in die Menschheit [zu] tragen, wie Prometheus das Feuer trug". Die pyromanische Sucht der Täter wird in *Faktas* nicht so grausam direkt und schockierend dargestellt wie in *Geh und Sieh*, ist aber nicht weniger bedrückend: Die Frauen und ihre Kinder gehen singend in eine Scheune hinein, das Tor schließt sich. Der Raub endet mit Mord durch Feuer.

Die Schlussszene des Films ist weder zukunftsweisend noch optimistisch: Nach der Brandaktion setzt Regen ein, der auf die verkohlten, ausgebrannten Gebäude fällt. Die Großaufnahmen von Asche werden akustisch mit Geräuschen von Herzschlag begleitet. Somit ist die Ästhetik von *Faktas* für den sowjetischen Kriegsfilm sehr ungewöhnlich und zeigt uns noch einmal sehr deutlich die Kluft zwischen der heroisierenden Rhetorik des offiziellen Siegeskults und der künstlerischen Auseinandersetzung. Der Kommunismus als Idee kommt im Film überhaupt nicht vor.

Als wir bei Chatyn in Pirčiupis ankommen, kann der Unterschied zwischen den beiden Gedenkstätten nicht größer sein. Fast fahren wir an dem Örtchen vorbei – die Gedenkstätte ist nicht ausgeschildert, lediglich eine als sowjetische Kunst gleich zu erkennende Skulptur am Straßenrand weist uns auf den Ort hin. Vor Ort selbst finden wir keine Informationen zum Geschehen, was uns sehr erstaunt, denn gerade die Gedenkstätte für das verbrannte Dorf Pirčiupis sollte in der sowjetischen Zeit zum Symbol für die Verbrechen werden, die das deutsche Besatzungsregime an der einheimischen Bevölkerung begangen hatte. Die Figur der trauernden Mutter – errichtet als Denkmal *Mutter von Pirčiupis* – wurde zum meistzitierten Motiv, das den Verlust und Schmerz der Litauer und Litauerinnen während des Krieges in Erinnerung rufen sollte. Gerade die immense Bedeutung, die Pirčiupis in der Sowjetzeit hatte, kontrastiert so augenfällig die gegenwärtige Abwesenheit dieses Gedenkortes. Heute kann Pirčiupis weder als Element des kollektiven litauischen Gedächtnisses an die Gewaltereignisse im 20. Jahrhundert noch als ein für die aktuelle Geschichtspolitik bedeutender Ort gesehen werden: Das hiesige Museum wurde im Jahr 2000 geschlossen, die Reste seiner Ausstellung wurden 2010 im Zuge der Schließung der Bibliothek in das Archivdepot des Litauischen Nationalmuseums transferiert.

„Tag der Gerechtigkeit" – Die Strafaktion in Pirčiupis

Die Praxis der Vergeltungsaktionen setzten die Deutschen in Litauen nicht wie in Belarus gleich 1941 um, sondern erst ab Herbst 1943, das heißt, erst im Rahmen der Taktik der „Verbrannten Erde" während des Rückzugs. Auch die Zahl der vernichteten Dörfer ist in Litauen um ein Vielfaches niedriger als in Belarus: Die sowjetische Geschichtsschreibung nannte 21 Ortschaften, in der neuesten Forschung wird ihre Zahl auf 15 geschätzt. Die Operation unter dem Namen „Tag der Gerechtigkeit", die zur Vernichtung des Dorfes Pirčiupis führte, wurde noch kurz vor der Befreiung von Vilnius durch die Rote Armee durchgeführt.

Am frühen Morgen des 3. Juni 1944 griffen sowjetische Partisanenverbände, die etwa zwei bis drei Kilometer von Pirčiupis entfernt ihren Stützpunkt hatten, eine Autokolonne der Wehrmacht an. Dabei wurden etwa fünf Deutsche getötet und einige gefangen genommen. Weder genauere Angaben zur Partisaneneinheit noch das weitere Schicksal der gefangenen Deutschen sind bekannt. Um 11 Uhr umzingelten das 16. SS-Polizeiregiment, örtliche Polizei und Wehrmachtssoldaten Pirčiupis. Sie trieben die Einwohner aus ihren Häusern und plünderten ihre Lebensmittelvorräte. Einige Stunden später wurden alle Männer des Dorfes in eine Scheune getrieben und lebendig verbrannt, das gleiche Schicksal erwartete dann Frauen und Kinder. Insgesamt wurden 119 Menschen verbrannt – 58 männliche, 61 weibliche Bewohner, davon 49 im Kindesalter. Nur einige wenige Menschen, die an diesem Tag nicht im Dorf waren, konnten sich verstecken und überlebten. Eine Woche lang musste die Asche der Opfer am Schauplatz verbleiben und durfte nicht beigesetzt werden. Erst am 11. Juni – zwei Tage vor der Befreiung von Vilnius durch die Rote Armee – gestattete die deutsche Besatzungsmacht die Beisetzung der Opfer in zwei Massengräbern auf einem gesonderten Friedhof: Die Männer wurden in dem einen Grab, die Frauen in einem anderen Grab beerdigt. Pfarrer Bardišauskas durfte in der nahe gelegenen Kirche Švč. Mergelės Marijos Apsilankymo (dt. Hl. Mariä Himmelfahrt) in Valkininkai lediglich eine Totenmesse abhalten, eine Gedenkfeier hatte die deutsche Verwaltung untersagt.

Der ehemalige Hauptwachmeister des 16. SS-Polizeiregiments Walter Schwetmann, dessen Aussagen auch im Film *Faktas* verlesen werden, berichtete 1948 während der Ermittlung:

> „Im Jahr 1944 führte unser Regiment acht Tage lang im Gebiet der Städte Idriza und Sebezh Kampfaktionen gegen die Partisanen durch. Darauf fuhren wir nach Vilnius, wo uns zwei Ruhetage gegeben wurden. Später wurde unser Regiment zum Kampfe gegen die Partisanen in den Gegenden von Vilnius, Trakai und Eisiskes eingesetzt. Das dritte Bataillon, dem ich angehörte, hielt sich in Eisiskes auf, einer kleinen Stadt ca. 80 bis 90 Kilometer südwestlich von Vilnius. Das Unternehmen leitete der Regimentsführer Oberst Titel. In einem kleinen Dorf wurde unser Kraftwagen von den Partisanen beschossen. Das Bataillon umzingelte dann das Dorf, alle Ortsbewohner wurden in Scheunen eingesperrt, und ich als Älterer musste Soldaten wählen und selbst mit ihnen am Erschießen

> dieser Menschen teilnehmen. Ich schoss aus der Pistole. Die Zahl der von mir Erschossenen ist mir nicht im Gedächtnis geblieben. Das ganze Dorf, 30 bis 40 Häuser, haben wir niedergebrannt."[22]

Weder an die Zahl der eigenhändig Erschossenen noch an den Namen des Dorfes konnte sich Schwetmann also erinnern.

Mutter von Pirčiupis – Entstehung eines unionsweiten Trauersymbols

Erst im Jahr 1956 wurden in Pirčiupis Ausgrabungsarbeiten durchgeführt. Die bei den Ausgrabungen 1956 entdeckten sterblichen Überreste wurden an ausgewiesenen Stellen beigesetzt. Die im Zuge dieser Arbeiten ebenfalls aufgefundenen „Nebenprodukte des Schreckens" – Privatsachen aus den Massengräbern – wurden zu Exponaten für das 1960 eröffnete Museum. Ein Jahr später besuchte die Machtspitze Sowjetlitauens – Antanas Sniečkus und Justas Paleckis – das Dorf im Rahmen der ersten offiziellen Gedenkveranstaltung. Dieser Besuch war der erste Schritt auf dem Weg von Pirčiupis zum unionsweiten Symbol des national-litauischen Sterbens und Leidens unter „deutsch-faschistischer" Herrschaft. 1958 beschloss der Ministerrat der Litauischen Sozialistischen Sowjetrepublik (LSSR) die Direktive zur Erinnerung an die Opfer von Pirčiupis, wonach nicht nur ein Denkmal errichtet, sondern auch die Stellen markiert werden sollten, an denen die vernichteten Häuser standen.

Im Mittelpunkt der offiziellen sowjet-litauischen Geschichtspolitik stand das Denkmal *Mutter von Pirčiupis*. Mit dem litauischen Republikpreis und später mit dem Leninpreis ausgezeichnet, wurde das von Gediminas Jokūbonis geschaffene Denkmal landes- und weltweit bekannt – und mit ihm die Geschichte von Pirčiupis. Eine ausführliche Schilderung der Vernichtungsaktion war auch für ein westliches Lesepublikum zugänglich, nachdem die französisch-englische Dokumentensammlung *Documents Accuse* und das in mehrere Sprachen übersetzte Buch *Pirčiupis* von Sigitas Sinkevičius erschienen waren.

Die Bedeutung von Pirčiupis ist mit seiner Ausgestaltung für die gesamte sowjetische Kriegserinnerungskultur von größter Bedeutung, da es die erste Gedenkstätte der Sowjetunion war, die für ein vernichtetes Dorf errichtet wurde. 1958 wurde vom Zentralkomitee der KPL und dem Ministerrat der LSSR die Anordnung erlassen, dass in Pirčiupis ein *Denkmal für die Opfer des Faschismus* errichtet werden solle. An dem von der

Regierung ausgerufenen Wettbewerb nahmen viele namhafte Künstler teil. Zu den damals weniger bekannten gehörte der spätere Sieger des Wettbewerbs: Gediminas Jokūbonis, ein junger Bildhauer aus Vilnius, Schüler des angesehenen Künstlers Juozas Mikėnas. Bekanntheit erlangte Jokūbonis in den Folgejahren mit seinem individuellen, außergewöhnlichen Gestaltungsstil, der modern und minimalistisch, zugleich jedoch dynamisch und emotionalisierend ausfiel.

Die Künstler, die sich auf die Ausschreibung von 1958 bewarben, hatten somit auch keine ästhetischen Vorbilder. Die Einweihung der litauischen Gedenkstätte 1960 zog mit einigen Jahren Abstand weitere Neugründungen nach sich, so für das Dorf Krasucha im russischen Gebiet Pskov im Jahr 1968 sowie für die belarussischen Dörfer Chatyn 1969, Dalva 1973 und Schunevka 1983. Auffällig ist, dass in allen diesen Gedenkstätten, mit Ausnahme von Chatyn, das Symbol der trauernden Mutter zentral ist. Man kann somit von einem von Pirčiupis ausgehenden Transfer dieser Ikonografie innerhalb des sowjetischen Raums ausgehen. Während die ihren Sohn beweinende Mutter, auch in Gestalt einer Pietà, ein gängiges Symbol des Weltkriegsgedenkens im Westen war, schlug Pirčiupis hier für die Sowjetunion einen ganz neuen gestalterischen Weg ein. Hinter der *Mutter von Pirčiupis* schuf Gediminas Jokūbonis eine Granitwand, in die er 119 Namen der Opfer sowie ihr Alter zum Zeitpunkt ihres Todes meißelte und mit der Überschrift „Pirčiupis darf sich nicht wiederholen!“ versah. Das sind auch die einzigen Spuren des sowjetischen Gedenkensembles, die wir vor Ort entdecken.

Wir treffen die ehemalige Dorfbibliothekarin Ona Dzinskančienė, die uns die Geschichte der Gedenkstätte erzählt. Ona setzte sich bereits in den 1970er-Jahren für die Gedenkstätte ein. Das Ergebnis ihrer 1976 im Dorfverein für Lokalgeschichte begonnenen Arbeit war eine umfassende Dokumentensammlung, die Augenzeugenberichte, Presseveröffentlichungen, die Ausstellungsdokumentation, der Dorftragödie gewidmete Schulaufsätze, ein Album mit Poesie über Pirčiupis und eine umfangreiche Sammlung von fotografischen Materialien der Gedenkveranstaltungen beinhaltete. Von ihrer Arbeit profitierte das in den 1960er-Jahren eröffnete Museum des Gedenkens an die Opfer von Pirčiupis. Dieses Museum zeigte die Relikte aus den Massengräbern, porträtierte die Opfer und veranschaulichte die Geschichte der sowjetischen Partisanenbewegung in Litauen. Seit der Unabhängigkeit Litauens erhielt das Museum kaum Geld oder Aufmerksamkeit seitens der organisierten Besuchergruppen, bis es 2000 schließlich als unrentabel eingestuft und geschlossen wurde. Die Museumsexponate verwahrte Ona in den Räumlichkeiten der Bibliothek, es war mehr oder weniger ihre „eigene" Ausstellung. Nachdem auch die Bibliothek 2010 schließen musste, bewahrte Ona Dzinkančienė die verbliebenen Exponate, Alben und Fotografien bei sich zu Hause auf. Bis heute koordiniert sie die Gedenkarbeit vor Ort und sammelt Presseartikel zur Gedenkstätte. Das Archiv von Ona Dzinskančienė ist dadurch auch die einzige verbleibende Quelle zur Erschließung der Museumsgeschichte.

Aus dem Pressearchiv von Ona erfahren wir die Gründe für diese diskursive Veränderung in Bezug auf Pirčiupis. Die Tätigkeit sowjetischer Partisanen während des Krieges wurde in einem anderen Licht dargestellt: Nun erschienen sie nicht mehr als selbstlose Retter, sondern als die eigentlichen Schuldigen an dem Massaker in Pirčiupis. Zudem hätten sie auch Strafaktionen durchgeführt, wenn sich die lokale Bevölkerung einer Zusammenarbeit mit ihnen verweigert hätte. Bereits während der deutschen Besatzung hätten die Partisanen aus den Rudninku-Wäldern auch Gewalt an den Einwohnern Pirčiupis verübt, dieses Thema sei in sowjetischer Zeit jedoch ein Tabu gewesen.

Zentral ist in der Presseberichterstattung also die Schuldfrage: So fragte ein Autor, ob das Dorf lediglich Opfer des faschistischen Terrors gewesen sei: „Wer hatte diese Tragödie provoziert? Warum hatten sich die ‚Rächer des Volkes', die in der Nähe des Dorfes waren und ihren Hauptstützpunkt in etwa 7 Kilometer Entfernung hatten, nicht eingemischt und die Tragödie verhindert?"[23] Diese Fragen zeigen, dass die Tragik des Geschehens auch sowjetischen Aktivitäten angelastet werden konnte. Dadurch konnte die Geschichte von Pirčiupis der veränderten Erinnerungskultur angepasst werden, indem sie ambivalent gedeutet wurde: Das vernichtete Dorf konnte als Opfer zweier Totalitarismen dargestellt werden – der sowjetischen Provokation und der darauffolgenden deutschen Vergeltungsaktion.

Ona erzählt uns, dass sie noch immer die Gedenkveranstaltungen für die Opfer der Vernichtungsaktion organisiert. Waren es in der Sowjetzeit Tausende Besucher und Besucherinnen aus aller Welt, so sind es nun nicht mehr als zehn bis zwanzig Menschen aus dem Dorf, die das Gedenken eher als eine lokale Tradition pflegen. Die Dorffamilien versammeln sich am Gedenkfriedhof, an dem die Opfer beigesetzt sind, und nicht an der sowjetischen Skulptur. Es stimme sie traurig, dass niemand mehr gekommen sei, sagte sie uns. Ausnahmen gab es dreimal: 1995, als der litauische Präsident Algirdas Brazauskas diesen Ort für seine Gedenkrede am 8. Mai wählte, sowie 1998 und 2005, als sein Nachfolger Valdas Adamkus aus dem gleichen Anlass nach Pirčiupis kam. Ona erinnert sich noch gut an die Rede Brazauskas' vor fast dreißig Jahren. 1995 wurde in Moskau zum ersten Mal in der nachsowjetischen Zeit eine Militärparade zum „Tag des Sieges" veranstaltet, die die litauische Obrigkeit ignorierte. Stattdessen ging der litauische Präsident Brazauskas nach Pirčiupis. Die Zeremonie hatte ihren traditionellen Ablauf beibehalten, sodass auf das Verlesen von Pirčiupis-Poesie Kranzniederlegungen am Denkmal, eine Matinee für Kinder sowie eine Andacht in Nationaltracht folgten. Doch in dem, was der Staatschef sagte, konnte die Aktion nicht gegensätzlicher zu denen ihrer sowjetischen Vorgänger sein. In seiner Rede am 8. Mai 1995 hob Brazauskas hervor, dass der Jahrestag des Kriegsendes für Litauen keineswegs eine Befreiung bedeuten könne, sondern nur den Beginn neuen Leidens: „[…] [H]eute erinnern wir uns nicht an den Sieg. Weil wir keine Sieger waren. Vielmehr Opfer. Deswegen gedenken wir an diesem Tag aller Opfer und interpretieren den Tag auch so – als einen Opfergedenktag […]."[24]

Als wir uns auf den Rückweg machen, sehen wir dann doch eine kleine Gruppe älterer Männer die Gedenkstätte besuchen. Es sind litauische Veteranen der Roten Armee – der ehemaligen 16. Litauischen Division der Roten Armee – oder, wie sie sich nun offiziell nennen: Teilnehmer des Zweiten Weltkriegs auf der Seite der Anti-Hitler-Koalition, die in Litauen leben. Dieser sperrige Titel kommt aus dem Wunsch heraus, den Begriff „sowjetisch" nicht im Namen zu tragen, erzählt uns Julius Deksnys, der Vorsitzende des Vereins. Seine Schilderungen zeigen deutlich, wie wichtig es ist, sich in der litauischen Gesellschaft wieder Respekt zu verschaffen, und der Weg dorthin führt über die Anerkennung durch westliche Nationen. „Wir haben für eine gerechte Sache gekämpft, genau wie die Briten, die Amerikaner und andere Verbündete. Von denen werden wir respektiert, und wenn wir uns sehen, umarmen wir uns."

„Aus dem Befreier-Soldat ist hier in Litauen dagegen ein Besatzer-Soldat geworden", sagt er mit Verbitterung. Seine Rolle und die seiner Kriegskameraden im Zweiten Weltkrieg sei im unabhängigen Litauen umgedeutet worden. Für viele wie ihn stellte sich die Frage nach neuen

Praktiken und neuen Erzählungen über ihre Vergangenheit, die ermöglichen würden, aus dieser marginalisierten Rolle herauszutreten.

Dies hat die Erzählstrategien beeinflusst: In den 1990er-Jahren erzählten die Veteranen der sowjetischen Armee über ihren Weg in der Division aus der Opferperspektive („Wir gingen nicht freiwillig."). Danach kam das Motiv des antifaschistischen Kämpfers, und in den 2000er- bis 2010er-Jahren – die der Kämpfer gegen den Holocaust. Die Strategie der Selbstviktimisierung in der persönlichen Erinnerung wurde von der litauischen Sozialpolitik und einer Asymmetrie der sozialen Leistungen geformt: Die sowjetischen Veteranen und Veteraninnen erhielten weniger Zuwendung als die ehemaligen antisowjetischen Partisanen. Der neue Erinnerungsdiskurs steht in direktem Gegensatz zu dem der frühen 1990er-Jahre und richtet sich in erster Linie gegen die Viktimisierung: Die Veteranen sind mit der Definition des Begriffs „Opfer" in Bezug auf sich selbst und ihre Biografie nicht einverstanden.

Die Zukunft der Gedenkstätte Pirčiupis ist gegenwärtig ungewiss, derzeit kann sie als Beispiel für einen „gescheiterten" Erinnerungsort gelten. Ihre einzige Perspektive, als staatlich geförderter Ort der Trauerarbeit weiter zu bestehen, liegt im Netzwerk der Gedenkstätten für verbrannte Dörfer, zu dem auch Chatyn und das tschechische Dorf Lidice gehören, in dem die Deutschen im Juni 1942 ein Massaker verübten. Dieser 2008 erstmals diskutierte Vorschlag wurde bis heute nicht realisiert. Da Pirčiupis als Gedenkort nicht mit den Opfern des Holocaust in historischem Zusammenhang steht, hat die Gedenkstätte keine erinnerungspolitische Unterstützung, wie es sie im Falle der internationalen *remembering communities* an den Holocaust gibt.

Korjukiwka – Ein blinder Fleck der deutschen Erinnerung

Zur Vernichtung von Korjukiwka gibt es nicht mal einen Wikipedia-Eintrag auf Deutsch. Dabei ist der Ort in der ukrainischen Erinnerungskultur das Symbol für die Vernichtung der nicht-jüdischen Zivilbevölkerung während der deutschen Besatzung: Im Rahmen der zweitägigen „Vergeltungsaktion" wurden 7000 Menschen ermordet und das Dorf mit allen 1340 Gehöften verbrannt. Doch anders als Chatyn und Pirčiupis wurde das ukrainische Dorf im nord-östlichen Gebiet Tschernihiw zu Sowjetzeiten nicht zum symbolischen Ort des national-ukrainischen Leids im „Großen Vaterländischen Krieg".

In Korjukiwka am Ufer des Bretsch-Flusses lebten vor dem Krieg 12 000 Menschen. Als die sowjetische Partisanenbewegung unter Aleksej Fedorov aktiv wurde, begannen die Deutschen die Bewohner und Bewohnerinnen der Region Tschernihiw zu terrorisieren und zu töten: Sie nahmen Kinder als Geiseln und führten öffentliche Erschießungen durch. Unter den Geiseln waren zwei Söhne des Dorfbewohners Feodoissij Stupak, 12 und 13 Jahre alt. Um die Geiseln zu befreien, griffen in der Nacht des 27. Februar 1943 Partisanen aus Fedorovs Einheit die Garnison in Korjukiwka an, die hauptsächlich aus ungarischen Soldaten bestand. Als Vergeltungsaktion für diesen Angriff wurde die Ungarische 105. Feldjägerdivision auf Anweisung von Generalleutnant Aldia-Papa Zoltán Jógán nach Korjukiwka geschickt. Befehligt wurde die Strafaktion vom Stabschef der 399. Hauptfeldkommandantur, Bruno Franz Bayer. Bemerkenswerterweise gelang es Aldia-Papa nach seiner Entlassung aus sowjetischer Haft 1955 als katholischer Priester (!) im Ausland tätig zu werden.

Auch im Falle Korjukiwkas wurden die Ereignisse minutiös rekonstruiert. Am Morgen des 1. März 1943 versammelte das SS-Sonderkommando 4a und die ungarischen Truppen unter dem Vorwand der Passkontrolle die Dorfbewohner und -bewohnerinnen in einer Schänke, einem Theater, einem Club, einer Poliklinik, einer Kinderklinik, zwei Schulen und einem Friedhof. Die Menschen – Männer und Frauen, Kinder und Alte – wurden in Gruppen von 50 bis 100 Personen erschossen. Am 2. März wurden die Häuser, die mit Leichen übersät waren, in Brand gesetzt: Das Morden ging weiter. Die „Vergelter“ durchkämmten das Dorf, packten Menschen und warfen sie lebendig in brennende Häuser. Gleichzeitig wurden große Gruppen von Menschen auf dem Kirchhof, dem Hof der Kolchose und dem Schweinestall mit Maschinengewehren getötet. Am Ende des 2. März war Korjukiwka fast vollständig niedergebrannt. Die Überlebenden flohen in die Wälder; einige von ihnen kehrten nach einigen Tagen zurück, meist ältere Menschen. Am 9. März tauchten die Täter jedoch wieder auf. Die letzten Überlebenden wurden zusammengetrieben, in eine Scheune gebracht, mit Petroleum übergossen und verbrannt.

Sowjetische Truppen befreiten Korjukiwka am 19. März 1943, nur zehn Tage nach der letzten Strafaktion der SS. Dem Bericht der Außerordentlichen Kommission (TschGK) zufolge wurden in Korjukiwka 6700 Menschen getötet (5612 Leichen konnten nicht identifiziert werden) und 1290 Häuser niedergebrannt. Die TschGK beschrieb die Todesursache folgendermaßen: „durch Schüsse mit einem automatischen Gewehr, durch Schüsse mit einem Maschinengewehr, durch physische Gewalt mit stumpfen Waffen, durch Zertrümmern der Schädelknochen und der Wirbelsäule im Halsbereich … durch die Verbrennung von lebenden Männern, Frauen und Kindern". Die Kommission vermerkt Korjukiwka als einen Ort mit der höchsten Opferzahl einer „Vergeltungsaktion" an der Zivilbevölkerung während des Zweiten Weltkriegs. Ein Jahr zuvor hatten die Besatzer bereits die gesamte jüdische Bevölkerung von Korjukiwka – 300 Menschen – erschossen und anschließend weitere 131 Menschen getötet, denen sie Verbindungen zu Partisanenverbänden unterstellten oder die familiäre Beziehungen zu Parteimitarbeitern des Bezirks hatten. Später wurden alle Roma und Romnja des Dorfes – weitere 12 Menschen – ermordet.

Korjukiwka steht exemplarisch für die Radikalisierung der deutschen Besatzungspolitik in der späten Kriegsphase. In der Ukraine war sie von der regelrechten Menschenjagd bis hin zur Verschleppung zur Zwangsarbeit und gewaltsamen Eintreibung von Lebensmitteln gezeichnet. Der Historiker Johannes Spohr zeigt eindrücklich in seinem Buch *Die Ukraine 1943/44* auf, wie die meisten ukrainischen Bäuerinnen und Bauern das Erscheinen des uniformierten Deutschen in ihrem Haus als unmittelbare Gefahr für Leib und Leben wahrnahmen.[25] Ab 1943 wiederholten sich dann die Szenen, die den Massenerschießungen von Jüdinnen und Juden ähnelten, doch war man nicht mehr bloß Augenzeuge, sondern selbst Opfer. Die ukrainischen Männer wurden gezwungen, die Gruben auszuheben, an denen sie im Anschluss erschossen wurden. Insgesamt verzeichnet Spohr 670 Dörfer in der Ukraine, deren Zerstörung auf die deutsche Besatzungsgewalt zurückgeht.

Erst 1977 wurde in Korjukiwka ein Mahnmal für die Opfer errichtet. Die berühmte ukrainische Bildhauerin Inna Kolomijez schuf auf den vier Seiten des rechteckigen Denkmals Basreliefs mit Szenen der Vernichtung; am eindrücklichsten wirken die Figuren von drei Müttern und vier kleinen Kindern, die in den Flammen gefangen sind. Die offizielle Inschrift jedoch zeigt den allgemeinen sowjetischen heroischen Duktus: „In Ehren des heroischen Widerstands gegen die deutsch-faschistischen Invasoren". Vor dem Denkmal wurde zudem die Ewige Flamme angezündet, an der frisch Vermählte bis in die heutige Zeit hinein Blumen niederlegen.

Dass Korjukiwka in der Sowjetzeit so stiefmütterlich behandelt wurde, hängt, laut dem Lokalhistoriker Serhij Butko, mit der zwiespältigen Rolle der sowjetischen Partisanen zusammen. Lag der Grund dafür, dass sie den Bewohnern nicht zur Hilfe gekommen waren etwa darin, dass sie dadurch den Hass der Ukrainer auf die Besatzer und die Unterstützung zur Sowjetmacht stärken wollten? Das ist gut möglich, zumal die Geschichte von Pirčiupis auf dasselbe Handlungsmuster hinweist, und auch im Warschauer Aufstand 1944 sah die Rote Armee der kämpfenden Stadt bei ihrer Zerstörung zu.

Lokale Gedenkinitiativen wurden erst in der Perestroika-Zeit möglich, so erschien auch erst 1988 die erste Publikation unter dem wenig sowjetischen Titel *Der Kranz der Unsterblichen*. Ein offizieller deutscher Vertreter erschien zum ersten Mal 2005 für eine Gedenkveranstaltung in Korjukiwka – der damalige deutsche Botschafter Dietmar Stüdemann sagte:

> „Wir Deutsche wissen gut über die Taten der Faschisten in Ihrem Land Bescheid. Dieses Leid, diese Zerstörung, die sie brachten, hat umgekehrt auch Deutschland erreicht. Nach dem Tod Korjukiwkas starb auch das faschistische Deutschland. Aber die Jahre vergingen. Deutschland lebte wieder auf, auch Korjukiwka, die Ukraine, wurde unabhängig. Die Gesellschaften beider Länder reichen einander die Hand über den Gräbern der Toten, obwohl unsere Schuld groß ist. Aber menschliche Freundschaft kann Großes leisten, und ich habe eine große Hoffnung, dass der Krieg sich nicht wiederholt, der Faschismus nicht aufersteht.“[26]

2010 erschien das vom Ukrainischen Institut für Nationales Gedenken vorbereitete Gedenkbuch zu Korjukiwka, das 1300 von 7000 Namen der Opfer auflistet. Es begannen archäologische Untersuchungen und die Exhumierung zur Feststellung der Identität der Opfer. Diese ergaben, dass die meisten Frauen und Kinder gewesen waren. Per Präsidentendekret Janukowitschs wurde 2013 das offizielle Gedenken zum 70. Jahrestag der „Aktion“ angeordnet; dieses Jahr sollte zum Korjukiwka-Gedenkjahr werden. Das Jahr 2013 endete jedoch mit Massenprotesten gegen Janukowitsch und seinen korrupten Machtapparat, die schließlich mit seinem Sturz endeten. Doch obwohl das Dorf Korjukiwka im letzten Jahr zum 80. Jahrestag des Beginns des Vernichtungskrieges von den höchsten Repräsentanten des deutschen Staates besucht wurde, sind alle Versuche, eine deutsche Partnerstadt zu finden, bislang gescheitert.

Die Gedichtzeilen im Stadtmuseum von Korjukiwka, die in ukrainischen Schulen vorgelesen werden, klingen 2022 aktuell und gehen direkt ins Herz:

„Bleib stehen!
Wo auch immer Du bist – in Moskau oder Sorrento,
Wo auch immer Du bist – in Paris oder Warschau,
bleib an diesem Denkmal stehen –
an dem das Ewige Andenken in Granit gemeißelt ist.
Bleib stehen, mein Freund, bleib stehen –
Dort sind Deine Eltern, und womöglich auch Kinder,
Verneige Dich, Verneige Dich tief
vor denen, die im Herzen weiterleben werden.
Gehe nicht vorbei, Du Zeitgenosse,
Leg die Blumen auf diese Gräber hin
und verfluche die verdammten Kriege
Und ehre jene, die das Leben liebten.“[27]

Bełżec und Majdanek – Europa der Toten

In Claude Lanzmanns Dokumentarfilm Shoa (1985) gibt es eine Szene in einer Münchner Kneipe. Wir sehen einen Mann hinter dem Tresen, er zapft Bier. Lanzmann versucht, mit ihm ins Gespräch zu kommen, fragt ihn zunächst danach, wie viel Bier er jeden Tag ausschenkt. Der Mann ist unwillig, will nicht mit ihm sprechen. „Warum verstecken Sie ihr Gesicht?", fragt Lanzmann. „Ich habe meine Gründe", gibt der Mann zur Antwort und dreht sich weg. Lanzmann zeigt ihm ein Foto des SS-Mannes Christian Wirth, der Kommandant des Vernichtungslagers in Bełżec war und als Inspekteur die Aufsicht innehatte über alle drei Vernichtungslager der „Aktion Reinhardt" – das war der Codename für die systematische Ermordung der jüdischen Bevölkerung und der Romnja und Roma im Generalgouvernement Polen. Der Mann am Tresen war sein Adjutant. „Kennen Sie den Mann?", fragt Lanzmann. Der Mann blickt kurz auf das Foto, schüttelt den Kopf. „Erinnern Sie sich an Bełżec? Herr Oberhauser! Erinnern Sie sich nicht?" Ein ganz gewöhnliches Münchner Lokal in den 1970er-Jahren. Und dort zapft ein Mann Bier für die Gäste, der ein Massenmörder ist, der im besetzten Polen beteiligt war an der Ermordung von mehreren Hunderttausend Menschen. Es handelt sich um Josef Oberhauser, Mitglied der SS-Totenkopfverbände und zentrale Figur für den Ausbau des Lagers in Bełżec zu einem berüchtigten Todeslager. Er starb 1979 als freier Mensch in seiner Heimatstadt.

Die „Aktion Reinhardt" fand zwischen Juli 1942 und Oktober 1943 statt. Sie ist zugleich eine Geschichte des massenhaften Raubens. Die Mörder eigneten sich den Besitz der Jüdinnen und Juden an, stellten ihn den Leuten der SS und des SD zur Verfügung, verschickten große Teile davon nach Deutschland. Bełżec war dabei ein Experimentierfeld für die Nationalsozialisten, um die industrielle Massenvernichtung in den Gaskammern zu perfektionieren. Und trotzdem ist das Lager wohl bis heute das am wenigsten präsente, nach dem Zweiten Weltkrieg war es sowohl in- als auch außerhalb Polens lange weitgehend unbekannt. Das gilt auch für den Ort des Verbrechens selbst, der jahrzehntelang einfach sich selbst überlassen wurde. Hier standen keine Gedenksteine, es gab kein Museum, kein Erinnern.

Anders war es in Majdanek. Dieses Lager in Lublin war zwar auch ein Vernichtungslager, hatte aber über weite Strecken zusätzlich die Funktion eines Arbeitslagers. Hier waren nicht nur Jüdinnen und Juden interniert, sondern auch sowjetische Staatsbürgerinnen und Staatsbürger, Menschen aus dem polnischen Widerstand, es gab Internierte aus ganz Europa. Nach dem Einmarsch der Roten Armee wurde noch während des Krieges ein Museum errichtet, das erste in Europa, das die deutschen Verbrechen des Zweiten Weltkriegs dokumentierte. Teile des Lagers bestanden noch, als es befreit wurde, andere Teile wurden rekonstruiert. Die Todesanlagen in Bełżec dagegen wurden von der SS selbst geschlossen und die Spuren der Vernichtung verwischt, nachdem dort die Ermordung des polnischen Judentums und der Roma und Romnja im Generalgouvernement Polen sowie vieler anderer Jüdinnen und Juden aus Deutschland, Österreich und der Tschechoslowakei abgeschlossen war. Und anders als in Bełżec gab es in Majdanek Überlebende, die ihre Erlebnisse schildern konnten. Das Todeslager in Ostpolen überlebten nur eine Handvoll Menschen, von denen nur einer seine Geschichte vollständig erzählen konnte. Bełżec liegt heute in der Peripherie der Europäischen Union, nicht weit von der Grenze zur Ukraine. In der europäischen Erinnerung ist es ebenfalls ein Ort am Rande. Neben Auschwitz sind vielleicht noch die Vernichtungslager Treblinka, Sobibór und Majdanek vielen Menschen zumindest ein Begriff. Bełżec dagegen ist verblasst. Es ist das „vergessene Todeslager" Europas – und das, obwohl hier fast eine halbe Millionen Menschen ermordet wurden.

Maschinerie des Todes – Das Vernichtungslager Bełżec

Von Warschau fahren wir etwa fünf Stunden mit dem Bus nach Tomaszów-Lubelski, einer kleinen Stadt mit knapp 20 000 Einwohnerinnen und Einwohnern in der Nähe zur polnisch-ukrainischen Grenze. Von hier ist es nicht weit bis zur Gedenkstätte des Vernichtungslager Bełżec, das im gleichnamigen Ort gelegen ist. Nach einer zehnminütigen Fahrt stehen wir am Eingang. An den Mauern sehen wir einen Davidstern und eine Inschrift in drei Sprachen – Hebräisch, Polnisch und Englisch: „Dies ist die Stätte von etwa 500 000 Opfern des Todeslagers Bełżec." Die Anlage ist von einer Mauer umgeben, in ihrer Mitte prangt ein Feld voller dunkler schwarzer Steine. Sie symbolisieren die Massengräber, in denen die Menschen nach ihrer Ermordung verscharrt wurden. Auf der linken Seite sehen wir einen Stapel aus Eisenbahnschienen und Schlacke – dieser steht für die Deportationen ins Vernichtungslager und dafür, dass die Deutschen die Leichen ihrer Opfer übereinanderstapeln ließen, um sie dann zu verbrennen. Auf der anderen Seite befindet sich ein Museum, das die Geschichte dieses Ortes eindrücklich darstellt und dokumentiert. Am Beginn der Ausstellung sehen wir Porträts der Opfer: Frauen, Männer, Kinder, Familien – ein Versuch, dem anonymisierten industriellen Mord ein Gesicht zu geben, den Opfern ein Stück ihrer Würde zurückzugeben.

Die „Aktion Reinhardt", benannt nach dem 1942 in Prag ermordeten hochrangigen NS-Funktionär Reinhard Heydrich, begann im Herbst 1942, als Heinrich Himmler dem SS- und Polizeiführer im Distrikt Lublin im Generalgouvernement Polen, Odilo Globocnik, den Befehl erteilte, die

Teil der 2004 eröffneten Erinnerungslandschaft in Bełżec. Die schwarzen Steine erinnern an die Massengräber, in denen die ermordeten Menschen verscharrt wurden.

gesamte jüdische Bevölkerung sowie die Roma und Romnja im Generalgouvernement zu ermorden. Bereits im Januar 1942 hatte die berüchtigte „Wannsee-Konferenz" in Berlin stattgefunden, auf der die sogenannte „Endlösung der Judenfrage" geplant und koordiniert werden sollte. Dabei war die Konferenz aber keineswegs der Beginn des Holocaust, hatte die gezielte Ermordung der sowjetischen Jüdinnen und Juden durch Massenerschießungen zu diesem Zeitpunkt doch schon begonnen. Die Konferenz hatte vielmehr die Funktion, die de facto längst beschlossene Auslöschung des europäischen Judentums zu systematisieren. Im Generalgouvernement Polen war Bełżec das erste Vernichtungslager, das in Betrieb genommen wurde. Erster Kommandant des Lagers war der SS-Sturmbannführer Christian Wirth, der bereits seit Ende des Jahres 1941 die Errichtung des Vernichtungslagers beaufsichtigte. Wie viele andere Akteure der „Aktion Reinhardt" war Wirth zuvor an der sogenannten „Aktion T4" in Deutschland beteiligt gewesen, in der etwa 70 000 Menschen mit seelischen, psychischen oder körperlichen Krankheiten durch Vergasung mit Kohlenmonoxid ermordet worden waren. Hier hatte er Erfahrungen im systematischen Töten gesammelt. Ihm sollten noch viele andere Täter der „Aktion T4" als Personal der Vernichtungslager von Bełżec, Sobibor und Treblinka nachfolgen.[1]

In diesem Zusammenhang erfüllte das Lager Bełżec die Funktion eines Versuchslabors. Bereits im Oktober 1941 – also weit bevor der Befehl zur Ermordung der jüdischen Bevölkerung und der Roma und Romnja im Generalgouvernement Polen erteilt worden war – begannen die SS-Männer in der Nähe des Ortes Bełżec mit der Konstruktion des Vernichtungslagers. Die Wahl des Ortes hing damit zusammen, dass hier der Anschluss an die Bahnlinie zwischen Lwiw und Lublin gegeben war, sodass der Transport der Menschen relativ leicht möglich war. Außerdem war Bełżec trotz dieser Lage eher abgelegen, was die Zahl der Zeuginnen und Zeugen des massenhaften Mordens verringerte. Bei dem Aufbau des Lagers griffen die SS-Männer auf polnische Handwerker aus der Umgebung, auf die sogenannten Trawniki-Männer, sowie auf jüdische Zwangsarbeiter zurück, die schließlich zu Opfern der ersten in Bełżec durchgeführten Vergasungen werden sollten. Für die Bewachung der jüdischen Zwangsarbeiter waren die Trawniki-Männer verantwortlich. Nach Experimenten mit Gaswagen, die die SS-Männer als zu ineffizient verwarfen, entschieden sie sich für die Tötung durch Motorabgase in den

Kammern von Bełżec. Diese Methode zeichnete sich auch dadurch aus, dass die Opfer einen ausgesprochen qualvollen Tod erlitten, der einherging mit Kopfschmerzen, Erbrechen und Krämpfen. Außerdem sorgte die unterschiedliche Reaktionsweise der menschlichen Körper dafür, dass andere zuerst den Todeskampf ihrer Leidensgenossinnen und Leidensgenossen miterlebten, bevor sie selbst starben.[2] Wie in vielen anderen Vernichtungslagern wurden auch in Bełżec Duschköpfe an den Decken der Gaskammern angebracht, um den Opfern vorzutäuschen, dass es sich um einen Waschraum handele. Pläne, diese Illusion durch die Ausgabe von Handtüchern weiterzutreiben, wurden wieder verworfen. Der Kommandant des Lagers, Christian Wirth, versprach den Menschen bei ihrer Ankunft eine Dusche und kündigte an, dass sie im Anschluss daran zur Arbeit zugeteilt würden. Dies bedeutete manchmal einen kleinen Hoffnungsschimmer für die Ankömmlinge, wobei schon allein wegen der über Bełżec kursierenden Gerüchte viele ahnten, was tatsächlich mit ihnen geschehen würde.

Das Lager Bełżec war relativ klein, und es gab – anders als etwa in Birkenau – kaum die Möglichkeit, größere Menschenmengen in Baracken unterzubringen, sodass die SS-Mannschaften von Anfang an die Menschen umgehend nach ihrer Ankunft töteten. Die ersten Transporte mit Jüdinnen und Juden aus dem besetzten Polen, die zuvor in den liquidierten Ghettos zusammengetrieben worden waren, trafen Mitte März 1942 ein. Der Ablauf der Ermordung verlief dabei vermutlich stets nach einem ähnlichen Muster: Die Menschen wurden aus den Eisenbahnwaggons in mehreren Gruppen bis zu einer ersten Baracke gedrängt, wo sie ihre Wertsachen abgeben mussten. Zuvor wurden sogenannte „Arbeitsjuden" rekrutiert, die den SS-Männern und den Trawniki zuarbeiten mussten, bevor sie am Ende eines Tages selbst umgebracht wurden. In einer zweiten Baracke mussten sich die Jüdinnen und Juden komplett entkleiden und wurden dann zu den Gaskammern geführt. Den Frauen wurde davor zusätzlich der Kopf geschoren. In der Gedenkstätte in Bełżec ist das polnische Plakat ausgestellt, das die Menschen sahen, wenn sie im Lager ankamen:

> „Achtung! Vollständige Kleidungsabgabe. Alle mitgebrachten Dinge mit Ausnahme von Geld, Wertsachen, Wertgegenständen und Dokumenten und Schuhen am Entkleidungsplatz lassen. Geld, Wertgegen-

> stände und Dokumente sind am Schalter abzugeben und bis dahin bei sich zu halten und nicht aus den Augen zu verlieren. Die Schuhe als Paare miteinander verschnüren und an den dafür vorgesehenen Platz ablegen. Zusammen vollständig ausgezogen die Bad- und Inhalationsräume betreten."[3]

Tatsächlich wurden die nackten und verängstigten Menschen möglichst schnell vergast. In manchen Fällen wurden alle gemeinsam ermordet, in anderen Fällen zuerst die Männer eines Transports, gefolgt von Frauen und Kindern. Die Trawniki-Männer und manchmal auch die SS-Männer trieben die Opfer mit Schlägen und Tritten durch einen Korridor zu den Vernichtungsanlagen. Die Vergasung nahm etwa fünfzehn bis zwanzig Minuten in Anspruch, manchmal aber auch eine halbe Stunde. Danach mussten die zuvor ausgewählten Juden die Türen der Kammern öffnen und die Leichen herausholen. Diese waren oft mit Ausscheidungen beschmiert und meist auch ineinander verschlungen und nur schwer voneinander zu lösen. Die Menschen hatten sich in den Momenten des Todeskampfs an ihre Angehörigen geklammert. Gerade zu Beginn kam es außerdem vor, dass einige Menschen überlebten, weil die Gasanlagen undicht gewesen waren. Sie wurden dann erschossen. Im frühen Sommer des Jahres 1942 ordnete der Lagerkommandant Wirth an, dass die Leichen verbrannt werden sollten. Pro Tag betraf dies etwa 2000 Opfer.[4] Es war nicht einfach, die toten Körper in Brand zu setzen und sie vollständig zu verbrennen. Der beißende Geruch breitete sich im Umkreis von zehn Kilometern aus – auch das ein wichtiger Faktor dafür, dass die Gerüchte über das, was im Lager vor sich ging, zusätzlich untermauert wurden.

Mit der Zeit wurde die Tötung immer weiter perfektioniert. Die sogenannten „Arbeitsjuden" mussten dabei mehr und mehr Aufgaben übernehmen, die zuvor die Trawniki-Männer erfüllt hatten. Sie mussten diejenigen, die zu schwach waren, um den Weg vom Waggon bis zu den Gaskammern alleine zu bewältigen, zu den Massengräbern bringen, wo SS-Leute und Trawniki-Männer sie erschossen. Die „Arbeitsjuden" wurden später über längere Zeit am Leben gelassen und erst nach einer Weile getötet und durch neue Zwangsrekrutierte ersetzt. Während der Errichtung und Inbetriebnahme des Vernichtungslagers hatten sowohl die deutschen SS-Mannschaften als auch die Trawniki-Männer Kontakte zur lokalen Bevölkerung. Sie logierten in den Häusern der Menschen im Ort, tranken mit ihnen und erzählten dort auch – zumal, wenn sie betrunken waren – von dem, was in dem Lager vor sich ging.

Der Vernichtungsmaschinerie zu entkommen, war fast unmöglich. Trotzdem gelang es einigen Menschen, aus den Deportationszügen zu springen, aber die meisten erlebten das Kriegsende aller Wahrscheinlichkeit nicht. SS und Trawniki-Männer gingen außerdem dazu über, an den Waggons zu patrouillieren, um jeden Flüchtenden sofort zu erschießen. Die Erfahrungen in Bełżec flossen in die Organisation der anderen beiden Vernichtungslager der „Aktion Reinhardt", Sobibór und Treblinka, mit ein. In Bełżec trafen mit Unterbrechungen bis Anfang November 1943 Transporte aus dem Generalgouvernement Polen, aber auch aus Deutschland, Österreich und der Tschechoslowakei ein. Die Deportationen hörten dann wohl vor allem deswegen auf, weil die Massengräber voll waren. Die genauen Opferzahlen zu rekonstruieren, ist fast unmöglich. Der Historiker Stephan Lehnstaedt schätzt, dass insgesamt etwa 470 000 Menschen in Bełżec starben.[5] Damit war das Vernichtungslager nach Auschwitz-Birkenau und Treblinka der Ort mit den meisten Toten.

Die einzigen Überlebenden – Die Geschichte von Rudolf Reder und Chaim Hirszman

Nur im Falle von zwei Menschen gilt es als erwiesen, dass sie sowohl das Vernichtungslager Bełżec überlebten als auch das Ende der deutschen Herrschaft in Polen. Einer von ihnen war Rudolf Reder. Reder wurde 1881 in der Habsburgermonarchie geboren und betrieb in Lwiw eine Seifenfabrik, als der Zweite Weltkrieg ausbrach. Nach dem deutschen Überfall auf die Sowjetunion und der Einnahme Lwiws musste er wie die übrige jüdische Bevölkerung der Stadt im dortigen Ghetto leben. Von dort wurde er in einem Transport im August 1942 nach Bełżec gebracht und zur Arbeit im Vernichtungslager gezwungen. Als ihn seine Bewacher nach Lwiw mitnahmen, um hier Bleche zu beschaffen, gelang Reder die Flucht. Er fand Unterschlupf bei einer polnischen Bekannten, die später seine zweite Ehefrau werden sollte. Seine erste Frau und die beiden gemeinsamen Kinder waren im Holocaust ermordet worden. Reder ist der wichtigste Zeuge der Verbrechen, die in Bełżec begangen wurden. Denn der einzige andere Zeuge, der das Lager über- und das Kriegsende erlebte, wurde 1946 ermordet, bevor er eine vollständige Aussage über seine Erlebnisse machen konnte. Es handelte sich um Chaim Hirszman, dem es gelungen war, aus einem der Todestransporte zu fliehen, und der sich dann als Partisan der kommunistischen polnischen Volksarmee anschloss. Nach dem Krieg wurde er an dem Tag, an dem er eine Aussage über seine Erlebnisse bei der Jüdischen Historischen Wojewodschaftskommission begann, erschossen.

Reder dagegen konnte seine Erinnerungen an Bełżec zu Papier bringen. Sein Bericht wurde 1946 von der Zentralen Jüdischen Kommission in Polen veröffentlicht, allerdings nahm die polnische Öffentlichkeit kaum Notiz davon. Erst 1999 wurden seine Aufzeichnungen in Krakau wieder aufgelegt. Reder erinnerte sich daran, dass der Name Bełżec schon vor Beginn der Deportationen aus dem Ghetto von Lwiw in Umlauf war. Es war ein Schreckensort. Gerüchten zufolge hatte ein ukrainischer Wachmann des Lagers seiner Freundin von den Vergasungsanlagen dort erzählt, die nun ihrerseits Jüdinnen und Juden davor zu warnen versuchte. Aber die Menschen im Ghetto waren hilflos und verängstigt. „Was können wir tun? Was können wir tun?", fragten sie sich gegenseitig. Dann begann im August 1942 eine der berüchtigten „Aktionen", in denen Gestapo-Männer gemeinsam mit lokalen Helfern die Menschen zusammentrieben und sie in ihren Verstecken aufspürten. Zunächst wurden sie in das Lager Janowska in Lwiw gebracht, wo etwa 6000 Menschen dicht aneinander gedrängt die Nacht verbringen mussten. Reder erinnert sich, dass absolute Stille herrschte. Die Verladung in die Eisenbahnwaggons war äußerst brutal, die Gestapo prügelte auf ihre Opfer ein und verschloss die Türen. Männer, Frauen, Alte und Kinder waren auf kleinstem Raum zusammengepfercht, es war „voll und heiß und wir waren dem Wahnsinn nahe. Nicht ein Tropfen Wasser, nicht ein Krümel Brot".[6] Wenn die Waggons zwischendurch anhielten, gab es manchmal Menschen aus den umliegenden Orten, die den Gefangenen Wasser und Nahrung geben wollten, aber auch das verhinderten die Wachmänner.

Eindrücklich an Reders Schilderung ist, dass der gesamte Weg der Jüdinnen und Juden von Gewalt geprägt war, ständig wurden sie geschlagen, misshandelt und zur Eile angetrieben, bis sie in den Gaskammern starben. Reder stand draußen und hörte „verzweifelte Schreie auf Polnisch und auf Jiddisch, das Klagen der Kinder und Frauen, die das Blut gefrieren ließen, und schließlich ein gemeinsamer, entsetzlicher Schrei".[7] Reder musste vier Monate in der Vernichtungsmaschinerie dienen und die Ermordeten aus den Gaskammern bergen. Dabei spielte die ganze Zeit ein Orchester, das die SS aus den Reihen der Deportierten gebildet hatte. Der Alltag war geprägt durch eine hohe Frequenz des massenhaften Tötens. Es verging kein Tag ohne Transporte, meist kamen drei an einem Tag. Wenn ein Zug in der Nacht eintraf, mussten die totgeweihten Menschen im Inneren ausharren, bis sie am nächsten Morgen umgebracht wurden. Manchmal wurden so viele Menschen in die Gaskammern gedrängt, dass sich die Türen kaum schließen ließen. Reder erinnerte sich besonders an den stets wiederkehrenden Moment, als den Menschen klar wurde, was sie erwartete, als der „Terror, die Verzweiflung, die Schreie und das schreckliche Stöhnen sich mit den Noten des Orchesters vermischte".[8]

In den Baracken mussten die Häftlinge die Habseligkeiten der Jüdinnen und Juden sortieren, diese wurden verpackt und in Eisenbahnwaggons verschickt. Um aus den Mündern der Toten das Zahngold herauszubrechen, hatte die SS eigens Zahnärzte aus den Transporten rekrutiert. Diese mussten jede Leiche inspizieren, bevor sie ins Massengrab geworfen wurde. Dann sollten sie das Gold einsammeln und einschmelzen. Die Kleider und Wertsachen der Menschen wurden vom Bahnhof in Bełżec nach Lublin verschickt, von wo aus ein erheblicher Teil – das konnte Reder freilich nicht wissen – weiter nach Deutschland transportiert wurde. Zusammen mit Reder waren noch etwa 500 weitere jüdische Arbeitskräfte in Bełżec im Einsatz. Reder erinnerte sich besonders an einen SS-Mann namens Schmidt, der die Juden täglich misshandelte. Wie alle Trawniki- und SS-Männer war auch Schmidt stets mit einer Peitsche ausgerüstet. Wenn jemand nicht schnell genug arbeitete, griff Schmidt zur Peitsche und versetzte seinem Opfer 25 Hiebe. Dabei zwang er es, die Schläge zu zählen, und wenn sein Opfer sich verzählte, erhöhte er die Peitschenhiebe auf fünfzig. Meist starb der schwer misshandelte Mensch am nächsten Tag. Diese Gewaltausbrüche seien jeden Tag mehrmals vorgekommen. Überhaupt arbeiteten die Juden stets mit dem eigenen Tod vor Augen. Jeden Tag, so schilderte es Reder, wurden vierzig bis fünfzig Menschen erschossen. Ein Arzt stellte eine Liste auf mit denjenigen, die zu schwach waren, um weiter zu arbeiten.

Am schlimmsten aber war für Reder das Füllen der Massengräber. Auch bereits volle Gräber mussten die „Arbeitsjuden" mit weiteren Leichen füllen und mit Sand bedecken. Dabei „tropfte dickes schwarzes Blut aus den Gräbern und flutete die gesamte Oberfläche wie das Meer. Wir mussten vom Rand des einen Grabs zum anderen laufen, um zum nächsten Grab zu gelangen. Unsere Beine versanken im Blut unserer Brüder, wir gingen über Berge von Leichen – das war das Schlimmste, das Entsetzlichste."[9] Reder schilderte, wie die Männer, deren Familien meist vergast worden waren, zu einer automatisierten Masse wurden. „Wir bewegten uns wie Menschen, die keinen Willen mehr hatten. Wir waren eine Masse. Ich kannte einige Namen, aber nicht viele. Wer wer war und was ihre Namen waren, war in jedem Fall völlig unwichtig. [...] Wir gingen mechanisch den Gang durch dieses grauenhafte Leben."[10] Ein besonders traumatisches Erlebnis war für Reder die Ermordung der Jüdinnen und Juden aus Zamość, als er Zeuge wurde, wie die SS und die Trawniki-Männer einzelne Menschen aus der Menge herausgriffen und malträtierten. SS-Männer begannen, den Vorsitzenden des Judenrats von Zamość zu quälen. Sie schlugen ihn mit Stöcken ins Gesicht und auf den Kopf, bis er blutete. Auf ihren Befehl musste er zur Musik springen und tanzen, dann zwangen sie ihn, einen halben Laib Brot zu essen. Die Folter zog sich über sieben Stunden hin. Danach stellten sie den Mann an eines der Massengräber und erschossen ihn. Ein Junge aus einem anderen Transport wurde zu Tode gequält. Die Mörder hängten ihn kopfüber für drei Stunden an einem Galgen auf und töteten ihn dann, indem sie mit Stöcken Sand in seinen Mund stopften. An diesen Misshandlungen waren oft nicht nur die SS-Wachmannschaften, sondern auch die Trawniki-Männer beteiligt.

Die Trawniki-Männer – Erfüllungsgehilfen des Holocaust?

Wer waren diese Männer, die der SS von der Konstruktion über die Inbetriebnahme bis zur Auflösung des Lagers Zuarbeit leisteten? Die sogenannten „Trawniki-Männer" waren Menschen aus der nicht deutschen Bevölkerung, die in einem Lager im gleichnamigen Dorf ausgebildet worden waren. Einer breiteren Öffentlichkeit in Deutschland wurden sie durch den Prozess gegen John Demjanjuk in München im Jahr 2009 ein Begriff. Demjanjuk, gebürtig aus der Sowjetukraine, hatte während des Zweiten Weltkriegs im Vernichtungslager Sobibór gedient. Das Landgericht München sah es als erwiesen an, dass er sich der Beihilfe zum Mord in 28 060 Fällen schuldig gemacht hatte, und verurteilte ihn zu einer Freiheitsstrafe von fünf Jahren. Demjanjuk starb, bevor das Urteil, gegen das sowohl sein Anwalt als auch die Staatsanwaltschaft Revision eingelegt hatten, rechtskräftig wurde. Trotzdem schrieb das Münchner Gericht in diesem Fall Rechtsgeschichte, wurde doch erstmals ein nicht deutscher Beteiligter am industriellen Massenmord für seine Taten vor einem deutschen Gericht zur Verantwortung gezogen. Neu war auch, dass das Gericht den Angeklagten schuldig sprach, obwohl ihm keine konkrete Tat nachgewiesen werden konnte. Allein seine Anwesenheit als Wachmann in Sobibór genügte dem Gericht, um Demjanjuk schuldig zu sprechen.

Die deutsche Geschichtswissenschaft hat erst relativ spät begonnen, sich für diese Personengruppe zu interessieren. Was also wissen wir inzwischen über sie? In Trawniki befand sich nicht nur die Ausbildungsstätte der sogenannten „Hilfswilligen" („Hiwis"), sondern auch ein Zwangsarbeiterlager, wo Menschen unter grausamen Bedingungen leben mussten. Die „Trawniki-Männer" wurden meist unter den sowjetischen Kriegsgefangenen rekrutiert. Anders als der Begriff „Hilfswillige" suggeriert, war das Maß der Freiwilligkeit von Fall zu Fall unterschiedlich. Schließlich bot die Ausbildung die Möglichkeit, sich aus den Kriegsgefangenenlagern zu befreien, wo grauenhafte Bedingungen herrschten. In den Quellen Überlebender, aber auch im Sprachgebrauch der Nationalsozialisten werden Trawniki-Männer oft synonym mit „Ukrainern" verwendet. Dabei waren ethnische Ukrainer zwar die größte, aber keinesfalls die einzige Gruppe, die in den Wachmannschaften vertreten war. SS-Männer bemühten sich bei der Rekrutierung insbesondere, sogenannte „Volksdeutsche" zu identifizieren, von denen angenommen wurde, dass sie besonders loyal waren und ebenfalls Juden hassten. Insgesamt wurden in Trawniki 4000 bis 5000 Menschen zum Zwecke der Hilfsarbeiten für die Tötungspläne der SS ausgebildet. Auch bei der Liquidierung der Ghettos im besetzten Polen griff die SS oft auf die Unterstützung der Trawniki zurück.

Im Tötungsprozess in den Vernichtungslagern nahmen sie eine Scharnierfunktion zwischen den SS-Männern und den sogenannten „Arbeitsjuden" ein. In Bełżec waren meist nicht mehr als zwanzig SS-Männer zur selben Zeit und etwa sechzig, später einhundertzwanzig Trawniki-Männer eingesetzt. Als das Lager abgebaut wurde, verringerte sich ihre Zahl wieder. Die Jüdinnen und Juden waren sowohl SS- als auch Trawniki-Männern hilflos ausgeliefert. Es gibt keinerlei Zweifel daran, dass die Trawniki-Männer auch Täter waren. Berichte von Überlebenden aus anderen Lagern legen immer wieder Zeugnis darüber ab, dass auch die Trawniki-Männer schikanierten, demütigten, misshandelten und töteten.

Im Falle von Bełżec erinnerte sich Reder vor allem an den Volksdeutschen Heni Schmidt, der eine besondere Freude dabei empfand, seine Opfer zu quälen. Er habe sich an den Todesschreien der Frauen ergötzt und sei die „,Seele'" des Lagers gewesen, „der am meisten degenerierte, monströseste, blutrünstigste".[11] Immer dort, wo Menschen malträtiert wurden, sei Schmidt gewesen. Die besondere Grausamkeit der „Volksdeutschen" ist ein Motiv, das auch in den Erinnerungen von den Überlebenden anderer Lager auftaucht. Zugleich zeigen Reders Erinnerungen, dass es eine pervertierte Verbindung zwischen SS- und Trawniki-Männern geben konnte, eine Hierarchie des Quälens. So schrieb Reder darüber, dass der SS-Mann Gottfried Schwartz, Stellvertreter von Wirth, stets darauf geachtet habe, dass die „Arbeitsjuden" von den Trawniki-Männern ausreichend misshandelt wurden: „Er prüfte, ob die *Askars* uns gegenüber ausreichend grausam waren und uns genug quälten."[12]

Anders als die sogenannten „Arbeitsjuden", die zudem grundsätzlich zu ihrem Arbeitseinsatz gezwungen wurden, gab es bei den Trawniki-Männern keine stetige Todesdrohung. Vielmehr waren ihre Unterbringung und Verpflegung im Lager gesichert. Und zugleich waren sie auch Opfer der Deutschen. Die Aussicht, dem Hungertod in den deutschen Lagern für Kriegsgefangene zu entkommen, war für einige der Grund für ihre Meldung zum Einsatz. In der Lagerhierarchie bestand keinerlei Zweifel an ihrer Unterordnung unter die SS-Mannschaften. Einzelheiten zum Verhältnis von SS-Männern und ihren „Hilfswilligen" speziell in Bełżec sind auf der überlieferten Quellengrundlage nur in Ansätzen zu treffen. Der für seinen Sadismus bekannte Kommandant des Lagers Wirth machte seinen SS-Untergebenen gegenüber deutlich, dass er die „Russen" für minderwertige Menschen hielt. Er misshandelte sie und ließ einige von ihnen erschießen, wenn er der Ansicht war, dass diese ihrem „Dienst" nicht angemessen nachkamen. [13]

Das ungesühnte Verbrechen – Der Prozess gegen SS-Männer von Bełżec

Wurden die SS-Männer von Bełżec jemals für das zur Verantwortung gezogen, was sie im Osten Polens verbrochen hatten? Die Bereitschaft, die Verbrechen während des Zweiten Weltkriegs juristisch zu ahnden, war zu Beginn der Bundesrepublik Deutschland gering. Viele ehemalige Nationalsozialisten konnten ihre Karrieren im Nachkriegsdeutschland fortsetzen als Juristen, Mediziner, Polizisten oder Politiker. Trotzdem gab es einige aufsehenerregende Prozesse gegen das Personal von Konzentrations- und Vernichtungslagern im östlichen Europa, die einen gewissen Anteil daran hatten, dass in der deutschen Öffentlichkeit über die Verantwortung Einzelner für Massenverbrechen diskutiert wurde. Am bekanntesten sind wohl in diesem Zusammenhang die Auschwitzprozesse, die in den 1960er-Jahren in Frankfurt stattfanden. Maßgeblich für das Zustandekommen der Prozesse war einmal mehr der hessische Generalstaatsanwalt Fritz Bauer, der selbst von den Nationalsozialisten verfolgt worden war und der auch den Callsen-Prozess vorangetrieben hatte, in dem sich SS-Männer u. a. für das Massaker in Babyn Jar verantworten mussten (siehe Kapitel 3).

Die Verbrechen im Zuge der „Aktion Reinhardt" wurden ebenfalls vor bundesrepublikanischen Gerichten verhandelt, allerdings mit unterschiedlichen Ausgängen. Insgesamt gab es acht Prozesse gegen das Personal, das das polnische Judentum praktisch ausgelöscht hatte. In vielen Fällen war die Justiz allerdings zu spät: Die Täter waren bereits gestorben oder waren untergetaucht. Stephan Lehnstaedt geht davon aus, dass sich dadurch insgesamt zwei Drittel der Verantwortlichen überhaupt nicht verantworten mussten. Den Auftakt bildeten Prozesse gegen Lagerpersonal aus dem Vernichtungslager Sobibór, die 1950 in Berlin und Frankfurt stattfanden und an deren Ende zwei Männer verurteilt wurden. Im Falle von Bełżec erwies sich die juristische Aufarbeitung als besonders schwierig, eben weil es kaum Überlebende gab. Trotzdem mussten sich 1963 zunächst acht Beschuldigte für ihre Taten in dem Todeslager vor Gericht verantworten. Die Männer gaben ihre Beteiligung an den Massentötungen in Bełżec zwar zu, verwiesen aber immer wieder darauf, dass sie auf Befehl gehandelt hätten. Dabei hatte der angeklagte ehemalige SS-Mann Heinrich Unverhau keinerlei Hemmungen, den Grad der Beteiligung der SS zu minimieren und auf die jüdischen Häftlinge zu verweisen, die die eigentliche „Tötungsarbeit" geleistet hätten:

> „Alle die mit der Tötung unmittelbar zusammenhängenden Vorgänge waren Aufgaben jüdischer Kommandos, die unter jüdischen Vorgesetzten arbeiteten. Es waren Juden, die ihre jüdischen Glaubensgenossen bei Einlaufen der Züge aus den Waggons holten, es waren jüdische Friseure, die den Frauen die Haare schnitten, und Juden verbrachten die

> zur Tötung bestimmten in die Gaskammern. Auch die Verbringung der Leichen aus den Kammern in die Massengräber und das Ausbrechen goldener Zähne und Prothesen wurden von Juden besorgt."[14]

Trotz der Tatbeteiligung aller Männer wurde in sieben Fällen keine Hauptverhandlung eröffnet, da sich die Angeklagten erfolgreich auf den Putativnotstand beriefen. Lediglich im Falle von Josef Oberhauser schloss sich das Gericht dieser Argumentation nicht an, war es doch der Überzeugung, dass Oberhauser als Adjutant des verstorbenen Lagerkommandeurs Christian Wirth eine gute Beziehung zu diesem gehabt haben müsse und folglich keine Bestrafung im Falle einer Befehlsverweigerung hätte fürchten müssen. Beim Strafmaß zeigte sich das Gericht in München allerdings milde: Oberhauser wurde – u. a. aufgrund der Beihilfe zum Mord in 300 000 Fällen – lediglich zu viereinhalb Jahren Haft verurteilt. Das war das einzige Urteil, das in der Bundesrepublik gegen die Täter von Bełżec erging – im Falle der Vernichtungslager von Sobibór und Treblinka wurden wesentlich mehr Männer teilweise zu hohen Haftstrafen verurteilt. Die niedrigen Urteile im Münchner Prozess standen auch im krassen Gegensatz zu den Urteilen, die in den 1960er-Jahren in der Sowjetunion gegen ehemalige Trawniki-Männer geführt wurden, die unter anderem in Bełżec gedient hatten und die zu hohen Haftstrafen und in einigen Fällen auch zum Tode verurteilt wurden.[15]

Der Ort und die Erinnerung

Als die SS-Männer nach der Auflösung des Lagers Bełżec abzogen, übergaben sie das Gebiet einem Bauern aus der Ukraine, der selbst als Wachmann in dem Lager gearbeitet hatte. Der Tatort sollte unkenntlich gemacht werden. Tatsächlich aber hatte sich die industrielle Tötungsfabrik in unmittelbarer Nähe zu Siedlungen befunden. Das Wissen über das, was sich hier abgespielt hatte, war vorhanden. Das erklärt auch, warum es – wie in vielen anderen Orten der Vernichtung – in Bełżec „Goldgräber" gab. Diese Menschen versuchten, in der Erde der Massengräber Wertgegenstände der Ermordeten zu finden. Versuche des polnischen Staates, dieses Verhalten zu sanktionieren und zu unterbinden, schlugen fehl. Bis in die 1950er-Jahre hinein gab es Ermittlungen anlässlich von Umgrabungen auf dem Gelände, die das Ziel hatten, sich den ehemals jüdischen Besitz anzueignen.

Warum aber geriet der Ort trotz dieses Wissens in Vergessenheit? Mit der Auswanderung von Rudolf Reder aus Polen im Jahr 1950 gab es dort keinen Menschen mehr, der das Lager überlebt hatte. Das unterschied den Ort von den Lagern in Majdanek und Auschwitz-Birkenau, wo es polnische Überlebende gab, die ein eigenes Interesse daran hatten, die Erinnerung an den Orten selbst wachzuhalten. Dabei spielte auch eine Rolle, dass die Volksrepublik Polen eher bereit war, die polnischen Opfer als „eigene" Opfer zu sehen. Im Falle von Bełżec waren die Opfer aber entweder jüdisch gewesen oder Roma und Romnja. Obwohl viele der ermordeten Menschen die polnische Staatsbürgerschaft besessen hatten, wurden sie nicht in polnische nationale Narrative eingeschrieben. Hinzu kam, dass es anders als in Sobibór, Treblinka oder dem Warschauer Ghetto in Bełżec keinen Aufstand gegeben hatte, sodass das ehemalige Lager sich schwer einfügen ließ in die kommunistischen Geschichten des Widerstands und des Heroismus.

In Polen setzte eine Diskussion über den Zustand des ehemaligen Lagers und der fehlenden Erinnerung in der zweiten Hälfte der 1950er-Jahre ein, als die Entstalinisierung des Landes größere Freiräume schuf. Allerdings änderte sich am Zustand des Geländes zunächst nichts. Der Bełżec-Prozess in München in den 1960er-Jahren bewirkte vermutlich, dass 1963 auf dem Gelände des ehemaligen Lagers ein erstes Denkmal errichtet wurde. Wie aber im Falle vieler sozialistischer Gedenksteine für die jüdischen Opfer des Krieges, fehlte auch auf diesem Denkmal ein Verweis auf ihre Identität. Es war lediglich von den „Opfern des Hitlerterrors" die Rede, „die in den Jahren 1941–43 ermordet wurden".[16] Eine erneute Marginalisierung der jüdischen Erfahrung des Krieges setzte in Polen im Jahr 1968 ein, als die kommunistische Parteiführung mit einer antisemitischen Kampagne einen Großteil der noch in Polen verbliebenen Jüdinnen und Juden aus dem Land trieb. Zu einer entschlossenen Musealisierung des Geländes und der Aufarbeitung der Geschichte des Lagers kam es erst nach dem Ende des Kommunismus in Polen in den 1990er-Jahren. Eine zentrale Rolle spielte dabei aber Miles Lerman, dessen Familie in Bełżec ermordet worden war und der zu dieser Zeit im Beirat des United States Holocaust Memorial Museum in Washington saß. Erst jetzt setzte eine professionelle archäologische Untersuchung des ehemaligen Lagers ein, die Rückschlüsse zuließ auf dessen Struktur. Zu Beginn der 2000er-Jahre wurde schließlich der Bau einer Gedenkstätte vorangetrieben, die 2004 eröffnet wurde.

Somit ist das Gelände, auf dem wir jetzt stehen, noch relativ jung. Nach dem Rundgang durch die Ausstellung gehen wir in den Saal der Ruhe, der Raum geben soll für Trauer und Reflexion. Dort befindet sich ein großer Gedenkstein, der an die „600 000 Juden aus Polen und anderen Ländern Europas erinnert", die hier ermordet wurden, sowie an die 1500 Polinnen und Polen, die starben, weil sie Jüdinnen und Juden geholfen hatten. Es handelt sich um das Mahnmal, das in den 1980er-Jahren in Bełżec aufgestellt wurde. Auf ihm liegen viele kleine Steine, die an die Toten erinnern. Im Freien umschreiten wir das schwarze Feld, wo sich einst die Massengräber befanden. In verschiedenen Sprachen – stets mit einer Übersetzung entweder ins Jiddische oder Hebräische – sind auf dem Boden die Orte aufgelistet, aus denen Jüdinnen und Juden hierher transportiert wurden. Schließlich gehen wir durch die Schneise, die zwischen den Feldern eingelassen ist. Es ist beklemmend, hier hindurchzuschreiten, erinnert der Weg doch an die berüchtigte Schleuse, durch die die Menschen gehen mussten, bevor sie vergast wurden. An einer der Wände finden wir Vornamen eingraviert, die einigen der hier Ermordeten gehörten:

> Alexander, Alfred, Alicja, Alina, Almo, Alois, Aljozy, Baruch, Bascha, Basche, Basia, Basza, Bata, Beata, Beatrice, Bluma, Blumcia, Bogdan, Bohumir, Bolesław, Borach, Boruch, Borys, Božen, Bracha, Brajndla, Brana, Brandel, Chawa, Chejwet, Chewcia, Chiel, Chil, Chilel, China, Chmiel, Chudes, Chuma, Chuna, Chwala, Cila, Cilla, Cina, Drobna, Durra, Dusia, Dworja, Dwora, Dyna, Dzidzia, Dziunek, Dziunio, Ebel, Eber, Eda, Edek, Edgar, Edith, Edka, Edmund, Erika, Erna, Ernest, Ernestyna, Ernst, Erwin, Eryk, Eryka, Erzsebet, Esfir, Esig, Esta, Ester, Estera, Esterka, Eta, Etel, Etka, Frajda, Frajdla, Frandla, Franciszek, Franciszka, Frandla, Frania, Franka, Franz, Fredla, Freida, Freindla, Frida, Frieda, Gerta, Gertrud, Gertruda, Gesa, Gesla, Getla, Getzel, Geza, Gidala, Gimple, Gina, Gisela, Gita, Gitel, Gitla, Gitman, Gittel, Hena, Hendla, Hene, Henek, Henia, Henie, Henny, Henoch, Henrietta, Henryk, Herbert, Herc, Hercel, Hercyk, Herman, Ifamar, Ignac, Ignacy, Ilona, Ilone, Ilsa, Inga, Inge, Ira, Irena, Irene, Irma, Isaak, Isaj, Isak, Ischok, Iser, Isidor, Iska, Jeremiasz, Jerma, Jermias, Jeruchim, Jerzy, Jeszaja, Jetka, Jetli, Jetta, Jetti, Jęte, Jhuda, Jindrich, Jiři, Joachim, Joanna, Leibisch, Leie, Leiser, Leizer, Lejb, Lejba, Lejbka, Lejbus, Lejzor, Lemel, Lena, Leni, Leokadia, Leon, Leona, Leonhard, Leonia, Lajha, Lazarz, Lucja, Machel, Machla, Magdalena,

Maja, Majer, Majlech, Majlich, Majłach, Maks, Maksymilian, Mala, Matylda, Matys, Mauricie, Maurycy, Max, Mecha, Mechel, Meier, Meilech, Meir, Mejer, Mela, Melania, Melechm, Melenia, Menachem, Mordcha, Mordche, Mordechaj, Mordka, Mordko, Morduchaj, Moritz, Moryc, Moschko, Moses, Mosze, Moszek, Moszko, Noemi, Noma, Nora, Norbert, Nuchem, Nuchim, Nuchym, Nunka, Nusen, Nusyn, Nuta, Nute, Odetta, Ojzer, Olga, Ondrej, Poldek, Pynja, Raca, Rachel, Rachela, Rachil, Rachmiel, Rafael, Rafał, Raisa, Rajzel, Rajzla, Rasia, Rasza, Ruchla, Ruda, Rudolf, Runa, Ruth, Rutka, Ruwen, Ruzena, Ryfka, Ryfke, Rykla, Ryla, Rysia, Rysza, Ryszard, Selim, Selma, Selman, Senda, Sender, Serena, Serka, Serl, Serla, Seweryn, Siegfried, Sigmund, Sima, Simcha, Simche, Simon, Szajndel, Szajndla, Szalom, Szamaj, Szapsa, Szasa, Szasia, Szeindel, Szejna, Szejndla, Szejwa, Szewa, Szewach, Tesia, Tesla, Tewel, Thea, Therese, Tibor, Tina, Toba, Tobias, Tobiasz, Toiba, Tojwia, Tola, Tomek, Toni, Tonia, Zacharias, Zachariasz, Zajlik, Zalchard, Zalel, Zalman, Zalol, Załka, Zanwel, Zdenek, Zdenka, Zdzisław, Zeicha …

Als wir weiter um das Gräberfeld herumgehen, stoßen wir schließlich auf deutsche Orte, deren jüdische Bevölkerung hier im östlichen Polen vernichtet wurde: Wuppertal, Oberhausen, Würzburg, Düsseldorf, München – Orte, mit denen auch wir biografisch verbunden sind, wo wir gelebt und studiert haben, wo wir in Cafés gesessen haben und in Theater gegangen sind. Die Geschichte der Vernichtung ist eine verflochtene Geschichte Europas, eine Geschichte, die weit über Deutschland hinausweist. Bevor wir abreisen, suchen wir in Tomaszów-Lubelski den jüdischen Friedhof auf – Google Maps verrät uns, dass es ihn gibt. Nicht weit vom Zentrum gelegen, stehen hier nur noch wenige Grabsteine. Aber im Vergleich zu vielen anderen jüdischen Ruhestätten, die wir während unserer Reisen gesehen haben, ist der Friedhof in einem guten Zustand. Ein großer Gedenkstein wurde im Jahr 1993 aufgestellt, der an die Auslöschung der Gemeinde während des Zweiten Weltkriegs erinnert – sie war zu diesem Zeitpunkt seit über 300 Jahren an dem Ort präsent. Wir versuchen, uns vorzustellen, was für ein Land, was für eine Gesellschaft Polen heute wäre, hätten die Deutschen nicht unzählige ihrer jüdischen Gemeinden zerstört. Das Ausmaß dessen, was hier verloren gegangen ist, lässt sich nicht erfassen, nicht beschreiben. Uns fehlen die Worte.

Majdanek – Ein deutsches Vernichtungs- und Konzentrationslager im besetzten Polen

Am nächsten Morgen bringt uns ein Bus von Tomaszów-Lubelski innerhalb von etwa zwei Stunden nach Lublin. Eine schöne Stadt in der gleichnamigen Wojewodschaft. Auf dem Weg zu unserem Hotel begegnet uns schon ein erster Erinnerungsort: Obwohl es noch nicht dunkel ist, brennt hier eine Straßenlaterne. Sie soll symbolisch an die ermordete jüdische Gemeinde der Stadt erinnern und wird niemals ausgeschaltet. Nicht weit vom Stadtzentrum entfernt errichteten die Deutschen im Oktober 1941 ein Konzentrationslager. Es sollte eines der größten Lager der Nationalsozialisten im besetzten Europa werden. Dort befindet sich heute eine Gedenkstätte. Die Besucherin kann über das ehemalige Lagergelände laufen, wo viele der ursprünglichen Baracken rekonstruiert worden sind und auch einige Strukturen des Lagers bis heute besichtigt werden können. Eindrücklich ist der monumentale Gedenkstein am ehemaligen Eingang des Lagers, der das im Lager berüchtigte „Tor zur Hölle" symbolisieren soll.

Schautafeln führen uns durch die Geschichte des Lagers, das vor allem unter dem Namen Majdanek bekannt ist. Anders als Bełżec war Majdanek kein reines Vernichtungslager, sodass sich hier für viele der Insassen und Insassinnen tatsächlich so etwas wie ein Alltag entwickelte. Zu Beginn waren hier vor allem jüdische, polnische und belarussische Menschen interniert, darunter viele sowjetische Kriegsgefangene. Mit der Zeit aber wurden immer mehr Menschen aus ganz Europa hierher verschleppt. Neben sowjetischen und polnischen Staatsbürgerinnen und Staatsbürgern, kamen viele der Gefangenen außerdem aus Frankreich, Italien und Deutschland.

Schätzungen gehen davon aus, dass etwa 150 000 Menschen in Majdanek interniert wurden. Von diesen starben 80 000 aufgrund der Lebensbedingungen im Lager oder weil sie von den Deutschen erschossen oder vergast wurden. Unter den Todesopfern waren die 60 000 Jüdinnen und Juden die mit Abstand größte Gruppe.[17] Im Sommer 1944 wurde das Lager als eines der ersten großen Lager von der Roten Armee befreit, zuvor hatten die Deutschen bei ihrem Rückzug zahlreiche Baracken in Brand gesetzt. Trotzdem gab es, dank der Rekonstruktion, die in den 1950er-Jahren begann, noch viele Spuren der zahlreichen Verbrechen, die hier begangen worden sind.

Alltag im Lager – Erzählungen des Sterbens und des Überlebens

Einer der frühesten Berichte über das Lager stammt von dem jiddischen Schriftsteller Mordechaj Strigler, der im Sommer 1943 einen Monat in dem Lager verbrachte, bevor er zur Zwangsarbeit in ein anderes Lager verschleppt wurde. Seinen Bericht verfasste Strigler kurz nach dem Ende des Zweiten Weltkriegs auf Jiddisch, eine deutsche Übersetzung erschien erst vor wenigen Jahren. In seinen Schriften über das Lager versuchte Strigler, nicht nur den Alltag zu rekonstruieren, sondern auch die innere Lagerhierarchie, die das Leben der Menschen bestimmte. Sterben, der gewaltsame Tod, diese Erfahrung machte er schon unmittelbar nach seiner Ankunft, war ein stets präsenter Teil des Alltags: „täglich [wurden hier] ‚Selektionen' durchgeführt und die Entkräfteten in die Gaskammern geschickt. Ein Krematorium gab es nicht und die Vergasten wurden auf großen Scheiterhaufen verbrannt."[18] Die Todesrate unter den jüdischen Insassen war mit Abstand am höchsten. Strigler erinnerte sich, dass von den fünfhundert Jüdinnen und Juden, die aus seiner Stadt ein Jahr zuvor abgeholt worden waren, bei seiner Ankunft nur noch drei am Leben waren.

Diejenigen, die zunächst am Leben gelassen wurden, mussten Zwangsarbeit leisten. Zu diesen Menschen gehörte auch Strigler. Er erlebte das Lager als ein System, in dem die Deutschen unter den Gefangenen Hierarchien etablierten, durch die sie ein „ganzes Netzwerk von ‚Herren' und ‚Befehlshabern' der verschiedensten Kategorien errichteten."[19] Strigler zufolge waren es die tschechischen und slowakischen Juden, die als „Lagerschreiber" über die „Lagerposten und über eine bessere oder schlechtere Arbeitsstelle bestimmten". Diese Posten hatten freilich nur einige wenige inne. Auch die meisten der 15 000 slowakischen Jüdinnen und Juden, die vor Striglers Ankunft in das Lager gekommen waren, lebten bei seiner Ankunft schon nicht mehr. Die „Blockältesten" – laut Strigler rekrutierten sie sich „aus verschiedenen verdächtigen polnischen und ukrainischen Elementen [...] sowie aus etlichen jüdischen Konvertiten und Assimilierten aus dem Warschauer Ghetto"[20] – hatten ebenfalls eine gewisse Machtposition inne. An der Spitze des Systems stand freilich die SS, die letztlich jeden Tag über Leben oder Tod entschied. Die vollständige Unterordnung unter die SS war ritualisiert, bei jedem Appell mussten die Gefangenen ihre Mützen vom Kopf nehmen, bei jeder Begegnung mit einem SS-Wachmann ohnehin. Ein solcher Appell konnte sich stundenlang hinziehen, immer wieder mussten die Menschen ihre Mützen auf

Befehl an- oder abziehen und wurden dabei stets von den bewaffneten SS-Männern überwacht.

Gewalt prägte auch den Gang zur Arbeit sowie die Verrichtung der Arbeit selbst. Strigler selbst wurde an einem Tag Opfer zweier SS-Männer, die ihn mit bleibesetzen Peitschen misshandelten. Und dabei war er nicht der Einzige: Der „ganze Platz ist erfüllt von jammervollem Geschrei".[21] Kapos und SS misshandelten die Arbeitenden, hetzten Hunde auf sie, und auch in Majdanek gab es wie in allen Lagern einzelne Individuen, die sich durch besondere Grausamkeit auszeichneten und die Freude zu empfinden schienen an den Schmerzen, die sie anderen Menschen zufügten. Strigler erinnerte sich an den deutschen Willy und den polnischen Janusz, die sich bei den Quälereien besonders hervortaten. Ebenso gab es einen Kapo aus Wien, der offenbar tiefe Befriedigung und Lust dabei empfand, Menschen zu Tode zu quälen.

Aber auch an die jüdischen Helfer erinnerte sich Strigler, an einen Kriminellen namens Moniek, der sich dem Lagerpersonal andiente und so selbst in die Position kam, andere Menschen malträtieren zu können: „Er peinigte präzise und methodisch. Alle paar Minuten sah man ihn zur SS laufen, um seine treue Ergebenheit zu beweisen. Bei jedem Schlag betonte er gern, dass er, obwohl er Jude sei, alle Juden hasse und sie ausrotten müsse. Auf dem Grund seiner Verbrecherseele lag aber keine Spur von Hass."[22] Einige Tage später in der Baracke rächten sich die Gefangenen an Moniek und schlugen ihn fast zu Tode. Und dies, so Strigler, seien nicht einfach „Rachegelüste" gewesen. „Menschen, die über längere Zeit geschlagen und gequält werden, nähren in sich eine Gier, mit Grausamkeit und Pein zu antworten; es funkelt in ihnen eine Begierde, auch zu peinigen, die eigene Machtlosigkeit zu überwinden."[23] Schließlich kommt es zu einem „Deal" zwischen den Quälenden und den Gequälten: Die Zwangsarbeiter werden „menschlicher" geschlagen, wenn sie dafür auf Teile ihrer ohnehin schon geringen Brotration verzichten. Hunger und Gewalt waren allgegenwärtig:

> „In den ersten Tagen in Majdanek, konnte ich überhaupt nicht verstehen, wie es möglich ist, hier auch nur einen einzigen Tag zu überleben. Doch nach der ersten Woche in diesem Teufelsrad stellte sich heraus, dass das Leben, begleitet von Schmerzen in den Gliedern und mit vom Hunger hervorstehenden Augen, irgendwie gehen muss."[24]

Strigler erlebte nur wenige Aufseher, die so etwas wie Milde und Menschlichkeit mit den Zwangsarbeitern zeigten. So sehr war ihnen das Foltern und das Töten zur zweiten Natur geworden, dass Strigler sich daran erinnerte, dass ein polnischer Ingenieur stets darum bemüht war, sein Mitgefühl gegenüber den Juden zu verstecken – zu groß die Angst, dass er sonst selbst zum Opfer der SS und der Kapos werden würde. Er war einer der „polnischen Meister" – wie Strigler sie nannte –, die jeden Tag aus Lublin kamen, um die Arbeiter zu beaufsichtigen. Der Ingenieur, deren Namen er nicht wusste, war für Strigler eine Ausnahmeerscheinung, ließen doch die anderen polnischen Aufseher die Juden und Jüdinnen ihren Antisemitismus in der Regel spüren.

Die Lagerhierarchie wurde in Majdanek auch über die Abzeichen, die die Insassen tragen mussten, festgeschrieben. Die „politischen Verbrecher" waren durch einen roten Winkel gekennzeichnet, ein Buchstabe verwies auf ihre Nationalität. Grüne Abzeichen trugen die „Kriminellen". Homosexuelle trugen ein rosa Dreieck. Juden und Jüdinnen mussten einen gelben Stern tragen; waren sie zusätzlich noch aus politischen Gründen inhaftiert oder galten als kriminell, so war der Stern zweifarbig. Menschen, die aus religiösen Gründen verfolgt wurden, trugen violett. Zunächst war Majdanek als reines Männerlager angelegt gewesen; zu dem Zeitpunkt, als Strigler dort eintraf, arbeiteten in einem abgetrennten Bereich auch Frauen – stets hoffte er, dass vielleicht seine Schwester aus Warschau ebenfalls dort sein möge. Als er bereits nicht mehr in Majdanek war, erfuhr er von einer Frau, dass seine Schwester tatsächlich dort gewesen war, aber nicht überlebte. Strigler quälte der Gedanke, dass er sie vielleicht noch irgendwie hätte sehen können, wenn es ihm gelungen wäre, sich zu den Frauen durchzuschlagen.

Auch der polnische Gefangene Jerzy Kwiatkowski, der insgesamt 485 Tage in Majdanek verbrachte, beschrieb, dass die Brutalität des Lagerlebens eine gewisse Solidarität erschwerte: „Als ich noch frei war, stellte ich mir die sozialen Verhältnisse in einem Konzentrationslager ganz anders vor. […] Wir dachten, dort gäbe es eine außergewöhnliche Solidarität und Brüderschaft, dass dieses große Unglück alle zu einer großen Familie zusammenfügte."[25] Das Lagerleben belehrte ihn aber eines Besseren. Dabei dachte er an die „Zivilisten" außerhalb des Lagers, die durch Handel mit den Insassen deren ständigen Hunger ausnutzten, aber auch daran, dass manche Insassen das für einen anderen Gefangenen bestimmte Essen selbst nahmen. Kwiatkowskis Beobachtungen decken sich mit denen Striglers, auch er analysierte das von der SS aufgebaute System, in dem Insassen als „Lagerältester, Kapos, Vorarbeiter, Blockvorsteher, Ärzte und Ordnungshüter dafür verantwortlich gemacht wurden, die Elemente dieses diabolischen Systems der Menschenquälerei" aufrechtzuerhalten.[26]

Neben ständigem Hunger war auch für Kwiatkowski der Tod ein ständiger Begleiter. Durch den Alltag im Lager bekam er eine andere Dimension:

> „Der Tod hat seine Würde verloren, seine Rätselhaftigkeit, und hat aufgehört furchtbar zu sein. [...] Das Sterben ist so gewöhnlich, dass es keinerlei Eindruck mehr hinterlässt. Es ist noch trivialer geworden als eine Zahnfüllung zu bekommen. Wir kennen den Tod. Er ist prosaisch geworden, losgelöst vom Heiligenschein des heroischen Todes des Soldaten auf dem Schlachtfeld der Ehre."[27]

Kwiatkowski selbst wurde im Lager zu einem „Vorarbeiter" gemacht, sodass auch ihm andere Arbeiter unterstanden. In seinen Aufzeichnungen schrieb er, dass er sich bemühte – besonders für die jüdischen Intellektuellen –, die Arbeit einigermaßen erträglich zu machen. Als ein Zug aus Warschau eintraf, erfuhr er von den Juden von dem heldenhaften Aufstand im Ghetto. Ebenso beobachtete er, wie Jüdinnen und Juden die „Selektion" über sich ergehen lassen mussten und dass viele in den Gaskammern ermordet wurden. Unter den Juden gab es einen, der Kwiatkowski wiedererkannte. Es handelte sich um einen Nachbarn aus Warschau. Dieser erzählte Kwiatkowski, dass er in Majdanek mit seiner Frau und seinem siebenjährigen Sohn angekommen war. Die SS wollte das Kind von seiner Mutter trennen, diese aber wollte lieber mit ihm sterben. „Am nächsten Tag zeigte er auf den Rauch mit Tränen in den Augen und sagte: ‚Sehen Sie, mein Herr, das ist das Begräbnis von meiner Frau und meinem Kind.'"[28] Kwiatkowski hatte seine Familie ebenfalls verloren. Seine Tochter und seine Frau waren noch vor Ausbruch des Krieges gestorben, seine Mutter starb durch deutsche Bomben im September 1939 in Warschau. „Und dies ist das typische Schicksal jeder polnischen Familie, die Mutter von deutschen Bomben getötet und der Sohn sitzt im Konzentrationslager!"[29] Kwiatkowski war einer von vielen Menschen aus der polnischen

Intelligenz, die in Majdanek Zwangsarbeit leisten mussten und dort dem Hunger und den ständigen Schikanen des Lagerpersonals ausgesetzt waren.

Die ständigen Misshandlungen, die den Alltag der Männer prägten, betrafen die Frauen ebenso. Auch hier fand der Appell statt, bei dem die Aufseherinnen überprüften, ob alle Gefangenen anwesend waren. Die Jüdin Judith Gelbard, die 1943 aus dem Warschauer Ghetto nach Majdanek gebracht wurde, erinnerte sich Jahre später, als sie gegen ehemalige Aufseherinnen aussagte, dass bei einem Appell zwei Frauen fehlten. Sie hatten sich in den Baracken versteckt. Daraufhin rief die besonders berüchtigte Aufseherin Hildegard Lächert, dass die beiden bei ihr „krepieren" würden und nicht in den Krematorien. Sie schlug mit ihrer Spitzrute so lange auf die beiden Frauen ein, bis diese am Boden lagen. Auf dem Appellplatz gingen die Misshandlungen weiter. Gelbard vermutete, dass die Frauen nicht überlebten. Eine andere Zeugin, Maria Kaufmann-Krasowska, erinnerte sich, dass Lächert einmal mit ihrer eisenbesetzten Peitsche und mit Metallspitzen auf ihren Stiefeln einen männlichen Gefangenen derart schlug, dass dieser schließlich nur noch aus „Fetzen" bestanden habe.[30] Eine ganze Reihe von weiteren Frauen, sowohl Jüdinnen als auch Nichtjüdinnen, wussten von ähnlichen Ereignissen zu berichten, Lächert war im Lager als „blutige Brigada" bekannt. Mehrere der Opfer erinnerten sich außerdem daran, wie die Aufseherinnen etwa hundert kleine Kinder brutal auf einen Lkw geworfen hatten. Später erfuhren sie, dass die Kinder vergast worden waren.

Die „Aktion Erntefest" und das Ende der „Aktion Reinhardt"

In den Erinnerungen der Überlebenden taucht ein Ereignis immer wieder auf: die sogenannte „Aktion Erntefest" – der zynische Name der Nationalsozialisten für die Ermordung der noch lebenden Jüdinnen und Juden in Polen zum Abschluss der „Aktion Reinhardt". Auch in Majdanek fand diese Aktion statt. Das Vorgehen war geplant. Manche erinnern sich, dass schon einige Tage vor dem Mord in einem der Felder des Lagers Gruben ausgehoben worden waren. Am 3. November wurden dann die Jüdinnen und Juden gezielt aus den Baracken geholt. Die Zeugin Wianda Bialas erinnerte sich daran, wie Hildegard Lächert jüdische Frauen aus mehreren Blocks herausholte. Die Menschen wurden zu den zuvor ausgehobenen Massengräbern geführt, mussten sich ausziehen und wurden dann erschossen. Die Zeugin Maryla Reich beschrieb dieses Ereignis ebenfalls, sie überlebte als Jüdin nur, weil es ihr im besetzten Polen gelungen war, sich gefälschte „arische" Papiere zu beschaffen.

Am Morgen des 3. November

> „wurde ein langer Zählappell abgehalten. Schon zu Beginn des Zählappells hörten wir laute Musik. [...] Nachmittags gegen 15:00 Uhr – es war noch hell – kam in jede Baracke eine Aufseherin, die ausrief: ‚Alle Jüdinnen antreten!'. Dann änderte sich die Stimmung. Es wurde sehr hektisch. [...] Die Jüdinnen wurden aus dem Feld herausgeführt, während wir zu einem neuen stundenlangen Zählappell antreten mussten. Gegen Abend kam ein betrunkener SS-Mann, der ansonsten im Revier tätig war, ins Revier und sagte zu den Kranken, die gerade ihr Essen einnahmen: ‚Was, ihr könnt hier essen, während dahinten soviel passiert?' Dann berichtete er von den Erschießungen der Juden in Feld V. Offenbar war es ihm selbst zuviel."[31]

Jerzy Kwiatkowski erinnerte sich in seinen Memoiren auch an den Tag, an dem die Juden aus den Baracken ausgesondert wurden. Die Kranken unter ihnen „konnten nicht laufen, wurden zu den Lastwägen getragen und brutal hineingeworfen. Die Kranken sind nackt, die Barfüßigen nur in Hemden, noch nicht einmal eine Decke bedeckt sie, sie zittern vor Kälte."[32] Von überallher bewegen sich Massen hin zum Krematorium. Plötzlich wird laut Musik gespielt. Aber zwischen den einzelnen Stücken „hörte ich ein dumpfes ‚ta ta ta – ta ta ta'", genau wie der Klang eines Maschinengewehrs.[33] Kwiatkowski beschrieb mit Entsetzen, wie die sowjetischen Gefangenen sofort begannen, die leeren Schlafplätze der Ermordeten nach Wertsachen zu durchsuchen. Er erklärte sich das mit den „kommunistischen Sprüchen, die sie als Milch von der Brust ihrer Mutter aufgesaugt" hätten. Die Animositäten und Stereotypen zwischen den Lagerinsassen schlugen sich auch in seinen Memoiren nieder. Kwiatkowski selbst trauerte um die Ermordeten, um die Menschen, die er im Lager kennengelernt hatte: „Dr. Horowitz, ein polnischer Jude: Vizepräsident der Zionisten, Dr. Schipper, Kaczko, mein Blockschreiber Krongold, Dr. Lewiner [...] und so viele andere Bekannte. Die Nacht kommt, die Musik verstummt, das Massaker ist vorbei. Ich durchwachte die Nacht, das Bett neben mir ist leer."

Es hatte dem ermordeten Juden Krongold gehört.[34] Allein in Majdanek wurden an diesem Tag über 18 000 jüdische Menschen getötet, es handelte sich um die größte Erschießungsaktion in einem Konzentrationslager. Doch in anderen Lagern des besetzten Polen führten die SS und Polizisten an diesen Tagen ebenfalls Massenerschießungen durch. Insgesamt starben bei der „Aktion Erntefest" etwa 42 000 jüdische Zwangsarbeiter und Zwangsarbeiterinnen. Nur sehr wenige überlebten. In Pontiawa waren drei Frauen nicht tödlich getroffen worden und waren nackt und blutüberströmt nach Einbruch der Dunkelheit aus den Massengräbern gekrochen. Eine polnische Frau half ihnen und stellte Kontakt zum polnischen Untergrund her, der die Frauen bis zum Ende des Krieges versteckt halten konnte.[35]

Majdanek-Prozesse in der Bundesrepublik Deutschland

Was geschah nach der Auflösung des Lagers Majdanek mit den Männern und Frauen, die das menschenfeindliche Lagersystem in Majdanek getragen hatten? Sechs Personen wurden noch während des Krieges vor ein polnisch-sowjetisches Tribunal gestellt, darunter zwei Kapos. Am 2. Dezember 1944 wurden alle Angeklagten zum Tode verurteilt. Die bereits erwähnte Hildegard Lächert, die 1944 auch für wenige Monate in den Außenlagern Rajsko und Budy des Konzentrationslagers Auschwitz eingesetzt gewesen war, wurde 1947 in den Krakauer Auschwitz-Prozessen für ihre Taten zur Verantwortung gezogen und zu fünfzehn Jahren Zuchthaus verurteilt. Nach ihrer Entlassung verließ sie 1956 Polen und lebte in Westdeutschland. Zu einer Anklage gegen mehrere Personen aufgrund ihrer Tätigkeit in Majdanek kam es in der Bundesrepublik Deutschland erst in den 1970er-Jahren, wobei Vorermittlungen bereits Ende der 1950er-Jahre begonnen hatten. Es war der größte Prozess gegen Täter und Täterinnen, die sich in Majdanek schuldig gemacht hatten.

In Düsseldorf standen schließlich ab 1974 insgesamt siebzehn Frauen und Männer vor Gericht, denen die Staatsanwaltschaft Massen-, Einzel- und Exzesstötungen in mehr als sechzig Fällen vorwarf. Mit Günther Konietzny stand auch ein ehemaliger SS-Mann vor Gericht, der im Zuge der „Aktion Erntefest" gemordet hatte. Unter den Angeklagten befand sich außerdem auch medizinisches Personal, dem ebenfalls eine Beteiligung an den im Lager verübten Verbrechen zur Last gelegt wurde. Etwa ein Drittel der Angeklagten waren Aufseherinnen, darunter einmal mehr die berüchtigte Hildegard Lächert. Im Laufe des Prozesses, der zu einem der größten gegen KZ-Lagerpersonal in der Rechtsgeschichte der Bundesrepublik werden sollte, verstarben einige Angeklagte. Außerdem wurden im Falle von Konietzny und Wilhelm Reinartz das Verfahren aufgrund von Verhandlungsunfähigkeit eingestellt. Beide starben erst zu Beginn der 2000er-Jahre.

Die Zeuginnen und Zeugen, mehrheitlich jüdisch oder polnisch, mussten nunmehr ihre schrecklichen Erlebnisse vor Gericht noch einmal erinnern und schildern. An manche Aufseher und Ereignisse konnten sie sich Jahrzehnte nach den Taten verständlicherweise nur noch lückenhaft erinnern, dass alle Angeklagten Teil des Lagersystems der systematischen Misshandlung und Ermordung waren, daran gab es aber keinen Zweifel. Dennoch wurden drei der Angeklagten – allesamt Aufseherinnen – freigesprochen. Laut Gericht hätte die Beweislage nicht ausgereicht, um die konkrete Beteiligung an Mordtaten nachzuweisen, außerdem hätten einige der Zeuginnen ausgesagt, dass die drei Frauen nicht so grausam gewesen seien wie andere.[36] Aber selbst in eindeutigen Fällen, wie etwa im Falle von Hildegard Lächert, der eine ganze Reihe von Zeuginnen extreme Gewaltanwendung und Sadismus bescheinigt hatten, sah es das Gericht nicht als erwiesen an, dass diese aus Überzeugung quälte und mordete. Es ging sogar so weit zu behaupten, dass sie „aus menschlicher Schwäche [den] ihr innerlich widerstrebenden Befehlen gehorcht" habe.[37] Ebenso wenig sei ihr nachzuweisen, dass sie antisemitische Vorurteile hege – eine abstruse Behauptung angesichts der Tatsache, dass Lächert Ende der 1970er-Jahre als Kandidaten für die rechtsextreme Partei Aktionsgemeinschaft Nationales Europa (ANE) antreten wollte. Zwar wurde Lächert trotzdem schuldig gesprochen und zu zwölf Jahren Haft verurteilt, antreten musste sie die Strafe aber aufgrund ihrer Haftzeit in Polen nicht. Auch die anderen Urteile fielen im Angesicht der verhandelten Verbrechen milde aus und wurden nicht nur von der Staatsanwaltschaft, sondern auch von Teilen der deutschen Presse mit Unverständnis und Enttäuschung kommentiert.

Dieses Muster sollte sich in den folgenden Jahrzehnten fortsetzen, in denen noch vereinzelt gegen Personal aus Majdanek Anklage erhoben wurde. Das Versagen der Justiz wird im Falle der sogenannten „Aktion Erntefest" besonders deutlich: Schätzungen gehen davon aus, dass an dieser Massenerschießung 2000 bis 3000 Männer beteiligt waren, vor Gericht kamen gerade einmal zwei von ihnen. Die vielen milden Urteile gegen Männer und Frauen, die sich schwerster Verbrechen schuldig gemacht hatten, gingen auf eine spezifische Konstruktion der bundesdeutschen Nachkriegsjustiz zurück, der zufolge lediglich Adolf Hitler, Heinrich Himmler und Reinhard Heydrich Haupttäter gewesen seien, die Übrigen dagegen nicht aus Täterwillen gehandelt hätten. Diese Praxis führte dazu, dass selbst die verhältnismäßig wenigen Personen, die überhaupt vor Gericht gestellt wurden, in der Regel mit überschaubaren Strafen davonkamen.

Wer heute nach Majdanek reist, den erwartet eine eindrückliche Ausstellung auf dem Gelände des ehemaligen Konzentrationslagers, die ohne Effekthascherei, dafür aber mit Information und Tiefgang historische Aufklärungsarbeit leistet. Die Ausstellung im Freien führt die Besucherinnen vom monumentalen Gedenktor von 1969 über das ehemalige Lagergelände bis hin zum ebenfalls 1969 gebauten Mausoleum. Die Exponate auf dem Rundweg sind erschütternd: Wir sehen in einer Baracke abertausende Schuhe, die den Opfern der „Aktion Reinhardt" gehörten und die nach Majdanek transportiert wurden. Es sind viele, sehr viele Schuhe,

In der Gedenkstätte des Konzentrationslagers Majdanek-Lublin werden Schuhe von Jüdinnen und Juden ausgestellt, die während der „Aktion Reinhardt" ermordet wurden.

und doch handelt es sich nur um einen winzigen Bruchteil der Habseligkeiten der ermordeten Menschen. Dabei stellt sich die Ausstellung auch Aspekten des Zweiten Weltkriegs, die für die polnische Gesellschaft nicht leicht zu ertragen sind: die meist fehlende Solidarität der nicht jüdischen Bevölkerung in Polen. Wie Jüdinnen und Juden bei der Liquidierung der Ghettos auf eine „Mauer der Gleichgültigkeit, Zurückhaltung oder gar Feindseligkeit" stießen. In einem der Ausstellungsräume hören wir die Schilderungen von Überlebenden. Eine polnische Überlebende erinnerte sich daran, wie sie am Abend der „Aktion Erntefest" in die Baracken zurückkehrte und die jüdischen Frauen alle einfach fehlten. Eine andere erinnerte sich an die schrecklichen Szenen, wie Kinder zu ihrer Ermordung abtransportiert wurden. An dem Mausoleum mit der Inschrift „Unser Schicksal ist eine Mahnung an euch" finden wir einen Gedenkstein für die Opfer des 3. November 1943, für die 18 400 Jüdinnen und Juden, die hier erschossen wurden.

Nach dem Besuch der Ausstellung stoßen wir unweit des Eingangs zum Museum auf ein Denkmal, das erst wenige Tage zuvor eingeweiht worden ist. Es ist Omeljan Kowtsch gewidmet. Die Biografie dieses Mannes ist außergewöhnlich. Geboren in der heutigen Ukraine, wurde er griechisch-katholischer Priester und war im Zuge des polnisch-ukrainischen Krieges Kaplan der Ukrainischen Galizischen Armee. In der Zwischenkriegszeit engagierte er sich vor allem in der Armenfürsorge und machte dabei keinen Unterschied zwischen Konfessionen und ethnischen Zugehörigkeiten. Im Zweiten Weltkrieg versuchte er, Jüdinnen und Juden zu retten, indem er ihnen Taufzertifikate ausstellte. Aufgrund dessen verhaftete ihn die Gestapo, und er kam nach Majdanek, wo er 1944 starb. Neben dem Museum finden wir ein Zitat von ihm: „Hier sehe ich Gott. Der Gott, der für uns alle gleich ist, unabhängig von unseren religiösen Unterschieden." Im Angesicht einer Geschichte voller Grausamkeit, Erniedrigung und Tod sehnen sich die Lebenden heute nach Helden und Hoffnung.

Epilog – Europa der Lebenden

Im Sommer 2019 und zu Beginn des Jahres 2020 haben wir beide Kinder bekommen, Ophelia und Bruno haben das Licht der Welt erblickt. Dieses Buch ist entstanden, während die beiden unter unseren Schreibtischen lagen, sie zu laufen begannen und ihre ersten Wörter lernten. Ihre Existenz hat unseren Blick auf die Geschichte und Gegenwart noch einmal fundamental verändert. Schon immer war es für uns trotz unserer wissenschaftlichen Distanz eine emotionale Herausforderung, sich mit der Geschichte des Zweiten Weltkriegs zu beschäftigen. Die Elternschaft hat diese Herausforderung noch einmal ganz neu gestellt: Es ist schwer als Mütter die Zeugnisse von Menschen zu lesen, die die Ermordung der eigenen Kinder mitansehen mussten, die Tagebücher von Kindern zu analysieren, die über Verlust und Tod schreiben, Zeugenaussagen zu hören, die darüber berichten, wie Mütter und Väter mit ihren Kindern nackt an einer ausgehobenen Grube stehen und die Erschießungen von Menschen beobachten in dem Wissen, dass sie als Nächstes an der Reihe sein werden, die Tagebucheinträge von Menschen in einer ausgehungerten Stadt zu lesen, die ihre Familien nicht ernähren können und ihnen beim Sterben zusehen müssen. All dies liegt jenseits dessen, was wir uns vorstellen können. Ein solches Schicksal hat aber zwischen 1939 und 1945 die Kinder von Abermillionen Menschen in Europa ereilt, und an irgendeinem Tag, einem Moment in der Zukunft werden wir unseren Kindern, die jetzt fröhlich und unvoreingenommen in die Welt blicken, erklären müssen, was Menschen einander antun können. Wir müssen ihnen erzählen, was passiert ist. Ophelia wird erfahren, dass ein Teil ihrer Vorfahren von den Deutschen ermordet wurde, weil sie jüdisch waren. Dass der eine Urgroßvater mütterlicherseits, Boris, die Belagerung Leningrads in der Evakuierung überlebte, der andere Urgroßvater väterlicherseits, Fritz, als Feldgendarm an der Ostfront sich am Massenverbrechen im Rahmen der „Partisanenbekämpfung" beteiligte. Bruno wird erfahren, dass sein Urgroßvater ein kleiner Teil der deutschen Politik der Entrechtung jüdischer und polnischer Menschen war und dass er bereits 1933 nationalsozialistischen Organisationen beitrat. Er wird erfahren, dass sein anderer Urgroßvater, dessen Namen er trägt, als Teenager in einen schon längst verlorenen Krieg gegen die Sowjetunion geschickt wurde und nur mit Glück überlebte. Wir können und dürfen sie vor diesem Wissen nicht schützen. Was aber ergibt sich aus diesem Wissen? Welche Relevanz hat es für unser eigenes Handeln in der Gegenwart? Was sollen unsere Kinder daraus lernen?

Es hat sich als Illusion erwiesen zu glauben, dass die Erfahrung des Zweiten Weltkriegs, des massenhaften Leidens und Sterbens einen Krieg auf dem Kontinent auf Dauer verhindern würde. Bereits in den 1990er-Jahren hatten die Kriege im ehemaligen Jugoslawien gezeigt, dass gewaltsame Konflikte kein Relikt der Vergangenheit sind. Diesmal ist es Putins Russland, das die europäische Friedensordnung mit seinem totalen Angriff auf die Ukraine zerstört. Auch Historiker und Historikerinnen hatten in den letzten Monaten vor einem solchen Szenario gewarnt. Denn wieder spielen imperial-nationaler Chauvinismus, das Herabschauen auf Menschen anderer Herkunft, ja, auf ganze Völker eine Schlüsselrolle – Phänomene, die wir aus der europäischen Geschichte nur allzu gut kennen. Spätestens im Februar 2022 hat sich in dramatischer Deutlichkeit gezeigt, dass Putins Agieren in der Ukraine weit über Fragen von vermeintlichen „Sicherheitsbedürfnissen" oder NATO-Mitgliedschaften hinausgeht. Putins Politik gegenüber der Ukraine stellt die bisher vielleicht schlimmste Radikalisierung eines russisch-imperialen Blicks auf den Nachbarn im Westen dar, dessen Ursprünge mindestens bis ins 19. Jahrhundert zurückreichen, als zarische Bürokraten das Streben von Ukrainern nach kultureller und sprachlicher Eigenständigkeit bekämpften, sie lediglich als Variante der eigenen, großrussischen Nation in einer untergeordneten Position akzeptierten. Putins historische Einlassungen machen deutlich, dass er der Ukraine ihr Existenzrecht abspricht, ihre Entstehung in völliger Verkehrung der historischen Realität als Ergebnis bolschewistischer Politik betrachtet.[1] Jetzt sollen sich die Ukrainer unterordnen, kein Recht haben auf Eigenständigkeit, auf Freiheit. In Putins Politik gegenüber der Ukraine verbinden sich die unheilvollsten Traditionen des russischen Zarenreiches und der Sowjetunion: die Herabsetzung der Ukrainer als minderwertig und die brachiale Gewalt gegenüber denjenigen, die eine von Moskau aus beherrschte Ukraine nicht akzeptieren. Dabei greift er bezeichnenderweise ein Land an, das mit seiner jungen Demokratie, seinen ethnischen Minderheiten, seiner

Mehrsprachigkeit, seinem jüdischen Präsidenten sowie seinem sowjetischen Erbe das Potenzial hat, zu einer pluralistischen Gedenkkultur zu finden, die das Nationale genauso herausfordert wie Putins Modell autoritärer Herrschaft. Putin glaubt, dass er das Land mit seinen Panzern und seiner Armee brechen kann. Er hat nichts über die Ukraine verstanden; sie ist noch lange nicht verloren.

Wir denken zurück an unsere Gespräche mit den Kriegsüberlebenden, die uns herzlich aufgenommen und die uns ihr Flehen, „dass es nie wieder einen Krieg gibt", mit auf den Weg gegeben haben. Wir denken auch an die jungen Menschen in Kyiv und Charkiw, die uns von ihren Träumen einer freien Ukraine in Europa erzählt haben – einer Ukraine, die in Frieden und Selbstbestimmung leben und ihre gewaltvolle Geschichte endlich hinter sich lassen kann. Der heutige Krieg ist in erster Line das Ergebnis von Russlands innerer Entwicklung seit Putins Machtantritt im Jahr 1999, aber auch die westliche Politik hat versagt. Und so bitter es ist: Für viele in Öffentlichkeit und Politik hat es offenbar die Bombardierung Kyivs gebraucht, um das Gesicht des Putin-Regimes zu erkennen. Trotzdem fragen auch wir uns nach unserer Rolle als Wissenschaftlerinnen: Haben wir genug getan? Haben wir uns zu sehr in unsere Seminarräume an den Universitäten zurückgezogen, in unserer Auseinandersetzung mit der Geschichte die Gegenwart vernachlässigt? Waren wir, die stets um Differenzierung bemühten Historikerinnen, zu zurückhaltend, zu wenig politisch? Haben wir laut und scharf genug denjenigen in Deutschland widersprochen, die immer wieder die Brutalität des Putin-Regimes relativiert haben, die zutreffende Analysen seiner aggressiven Innen- und Außenpolitik als „Dämonisierung", gar als Kriegstreiberei abgetan haben? Die seine Großmachtfantasien als legitime Antwort auf Fehler des Westens rationalisiert haben? Die der Ukraine in schlimmster imperialer Manier ihr Recht auf Souveränität abgesprochen haben?

Putins Missbrauch der Geschichte ist kein neues Phänomen und doch wurde er dafür nie sanktioniert. Gerade das einflussreiche Deutschland hat Putin und seine Entourage zu lange toleriert, hat im Namen des „Dialogs", aber auch aufgrund wirtschaftlicher Interessen weggesehen, wenn Politik und Gesellschaft hätten hinsehen müssen. Absurderweise haben die sogenannten „Putin-Versteher" auf den Zweiten Weltkrieg verwiesen, um ihr Eintreten für den Kreml zu begründen. Deutschland habe, so ihre Argumentation, gegenüber Russland eine besondere Verantwortung.

Ja, Deutschland hat eine besondere Verantwortung gegenüber Russland, aber genauso gegenüber Belarus, der Ukraine und den Ländern Ostmitteleuropas. Und es ist nicht verantwortungsvoll, den Kriegstreiber in Moskau zu entschuldigen, während dieser die eigene Bevölkerung drangsaliert, die Ukraine in ihrer Existenz bedroht und Lukaschenkos Terror in Belarus ermöglicht. Die Lehre des Zweiten Weltkriegs kann nicht sein, dass wir Diktatoren in Schutz nehmen, ihrem Treiben tatenlos zusehen, und ihre Verbrechen nicht als solche benennen. Die meisten Menschen scheinen das jetzt begriffen zu haben.

Europa, seine Zukunft und seine Geschichte

Leider zeigen sich in diesem Krieg auch die Folgen unseres Desinteresses für Menschen, die weiter weg sind und, ja, auch unser Rassismus. Es war spätestens seit dem zweiten Tschetschenienkrieg (1999–2009) bekannt, was Putin bereit ist, für den eigenen Machterhalt zu tun. Die grandiose, in Russland ermordete Journalistin Anna Politkowskaja hat für das deutsche Publikum schonungslos beschrieben, was sich dort vollzogen hat.[2] Vielleicht wären dieser Tage einige in Deutschland weniger überrascht, wenn sie sich zuvor für die Menschen im Kaukasus oder in Syrien interessiert hätten. Wir, die Autorinnen dieser Zeilen, haben über die Schrecken des Krieges in Tschetschienen gelesen; Politkowskajas Bücher haben uns wahnsinnig wütend und traurig gemacht. Aber auch für uns hat die Gewalt Putins noch einmal eine neue Dimension bekommen, als wir die Bomben in Charkiw und Kyiv einschlagen sahen – Orte, an denen wir gewesen sind, wo wir uns mit Kolleginnen getroffen haben, die sich nun auf der Flucht befinden. Auch wir konnten uns lange nicht vorstellen, dass dies wirklich passieren würde, auch wenn wir wussten, dass es absolut möglich wäre. Es ist vielleicht menschlich, dass uns Dinge mehr berühren, wenn wir biografisch mit ihnen verbunden sind. Gut ist es deswegen nicht.

Für Historikerinnen stellt sich abermals die Frage nach dem „Wozu erinnern?“. In den letzten Februartagen 2022 herrscht Krieg mitten in Europa. Unsere Freunde und Kolleginnen in der Ukraine bangen um ihr Leben und das Leben ihrer Kinder. Sie beweisen unglaublichen Mut angesichts des russischen Angriffs. Sie schauen auf uns in Deutschland, in Europa und hoffen auf Hilfe. Man wird hierzulande nicht mehr sagen dürfen, man habe aus der Vergangenheit gelernt, wenn man die Menschen dort jetzt im Stich lässt. Das mindeste, was wir tun können, ist auf die Straßen zu gehen, Solidarität mit der Ukraine zu zeigen, Flüchtenden zu helfen, Geld zu spenden und vor allem unsere Politiker und Politikerinnen unter Druck zu setzen, Putin auch langfristig die Stirn zu bieten, und deutlich zu machen, dass wir eine Unterdrückung der Ukraine niemals akzeptieren werden. Der Zweite Weltkrieg hat gezeigt, wozu Gleichgültigkeit von Aggression führt. Menschen, die jetzt in Russland auf die Straßen gehen, um gegen den Krieg zu demonstrieren, riskieren ihre Freiheit, ihren Wohlstand und ihren Beruf. Bislang, bis zum achten Tag des Krieges, beklagen russische Truppen hohe Verluste und die Umstände ihres Todes werden den russischen Müttern verheimlicht: ein infamer Tod, bei dem kein öffentlicher Trauerkult und keine Verarbeitung möglich sein werden. Die Ukrainer und Ukrainerinnen sterben im Kampf für ihre Freiheit und Unabhängigkeit. Sie sterben für das, was Menschen in Deutschland als selbstverständlich hinnehmen, was sie qua ihrer Geburt einfach bekommen haben. Wie zerbrechlich und kostbar und wie wenig selbstverständlich Frieden, Freiheit und Demokratie sind, zeigt sich heute in der Ukraine.

Zugleich dürfen wir auch die Menschen in Russland nicht vergessen. Wir müssen unsere Kontakte zu ihnen aufrechterhalten, wir dürfen sie nicht als „zombiertes Volk" abtun. Leider ist der Krieg für manche der Anlass, nun alles Russische abzulehnen. Es droht eine neue Welle der Russophobie, die durch nichts gerechtfertigt wird und die der Ukraine nicht hilft. Wir wissen aus der Geschichte, dass das stigmatisierende Hass-Denken die andere Seite hinter dem tyrannischen, aber „eigenem" Führer vereinigt. Das aktuelle Aussetzen von wissenschaftlichen Kooperationen mit Russland kann nicht der richtige Weg sein – denn es sind gerade diese Menschen, die durch ihren Protest gegen Putin gefährdet sind. Es gibt konstruktivere Ansätze, wie den der Gedenkstätte Neuengamme, die ukrainische, belarussische und russische *Scholars at Risk* zu einem mehrmonatigen Aufenthalt nach Hamburg einlädt. Die Andersdenkenden in Russland zu unterstützen, ist nun wichtiger denn je, denn vielleicht ist es das Einzige, was Putin stoppen kann: der Widerstand der eigenen Bevölkerung. Aber auch die Gespräche mit denjenigen dürfen nicht abreißen, die noch nicht begriffen haben oder nicht begreifen wollen, was in der Ukraine passiert. Wir müssen alles versuchen, um sie von dem Unrecht dieses Krieges zu überzeugen. Irgendwann wird es ein Russland ohne Putin geben und wenn es so weit ist, dann werden wir unsere Beziehungen zu dem Land neu ordnen können.

Schaut hin, schaut weiter hin!

Während wir am achten Tag des Krieges diese Zeilen schreiben, wird die Stadt Charkiw bombardiert. Wir wissen nicht, wie die Lage sein wird, wenn dieses Buch in Deutschland erscheint. Wir hoffen trotz der militärischen Übermacht Russlands auf einen schnellen Sieg der Ukraine. Die Berichte von Menschen, die mit ihrem bloßen Körper Panzer aufhalten, spenden Zuversicht. Wir hoffen, dass die russische Invasion zusammenbrechen wird. Wir träumen davon, dass die russischen Soldaten begreifen, dass dies ein völlig falscher Krieg ist, dass sie tausendfach desertieren. Wir hoffen auf einen Machtwechsel in Moskau, auf einen Sturz Putins. Wenn dies passiert, werden es ironischerweise die Ukrainer und Ukrainerinnen gewesen sein, die das Ende seiner Herrschaft eingeleitet haben. Aber wir wissen auch, dass ganz andere Ausgänge möglich sind. Putin könnte noch weiter eskalieren, der Krieg könnte sich lange hinziehen, die Verluste unglaublich hoch sein. Die Bilder aus Charkiw und Kyiv erinnern an Grosny und Aleppo – zwei Städte, die Putin schon vor langer Zeit erbarmungslos zerbombt hat. Der *worst case* könnte eintreten: Eine russische, gewaltvolle Besatzung der Ukraine und in Russland selbst die Unterdrückung der eigenen Bevölkerung sowie ein neuer „Eiserner Vorhang", hinter dem die Menschen in einem isolierten und geächteten Land den Kontakt zur Außenwelt zunehmend verlieren. Selbst wenn es nicht zum Alleräußersten kommen sollte und ukrainische Städte nicht komplett zerstört werden, so ist doch schon jetzt klar, dass die ukrainische Gesellschaft tiefe Traumata davontragen wird. Es gibt Tote, Verletzte, das Zuhause von Menschen ist zerstört worden, ihre Zukunftspläne sind zerplatzt und die Heimat zerschlagen. Wir werden bald mit weiteren, neuen Selbstzeugnissen aus dem Krieg zu tun haben, mit neuen Kriegstagebüchern, neuen Kriegsbriefen, zuerst und vor allem aber mit Kriegstraumata, die die Beziehung der beiden Gesellschaften zueinander für lange Zeit prägen werden.

In jedem Fall ist eines wichtig: Unsere Solidarität mit der Ukraine, die in diesem Moment sehr groß ist, darf nicht verpuffen. Auch wenn sie es schaffen sollte, den Krieg zu gewinnen, braucht sie langfristig die Unterstützung der Europäischen Union. Der Beitritt der Ukraine muss das

Ziel sein. Es wird eine Herausforderung sein und es wird Geld kosten, aber das sind wir dem Land und seinen Menschen mehr als schuldig. Es müssen Gelder für den Wiederaufbau bereitgestellt werden, die militärische, politische und auch die moralische Unterstützung muss weitergehen. Wenn es ein langer Krieg werden sollte, dann dürfen wir ihn niemals akzeptieren. Die Sanktionen müssen so lange aufrecht erhalten werden bis der letzte russische Soldat das Staatsgebiet der Ukraine verlassen hat. Und ja, wir müssen uns darüber Gedanken machen, was wir tun werden, wenn Putin die Ukraine besetzt. Wir befinden uns derzeit an einem Punkt in der Geschichte, an dem wir an der Grenze zur Europäischen Union staatliche Massengewalt beobachten. Die Historikerin Tatjana Tönsmeyer hat in einem eindrücklichen Vortrag kurz nach dem Beginn des russischen Totalangriffs auf die Ukraine darauf hingewiesen, dass in aller Regel das Ende von Kampfhandlungen und der Beginn einer Besatzung keineswegs das Ende der Gewalt bedeuten. Dies war im Zweiten Weltkrieg so[3] und genau dieser grauenhafte Fall könnte in einer besetzten Ukraine eintreten. Erinnern wir uns: Die ideologische Basis dieses Krieges ist Putins Überzeugung, dass die Ukraine kein Existenzrecht habe und dass Ukrainer und Ukrainerinnen „Faschisten“ oder „Banditen“ seien. Er und seine Handlanger werden – wie zu schlimmsten Sowjetzeiten als die Feinde ukrainische „Nationalisten“ waren – entscheiden, wer der Feind ist. Terror gegen die Zivilbevölkerung ist alles andere als abwegig, sondern vielmehr wahrscheinlich. Der ukrainische Staat soll zerstört, die ukrainische Nation mindestens auf brutale Art und Weise in die Knie gezwungen werden. Sie wird höchstens toleriert werden, wenn sie sich Moskau bedingungslos unterwirft. In einer online-Diskussion wurde der Intellektuelle Jurko Prochasko, während er in Lwiw saß, jederzeit bereit sich im Keller vor Bomben zu schützen, von einer Teilnehmerin aus Deutschland gefragt, was er sich von uns erwarte. Seine Antwort: Schaut hin, schaut weiter hin.

Das Überleben der Ukraine ist jetzt und auf absehbare Zeit die allerwichtigste Frage, aber zu gegebener Zeit müssen wir uns auch mit uns selbst beschäftigen. Warum haben wir so lange akzeptiert, dass ein ehemaliger deutscher Kanzler als Lobbyist für ein verbrecherisches Regime agierte? Warum haben unsere Medien immer wieder seine absurden anti-ukrainischen Äußerungen gedruckt? Warum haben wir es akzeptiert, dass Abermillionen von Geldern, die Menschen in Russland und der Ukraine gestohlen wurden, in europäischen Banken und Immobilien angelegt wurden und werden? Warum waren die undurchsichtigen Verstrickungen der Regierung in Mecklenburg-Vorpommern mit der Putin-Regierung unter Manuela Schwesig kein viel größerer Skandal? Warum haben die öffentlich finanzierten Rundfunkanstalten, die einen Bildungsauftrag haben, immer wieder Putin-Verteidiger wie Gabriele Krone-Schmalz oder Hubert Seipel eingeladen, obwohl Experten und Expertinnen für die Region mehrfach darauf hingewiesen hatten, dass deren Thesen eine schlimme Verharmlosung der Putin'schen Aggression darstellen? Ist das Eintreten für Kriegsverbrecher wirklich legitimierbar als „kontroverser Meinungsbeitrag"? Ist es nicht auch eine Aufgabe von Lektoren und Redakteurinnen ein Mindestmaß an intellektueller und moralischer Redlichkeit an den Tag zu legen bei der Frage, wem man ein öffentliches Forum gibt, mit wessen Büchern man Geld verdient?

Dies ist aber vor allem der Moment, in dem wir in Deutschland endlich unsere Haltung zu den Menschen aus Osteuropa insgesamt überdenken sollten. Menschen aus Polen, der Ukraine und anderen östlichen Ländern ernten seit Jahrzehnten unseren Spargel, pflegen unsere Alten und kümmern sich um unsere Kinder. Hat man sich jemals aufrichtig für „unsere Polin" oder „unsere Russin" interessiert, während sie die Großmutter pflegte? Geschweige denn gefragt, ob diese vielleicht doch aus der Ukraine, aus Belarus oder aus Kasachstan kommt?[4] Hat man hierzulande sich Gedanken darüber gemacht, dass durch das Einholen der Ärzte und Ärztinnen und des Pflegepersonals aus den osteuropäischen Ländern sie in ihrer Heimat fehlen? Nicht von der Hand zu weisen, sind alltägliche „antislawische" und „antiasiatische" Rassismen, weiterhin vitalisiert durch die traditionellen Diskurse über den Osten als Ort der „Rückständigkeit", an welchem es noch so etwas wie „Völker" gebe. Ganz andere Gedanken und Haltungen gab es gegenüber der atlantischen Westküste, was die Spezifik des Osteuropa-Diskurses in Deutschland noch deutlicher macht. Die Stimmen der herausragenden Intellektuellen dieser Länder wurden in den deutschen Debatten seit der russischen Annexion der Krim im Februar 2014 kaum gehört. Wie kommt es, dass in Deutschland die Menschen in der Ukraine erst in dem Moment als unser Gegenüber anerkannt werden, ihre Träume und Ängste erst dann ernst genommen werden, wenn sie vor Bomben fliehen oder sich mit unglaublichem Mut, manchmal auch mit Witz, den russischen Invasoren entgegenstellen? Warum nehmen wir sie erst dann als „echte“ Nation wahr, wenn sie für ihr Land sterben? Wie konnte es passieren, dass das Narrativ vom Majdan 2013/14 als „faschistischem Coup“ im Auftrag der USA sich gerade in Deutschland so verbreitet hat? Was verrät uns dies über unseren Blick auf das östliche Europa?[5] Warum wurde so viel über die NATO, die USA und Russland diskutiert, die Perspektive der Ukrainer und Ukrainerinnen aber kleingeredet oder gleich ganz ignoriert? Warum haben viele die Ukraine mit xenophobem Nationalismus und ihrer vermeintlichen Spaltung assoziiert, aber nicht mit ihrer Vielfalt, nicht mit ihrem Kampf für Freiheit? Es war von Anfang an ein Armutszeugnis, dass in Deutschland nach der Annexion der Krim darüber diskutiert wurde, ob die Ukraine nicht vielleicht eine „künstliche“ Nation sei.[6] Das ist zum einen eine absurde Frage, zum anderen ist sie aber auch völlig irrelevant: Selbst wenn die Ukraine 1991 vom Himmel gefallen wäre, hätte sie Anspruch auf die Unverletzbarkeit ihrer Grenzen. Das regelt das Völkerrecht, nicht die Geschichte.[7]

Imperiale Traditionen und die Herausforderung des Nationalen

Welche imperialen, kolonialen Traditionen haben wir immer noch nicht überwunden? Denn ja, der Zweite Weltkrieg in Osteuropa war auch ein Kolonial- und Ausbeutungskrieg, auch wenn diese Dimension bis heute nicht in den Köpfen der Menschen in Deutschland angekommen ist.[8] Die lokale Bevölkerung wurde massenhaft getötet, misshandelt, ausgehungert oder versklavt. Slawen galten als rassisch minderwertig. Freilich gab es auch Unterschiede zwischen dem deutschen Vernichtungskrieg und den Kolonialkriegen in anderen Kontexten, vor allem durch den Holocaust und die Geschichte seiner In-Gang-Setzung. Daran festzuhalten, trägt der historischen Tatsache Rechnung, dass die NS-Politik gegenüber dem europäischen Judentum und der Roma und Romnja in ihrer Totalität der Vernichtung im Zweiten Weltkrieg spezifisch war. Die Nationalsozialisten bauten eine Europa umfassende Infrastruktur des Todes auf, um ihre Pläne zu vollenden. Wassili Grossman hatte diese Spezifik schon 1943 erkannt: Die Ukrainer und Ukrainerinnen konnten noch ihre Geschichte von ihrem Leid unter der deutschen Besatzung erzählen, die jüdischen Dörfer dagegen schwiegen: „Es gibt keine Juden in der Ukraine.“ Die Ermordung des osteuropäischen Judentums war ein deutsches Verbrechen, erdacht in Berlin, umgesetzt von SS und Wehrmacht unter den

Bedingungen des totalen Krieges. Aber es war auch ein Verbrechen, bei dem die Deutschen Hilfe von der lokalen nicht-jüdischen Bevölkerung bekamen. Das hing in erster Linie mit der massiven Gewalt zusammen, die den deutschen Angriff und die Besatzung prägte, es spielte aber auch der Antisemitismus in den osteuropäischen Nationalbewegungen der Zwischenkriegszeit eine Rolle. Der Zweite Weltkrieg setzte jene Homogenitätsvorstellungen ins Werk, von denen die radikalsten Vertreter und Vertreterinnen osteuropäischer Nationalismen in der Zwischenkriegszeit lediglich geträumt hatten. Die Sowjetmacht änderte dies nach dem Krieg nicht – im Gegenteil: Durch den Bevölkerungstransfer aus Litauen und der Ukraine nach Polen verstärkte sie die nationale Form der Gebiete sogar. Besonders in der Sowjetunion wurde dann die Erinnerung an das jüdische Leiden meist unterdrückt, weil es dem sowjetischen Kriegsmythos entgegenstand.

Nach dem Ende der Sowjetunion passierte in ihren westlichen Nachfolgestaaten und Polen zweierlei: Einerseits lebten die nationalen Bewegungen wieder auf und feierten die neu errungene Unabhängigkeit, andererseits marginalisierten sie dabei oft die jüdische Erinnerung an den Zweiten Weltkrieg und sahen sich – und das nicht zu Unrecht – vor allem als Opfer sowohl des Nationalsozialismus als auch des Sowjetkommunismus. Das hat Auswirkungen auf die Erinnerung an den Einmarsch der Sowjetunion: Für die einen war sie der Beginn einer erneuten Besatzung, für die wenigen überlebenden Jüdinnen und Juden war es die lebensrettende Befreiung. Das hat in unserem Buch die Geschichte von Fania Brancovski gezeigt. Ihre Geschichte des jüdischen Kampfes in der Roten Armee gegen die Deutschen hat in der heutigen national orientierten Erzählung Litauens keinen Platz. In der Ukraine finden wir beide erinnerungskulturelle Traditionen: den Stolz auf die eigene Rolle im Kampf gegen den Faschismus, aber auch die zunehmende Abgrenzung von der sowjetischen Vergangenheit. Im Gegensatz dazu integriert die russische Geschichtspolitik die Zeit des Kommunismus stark affirmativ in die eigene Nationalgeschichte und tabuisiert seit 2018 die Auseinandersetzung mit der eigenen, sowjetischen Zusammenarbeit mit NS-Deutschland zwischen 1939 und 1941 – einschließlich der sowjetischen Verbrechen im aufgeteilten Ostmitteleuropa. Der russische Staat nutzt die Heldengeschichte und den Sieg für die eigene Legitimation aus und greift auf die Opfergeschichten der sowjetischen Familien nur dann zurück, wenn es den vermeintlichen

„Genozid" in der Ukraine anklagen soll. Dabei muss die Erinnerung an den zentralen Beitrag sowjetischer Soldaten für die Befreiung Europas vom Nationalsozialismus nicht die Auseinandersetzung mit den Verbrechen des Sowjetkommunismus verhindern. Das ist der geschichtspolitische Balanceakt, den 2014 die ukrainische Regierung – freilich mit fragwürdigen Mitteln – versucht hatte umzusetzen: Den sowjetischen Sieg über den Nazismus würdigen, die Verbrechen der Sowjetunion dagegen ächten. Würden wir diese Ambivalenzen der Erinnerung akzeptieren, wäre dies vielleicht ein erster Schritt hin zu einer vielstimmigen Erinnerung an den Zweiten Weltkrieg, die über nationale Meistererzählungen hinausweist.

Schließlich waren es oft Historiker und Historikerinnen in den Ländern Ostmitteleuropas, die ab den 1990er-Jahren die Erforschung des Holocaust in Osteuropa vorantrieben und dabei nicht vor den schmerzhaften Fragen von lokaler Kooperation mit den deutschen Besatzern haltmachten. Denkmäler und Museen, die an das verlorene osteuropäische Judentum erinnern, begannen im öffentlichen Raum zu erscheinen – die vielen neuen Gedenkstätten in der Ukraine sind dafür ein Beispiel. Und auch in Polen werden die Helden und Heldinnen des Ghetto-Aufstands zunehmend in das Pantheon polnischen Heldentums integriert, ihr Kampf als Teil des polnischen Widerstands gegen die deutschen Besatzer verstanden und erinnert. Freilich gibt es etwa in der Ukraine oder in Polen nach wie vor nationalistische Lager, die nicht bereit sind, die dunklen Seiten der eigenen Geschichte zu akzeptieren, sondern an die Ideenwelt der 1930er-Jahre anknüpfen und diese ins 21. Jahrhundert tragen. Und auch wenn jetzt alle Augen auf Russland und die Ukraine gerichtet sind, so dürfen wir die autoritären und nationalistischen Tendenzen in der Europäischen Union nicht aus den Augen verlieren. Die Erkenntnisse der Geschichtswissenschaft müssen genauso handlungsleitend sein wie die Verteidigung ihrer Freiheit. Wenn Wissenschaftlerinnen und Wissenschaftler von Regierungen angegriffen oder als „ausländische Agenten" diffamiert werden, ist es die Aufgabe der deutschen Politik sowie der Gesellschaft, sich mit ihnen zu solidarisieren. Wenn Menschen als Helden verehrt werden, die sich an der deutschen Politik der Ausrottung beteiligten, ist es unsere Aufgabe, dagegen Stellung zu beziehen.

Nationalisten setzen auf eine Selbsterzählung, die lediglich Helden oder Opfer zulässt und in der die jüdische Erfahrung des Zweiten Weltkriegs keinen Platz hat oder höchstens als unverbundene Opfererinnerung akzeptiert wird. Hier daran zu erinnern, dass diese Gesellschaften vor dem Krieg ausgesprochen heterogen waren, ist eine Aufgabe für das Europa der Lebenden. Denn die heutige Vorstellung von einer „christlichen", „weißen" Festung Europa ist unter anderem auch eine Folge der Zerstörung der multiethnischen Vergangenheit der Nationalstaaten im östlichen Europa. Die Geschichte Europas im 20. Jahrhundert ist eine Verlustgeschichte, gerade für die Länder Ostmitteleuropas. Dafür fand der deutsche Schriftsteller Navid Kermani ein eindrückliches Bild: „Würde man in Wilna Stolpersteine in den Asphalt einlassen oder in Minsk, Lemberg, Odessa, Brest, Riga, dann wären nicht einzelne Flecken, sondern halbe Städte aus Gold – golden wie das himmlische Jerusalem."[9]

An das Europa der Toten zu erinnern, ist nicht zuletzt deswegen wichtig, weil die Vorstellung einer kulturellen und religiösen Homogenität Europas heute gegen Flüchtende und Migranten, auch aus nicht-europäischen Ländern, instrumentalisiert wird. Die derzeitige Hilfsbereitschaft gegenüber Ukrainerinnen und Ukrainern in Polen ist beeindruckend, zugleich ist der Kontrast zum polnischen Umgang mit wenigen tausend Flüchtenden aus Ländern des Nahen Ostens wenige Monate zuvor zutiefst bedrückend. Die als politisches Druckmittel von Diktator Lukaschenko eingesetzten Menschen waren im polnisch-belarussischen Grenzgebiet gefangen und die Regierung setzte alles daran, sie nicht einreisen zu lassen. In den folgenden Wochen erfroren Menschen, darunter Kinder, an der Außengrenze zur Europäischen Union vor unser aller Augen. Nicht weit von dieser Grenze entfernt liegt die Gedenkstätte des Vernichtungslagers Sobibór. Eine Gedenkinfrastruktur an den Holocaust schützt also nicht vor den fremdenfeindlichen Reflexen der Gegenwart.

Das betrifft freilich nicht nur Polen. An den Peripherien der Europäischen Union leben tausende Flüchtlinge unter erbärmlichen Bedingungen. Auch in Deutschland konnten wir kurz nach dem Ausbruch des russischen Totalangriffs auf die Ukraine zu den besten Sendezeiten in den öffentlich-rechtlichen TV-Anstalten von dem Journalisten Gabor Steingart hören, dass man ukrainische Flüchtlinge natürlich aufnehmen und integrieren könne, diese seien schließlich christlich und würden zu „unserem Kulturkreis" gehören. Hinzu kam die an mehreren Stellen geäußerte Behauptung, dass anders als die syrischen Männer, die 2015 aus ihrer Heimat flohen, die ukrainischen Männer ihrer Pflicht zur Landesverteidigung nachkommen würden. Dabei wird geflissentlich übersehen, dass es große Unterschiede zwischen dem Bürgerkrieg in Syrien und dem Krieg zwischen Russland und der Ukraine gibt. Zu dem Zeitpunkt der Flucht vieler Männer aus Syrien gab es praktisch nur noch die Option für den Kriegsverbrecher Assad (zwangs-)rekrutiert zu werden oder für eine der oft extremistischen islamistischen Splittergruppierungen zu kämpfen. Die globale Solidaritätswelle, wie wir sie gerade im Falle der Ukraine erleben, blieb aus. Die Ukrainer und Ukrainerinnen wissen ganz genau, wofür sie kämpfen: für ein Leben in Freiheit in ihrem eigenen Land. Chancenlos sind sie keineswegs. Ganz anders war die Situation in Syrien. Es ist geradezu bösartig von (West-) Deutschland aus, wo die Menschen seit Jahrzehnten in Frieden, Freiheit und Wohlstand leben, Menschen aus einem zerbombten Land zu unterstellen, sie würden ihrer patriotischen Pflicht nicht nachkommen. Die Selbstverständlichkeit mit der diese rassistischen Aussagen ihren Eingang in den öffentlichen Diskurs fanden, waren erschreckend.

Rassistische und xenophobe Denkmuster der Gegenwart als solche zu erkennen, bedeutet nicht, diese mit dem radikalen Antisemitismus und Slawenhass der Nationalsozialisten gleichzusetzen. Es geht vielmehr darum, sich daran zu erinnern, dass Gewalt eine ideologische Vorgeschichte hat, eine Verrohung der Sprache, eine Ethnisierung sozialer Beziehungen, eine Stereotypisierung von Menschen als fremd, andersartig und nicht integrationsfähig – als minderwertig. Wenn uns Politiker und Politikerinnen nun erklären, dass sich eine Migrationsbewegung wie 2015 nicht wiederholen dürfe und wiederholen werde, muss man nicht zuletzt eines sehen: dass dies reines Wunschdenken ist. Auch wenn wir als Historikerinnen vor allem die Kompetenz besitzen, über die Vergangenheit zu sprechen, so liegt doch für uns als Staatsbürgerinnen auf der Hand, dass es anders kommen wird. In Zeiten des menschengemachten Klimawandels, maßgeblich verursacht von den Menschen im reichen globalen Norden, und der langjährigen Kriege und Bürgerkriege in vielen Teilen der Welt wird es selbstverständlich in den folgenden Jahrzehnten große Fluchtbewegungen nach Europa und nach Deutschland geben. Die Begegnung mit diesen Menschen wird nicht immer leicht sein, es wird Konflikte und Missverständnisse geben, teilweise werden Weltanschauungen aufeinanderprallen, die nicht miteinander in Einklang zu bringen sind. Und ja, wir werden Ressourcen teilen müssen. Eine Politik der Abschottung wird nicht funktionieren, und sie darf auch nicht funktionieren, weil sie langfristig nur mit Gewalt zu erkaufen wäre. Die Frage ist nicht, ob es Migration nach Deutschland und Europa weiterhin geben wird, sondern, wie wir mit ihr umgehen. Nehmen wir die Geschichte des Zweiten Weltkriegs ernst, dann kann es nur eine Antwort darauf geben: Wir müssen diejenigen, die zu uns kommen, weil sie verfolgt werden oder vor einem Krieg flüchten, als unsere Mitmenschen erkennen, die genauso ein Recht auf ein Leben in Frieden und Sicherheit haben wie wir auch.

Alte und neue Wunden

Die Erinnerung an den Zweiten Weltkrieg hängt also zusammen mit unserer Gegenwart und mit unserer Zukunft. Auch wenn den Deutschen jüngst eine erinnerungskulturelle Fixierung auf den Holocaust vorgeworfen wurde,[10] so hat dieses Buch zu zeigen versucht, dass es tatsächlich nach wie vor Leerstellen gibt, gerade was das Ineinandergreifen von Holocaust und Vernichtungskrieg im östlichen Europa angeht. Auf der einen Seite steht der Erinnerungsort „Anne Frank", auf der anderen Seite „Stalingrad und die Niederlage Berlins". Dabei gehört beides untrennbar zusammen. Der Vorwurf der vermeintlichen Fixierung auf den Holocaust in Deutschland läuft aber auch deswegen ins Leere, weil die Erinnerung an den Holocaust als eine der wichtigsten Errungenschaften Nachkriegsdeutschlands von unterschiedlichen Seiten offen und teilweise ausgesprochen aggressiv angegriffen wird. Inzwischen ist mit der AfD eine Partei im Bundestag vertreten, die diesen erinnerungspolitischen Konsens offensiv in infrage stellt. Deren Ehrenvorsitzender Alexander Gauland bagatellisierte die NS-Zeit bekanntermaßen als „Vogelschiss der deutschen Geschichte", und Björn Höcke bezeichnete das Holocaust-Mahnmal in Berlin als „Denkmal der Schande" und forderte eine „erinnerungspolitische Wende um 180 Grad".[11] Im Zuge des achtzigsten Jahrestags des Überfalls auf die Sowjetunion am 22. Juni 2021 wurde deutlich, dass in weiten Teilen der „Neuen Rechten" die absurde und wissenschaftlich schon längst widerlegte These eines deutschen Präventivkrieges im Sommer 1941 nach wie vor eine Anhängerschaft hat.[12] Und kurz vor der Fertigstellung unseres Manuskripts erklärte der Historiker Wolfgang Reinhard in einer der größten deutschen Tageszeitungen in einem von antisemitischen Stereotypen durchzogenen Text, es sei das Beste, den

Holocaust einfach zu vergessen.[13] Einen gesellschaftlichen Aufschrei der Empörung löste er mit dieser ungeheuerlichen Forderung nicht aus.

Freilich gibt es auch gegenläufige Tendenzen: Bundespräsident Frank-Walter Steinmeier hat 2021 einen wichtigen Beitrag dazu geleistet, die Stätten deutscher Verbrechen in den offiziellen Wahrnehmungshorizont hineinzuholen. Als sich der Überfall auf die Sowjetunion zum achtzigsten Mal jährte, besuchte er mehrere Orte des Zweiten Weltkriegs: das ehemalige Kriegsgefangenenlager Sandbostel in Deutschland, Auschwitz und das Grab des unbekannten Soldaten in Warschau, Babyn Jar und Korjukiwka in der Ukraine. Er verwies so auf die Millionen Toten, die keinerlei Selbstzeugnisse hinterlassen hatten und deren Stimmen uns heute fehlen, um die Dimension des Grauens im Vernichtungskrieg zu begreifen.

Nicht mal ein Jahr nach Steinmeiers Besuch wurde die Gedenkstätte Babyn Jar aus der Luft beschossen. Aber wir dürfen die Hoffnung nicht verlieren. Wir hoffen auf Frieden in Europa, wir hoffen darauf, dass bald auch die Leserinnen und Leser dieser Zeilen in die Ukraine reisen können, um das Land, seine Menschen und seine Geschichte kennenzulernen, so wie wir es in den letzten Jahren tun durften. Aber die Welt ist nun eine andere – es sind neue Wunden hinzugekommen, die noch sehr lange schmerzen werden.

Bonn und Warschau, Anfang März 2022.

Dank

Wir danken Catherine Davies, Kornelia Kończal, Philipp Lenhard und Tobias Wals für die kritische und zugleich wohlwollende Lektüre einzelner Kapitel, Karl Schlögel für seine Anregungen und Kommentare zu der Einleitung. Martin Aust danken wir für die Möglichkeit, unsere Ideen zu einem frühen Zeitpunkt mit Kolleginnen und Kollegen zu diskutieren. Wir danken Kristine Althöhn für das Lektorat und bei der wbg Julia Hohrein, Anne-Marie Stöhr und ganz besonders Daniel Zimmermann, der das Projekt von Anfang an mit Begeisterung unterstützt hat. Vor allem danken wir unseren Gesprächspartnerinnen und Gesprächspartnern auf unseren Reisen und unseren Studierenden an den Universitäten Bonn und München.

Anmerkungen

Ein neuer europäischer Krieg – Eine Einleitung?

1 Koselleck, Reinhard: Formen und Traditionen des negativen Gedächtnisses, in: Knigge, Volkhard / Frei, Norbert (Hg.): Verbrechen erinnern. Die Auseinandersetzung mit Holocaust und Völkermord, Bonn 2005, S. 21–32.

2 https://www.stiftung-evz.de/fileadmin/user_upload/EVZ_Uploads/Publikationen/Studien/EVZ_Studie_MEMO_2020_dt_Endfassung.pdf [Stand: 03. 11. 2021]. Siehe auch: Senfft, Alexandra: Der lange Schatten der Täter. Nachkommen stellen sich ihrer NS-Familiengeschichte, München 2016.

3 https://unrecht-erinnern.info/ [Stand: 03. 11. 2021].

4 Gedenkrede zum 80. Jahrestag des deutschen Überfalls auf die Sowjetunion: https://www.bundespraesident.de/SharedDocs/Videos/DE/210618-Karlshorst-Rede.html [Stand: 03. 11. 2021].

5 Morina, Christina: Legacies of Stalingrad: Remembering the Eastern Front in Germany since 1945, Cambridge 2011.

6 Dallin, Alexander: Deutsche Herrschaft in Russland 1941–1945. Eine Studie über Besatzungspolitik. Aus dem Amerikanischen von Wilhelm [Pferdekamp] und Modeste Pferdekamp, Düsseldorf 1958; Reitlinger, Gerald: Ein Haus auf Sand gebaut. Hitlers Gewaltpolitik in Russland 1941–1944, Hamburg 1962; Ueberschar, Gerd R. / Müller, Rolf-Dieter: Hitlers Krieg im Osten 1941–1945, Darmstadt 2000; Streit, Christian: Keine Kameraden: die Wehrmacht und die sowjetischen Kriegsgefangenen 1941–1945, Stuttgart 1978. Wir danken Karl Schlögel für seinen Hinweis auf die öffentliche Aufmerksamkeit, die diese Werke erzeugten.

7 Lehnstaedt, Stephan: Der Kern des Holocaust: Bełżec, Sobibór, Treblinka und die Aktion Reinhardt, 2. Aufl., München 2020.

8 Hartmann, Christian: Verbrechen der Wehrmacht: Bilanz einer Debatte, München 2005, sowie das Sonderheft „Verbrechen der Wehrmacht". Anmerkungen zu einer Ausstellung der Zeitschrift Mittelweg 36 (Oktober 2021, Heft 5–6).

9 Assmann, Aleida: Die allmächtige Antwort der Relativierung, in: Perlentaucher vom 02. 06. 2020. https://www.perlentaucher.de/essay/aleida-assmanns-replik-auf-thierrry-chervels-essay-je-nach-schmerz.html [Stand: 03. 11. 2021]. Assmann argumentiert für das Konzept der *multi-directional memory* von Michael Rothberg und weist darauf hin, dass aus erinnerungspraktischer Sicht die Absolutsetzung des Holocaust keine gute Idee wäre. Sie gibt zugleich zu, dass die Theorien der Erinnerungskultur, die in den 1990er-Jahren entstanden, stark von Konzepten der Geschichtstraumata des Holocaust geprägt sind.

10 Hellbeck, Jochen: Krieg und Frieden im 20. Jahrhundert, Nachwort in: Wassili Grossman: Leben

und Schicksal, 2. Aufl., Berlin 2012, S. 1069–1085.

11 Grossman, Wassili: Stalingrad, Berlin 2021.

12 Granin, Daniil: Mein Leutnant, 2. Aufl., Berlin 2015.

13 Adamowitsch, Ales / Granin, Daniil: Blockadebuch: Leningrad 1941–1944, Berlin 2018.

14 Muchina, Elena: Lenas Tagebuch: Leningrad 1941–1942, München 2013; Ginzburg, Lidia: Aufzeichnungen eines Blockademenschen, Frankfurt a. M. 1997; Barskova, Polina: Lebende Bilder, Berlin 2020.

15 Alexijewitsch, Swetlana: Der Krieg hat kein weibliches Gesicht, Berlin 2013.

16 Wodin, Natascha: Sie kam aus Mariupol, Hamburg 2017.

17 Petrowskaja, Katja: Vielleicht Esther: Geschichten, 6. Aufl., Berlin 2014.

18 In der Stadt Alfter bei Bonn haben sich 2021 einige Aktivistinnen und Aktivisten gefunden, die die Geschichte dieser „Kinderpflegestätte" rekonstruieren: https://www.alfter.de/fileadmin/redaktion/downloads/Gemeindearchiv/2021-02-09_Auslaenderkinderpflegestaette_Alfter.pdf [Stand: 03. 11. 2021].

19 Siehe das von Ekaterina Makhotina geleitete Projekt „Bonner Leerstellen", infolgedessen die Geschichte dieses Denkmals erforscht wurde: https://bonnerleerstellen.net/stadtpark-rheinbach/ [Stand: 03. 11. 2021].

20 Europe: A Community if Memory? Twentieth Annual Lecture of the GHI, November 16, 2006, in: GHI Bulletinno 40 (Spring 2007), S. 11–25.

21 Snyder, Timothy: Bloodlands. Europa zwischen Hitler und Stalin, 5. Aufl., München 2015.

22 Diese neuen Formen der Erinnerung sind bereits Gegenstand der historischen Forschung. Siehe v. a. Jureit, Ulrike: Magie des Authentischen. Das Nachleben von Krieg und Gewalt im Reenactment, Göttingen 2020.

23 In der Vorstellung der französischen Edition Europa. Unsere Geschichte / „Europe. Notre Histoire", in der Akademie der Wissenschaften Berlin-Brandenburg, 1. Juni 2018.

24 Serrier, Thomas / François, Étienne (Hg.): Europa. Die Gegenwart unserer Geschichte, 3 Bände, Darmstadt 2019.

25 An den Orten waren wir, die Autorinnen, oft nicht gemeinsam; wir waren dort aber mit Kolleginnen, Studierenden, Freundinnen und Zeitzeugen, deswegen haben wir uns durchgehend für das literarische „Wir" entschieden, um von diesen Reisen zu erzählen.

Warschau – Stadt der Aufstände

1 Reich-Ranicki, Marcel: Mein Leben, Stuttgart 1999, S. 172.

2 Ringelblum, Emanuel: Notes from the Warsaw Ghetto, edited and translated by Jacob Sloan, New York 1958, S. 138 f., S. 331.

3 Ebd., S. 164, S. 245 f.

4 Reich-Ranicki, Mein Leben, S. 195.

5 Ebd., S. 173.

6 Edelman, Marek: Die Liebe im Ghetto, Frankfurt a. M. 2013, S. 43–55.

7 Czerniaków, Adam: Das Tagebuch des Adam Czerniaków: im Warschauer Getto 1939–1942, München 2013, S. 285.

8 Korczak, Janusz: Ghetto Diary, New York 2013, S. 65 f.

9 Szpilman, Władysław: Der Pianist: mein wunderbares Überleben, München 2002, S. 94.

10 Edelman, Marek: Das Ghetto kämpft. Warschau 1941–1943, Berlin 1993, S. 35.
11 Ebd.
12 Ebd., S. 49 f.
13 Ebd., S. 62.
14 Dreifuss, Havi: The Leadership of the Jewish Combat Organization during the Warsaw Ghetto Uprising: A Reassessment, in: Holocaust & Genocide Studies 31,1 (2017), S. 1–47.
15 Edelman, Das Ghetto kämpft, S. 64.
16 Vladka, Meed: Deckname Vladka. Eine Widerstandskämpferin im Warschauer Ghetto, Hamburg 1999, S. 199.
17 Ebd., S. 201.
18 Ebd., S. 202 f. Zum komplexen Verhältnis von der polnischen Heimatarmee und den Jüdinnen und Juden, siehe: Zimmerman, Joshua D.: The Polish Underground Home Army (AK) and the Jews: What Postwar Jewish Testimonies and Wartime Documents Reveal, in: East European Politics & Societies 34,1 (2020), S. 194–220.
19 Stroop, Jürgen: Es gibt keinen jüdischen Wohnbezirk in Warschau mehr [Stroop-Bericht über die Vernichtung des Warschauer Ghettos], Neuwied 1960, S. 10.
20 Lehnstaedt, Stefan: Der Kern des Holocaust: Bełżec, Sobibór, Treblinka und die Aktion Reinhardt, 2. Aufl., München 2020.
21 Böhler, Jochen: Auftakt zum Vernichtungskrieg: die Wehrmacht in Polen 1939, Frankfurt a. M. 2006.
22 Borodziej, Włodzimierz: Geschichte Polens im 20. Jahrhundert, München 2010, S. 257.
23 Gniazdowski, Mateusz: Bevölkerungsverluste durch Deutsche und Polen während des Zweiten Weltkrieges. Eine Geschichte der Forschungen und Schätzungen, in: Traba, Robert (Hg.): Krieg und seine Folgen, Leverkusen-Opladen 2008, S. 65–92, hier S. 67.
24 Borodziej, Geschichte Polens, S. 257.
25 Putin, Wladimir: The Real Lessons of the 75th Anniversary of World-War II, in: The National Interest, 18. 06. 2020: https://nationalinterest.org/feature/vladimir-putin-real-lessons-75th-anniversary-world-warii-162982 [Stand: 03. 11. 20221].
26 Przybylska, Wanda: Ein Teil meines Herzens: Tagebuch 1942–1944, Bremen 2006, S. 117.
27 Ebd., S. 121 f. Tatsächlich hatten einige Jüdinnen und Juden in den Trümmern des Ghettos überlebt.
28 Ebd., S. 123.
29 Central Commission for Investigation of German Crimes in Poland. Excerpts from: German Crimes in Poland. Howard Fertig, New York 1982, siehe: http://www.warsaw-uprising.com/witness/atrocities4.htm [Stand: 09. 09. 2021; Übersetzung der Autorinnen].
30 Ebd.: http://www.warsawuprising.com/witness/atrocities2.htm [Stand: 09. 09. 2021].
31 Der folgende biografische Abriss und die Einordnung basiert auf: Barelkowski, Matthias: Vom „Schlagetot" zum „Kronzeugen" nationalsozialistischer Verbrechen. Die Karriere des Erich von dem Bach-Zelewski, in: Bömelburg, Hans-Jürgen / Cezary Król, Eugeniusz / Thomae, Michael (Hg.): Der Warschauer Aufstand 1944. Ereignis und Wahrnehmung in Polen und Deutschland, Paderborn u. a. 2011, S. 129–170.
32 Der folgende biografische Abriss und die Einordnung basiert auf: Marti, Philipp: Die zwei Karrieren des Heinz Reinefarth. Vom „Henker von Warschau" zum Bürgermeister von Westerland, in: Demokratische

Geschichte 22: Beirat für Geschichte, Malente 2011, S. 167–192, siehe: https://www.beirat-fuer-geschichte.de/fileadmin/pdf/band_22/Demokratische_Geschichte_Band_22_Essay_6.pdf [Stand: 09. 09. 2021].

33 Landtag verurteilt Gräueltaten des ehemaligen Abgeordneten Reinefarth, 10. 07. 2014: http://www.landtag.ltsh.de/presseticker/2014-07-10-10-08-30-180e/ [Stand: 09. 09. 2021].

Lwiw – Von Nachbarschaft, Zeugenschaft und Gewalt

1 Hein-Kircher, Heidi: Lembergs „polnischen Charakter" sichern: Kommunalpolitik in einer multiethnischen Stadt der Habsburgermonarchie zwischen 1861/62 und 1914, Stuttgart 2020.

2 Die folgende Darstellung beruht vor allem auf: Mick, Christoph: Kriegserfahrungen in einer multiethnischen Stadt: Lemberg 1914–1947, Wiesbaden 2010.

3 Khromeychuk, Olesya: The Shaping of „Historical Truth": Construction and Reconstruction of the Waffen SS „Galicia" Division, in: Canadian Slavonic Papers 54,4 (2012), S. 443–469.

4 Während des Bürgerkrieges hatten Einheiten, die Petljura unterstanden, Pogrome gegen die jüdische Bevölkerung verübt. Zahlreiche Verwandte des Attentäters Scholom Schwartzbard waren dabei ermordet worden. Inwiefern Petljura, der persönlich nicht an Übergriffen auf die jüdische Bevölkerung beteiligt war, die politische Verantwortung für die Gewaltakte trug, ist bis heute umstritten.

5 Mick, Kriegserfahrungen, bes. S. 467–541 über die deutsche Besatzung in Lwiw; Amar, Tarik Cyril: The Paradox of Ukrainian Lviv: a Borderland City between Stalinists, Nazis, and Nationalists, Ithaca 2015, S. 95–101; Struve, Kai: Deutsche Herrschaft, ukrainischer Nationalismus, antijüdische Gewalt: der Sommer 1941 in der Westukraine, Berlin 2015, S. 304–378; Himka, John-Paul: The Lviv Pogrom of 1941: The Germans, Ukrainian Nationalists, and the Carnival Crowd, in: Canadian Slavonic Papers 53,2–4 (2011), S. 209–243.

6 Zu den Zahlen, siehe Struve, Deutsche Herrschaft, S. 671.

7 Hescheles, Janina: Mit den Augen eines zwölfjährigen Mädchens: Ghetto, Lager, Versteck, Berlin 2014, S. 37.

8 Ebd., S. 38.

9 Kahane, David: Lvov Ghetto Diary, Amherst 1990, S. 7.

10 Mick, Kriegserfahrungen, S. 499.

11 Yones, Eliyahu: Die Juden in Lemberg während des Zweiten Weltkriegs und im Holocaust 1939–1944, Stuttgart 2018, S. 325–349.

12 Kahane, Lvov Ghetto, S. 56.

13 Ebd., S. 54.

14 Mick, Kriegserfahrungen, S. 540.

15 United States Holocaust Museum, New York, Archive Horst von Wächter, Tagebuch von Charlotte Wächter, Eintrag vom 17. 05. 1979, online unter: https://collections.ushmm.org/search/catalog/irn85067#?rsc=211151&cv=2&c=0&m=0&s=0&xywh=-1021%2C-1%2C3441%2C2000 [Stand: 11. 10. 2021].

16 Sands, Philippe: Die Rattenlinie – ein Nazi auf der Flucht. Lügen, Liebe und die Suche nach der Wahrheit, Frankfurt a. M. 2020.

17 Mick, Kriegserfahrungen, S. 540.

18 Amar, Paradox of Ukrainian Lviv, S. 117.

19 Kahane, Lvov Ghetto, S. 9.

20 Wodin, Natascha: Sie kam aus Mariupol, Hamburg 2017.

21 Poljan, Pawel: Schertwy dwuch diktatur: ostarbajtery i voennoplennye v Tretem Rejche i ich repatriatsija, Moskva 1996.
22 Memorial Moskau, Heinrich-Böll-Stiftung: Für immer gezeichnet. Die Geschichte der „Ostarbeiter", Berlin 2016, S. 382.
23 Im Jahr 1940 spaltete sich die Organisation Ukrainischer Nationalisten in zwei Fraktionen, die OUN-B unter Stepan Bandera und die OUN-M unter Andrej Melnyk. Die beiden Lager bekämpften sich seitdem.
24 Himka, John-Paul: Ukrainian Nationalists and the Holocaust. OUN and UPA's Participation in the Destruction of Ukrainian Jewry, 1941–1944, Stuttgart 2021.
25 Mick, Kriegserfahrungen, S. 529.
26 McBride, Jared: Peasants into Perpetrators: The OUN-UPA and the Ethnic Cleansing of Volhynia, 1943–1944, in: Slavic Review 75,3 (2016), S. 630–654, hier S. 639.
27 Ebd., S. 653.
28 Snyder, Timothy: The Causes of Ukrainian-Polish Ethnic Cleansing, in: Past and Present 179 (2003), S. 197–234, hier S. 224.
29 Zur Debatte um den Film und den ukrainisch-polnischen Erinnerungskonflikt, siehe: Sawicki, Jakub: Wolhynien im Zweiten Weltkrieg. Wie der Film „Wołyń" den polnisch-ukrainischen Erinnerungskonflikt in die breite Öffentlichkeit trug, in: Erinnerungskulturen. Erinnerung und Geschichtspolitik im östlichen und südöstlichen Europa, 12. 10. 2018: https://erinnerung.hypotheses.org/2751 [Stand: 11. 10. 2021].
30 Jasiak, Marek: Overcoming Ukrainian Resistance. The Deportations of Ukrainians within Poland in 1947, in: Ther, Philipp (Hg.): Redrawing Nations: Ethnic Cleansing in East-Central Europe, 1944–1948, Bonn 2021, Lenham 2011, S. 173–194.
31 Siehe dazu auch: Blacker, Uilleam: Urban Commemoration and Literature in Post-Soviet L'viv: a Comparative Analysis with the Polish Experience, in: Nationalities Papers 42,4 (2014), S. 637–654.
32 https://www.lvivcenter.org/en/ [Stand: 11. 10. 2021].
33 Gross, Jan Thomasz: Nachbarn: der Mord an den Juden von Jedwabne, München 2001.
34 Bikont, Anna: Wir aus Jedwabne, Polen und Juden während der Shoah, Berlin 2020, S. 83–104.
35 Polonsky, Anthony (Hg.): The Neighbors Respond: the Controversy over the Jedwabne Massacre in Poland, Princeton 2004, S. 144.
36 Grabowski, Jan / Engelking, Barbara (Hg.): Dalej jest noc: losy Żydów w wybranych powiatach okupowanej Polski, 2 Bände, Warschau 2018.
37 Grabowski, Jan: Die Holocaustgeschichtsschreibung – ein Fall für die Gerichte? Zur Gefährdung der Wissenschaftsfreiheit, in: Zeitschrift für Geschichtswissenschaft 69,7–8 (2021), S. 647–648.

Babyn Jar – Ein Schauplatz der Vernichtung des sowjetischen Judentums

1 Schulte, Jan Erik: Vom Arbeits- zum Vernichtungslager. Die Entstehungsgeschichte von Auschwitz-Birkenau 1941/42, in: Vierteljahreshefte für Zeitgeschichte 50,1 (2002), S. 41–69, hier S. 41.
2 Der Begriff „la shoah par balles" des Paters Patrick Desbois hat sich in seiner englischen Übersetzung *Holocaust*

by Bullets auch im deutschsprachigen Raum etabliert. Desbois ist der Vorsitzende der Organisation Yahad in Unum, die die Massenvernichtung der jüdischen Bevölkerung auf dem Gebiet der heutigen Ukraine, Russland, Belarus, Litauen, Polen, Rumänien und Moldawien dokumentiert.

3 Grossman, Wassili: Ukraine ohne Juden. Aus dem Russischen übertragen und eingeleitet von Jürgen Zarusky, in: Ders. / Hürter, Johannes (Hg.): Besatzung, Kollaboration, Holocaust. Neue Studien zur Verfolgung und Ermordung der europäischen Juden, Berlin 2008, S. 189–200, hier S. 196.

4 Ebd., S. 196–197.

5 Wiehn, Erhard Roy / Chorošunova, Irina Aleksandrovna (Hg.): Die Schoáh von Babyn Jar. Das Massaker deutscher Sonderkommandos an der jüdischen Bevölkerung von Kiew 1941, fünfzig Jahre danach zum Gedenken, Konstanz 1991, S. 176.

6 Longerich, Peter / Pohl, Dieter (Hg.): Die Ermordung der europäischen Juden. Eine umfassende Dokumentation des Holocaust 1941–1945, 2. Aufl., München 1990, S. 121 f.

7 Zit. nach: Rüß, Hartmut: Wer war verantwortlich für das Massaker in Babyn Jar?, in: Militärgeschichtliche Mitteilungen 57 (1998), S. 483–508, hier S. 497.

8 Meir, Natan M.: Kiev, Jewish Metropolis. A History, 1859–1914, Bloomington 2010.

9 Levitas, Illja M.: Kniga pamjati: Babyn Jar, Kyiv 1999.

10 Grossman, Wassili / Al'tman, Il'ja (Hg.): Das Schwarzbuch. Der Genozid an den sowjetischen Juden, 5. Aufl., Hamburg 1995, S. 43.

11 Ebd., S. 44.

12 Ebd., S. 49.

13 Ebd., S. 50.

14 Ebd., S. 49.

15 Ebd.

16 Ebd., S. 51.

17 Der Nürnberger Prozess, Hauptverhandlung, Neunundfünfzigster Tag, Donnerstag 14. Februar 1946: http://www.zeno.org/Geschichte/M/Der+N%C3%BCrnberger+Proze%C3%9F/Hauptverhandlungen/Neunundf%C3%BCnfzigster+Tag.+Donnerstag,+14.+Februar+1946/Nachmittagssitzung, S. 503 [Stand: 17. 08. 2021].

18 Basic Historical Narrative of the Babyn Yar Holocaust Memorial Center, Oktober 2018: https://babynyar.org/storage/main/e0/ce/e0ced2fd93bcb8a9abbdeb5df828416f12fdac9eaf096d2766b54c989e86e48b.pdf, S. 79–82 [Stand: 03. 01. 2022].

19 Der Nürnberger Prozess, Hauptverhandlung, Einundsechzigster Tag, Montag 18. Februar 1946, Nachmittagssitzung: http://www.zeno.org/Geschichte/M/Der+N%C3%BCrnberger+Proze%C3%9F/Hauptverhandlungen/Einundsechzigster+Tag.+Montag,+18.+Februar+1946/Nachmittagssitzung, S. 594 [Stand: 17. 08. 2021].

20 Utevskij, B. S.: Sudebnye processy o zlodejanijach nemecko-fašistkich zachvatčikov na territorii SSSR, Moskva 1946, S. 31.

21 Abramenko, Leonid M. (Hg.): Kyïvskyj proces. Dokumenty ta materialy, Kyïv 1995, S. 145.

22 Utevskij, B. S.: Sudebnye processy 1946, S. 22 f.

23 Aussage der Zeugin Dina Proničeva, Kiew. Abschrift eines Auszugs aus dem Protokoll des Darmstädter Prozesses, in: Osteuropa 1–2 (2021), S. 47–57.

24 Hier in der Übersetzung von Paul Celan, siehe: https://www.zeit.de/1963/03/babij-jar-in-vier-deutschen-fassungen/komplettansicht [Stand: 17. 08. 2021].

25 Petrovsky-Shtern, Yohanan: Ein Tag, der die Welt veränderte. Ukrainer, Juden und der 25. Jahrestag von Babyn Jar, in: Osteuropa 1–2 (2021), S. 87–115.

26 Sakon Ukrajiny pro prawowyj status ta wschauwannja pamjati borziw sa nesaleshnist Ukrajiny u XX stolitti: https://zakon.rada.gov.ua/laws/show/314-19#Text [Stand: 16. 08. 2021]. Zu den Gesetzen siehe auch: Marples, David: Decommunization, Memory Laws, and Builders of Ukraine in the „20th Century", in: Acta Slavica Iaponica 39 (2018), S. 1–22.

27 Sakon Ukrajiny pro uwitschennja peremohy nad nazismom u Druhij switowij wijni 1939–1945 peremohi: https://zakon.rada.gov.ua/laws/show/315-19#Text [Stand: 16. 08. 2021]. Zugleich legte dasselbe Gesetz fest, dass die Erinnerung an den Sieg über den Nazismus „verewigt" werden müsse.

28 Mankoff, Jeff: Babi Yar and the Struggle for Memory, 1944–2004, in: Ab Imperio 2 (2004), S. 393–415, hier S. 412.

29 Ebd., S. 411 f.

30 Wals, Tobias: Wie sich die ukrainische Öffentlichkeit um das Babyn Yar Holocaust Memorial Center streitet, 07. 12. 2020: https://ukraineverstehen.de/wals-babyn-yar-holocaust-memorial-center-streit/ [Stand: 17. 08. 2021].

31 Hromadjanske suspilstwo zaklikaje mera Kijewa ne pidtrymuwaty rosijskyj projekt memorialisaziji Babynogo Jaru, 16. 02. 2021: http://babiyar.org.ua/?p=1320 [Stand: 03. 01. 2022].

32 Yohanan Petrovsky-Shtern: Savior on the Blood, or Ilya Khrzhanovsky's Babyn Yar Experimental Museum, Mai 2020: https://krytyka.com/en/articles/savior-blood-or-ilya-khrzhanovskys-babyn-yar-experimental-museum [Stand: 17. 08. 2021].

Von Minsk nach Malyj Trostenez – Der lange Weg zur Holocausterinnerung in Belarus

1 Zit. nach: Vakar, Nicholas: Belorussia. The Making of a Nation, Cambridge, Mass. 1956, S. 209.

2 Zit. nach: Gerlach, Christian: Kalkulierte Morde. Die deutsche Wirtschafts- und Vernichtungspolitik in Weißrussland, Hamburg 1998, S. 505.

3 Gerlach, Kalkulierte Morde, S. 539.

4 Ebd., S. 542.

5 Zeltser, Arkady: Unwelcome Memory. The Holocaust Monuments in the Soviet Union, Jerusalem 2019, S. 216.

6 Siehe dazu ausführlicher: Zeltser, Unwelcome Memory, S. 277–286.

7 Nicht zu verwechseln mit dem gleichnamigen Gulag-Ort Petschora im Norden Russlands, wohin Boris Vakser verbannt wurde.

8 Zeltser, Unwelcome Memory, S. 194–196.

9 Sudebnyj process po delu o zlodejaniach, sovershennych nemecko-fashistskimi zachvachikami v Belorusskoj SSR 15. 1.–29. 1. 1946. Stenogr. otchet, Minsk 1947.

10 Zitiert in „Sudebnyi prozess", siehe Fußnote 9.

11 Watzinger, Jörg: Mein Onkel Jörg Dietrich, in: Reflections on Family History Affected by Nazi Crimes, siehe online unter: https://reflections.news/my-uncle-joerg-dietrich/ [Stand: 03. 10. 2021].

Stalingrad – Die Wolga in Flammen und Schornsteine im Schnee

1 Anna Soldatova, eine Fabrikarbeiterin, zitiert hier: Knopp, Guido: Entscheidung Stalingrad, München 1992, S. 175.

2 Erschien 1954 auf Deutsch im Aufbau-Verlag Berlin, später wurde es unter dem Titel *Stalingrad* publiziert.

3 Jochen Hellbeck, Professor für Geschichte an der Universität Rutgers, USA, trug zum Verständnis der sowjetischen Sichtweise auf den Krieg bei mit seiner viel beachteten Studie *Die Stalingrad-Protokolle: Sowjetische Augenzeugen berichten aus der Schlacht* (Frankfurt a. M. 2014), hier wird der Chefingenieur des Energiekombinats Stalgres Subanov zitiert, S. 154.

4 Brigadekommissar der 62. Armee Vassilijev, zit. nach: ebd., S. 143.

5 Klawdija S., zit. nach: Knopp, Entscheidung Stalingrad, S. 182.

6 Wette, Wolfram / Ueberschar, Gerd (Hg.): Stalingrad. Mythos und Wirklichkeit einer Schlacht, Frankfurt a. M. 1992, S. 29.

7 Brief von K. R., Dr. med., Dr. theol. zit. nach: ebd., S. 89.

8 Echternkamp, Jörg: Die Schlacht als Metapher. Zum Stellenwert von Stalingrad in Deutschland 1943–2013, in: Wirsching, Andreas (Hg.): Erinnerung an Diktatur und Krieg. Brennpunkte des kulturellen Gedächtnisses zwischen Russland und Deutschland seit 1945, Göttingen 2015, S. 91–106, hier S. 93.

9 Von Manstein, Erich: Verlorene Siege, Bonn 1955.

10 Renner, Rolf Günter: Hirn und Herz. Stalingrad als Gegenstand ideologischer und literarischer Diskurse, in: Förster, Jürgen (Hg.): Stalingrad. Ereignis. Wirkung. Symbol, München 1993, S. 472–492.

11 https://www.bundespraesident.de/SharedDocs/Reden/DE/Frank-Walter-Steinmeier/Reden/2021/06/210618-D-Russ-Museum-Karlshorst.html [Stand: 21. 11. 2021].

12 https://facingstalingrad.com [Stand: 21. 11. 2021].

13 Hellbeck, Jochen: Nachwort, in: Grossman, Wassili: Leben und Schicksal, Berlin 2013.

14 Ebd., S. 1082.

15 Zarusky, Jürgen: Politische Justiz, Herrschaft, Widerstand. Aufsätze und Manuskripte, München 2021 (post mortem), hier das Kapitel „Freiheitliche Erinnerung". Vassilij Grossman und die europäische Erinnerung an Totalitarismus und Zweiten Weltkrieg, S. 237–260.

Leningrad – Vernichtung durch Hunger: Stimmen aus der Blockade

1 Barber, John: Introduction. Leningrad's Place in the History of Famine, in: Ders. / Andrei Dzeniskevich (Hg.): Life and Death in Besieged Leningrad: 1941–1944, London 2005, S. 1–12, hier S. 1.

2 Ganzenmüller, Jörg: „…die Stadt dem Erdboden gleichzumachen". Zielsetzung und Motive der deutschen Blockade Leningrads, in: Creuzberger, Stefan (Hg.): St. Petersburg – Leningrad – St. Petersburg. Eine Stadt im Spiegel der Zeit, Stuttgart 2000, S. 179 –195, hier S. 181.

3 Ganzenmüller, Jörg: „Hunger als Waffe", in: ZEIT Online, ZEIT Geschichte Nr. 2, 2011, online unter: http://www.zeit.de/zeit-geschichte/2011/02/Kriegsziele-Generalplan-Ost [Stand: 11. 01. 2022].

4 Siehe „Aus dem Kriegstagebuch der Heeresgruppe Nord". Eintrag vom

21. 10. 1941, in: Leetz, Antje / Wenner, Barbara (Hg.): Blockade. Leningrad 1941–1944. Dokumente und Essays von Russen und Deutschen, Hamburg 1992. S. 38–44, hier S. 42.

5 Schaporina, L.: Dnevnik, Band 1, Moskva 2017, S. 292.

6 Adamowitsch, A. / Granin, D.: Blokadnaja kniga, Band 1, Leningrad 1988, S. 484.

7 Tagebuch von Lazar' Mojzhes im Privatbesitz der Verfasserin. Siehe auch in: Die Blockade Leningrads in den Selbstzeugnissen der Familie Mojshes. Hg. vom Deutsch-Russischen Museum Berlin-Karlshorst und Ekaterina Makhotina, Berlin 2022.

8 Tagebuch von Lidia Schilenok, Eintrag vom 20. November 1941. Online-Portal mit Ego-Dokumenten „Prozhito“: https://prozhito.org/notes?diaries=%5B1649%5D [Stand: 01. 02. 2022].

9 Lena Muchina: Lenas Tagebuch, Berlin 2013, S. 137. Das Tagebuch von Lena Muchina wurde vor einigen Jahren von den Mitarbeitern des Historischen Instituts der Russischen Akademie der Wissenschaften in St. Petersburg in der Sammlung der Parteidokumente des Leningrader Parteiarchivs (heute: Zentrales Staatsarchiv für historisch-politische Dokumente in St. Petersburg) gefunden und zur Veröffentlichung vorbereitet. Von Jelena Muchina ist nur bekannt, dass sie 1941–1942 in Leningrad lebte und 1942 nach Moskau evakuiert wurde, wo sie auch starb.

10 Lichatschow, Dmitrij: Vospominanija, St. Petersburg 1995. Zit. nach: https://www.sakharov-center.ru/asfcd/auth/?t=page&num=12688.

11 Ginsburg, Lidia: Aufzeichnungen eines Blockademenschen, Berlin 2014, S. 164.

12 Ebd., S. 187.

13 Ebd., S. 166.

14 Voronina, Tat'jana: Pomnit' ponašemu. Socrealističeskij istorizm i blokada Leningrada, Moskva 2018.

15 Ein Stadtteil von Leningrad / Petersburg, Anm. d. Verf.

16 Nina Lazareva, die noch einmal unten zitiert wird.

17 Jakubovich, Ekaterina Dmitrievna: Blokada, in: Trudy gosudarstvennogo muzeja istorii Sankt Peterburga, Vypusk 5, St. Petersburg 2000, S. 236–240.

18 Die Malerei der Laienkünstlerin wurde auch in Deutschland ausgestellt. Siehe: „Farbtupfer der Wahrheit“, in Tagesspiegel vom 24. 11. 2016: https://www.tagesspiegel.de/kultur/kunst-der-glasnost-zeit-farbtupfer-der-wahrheit/14883976.html [Stand: 11. 01. 2022].

19 Erinnerungen von Valentina Tschernjaeva, geboren 1930. Am 25. Mai 1943 wurden ihre Mutter und ihre Schwester bei Bombenangriffen getötet. Erinnerungsaufzeichnungen im Privatarchiv von Jelena Krusch.

20 Erinnerungsaufzeichnungen im Privatarchiv von Jelena Krusch.

21 Katja Lazareva, ihre Erinnerungen siehe oben.

22 Aus den Erinnerungen von Nina Lazareva (1907–1992). Die Ehefrau vom Ingenieur Dmitrij Lazarev blieb während des Winters 1941–1942 als Krankenschwester in Leningrad. In den 1980er-Jahren schrieb sie kurze Novellen anhand ihrer Erinnerungen an die Blockadezeit. Veröffentlicht in: Blokada, in: Trudy gosudarstvennogo muzeja istorii Sankt Peterburga, Vypusk 5, St. Petersburg 2000, S. 229–236. hier S. 232.

23 Erinnerungsaufzeichnungen im Privatarchiv von Jelena Krusch.

„Wilner Getto" – Erzählungen vom Kampf und vom Verlust

1 Wilnaer Ghetto ist der geläufige Begriff im Deutschen für die Bezeichnung des Ghettos in Vilnius (Wilna). Für den Titel des Kapitels haben wir die Bezeichnungen der Überlebenden auf Jiddisch gewählt.

2 Das YIVO, das Jüdische Wissenschaftliche Institut (*Yidisher visnshaftlekher institut*), wurde 1925 mit dem Ziel gegründet, die Geschichte und Kultur des osteuropäischen Judentums zu erforschen. Heute ist es in New York beherbergt.

3 Zur deutschen Besatzung siehe ausführlicher: Dieckmann, Christoph: Deutsche Besatzungspolitik in Litauen 1941–1944, 2 Bände, Göttingen 2011 und Bubnys, Arunas: The Holocaust in Lithuania between 1941 und 1944, Vilnius 2008.

4 Das Kaunasser Tagebuch von Elena Kutorgiene wird zitiert in: Wette, Wolfram: Karl Jäger. Der Mörder an den litauischen Juden, Frankfurt a. M. 2011, S. 74.

5 Siehe dazu: Wette, Wolfram: Karl Jäger. Der Mörder an den litauischen Juden, Frankfurt a. M. 2011.

6 Ihr Tagebuch ist in mehrere Sprachen übersetzt, in Deutschland war es bereits in den 1960er-Jahren in der DDR erschienen. Die jüngste Auflage: Rolnikaite, Mascha: Ich muss erzählen. Mein Tagebuch 1941–1945, 6. Aufl., Hamburg 2017.

7 Rolnikaite, Ich muss erzählen, S. 169–172.

8 Faitelson, Alex: Im jüdischen Widerstand, Zürich 1998, S. 228 f.

9 Ebd., S. 233–235.

10 Siehe dazu: Sachslehner, Johannes: Rosen für den Mörder. Die zwei Leben des SS-Mannes Franz Murer, Wien 2017. Siehe auch die Rezension: https://www.sueddeutsche.de/politik/ns-verbrecher-franz-murer-er-brauchte-blut-1.3964669 [Stand: 18. 08. 2021].

11 Rolnikaite, Mascha: Ja sobirala svidetelstva nashego unichtozhenija, inn: takie dela, 1. 12. 2015: https://takiedela.ru/2015/12/marija-rolnikaite/ [Stand: 29. 12. 2021].

12 https://www.delfi.lt/news/ringas/politics/v-landsbergis-du-sanskiene.d?id=76184081 [Stand: 18. 08. 2021].

13 Siehe z. B. den Film *Liza ruft* über Fania Brancovski.

14 Lesenswert zu Abba Kovner: Porat, Dina: „Die Rache ist mein Allein". Vergeltung für die Schoa: Abba Kovners Organisation Nakam, Leiden 2021.

Chatyn, Pirčiupis und Korjukiwka – Drei Feuerdörfer, der Partisanenkampf und die Erinnerung danach

1 Erschien auf belarussisch 1975 unter dem Titel *Ja z vognennoi veski*. In Deutschland erschien von Ales Adamowitsch *Die Novelle von Chatyn* (*Chatynskaja povest'*) unter dem Titel *Stätten des Schweigens* (Köln 1985).

2 Adamowitsch, Ales: Ja iz ognennoj derevni. Übersetzung aus dem Belarussischen ins Russische, Moskva 1977. Zit. nach der Online-Ausgabe: https://wysotsky.com/0009/003.htm [Stand: 11. 01. 2022].

3 Ebd.

4 Ebd.

5 Ebd.

6 Ebd.

7 Vernehmung Georg Weisig vom Januar 1946 im Minsker Kriegsverbrecher Prozess (StA Hamburg 147 Js 11/71 U, Beiheft 6).

8 Vernehmung Georg Weisig vom Januar 1946 im Minsker Kriegsverbrecher Prozess (StA Hamburg 147 Js 11/71 U, Beiheft 6, Bl. 105).
9 Gerlach, Christian: Kalkulierte Morde. Die deutsche Wirtschafts- und Vernichtungspolitik in Weißrussland, Hamburg 1998, S. 910.
10 Schepelev, Georgi: Vojna i okkupacija. Neizvestnye fotografii soldat Vermachta s zachvachennoj territorii SSSR i sovetsko-germanskogo fronta, Moskva 2021.
11 Zit. nach: Spohr, Johannes: Die Ukraine 1943/44. Loyalitäten und Gewalt im Kontext der Kriegswende, Berlin 2021, S. 340.
12 Welzer, Harald: „Opa war kein Nazi": Nationalsozialismus und Holocaust im Familiengedächtnis, Frankfurt a. M. 2002.
13 Zu diesem Fall siehe: Mallmann, Klaus-Michael / Paul, Gerhard (Hg.): Karrieren der Gewalt. Nationalsozialistische Täterbiografien, Darmstadt 2004, S. 176–187.
14 Adamowitsch, Ales / Bykau, Vasil: Dialog v pi'smach, in: Sibirskie ogni 2013, Nr. 11.
15 Ebd.
16 Zit. in der WDR5-Sendung „Der Zweite Weltkrieg in den sowjetischen Filmen" von Uli Hufen (22. 06. 2021): https://www1.wdr.de/mediathek/audio/wdr5/wdr5-scala-hintergrund/audio-der-zweite-welt-krieg-in-sowjetischen-filmen-100.html [Stand: 11. 01. 2022].
17 Murzina, M.: Idi i smotri. Sjemki prevratilis' dlq Elema Klimova v bo'rbu s cenzuroj, in: Argumenty i fakty, 2010, Nr. 42.
18 Ebd.
19 https://www.bundespraesident.de/SharedDocs/Reden/DE/Frank-Walter-Steinmeier/Reden/2018/06/180629-Belarus-Trostenez.html [Stand: 11. 01. 2022].
20 Die Dokumentation zu Pirčiupis (Pirčiupiai) erschien in mehreren Sprachen, u. a. auf Deutsch im Vilniusser Verlag Mintis 1976. Sinkevicius, Sigitas: Pirčiupiai. Ein Tatsachenbericht, Vilnius 1976.
21 https://www.festival-cannes.com/en/films/grouppa-krovi-nol [Stand: 11. 01. 2022].
22 Zit. nach: Sinkevicius, Tatsachenbericht, S. 52.
23 Varėnos kronika, 03. 11. 2000, Nr. 44.
24 Antrojo pasaulinio karo aukų atminimui, in: Merkio kraštas, 13. 05. 1995, S. 2.
25 Spohr, Johannes: Die Ukraine 1943/44. Loyalitäten und Gewalt im Kontext der Kriegswende, Berlin 2021.
26 http://ua.unm.org.ua/Корюківка-1943-злочин-проти-людя/.
27 Gedicht von M. Umanjez, Übersetzung von Katja Makhotina.

Bełżec und Majdanek – Europa der Toten

1 Siehe zu diesem Netzwerk und seiner Bedeutung für die „Aktion Reinhardt": Berger, Sara: Experten der Vernichtung. Das T4-Reinhardt-Netzwerk in den Lagern Belzec, Sobibor und Treblinka, Hamburg 2013.
2 Berger, Experten, S. 50.
3 Zit. nach: Kuwałek, Robert: Das Vernichtungslager Bełżec, Berlin 2013, S. 189.
4 Benz, Angelika: Handlanger der SS. Die Rolle der Trawniki-Männer im Holocaust, Berlin 2015, S. 156 f.
5 Lehnstaedt, Stephan: Der Kern des Holocaust, Bełżec, Sobibór, Treblinka

und die Aktion Reinhardt, 2. Aufl., München, 2020, S. 84 f.
6 Reder, Rudolf: Bełżec, Krakau 1999, S. 117.
7 Ebd., S. 122.
8 Ebd., S. 125.
9 Ebd., S. 130.
10 Ebd., S. 132 f.
11 Ebd., S. 139.
12 Ebd. Der Begriff „Askar" wurde auch für die Trawniki-Männer gebraucht. Er bezieht sich auf die Kaiserliche Schutztruppe für Deutsch-Ostafrika, die sich teilweise aus der afrikanischen Bevölkerung rekrutierte.
13 Benz, Handlanger, S. 224–226.
14 Zit. nach: Kuwałek, Vernichtungslager, S. 222.
15 Ebd., S. 324.
16 Ebd., S. 323.
17 Kranz, Tomasz / Olesiuk, Danuta: The Shaping of the Majdanek Historic Landscape and Making it into a Museum, in: Wiedemann, Wilfried / Wolschke-Buhlman, Joachim (Hg.): Landschaft und Gedächtnis. Bergen-Belsen, Esterwegen, Falstad, Majdanek, München 2011, S. 211–227, hier S. 211.
18 Strigler, Mordechai: Majdanek. Ein früher Zeugenbericht aus dem Todeslager, Springer 2016, S. 59.
19 Ebd., S. 61.
20 Ebd., S. 60.
21 Ebd., S. 69.
22 Ebd., S. 72.
23 Ebd., S. 73.
24 Ebd., S. 75.
25 Kwiatkowski, Jerzy: 485 Days at Majdanek, Stanford 2021, S. 144.
26 Ebd., S. 87.
27 Ebd., S. 146.
28 Ebd., S. 161.
29 Ebd., S. 258.
30 Ambach, Dieter / Köhler, Thomas (Hg.): Lublin-Majdanek. Das Konzentrations- und Vernichtungslager im Spiegel von Zeugenaussagen, Düsseldorf 2003, S. 109–111.
31 Ebd., S. 133.
32 Kwiatkowski, Majdanek, S. 259.
33 Ebd., S. 260.
34 Ebd., S. 261.
35 Lehnstaedt, Kern des Holocaust, S. 142 f.
36 Kuretsidis-Haider, Claudia: Majdanek und die deutsche Justiz, in: Dies. u. a. (Hg.): Das KZ Lublin-Majdanek und die Justiz. Strafverfolgung und verweigerte Gerechtigkeit: Polen, Deutschland und Österreich im Vergleich, Graz 2011, S. 143–214, hier S. 171 f.
37 Zit. nach: ebd., S. 174.

Epilog – Europa der Lebenden

1 In einem Aufsatz über die „Historische Einheit von Russen und Ukrainern" stellte Wladimir Putin diese Sicht im Juli 2021 ausführlich dar. Zur Einordnung dieses Aufsatzes siehe: Sapper, Manfred / Weichsel, Volker (Hg.): Der Geist der Zeit. Kriegsreden aus Russland, Berlin 2021 [Osteuropa, 7/2021].
2 Politkovskaja, Anna: Tschetschenien: die Wahrheit über den Krieg, Köln 2003.
3 Siehe dazu Tönsmeyer, Tatjana: Besatzungsgesellschaften. Begriffliche und konzeptionelle Überlegungen zur Erfahrungsgeschichte des Alltags unter deutscher Besatzung im Zweiten Weltkrieg, Version: 1.0, in: Docupedia-Zeitgeschichte, 18. 12. 2015: http://docupedia.de/zg/toensmeyer_besatzungsgesellschaften_v1_de_2015.

4 Siehe dazu den wunderbaren neuen Roman von Wodin, Natascha: Nastjas Tränen, Hamburg 2021.

5 Siehe dazu Davies, Franziska: Zur Debatte über die Ukraine, in: Merkur. Deutsche Zeitschrift für europäisches Denken 69, März 2015, S. 32–43.

6 Für eine kritische Einordnung, siehe: Davies, Franziska: Die Ukraine – eine künstliche Nation?, in: Der Freitag, Blogeintrag vom 01. 04. 2014: https://www.freitag.de/autoren/franziska-davies/die-ukraine-eine-kuenstliche-nation [Stand: 05. 03. 2022].

7 Winkler, Martina: Vom Nutzen und Nachteil der Geschichte im Krieg …, in: Zeitgeschichte-online, Februar 2022: https://zeitgeschichte-online.de/kommentar/vom-nutzen-und-nachteil-der-geschichte-im-krieg [Stand: 05. 03. 2022].

8 In der Wissenschaft sind diese Zusammenhänge bereits herausgearbeitet worden, siehe z. B.: Lower, Wendy: Nazi Empire-Building and the Holocaust in Ukraine, Chapel Hill 2005; Mazower, Mark: Hitlers Imperium: Europa unter der Herrschaft des Nationalsozialismus, München 2009.

9 Kermani, Navid: Die Zukunft der Erinnerung: Auschwitz morgen, in: Frankfurter Allgemeine Zeitung, 07. 07. 2017: https://www.faz.net/aktuell/feuilleton/debatten/auschwitzmorgen-navid-kermani-ueberdiezukunft-der-erinnerung-15094667.html?printPagedArticle=true#pageIndex_2 [Stand: 13. 11. 2021].

10 Moses, Dirk: Der Katechismus der Deutschen, in: Geschichte der Gegenwart, 23. 05. 2021: https://geschichtedergegenwart.ch/der-katechismusder-deutschen/ [Stand: 11. 01. 2022]. Antworten auf Moses sind u. a. auf https://geschichtedergegenwart.ch/ und http://newfascismsyllabus.com/news-and-announcements/the-catechism-debate/ einsehbar [Stand: 13. 11. 2021].

11 Gauland, Alexander: Hitler nur „Vogelschiss" in deutscher Geschichte, in: Frankfurter Allgemeine Zeitung, 02. 06. 2018: https://www.faz.net/aktuell/politik/inland/gauland-hitler-nur-vogelschiss-in-deutscher-geschichte-15619502.html [Stand: 11. 01. 2022]. Für Björn Höckes Rede, siehe: https://www.youtube.com/watch?v=WWwy4cYRFls [Stand: 13. 11. 2021].

12 Scheil, Stefan: Annäherung an die historische Wahrheit, in: Junge Freiheit. Wochenzeitung für Debatte, 22. 06. 2021: https://jungefreiheit.de/wissen/geschichte/2021/unternehmen-barbarossa-historische-wahrheit/ [Stand: 11. 01. 2022]; Kubitschek, Götz: Der deutsche Angriff, Gauland und Scheil, in: Sezession, 22. 06. 2021: https://sezession.de/64363/der-deutsche-angriff-gauland-und-scheil [Stand: 11. 01. 2022]; Lehnert, Erik: Steinmeier in Berlin, Chrupalla in Moskau, in: Sezession, 23. 06. 2021: https://sezession.de/64371/steinmeierin-berlin-chrupalla-in-moskau [Stand: 13. 11. 2021].

13 Reinhard, Wolfgang: Vergessen, verdrängen oder vergegenwärtigen?, in: Frankfurter Allgemeine Zeitung, 10. 01. 2022, Nr. 7, S. 7.

Ausgewählte Literatur in deutscher und englischer Sprache

Zum Warschauer Ghetto und zur Vernichtung der jüdischen Bevölkerung in Polen

Quellen

Bartoszewski, Wladysław: Das Warschauer Ghetto wie es wirklich war. Zeugenbericht eines Christen, Frankfurt a. M. 1986.

Czerniaków, Adam: Das Tagebuch des Adam Czerniaków: im Warschauer Getto 1939–1942, München 2013.

Edelman, Marek: Das Ghetto kämpft. Warschau 1941–1943, Berlin 1993.

Grupińska, Anka: Im Kreis. Gespräche mit jüdischen Kämpfern, Frankfurt a. M. 1993.

Loose, Ingo (Hg.): Die Verfolgung und Ermordung der europäischen Juden durch das nationalsozialistische Deutschland 1933–1945, Band 10: Polen: die eingegliederten Gebiete August 1941–1945, München 2020.

Moczarski, Kazimierz: Gespräche mit dem Henker: das Leben des SS-Gruppenführers und Generalleutnants der Polizei Jürgen Stroop; aufgezeichnet im Mokotów-Gefängnis zu Warschau, Berlin 2008.

Reich-Ranicki, Marcel: Mein Leben, Stuttgart 1999.

Roskies, David G. (Hg.): Voices from the Warsaw Ghetto. Writing our History, New Haven 2019.

Stroop, Jürgen: Es gibt keinen jüdischen Wohnbezirk in Warschau mehr [Stroop-Bericht über die Vernichtung des Warschauer Ghettos], Neuwied 1960.

Vladka, Meed: Deckname Vladka. Eine Widerstandskämpferin im Warschauer Ghetto, Hamburg 1999.

Sekundärliteratur

Arad, Yitzhak: The Operation Reinhard Death Camps. Belzec, Sobibor, Treblinka, Jerusalem 2018.

Bethke, Svenja: Tanz auf Messers Schneide: Kriminalität und Recht in den Ghettos Warschau, Litzmannstadt und Wilna, Hamburg 2013.

Kassow, Samuel D.: Who Will Write our History? Emanuel Ringelblum, the Warsaw Ghetto, and the Oyneg Shabes Archive, Bloomington 2018.

Lehnstaedt, Stefan: Der Kern des Holocaust: Bełżec, Sobibór, Treblinka und die Aktion Reinhardt, 2. Aufl., München 2020.

Lehnstaedt, Stefan / Traba, Robert (Hg.): Die „Aktion Reinhardt“. Geschichte und Gedenken, Berlin 2019.

Młynarczyk, Jacek Andrzej (Hg.): Der Judenmord in den eingegliederten polnischen Gebieten 1939–1945, Osnabrück 2010.

Person, Katarzyna: Warsaw Ghetto Police: the Jewish Order Service during the Nazi Occupation, Ithaca 2021.
Roth, Markus / Löw, Andrea: Das Warschauer Getto: Alltag und Widerstand im Angesicht der Vernichtung, München 2013.

Zum Warschauer Aufstand und zur Besatzung Polens

Quellen

Białoszewski, Miron: Erinnerungen aus dem Warschauer Aufstand, Berlin 2014.
Przybylska, Wanda: Ein Teil meines Herzens: Tagebuch 1942–1944, Bremen 2006.

Sekundärliteratur

Böhler, Jochen / Lehnstaedt, Stephan (Hg.): Gewalt und Alltag im besetzten Polen 1939–1945, Osnabrück 2012.
Bömelburg, Hans-Jürgen / Król, Eugeniusz Cezary / Thomae, Michael (Hg.): Der Warschauer Aufstand 1944. Ereignis und Wahrnehmung in Polen und Deutschland, Paderborn u. a. 2011.
Borodziej, Włodzimierz: Der Warschauer Aufstand 1944, Frankfurt a. M. 2001.
Borodziej, Włodzimierz: Geschichte Polens im 20. Jahrhundert, München 2010.
Chiari, Bernhard (Hg.): Die polnische Heimatarmee. Geschichte und Mythos der Armia Krajowa seit dem Zweiten Weltkrieg, München 2009.
Heinemann, Monika: Krieg und Kriegserinnerung im Museum: der Zweite Weltkrieg in polnischen historischen Ausstellungen seit den 1980er-Jahren, Göttingen 2017.
Krzemiński, Adam / Thiriet, Damien: Warschauer Aufstand. Ruinen der Festung, in: Hahn, Hans-Henning / Traba, Robert (Hg.): Deutsch-polnische Erinnerungsorte, Band 2, Paderborn 2014, S. 661–694.
Marti, Philipp: Die zwei Karrieren des Heinz Reinefarth. Vom „Henker von Warschau" zum Bürgermeister von Westerland, in: Demokratische Geschichte, Band 22: Beirat für Geschichte, Malente 2011, S. 167–192; online unter: https://www.beirat-fuer-geschichte.de/fileadmin/pdf/band_22/Demokratische_Geschichte_Band_22_Essay_6.pdf [Stand: 09. 09. 2021].
Weber, Claudia: Krieg der Täter: die Massenerschießungen von Katyń, Hamburg 2015.

Lwiw – Von Nachbarschaft, Zeugenschaft und Gewalt

Quellen

Engelstein, Barbara / Hirsch, Helga (Hg.): Unbequeme Wahrheiten. Polen und sein Verhältnis zu den Juden, Frankfurt a. M. 2008.
Hescheles, Janina: Mit den Augen eines zwölfjährigen Mädchens: Ghetto, Lager, Versteck, Berlin 2014.
Kahane, David: Lvov Ghetto Diary, Amherst 1990.

Loose, Ingo (Hg.): Die Verfolgung und Ermordung der europäischen Juden durch das nationalsozialistische Deutschland 1933–1945, Band 10: Polen: die eingegliederten Gebiete August 1941–1945, München 2020.
Memorial Moskau, Heinrich-Böll-Stiftung: Für immer gezeichnet. Die Geschichte der „Ostarbeiter", Berlin 2016.
Polonsky, Anthony (Hg.): The Neighbors Respond: the Controversy over the Jedwabne Massacre in Poland, Princeton 2004.

Sekundärliteratur

Amar, Tarik Cyril: The Paradox of Ukrainian Lviv: a Borderland City between Stalinists, Nazis, and Nationalists, Ithaca 2015.
Bartov, Omer: Anatomie eines Genozids: vom Leben und Sterben einer Stadt namens Buczacz, Berlin 2021.
Bikont, Anna: Wir aus Jedwabne, Polen und Juden während der Shoah, Berlin 2020.
Gross, Jan Thomasz: Nachbarn: der Mord an den Juden von Jedwabne, München 2001.
Hein-Kircher, Heidi: Lembergs „polnischen Charakter" sichern: Kommunalpolitik in einer multiethnischen Stadt der Habsburgermonarchie zwischen 1861/62 und 1914, Stuttgart 2020.
Himka, John-Paul: Ukrainian Nationalists and the Holocaust. OUN and UPA's Participation in the Destruction of Ukrainian Jewry, 1941–1944, Stuttgart 2021.
Kappeler, Andreas: Kleine Geschichte der Ukraine, 5. Aufl., München 2019.
Magocsi, Paul Robert / Petrovsky-Shtern, Yohanan: Jews and Ukrainians. A Millennium of Co-Existence, Toronto 2016.
McBride, Jared: Peasants into Perpetrators: The OUN-UPA and the Ethnic Cleansing of Volhynia, 1943–1944, in: Slavic Review 75,3 (2016), S. 630–654.
Mick, Christoph: Kriegserfahrungen in einer multiethnischen Stadt: Lemberg 1914–1947, Wiesbaden 2010.
Rossoliński-Liebe, Grzegorz: Stepan Bandera: the Life and Afterlife of a Ukrainian Nationalist: Fascism, Genocide, and Cult, Stuttgart 2014.
Sands, Philippe: Die Rattenlinie – ein Nazi auf der Flucht. Lügen, Liebe und die Suche nach der Wahrheit, Frankfurt a. M. 2020.
Struve, Kai: Deutsche Herrschaft, ukrainischer Nationalismus, antijüdische Gewalt: der Sommer 1941 in der Westukraine, Berlin 2015.

Babyn Jar – Ein Schauplatz der Vernichtung des sowjetischen Judentums

Quellen

Aussage der Zeugin Dina Proničeva, Kiew. Abschrift eines Auszugs aus dem Protokoll des Darmstädter Prozesses, in: Osteuropa 1–2 (2021), S. 47–57.
Grossman, Wassili (Hg.): Das Schwarzbuch. Der Genozid an den sowjetischen Juden, Hamburg 1995.

Wiehn, Erhard Roy / Chorošunova, Irina Aleksandrovna (Hg.): Die Schoáh von Babyn Jar. Das Massaker deutscher Sonderkommandos an der jüdischen Bevölkerung von Kiew 1941, fünfzig Jahre danach zum Gedenken, Konstanz 1991.

Sekundärliteratur

Berkhoff, Karel Cornelis: Harvest of Despair: Life and Death in Ukraine under Nazi Rule, Cambridge, Mass. 2004.

Grüner, Frank (Hg.): „Zerstörer des Schweigens": Formen künstlerischer Erinnerung an die nationalsozialistische Rassen- und Vernichtungspolitik in Osteuropa, Köln 2006.

Lower, Wendy: Nazi Empire-Building and the Holocaust in Ukraine, Chapel Hill 2005.

Sapper, Manfred / Weichsel, Volker (Hg.): Babyn Jar. Der Ort, die Tat und die Erinnerung, Berlin 2021 [Osteuropa, 1–2/2021].

Von Minsk nach Malyj Trostenez – Der lange Weg zur Holocausterinnerung in Belarus

Quellen

Hoppe, Bert (Hg.): Die Verfolgung und Ermordung der europäischen Juden durch das nationalsozialistische Deutschland 1933–1945, Band 8: Sowjetunion mit annektierten Gebieten II, München 2016.

Sekundärliteratur

Chiari, Bernhard: Alltag hinter der Front. Besatzung, Kollaboration und Widerstand in Weißrussland 1941–1946, Düsseldorf 1998.

Gerlach, Christian: Kalkulierte Morde. Die deutsche Wirtschafts- und Vernichtungspolitik in Weißrussland, Hamburg 1998.

Vernichtungsort Malyj Trostenez: Geschichte und Erinnerung. Katalog zur deutsch-belarussischen Wanderausstellung, Dortmund 2016.

Zeltser, Arkady: Unwelcome Memory. The Holocaust Monuments in the Soviet Union, Jerusalem 2019.

Stalingrad – Die Wolga in Flammen und Schornsteine im Schnee

Quellen

Grossman, Wassili: Leben und Schicksal, Berlin 2020.

Hellbeck, Jochen: Die Stalingrad-Protokolle: Sowjetische Augenzeugen berichten aus der Schlacht, Frankfurt a. M. 2014.

Sekundärliteratur

Ebert, Jens (Hg.): Stalingrad – eine deutsche Legende, Hamburg 1992.

Jahn, Peter (Hg.): Stalingrad erinnern. Stalingrad im deutschen und russischen Gedächtnis, Berlin 2003.
Morina, Christina: Legacies of Stalingrad: Remembering the Eastern Front in Germany since 1945, Cambridge 2011.

Leningrad – Vernichtung durch Hunger: Stimmen aus der Blockade

Quellen

Adamowitsch, Ales / Granin, Daniil: Blockadebuch: Leningrad 1941–1944, Berlin 2018.
Barskova, Polina: Lebende Bilder, Berlin 2020.
Ginsburg, Lidia: Aufzeichnungen eines Blockademenschen, Berlin 2014.
Leetz, Antje / Wenner, Barbara (Hg.): Blockade. Leningrad 1941–1944. Dokumente und Essays von Russen und Deutschen, Reinbek 1992.
Muchina, Elena: Lenas Tagebuch. Leningrad 1941–1942, München 2013.

Sekundärliteratur

Ganzenmüller, Jörg: Das belagerte Leningrad. Die Stadt in den Strategien von Angreifern und Verteidigern, Paderborn 2005.
Peri, Alexis: The War within: Diaries from the Siege of Leningrad, Cambridge, Mass. 2017.

„Wilner Getto“ – Erzählungen vom Kampf und vom Verlust

Quellen

Hoppe, Bert (Hg.): Die Verfolgung und Ermordung der europäischen Juden durch das nationalsozialistische Deutschland 1933–1945, Band 7: Sowjetunion mit annektierten Gebieten I: besetzte sowjetische Gebiete unter deutscher Militärverwaltung, Baltikum und Transnistrien, München 2011.
Rolnikaite, Mascha: Ich muss erzählen. Mein Tagebuch 1941–1945, Hamburg 2006.
Sutzkever, Abraham: Wilner Getto 1941–1944. Biografische Aufzeichnungen, Zürich 2009.

Sekundärliteratur

Dieckmann, Christoph: Deutsche Besatzungspolitik in Litauen 1941–1944, 2 Bände, Göttingen 2011.
Dieckmann, Christoph / Vanagaite, Ruta: How Did it Happen? Understanding the Holocaust, Lanham 2021.
Makhotina, Ekaterina: Erinnerungen an den Krieg – Krieg der Erinnerungen. Litauen und der Zweite Weltkrieg, Göttingen 2017.
Venclova, Tomas: Vilnius. Eine Stadt in Europa, Frankfurt a. M. 2004.

Chatyn und Pirčiupis – Zwei Feuerdörfer, der Partisanenkampf und die Erinnerung danach

Quellen

Adamowitsch, Ales: Stätten des Schweigens, Köln 1985.
Bykau, Wassil: Die Schlinge, (Ost-)Berlin 1972.
Bykau, Wassil: Im Nebel, Berlin 1990.

Sekundärliteratur

Gerlach, Christian: Kalkulierte Morde. Die deutsche Wirtschafts- und Vernichtungspolitik in Weißrussland, Hamburg 1998.
Makhotina, Ekaterina: Erinnerungen an den Krieg – Krieg der Erinnerungen. Litauen und der Zweite Weltkrieg, Göttingen 2017.

Bełżec und Majdanek – Europa der Toten

Quellen

Ambach, Dieter / Köhler, Thomas (Hg.): Lublin-Majdanek. Das Konzentrations- und Vernichtungslager im Spiegel von Zeugenaussagen, Düsseldorf 2003.
Gerstein-Bericht: http://www.deathcamps.org/belzec/gerstein_de.html [Stand: 27. 10. 2021].
Kwiatkowski, Jerzy: 485 Days at Majdanek, Stanford 2021.
Reder, Rudolf: Bełżec, Krakau 1999 (Deutsche Übersetzung verfügbar unter: https://belzecbericht.wordpress.com/ [Stand: 27. 10. 2021]).
Stabholz, Taddeus: Seven Hells, New York 1990.
Strigler, Mordechai: Majdanek. Ein früher Zeugenbericht aus dem Todeslager, Springe 2016.

Sekundärliteratur

Benz, Angelika: Handlanger der SS. Die Rolle der Trawniki-Männer im Holocaust, Berlin 2015.
Berger, Sara: Experten der Vernichtung. Das T4-Reinhardt-Netzwerk in den Lagern Belzec, Sobibor und Treblinka, Hamburg 2013.
Bryant, Michael S.: Eyewitness to Genocide. The Operation Reinhard Death Camp-Trials, 1955–1966, Knoxville 2014.
Kuwałek, Robert: Das Vernichtungslager Bełżec, Berlin 2013.
Lehnstaedt, Stephan: Der Kern des Holocaust, Bełżec, Sobibór, Treblinka und die Aktion Reinhardt, 2. Aufl., München, 2020.
Mailänder Koslov, Elissa: Gewalt im Dienstalltag: die SS-Aufseherinnen des Konzentrations- und Vernichtungslagers Majdanek, Hamburg 2009.
Schwindt, Babara: Das Konzentrations- und Vernichtungslager Majdanek: Funktionswandel im Kontext der „Endlösung", Würzburg 2005.